1781

Sibylle Knauss

Die Marquise de Sade

Roman einer Ehe

| Hoffmann und Campe |

1. Auflage 2006

www.hoca.de
Satz: Dörlemann Satz, Lemförde
Druck und Bindung: GGP Media GmbH, Pößneck
Printed in Germany
ISBN (10) 3-455-03867-0
ISBN (13) 978-3-455-03867-5

HOFFMANN
UND CAMPE

Ein Unternehmen der
GANSKE VERLAGSGRUPPE

1810

Gestern Nacht träumte ich, wir seien wieder in La Coste. Der Mond stand über dem Turm. Alle Fenster waren erleuchtet. Ich dachte, wie gut, man erwartet uns. Aber der Weg zum Schloss hinauf war so lang. Wir stiegen und stiegen und kamen doch nicht zum Tor.

Ich war müde von der Reise, wie ich es immer war, wenn wir ankamen. Und dann sah ich, dass viele Menschen mit mir zusammen hinaufzogen, wie bei einer Prozession. Das Gedränge wurde dichter und dichter, je mehr wir uns dem Schloss näherten, und es war niemand mehr bei mir, den ich kannte. Die Körper verstellten mir den Weg.

Ich sagte: Ich bin es! Lassen Sie mich hindurch!

Aber niemand erkannte mich, und selbst im Traum wusste ich, dass etwas verändert war. All diese Körper fluteten durch das Tor, aber als ich mit ihnen in den Schlosshof kam, merkte ich mit Erstaunen, dass sie sich verliefen und ich plötzlich ganz allein war.

In der großen Halle brannte ein Feuer im Kamin, und als ich genauer hinsah, erkannte ich zwei lederne Reitstiefel darin, in deren Sohlen die Glut schon Löcher gebrannt hatte. Die Flammen umtanzten sie und ließen sie hin und her schwanken, so dass es aussah, als suchten sie, nicht anders, als wenn noch die Füße eines Menschen in ihnen steckten, aus dem Feuer zu entkommen, und dabei rieben sie sich aneinander und erzeugten ein Geräusch von äußerster Unerträglichkeit, in dem die Qual dieses Traumes beschlossen war. Und ich wusste, dass ich die Stiefel aus den Flammen zu holen gekommen war. Ich erkannte, dass es die Stiefel von Donatien waren, konnte mich aber nicht überwinden, in das Feuer zu greifen. Ich sah, wie die Glut sie verzehrte, ich hörte den Klagelaut, ich wusste, dass La Coste ein Ort der Verdammnis geworden war, von dem man nie wieder entkommen kann. Ich ahnte die

Gegenwart der Gefangenen hinter den Türen, wusste, dass auch Donatien unter ihnen war, und wie es im Traum geschieht, war ich nicht mehr in La Coste, ich war in der Bastille, in der großen Wachstube, wo wir vor dem Kamin saßen, wenn ich ihn besuchen kam.

Madame, halten Sie Abstand, sagte der Offizier. Ich kann sonst nicht für Ihre Sicherheit garantieren.

Und ich wusste, dass ich an seiner Gefangenschaft schuld war, wie ich es immer gewusst habe.

Und er sagte: Wann? Wann? Ich beschwöre Sie!

Und ich zeigte ihm die Stiefel, in die die Glut immer größere Löcher fraß.

Und er sagte: Wie grausam Sie sind, Madame.

Und erst jetzt fiel mir im Traum ein, dass La Coste von den revolutionären Bauern zerstört worden ist. Man sagt, es hat kein Dach mehr. Der halbe Turm ist eingestürzt, die Fensterhöhlen sind leer. Alles, was uns gehörte, dem Brand und den Dieben zum Opfer gefallen. Im Traum wusste ich davon und sah nach oben und sah, dass das Dach der Bastille fehlte. Der blanke Himmel war über uns.

Du bist frei, wollte ich zu Donatien sagen.

Aber er war schon fort.

1774

Das Schloss

Wir sind aus tausend Gründen entschlossen, in diesem Winter ganz wenige Menschen zu sehen …

Der Marquis de Sade an Monsieur Gaufridy, im Dezember 1774

An manchen Tagen im Winter ragt das Schloss wie eine Insel aus dem Nebelmeer. Schwarze Dohlen umflattern den Turm. Die Dämmerung kommt früh. Wer jetzt das Tor nicht erreicht, findet keinen Einlass mehr. Die Riegel werden von innen verschlossen. Schritte entfernen sich über den Innenhof. Es kann sein, dass die Hunde im Schlosshof bellen. Eine Stimme ruft barsch: *Tais-toi.* Dann ist es still. Kurz darauf löscht die Dunkelheit alles aus. Nur das Schnauben der Pferde im Stall deutet darauf hin, dass jemand zu Hause ist.

Zu Hause? Wer außer den Dohlen und Turmfalken kann hier zu Hause sein?

Die Fenster bleiben dunkel. Nur dann und wann tanzen kleine Lichtpunkte hinter ihnen, tauchen auf und verschwinden und tauchen wieder auf. Als würden Kerzen durch dunkle Räume getragen. Seht ihr, sagen die Bewohner des Dorfes und schauen zum Schloss hinauf. Da oben geht es wieder los.

Sie wissen, dass nach Einbruch der Dunkelheit alles verschlossen ist. Das Personal wird entlassen, wenn das Diner serviert ist, das es schon um drei Uhr gibt. Danach lässt man das Feuer in der Küche ausgehen. Es wird nur ein kalter Imbiss zum Abend bereitgestellt.

Allein die Kamine der Kammern im Westflügel sind beheizt. Das

Personal hat den Auftrag, ausreichende Holzvorräte zu hinterlassen. Die Herrschaft legt selbst nach. Die hohen Fenster zum Tal hin senden ein rötliches Glühen aus, das erst gegen Morgen schwächer wird und erlischt. Dann, wenn das Dorf erwacht, der Rauch aus den Kaminen steigt und in der Schmiede das Hämmern beginnt, liegt das Schloss in tiefem Schlaf. Die Öfen sind kalt, die Fenster blind. Es ist, als ob lange schon keine lebendige Seele mehr anzutreffen sei. Ein Geisterschloss, das nichts umschließt als seine eigene Vergangenheit, einen nächtlichen Spuk, der den Bewohnern des Dorfes zu seinen Füßen das Blut in den Adern gefrieren lässt.
Der Marquis kann nicht schlafen, sagen sie.
Der Marquis hat böse Träume.
Das war schon immer so, sagen sie. Diese Herren haben unruhiges Blut.
Vor allem bei Nacht, sagen andere und lächeln dabei etwas unbestimmt.
Gegen neun wird das Tor aufgetan. Der Riegel quietscht in den Scharnieren, wenn der alte Kastellan, der blind und taub ist oder nur so tut, ihn zur Seite schiebt. Dann drängen sich die Bediensteten aus dem Dorf durch das Tor, die schon gewartet haben, Kammermädchen, Köchinnen, Stallknechte. Ja, selbst die Pferde im Schloss schlafen bis neun. Die Herrschaften bis Mittag. Das frühe Diner kann als ihr Frühstück gelten. Die Leute im Dorf schütteln die Köpfe.
Im Schloss geht es nicht natürlich zu, sagen sie.
Ist der Marquis am Ende vielleicht gar nicht aus Fleisch und Blut?
Die Dorfleute lachen. Und ob! Sagen sie. Und ob!
Haben sie Angst?
Die Dorfleute lachen verlegen. Nein, sagen sie. Nein, keine Angst. Aber vielleicht ein wenig –
Was?
Nichts, sagen die Leute. Er ist ein guter Herr.
Manche von ihnen kennen ihn von Kindheit an. Ein schönes Kind. Ein Engel. Als er vier Jahre alt war, brachte man ihn zum ers-

ten Mal auf sein Schloss. Sie kamen mit Geschenken, um ihm zu huldigen. Kirschen und Spielzeug, aus Holz geschnitzt. Hoher Herr …

Die de Sades waren schon lange nur Gäste auf ihrem Schloss. Als die Dorfbewohner ihren Herrn wiedersahen, war er aus dem Krieg gegen die Preußen zurückgekehrt, ein junger Kavallerieoffizier in blauroter Uniform. Sie erkannten die kindlichen braunen Locken wieder. Ein stattlicher Herr.

Wie sein Vater, der alte Comte, der ihm mit der Herrschaft den Titel Marquis abgetreten hat, seit er erwachsen ist. Den Comte hat man selten gesehen auf seinem Schloss La Coste. Er lebte in Paris, nah bei Hofe. All diese Herren wollen beim König sein. Wie eine große Familie schart er sie um sich in Versailles. Was tun sie dort? Die Bauern von La Coste wissen nichts Genaueres. Versailles. Sie stellen sich goldene Säle vor, so weit das Auge reicht, gleißendes Licht von unzähligen Kerzen, Spiegel, in denen die Herren und Damen ein heimliches anderes Leben haben, das die Bauern mit Lügen und Verstellung assoziieren. Sie haben kein Bild davon. Sie schreiben das Innere der Schlösser fort, die sie kennen, sofern sie in ihnen gedient haben. Sie sagen: So wie La Coste, nur tausendfach prächtiger. Sie denken an die Kommoden, auf denen mehrarmige Leuchter aus Silber stehen. Sie denken an das Geschirr aus Porzellan, weiß, fast durchsichtig, mit feinen grünen Ranken. Davon essen sie in Versailles jeden Tag, sagen sie. Und sie haben Bestecke aus purem Gold dazu.

Die Bauern haben Recht. Die Erscheinungsformen des Überflusses, so verfeinert sie immer sein mögen, entsprechen mit überraschender Genauigkeit der Phantasie einfacher Menschen. Die Reichen und Mächtigen sind genau da, wo sie sie vermuten. Vor allem sind sie weit weg. Und wenn sie einmal kommen, dann sind sie Statthalter einer Pracht, der ihre Schlösser mit ihren verstaubten Kammern, dunklen, zugigen Fluren und schadhaften Dächern nur symbolisch entsprechen. Etwas von dem Rätsel Versailles, seiner Ferne und Unbegreiflichkeit, stellt jedes Schloss in der Provinz dar.

Die Herren kommen und gehen. Wir bleiben, sagen die Leute von

La Coste. Und das Schloss. Das Schloss bleibt auch. Es war immer da.
Wie es da auf der Höhe liegt, sieht es aus wie ein großes Himmelsschiff, das dort gestrandet ist. Kein Schloss von dieser Welt. Wenn es in Wintern wie diesem im Nebel schwimmt, scheint es, als habe es sich wieder losgemacht und treibe weiß Gott wohin. Man ist erstaunt, es am Morgen noch auf seinem Berg gegründet zu finden.
Man sagt, dass ein Rufen, ein Lachen manchmal zu hören sind, wenn man nachts nahe am Schloss vorbeikommt. Man sagt, es klinge schauerlich. Verzweifelt, hohl, wie Gespenster in einer Grabkammer. Auch habe man schon stöhnen hören, wie die Verdammten in ewiger Qual stöhnen. Bitterliches Flehen wie um Erlösung mische sich darein. Dazu die tanzenden Lichter, der glühende Schein, den man in den Fenstern sieht.
Der alte Kastellan behauptet, er schlafe.
Die Mädchen sagen nichts.
Was sind sie? Zofen? Sie kommen aus Lyon. Bei Tag sieht man sie manchmal gähnend am Fenster stehen und sich das Haar kämmen. Es heißt, sie seien zur Bedienung der Herrschaften eingestellt. Aber gibt es nicht genug einheimische Mädchen, die froh wären, wenn sie eine Anstellung im Schloss hätten? Warum hat man sie von weit her gebracht? Sie stehen erst mittags auf wie die Herrschaften. Sie sind wie Gefangene im Schloss. Man sieht sie nie im Dorf. Sie sind fünf. Sie sprechen mit niemandem. Es ist auch ein junger Mann dabei. Angeblich der Sekretär des Herrn. Es ist ein zarter junger Mann, fast wie ein Mädchen. Man sieht ihm an, dass er nicht arbeitet. Wozu braucht der Herr einen Sekretär?
In diesem Winter 1774 kommt wenig Besuch ins Schloss. Niemand außer dem Verwalter Ripert aus Mazan und dem Notar Gaufridy aus Apt. Aber diese Herren verlassen das Schloss stets vor Einbruch der Dunkelheit. Wenn die tanzenden Lichter hinter den Fenstern zu sehen sind, sind sie weg. Außer den Mädchen ist nur der Diener Carteron, Kammerdiener des Marquis, immer da und Gothon Duffé, die Haushälterin.

Und die Marquise.
Arme Marquise, sagen die Leute im Dorf. Sie können nicht erklären, was sie damit meinen. Sie denken und sagen es gern: Arme Marquise. Die Frauen sehen dabei einander an und sind mit dem Leid der Marquise, worin es immer bestehen mag, zutiefst einverstanden. Sie kennen die Marquise nicht. Sie sehen nur das Äußere der Kutsche, in der die Marquise sitzt. Auch die Kutsche sehen sie selten. Sie fährt um das Dorf herum, dessen enge Gassen keinen Durchlass für sie gewähren, und erreicht das Schloss von der Rückseite, von Norden her, wo eine Brücke über den Graben aufs Tor zuführt. Sie sehen die weiße Gardine, die das Fenster der Kutsche verhängt. Sie sehen eine Hand, die sie vor ein Gesicht zieht, von dem sie wissen, dass es von Standes wegen vollkommen ist. Sie brauchen das Gesicht nicht zu sehen, um es zu kennen. Sie wissen deshalb auch nicht, ob es stimmt, was man sich erzählt: dass der Marquis zuweilen mit anderen Marquisen ins Schloss kommt und dass man nie weiß, welches die richtige Marquise ist, der man deshalb nicht allzu viel Respekt schuldet, denn es könnte die Schauspielerin aus Paris sein, die sich schon als Marquise ausgegeben hat. Allerdings sagen die Mägde im Dorf diesen Winter, es sei nun die Richtige. Man erkenne es daran, dass sie nicht sehr schön sei, was naturgemäß bei Schauspielerinnen nicht vorkomme. Arme Marquise.
Wenn die Bäuerinnen im Winter die Lichter tanzen sehen, schließen sie alles, was sie bei dem Anblick bewegt, in diese Worte ein. Den Schauer. Die Angst. Die bösen Ahnungen. Sie lauschen dem Wind, der an ihren Fenstern rüttelt. Sie meinen darin das Schreien, das Stöhnen zu hören, das vom Schloss her kommt. Ein Wimmern, von dem man nicht weiß, ob es Schmerz oder Lust anzeigt. Ein Ächzen, ein Zischen, ein Pfeifen, wie Peitschen, die durch die Luft schneiden und mit kleinen Schmatzlauten auftreffen.
Es ist nur der Wind, sagen die Bäuerinnen von La Coste.

Der Mistral fegt von den Höhen des Lubéron herab. Er verjagt den Nebel. Für ein paar Stunden dringt Licht in die hohen Räume im Schloss. Der schadhafte Putz, die Schwärze über den Kaminen, die

Spinnweben in den Ecken, alles ist offenbar. In den Korridoren ist es zugig und kalt. Die Frauen im Schloss tragen wollene Strümpfe in ihren Holzschuhen. Es klappert und lärmt in allen Stockwerken. Einzig die Marquise hat Lederpantoffeln an. Ihr leise schlurfender Schritt erscheint den anderen Schlossbewohnern als hinterhältiges Schleichen. Sie fühlen sich ertappt, wenn sie plötzlich auftaucht.
So geht es auch dem Marquis. Er möchte, dass sie anklopft, wenn sie in sein Zimmer kommt, oder sich von den Bediensteten melden lässt.
Die Marquise entgegnet: Ich bin doch deine Frau.
Der Marquis seufzt und sagt: Daran musst du mich erinnern. Sonst vergesse ich es.
Sie weiß nicht, ob das komisch ist. Sie ist seit elf Jahren mit ihm verheiratet, aber sie hat immer noch nicht seinen Witz entschlüsselt. Sie weiß, dass er witzig ist. Sie sieht andere über ihn lachen, versteht aber nicht warum. Obwohl sie Sinn für Humor hat, versagt er bei ihm. Sie nimmt ihn ohne Einschränkung ernst und ist darin ganz Ehefrau. Entweder versteht sie gar nicht, was er sagen will, oder sie versteht ihn viel zu gut. Die Marquise ist unsicher. Auf ihrer Stirn hat sich eine senkrechte Falte gebildet. Es sind sehr dumme und sehr kluge Frauen, die unsicher sind. Der Marquis seinerseits weiß nicht, was bei ihr zutrifft. Aber er denkt auch nicht oft darüber nach.
Er sagt: Meine Liebe, ich bitte dich, nicht zu stören. Ich arbeite.
Er weist auf den Bogen Papier vor sich und tunkt die Feder ins Tintenfass.
Die Marquise ist dreiunddreißig. Die zartrosa Haube auf ihrem hellbraunen Haar ist verrutscht. Ihre Augen sind stark nach außen gewölbt, die Lider tief nach innen gezogen, ein wenig blau geädert, ihr Blick etwas starr, als sei sie unausgesetzt in tiefes Erstaunen versunken.
Wenn es niemand hören kann, benutzt das Paar manchmal das alte Kinder- und Dienstboten-Du füreinander. Es bezeichnet das Maß an Intimität, das zwischen ihnen möglich ist. Ein kleiner Wink, inhaltslos, aber nicht ohne Bedeutung.

Der Marquis ist eineinhalb Jahre älter als seine Ehefrau. Er ist ein Herr. Seine Kleidung ist eher nachlässig, wie es sich die Landadligen erlauben, wenn sie bei sich zu Hause sind. Culottes. Jabot. Seine Weste ist falsch geknöpft, wie bei jemandem, der sich in Hast angezogen hat, was er gewöhnlich und ohne die Hilfe seines Kammerdieners tut. Er trägt Reitstiefel. Er ist einfach zu bequem, das Schuhwerk zu wechseln, wenn er sein Schloss betritt. Die dunklen Dielen sind, zumal jetzt im Winter, vielfach beschmutzt. Das kümmert niemanden, am wenigsten den Hausherrn.
Das ganze Schloss ist wenig reinlich, sowohl die zur Zeit bewohnten und beheizten Räume, als auch diejenigen, die nicht benutzt werden und in denen der Staub von Jahren liegt, Spiegel erblinden, Silberleuchter anlaufen und alte Folianten von Schimmel bedeckt werden. So sind es Schimmel und Ruß, die sich in den Räumen des Schlosses ausbreiten, Ruß, wo die Kamine beheizt werden, und Schimmel dort, wo sie kalt bleiben. Es ist eine Zwangsläufigkeit. Niemand in La Coste versucht ihr zu wehren.
Der Hausherr trägt sein Haar zum natürlichen Zopf im Nacken gebunden. Es ist graubraun und gewellt. Er lässt es sich von seinem Diener bürsten und pudern. Sonst wäre es einfach braun. Noch ist er schlank. Ihm ist Eleganz eigen. Er ist das Produkt einer provenzalischen Hochzüchtung: Domherren, Bischöfe, Pröbste, Tempelritter, Kapitäne, Kavallerieoberste, Gesandte, die die Töchter von Obersten, Kapitänen, Tempelrittern, Gesandten heirateten. All der Dünkel, der Hochmut, die Herablassung, der Charme, die Kühnheit, das Temperament, die Erregbarkeit, mit der sie gekämpft, ihre Pfründen errungen, Politik gemacht, Vermögen angehäuft und – geliebt haben, alles für ihn. Ihre Begabung zur Liebe, ihr heißes Blut, führen sie auf ihre ferne Urahnin Laura, die Liebe Petrarcas, zurück. Er ist, auch im Bewusstsein, ein später Nachfahre: Donatien-Alphonse-François, der einzige Sohn seiner Eltern, Erbe ihrer Besitzungen und des Titels »Marquis«.
Wie sieht er aus?
Er zeigt jedem ein anderes Gesicht. Das ist die Macht der erotischen Phantasie. Er begehrt und ist begehrenswert. Er verwandelt sich je-

dem, jeder, die ihn sieht, in den heimlich Begehrten und ebenso heimlich Gefürchteten. Es gibt kein gültiges Porträt von ihm. Doch wen immer er durch die Jahrhunderte ansieht, der weiß: Es ist das Gesicht eines sinnlichen Mannes. Für die einen sind es die Augen, etwas verschattet, mit schräg und schwer darüber fallenden Lidern, Augen eines Troubadours. Für andere ist es der Mund, die sinnlichen Lippen, die, entgegen einer landläufigen Meinung, nicht weich und voll sind, sondern fest und glatt, mit harten Konturen, Lippen, die den Blick auf ein leicht raubtierhaftes Gebiss freigeben. Für wieder andere das Kinn, das nicht rund, sondern gespalten und eher eckig ist, oder die Nase, auf keinen Fall zu klein, recht gerade und leicht nach unten gebogen – so blickt es durch die Jahrhunderte, das Gesicht eines Erregbaren und Hochmütigen.
Ist er anziehend?
Er ist anziehend, und er ist abstoßend. Er ist nichts dazwischen. Seine Sinnlichkeit ist unverhohlen. Sie ist sieghaft. Sie wird von Frauen wie Männern erfahren. Sie ist direkt. Sie taxiert ihr Gegenüber nicht. Sie taxiert nur seine Bereitschaft. Sie sagt: Ich will. Wir werden sehen, ob du auch willst. Und ich sage dir: Du wirst wollen. Wir alle sind von der Art, zu wollen.
Er ist kein Satyr. Satyrn brauchen Gewalt. Die unvermischte Sinnlichkeit ist abstoßend.
Er wäre abstoßend, wenn nicht sein Hochmut ins Spiel käme. *Tötet mich oder nehmt mich, wie ich bin,* wird er schreiben, *denn ändern werdet ihr mich nicht.* Sinnlichkeit und Hochmut. Der Hochmut eines Hochgeborenen, der von sich glaubt, dass er alles zur eigenen Höhe emporhebt, was er berührt, auch das Niedrigste. Er weiß, wer er ist, und er ist es ganz. Wenn er sich dem Laster ergibt, so ist das Laster geadelt, nicht er beschmutzt. Die Prostituierten, deren er sich bedient, macht er, auch wenn er sie auspeitscht, zu Königinnen. Er zweifelt nicht daran. Sonst bezweifelt er alles.
Zwei-, dreimal im Leben hat er geliebt. Er kann es beschwören. Immer Frauen. Obwohl er sich auch der Männer bedient von Zeit zu Zeit.
Sein Begehren schließt die Möglichkeit der Liebe ein, jedes Mal.

Das ist sein Geheimnis. Irgendetwas in dem Blick, mit dem er die Frauen ansieht, kündet von dieser Möglichkeit. Eine Botschaft, intim, obszön. Selbst die Liebe ist obszön, gerade sie. Das ist die Botschaft, die der Marquis für die Frauen hat. Er zögert keinen Moment, sie zu übermitteln. Wenn er die Worte nicht sagt, so ist es die Stimme. Wenn es die Stimme nicht ist, so ist es sein Blick, die Berührung. Seine Berührung entfacht sein eigenes Feuer in den Berührten. Er braucht nur seine Fingerspitzen, ihren Druck auf Ellenbogen und Wirbelsäulen, ein kleines Zittern, ein Flattern darin, seismographisch, manchmal genügt schon sein Atem, ein Hauch davon, der den Nacken einer Frau im Vorübergehen trifft. Er hat Techniken. Er versteht es, mit dem Handrücken ihre Brüste zu streifen, ohne dass man es sieht.

Er ist aus jeder Distanz intim.

Seine Konversation, so nichtssagend und unverfänglich sie sein mag, sagt immer nur eins: Ich weiß, woran du wirklich denkst, ich denke dasselbe.

Und er kostet ihr Erschrecken aus. Er macht die Frauen zu Komplizinnen ihrer eigenen Schändlichkeit. Mit Lust sieht er, wie sie ihrer gewahr werden. Wie sie den Abgrund in sich selbst wahrnehmen, bevor sie sich hineinstürzen.

Er ist kein Satyr, kein Unhold, er ist ein Verführer. Er braucht keine Gewalt, um Gewalt anzutun. Er ist nicht von dem Wunsch erfüllt, zu demütigen, wenn er Schmerz zufügt, er erhebt seine Gespielinnen zu den Höhen des eigenen Hochmuts, der sich anmaßt, schändlich zu sein, weil er keine Grenzen kennt, sie nicht anerkennt. Erst zum Schluss wird er gefährlich, dann ist er ganz entfesselt und ohne Maß. Dann ist er auf Verzeihung angewiesen. Dann weiß er, dass er wieder zu weit gegangen ist. Aber zu weit ist ihm nicht weit genug. Er muss hinaus über die Reue, die Verzagtheit nach einem Höhepunkt. Jeder Akt reißt ihn zu neuen Versuchen hin, die alles Bisherige in den Schatten stellen.

Es ist entsetzlich. Entsetzlich auch für ihn, der vor immer größeren Herausforderungen steht. Er ist ein Sisyphos des Sex, nur dass der Berg immer höher wird, auf den er seinen Stein wälzt. Ein Gott, der ihm dabei zusähe, müsste sich seiner erbarmen. Aber er kennt keinen Gott, er ist Atheist. Seine Lust ist die Lust an der eigenen Gottähnlichkeit, ein Akt der Blasphemie. Hier liegt die Grenze, die Frauen mit ihm nicht überschreiten wollen. Sie gehen nie so weit, wie er geht. Auch nicht die jungen Männer, die er sich für seine Übungen gefügig macht. Am Ende ist er umgeben vom Kleinmut der Zurückbleibenden. Ihr Warnen, ihr Seufzen, ihr Flehen, ihr Schluchzen wird zum Auslöser seiner finalen Raserei. Seine Rage ist die Wut angesichts ihres Zurückbleibens, ihres mangelhaften Willens zum Außerordentlichen in der Leidenschaft. Er tobt, er peitscht, er schreit, er flucht, seine Exzesse sind Ausdruck eines Hochmuts, der den Himmel stürmen will und doch immer wieder in nichts als der Unordnung eines Boudoirs endet, in dem er sich zwischen entgeisterten und derangierten Mitspielern findet, in deren Gesichtern sich so etwas wie Erleichterung zeigt und die nicht weniger als er in Schweiß gebadet sind, von den Spuren gezeichnet, die seine Behandlung hinterlässt.

Er ist Troubadour und Triebtäter in einem.

Ein solcher Mann ist kein Ehemann. Aber die Frau, die mit ihm verheiratet ist, muss mehr Ehefrau sein als irgendeine andere.

1763

Das Paar

Das Beruhigende daran ist,
dass ich diesen kleinen Kerl los bin …

Der Comte de Sade, Vater des Marquis,
an seinen Bruder, den Abbé de Sade, März 1763

Renée-Pélagie de Montreuil war einundzwanzig, als sie den Marquis de Sade heiratete. Zwei Tage vor ihrer Hochzeit sah sie ihn zum ersten Mal. Da war der Heiratsvertrag längst bei Hof unterzeichnet. Es war am 1. Mai 1763, als sich Ludwig XV., das wahre Oberhaupt aller Familien von Adel in Frankreich, der Mühe unterzog, in Gegenwart der Königin, des Dauphins, der Dauphine sowie der Herzöge von Berry und Provence und seiner Töchter, der Prinzessinnen, seine Zustimmung zu dieser Verbindung zu geben. Keine dringlicheren Staatsgeschäfte hielten ihn ab.

Vermutlich wandte sich die allerhöchste Konversation bald etwas anderem zu, und nur der Comte de Sade, der Vater des Marquis, der als Einziger von der Familie zugegen war, empfand Erleichterung. Er hatte geschwollene Beine, als er am Abend das Schloss von Versailles verließ, um sich nach Paris zurückfahren zu lassen. Die verbreitete Krankheit der Höflinge, die zu viel in den Fauteuils in den Vorzimmern saßen und warteten – antichambrierten. Eine Gefäßkrankheit. Das ganze Land litt an der Gefäßkrankheit. Mangel an Bewegung. Durchblutungsstörungen. Der große Schlagfluss stand noch bevor.

Diese Heirat war ganz und gar Ancien Régime.

Der Comte de Sade, der Vater des Bräutigams, konnte zufrieden sein, als er am Abend die Beine hochlegte. Er hatte für seinen Sohn, den einzigen, eine lukrative Verbindung zustande gebracht: mit der

ältesten Tochter des Steuergerichtspräsidenten von Paris, Claude-René de Montreuil, und seiner Gattin Marie-Madeleine de Plissay. Sie bekam eine Mitgift und Erbanwartschaften, die es dem alten Comte erlaubten, sich bei der Übertragung seiner Güter auf seinen Sohn, wie sie bei einer Verheiratung üblich war, die Einkünfte daraus vorzubehalten. Schließlich hatte er ihm auch sein Amt als Statthalter der Provinzen Bresse und Bugey übergeben, das jährlich 10000 Livres einbrachte, ohne dass nennenswerte Amtsgeschäfte zu tätigen waren. Für den Unterhalt des jungen Marquis war im Übrigen ab jetzt die Familie de Montreuil zuständig. Der junge Marquis seinerseits hatte für die Unterhaltung der de Sade'schen Besitzungen aufzukommen. Die Einnahmen daraus flossen jedoch wie immer dem alten Comte zu.
Er las noch einmal den Passus in seiner Abschrift des Ehevertrags, bevor er sich zur Ruhe begab:
Der Comte de Sade gibt seinem Sohn:
Das Eigentum seiner Güter und Herrensitze La Coste, Mazan, Saumanes und des Hofes von Cabanes, die jährlich 18000–20000 Livres einbringen … Der Schenkende behält sich indessen vor, über 30000 Livres aus den oben erwähnten Gütern zu verfügen.
Er befühlte das königliche Siegel. Er schlief gut in dieser Nacht.
Auch Madame de Montreuil, genannt die Präsidentin, hatte erreicht, was sie wollte. Sie war vierzig Jahre alt, Renée-Pélagie das älteste ihrer fünf Kinder, und dies war ihr erster Talentnachweis in der Kunst des Schmiedens von Familienbeziehungen. Es war sogar ein Meisterwerk.
Die Familien de Montreuil und de Plissay waren nichts weiter als junger Beamtenadel, Noblesse de Robe. Zwar war man reich und konnte es sich leisten, die Baronie Échauffour in der Normandie zu erwerben, zu der das Herrengut Montreuil gehörte, so dass man sich fortan de Montreuil nannte, aber bei Hofe galt das nichts. Dort musste man reich u n d von altem Adel sein. Die Präsidentin war ehrgeizig. Sie hatte Träume. In ihren Träumen fuhr sie in großer Kalesche im inneren Schlosshof vor, ihr zierlicher Fuß nahm die Stufen zu den großen Appartements, Herren verneigten sich, flüs-

terten einer dem anderen ihren Namen zu, wenn sich ganz am Ende eine hohe zweiflügelige Tür vor ihr öffnete und sie in eine strahlende Helligkeit eintauchte …

Die Präsidentin lächelte. Durch die Heirat ihrer Tochter Renée-Pélagie mit dem Marquis de Sade leitete sie ein paar Tropfen königliches Blut in die Adern ihrer Nachkommen. Er war über seine Mutter Marie-Eléonore de Maillé de Carman mit den Condés, einer Seitenlinie der Bourbonen, verwandt.

Das war genug. Es war viel. Es war ungeheuer. Die Präsidentin lag an diesem Abend lange wach. Auch sie befühlte das Siegel. Es war wie ein Schmuckstück, von dem man nicht lassen kann.

Die Eltern der Braut gewähren dem jungen Paar während der ersten fünf Jahre ihrer Ehe Wohnung und Unterhalt mit zwei Dienstboten … Nach diesen fünf Jahren werden die Eltern der Braut dem Paar 10000 Livres für die Einrichtung eines eigenen Haushaltes zur Verfügung stellen …

Sie hatte es gegen alle Bedenken des Präsidenten durchgesetzt. Von der Anwesenheit eines jungen Mannes in ihrem Haus versprach sich die Präsidentin Unterhaltung und Abwechslung. Sie liebte die Unterhaltung. Sie liebte es, der Mittelpunkt davon zu sein. So sah sie sich gern: als Mittelpunkt einer großen lebhaften Familie.

Sie war noch schön. Sie war ihrer Wirkung auf Männer gewiss, wusste jedoch, da sie klug und nüchtern war, dass ihr Stern bereits sank und dass dieses Sinken sich von nun an beschleunigen würde. Sie wollte trotzdem nicht auf das Vergnügen verzichten, das sie aus dem Umgang mit geistreichen Männern zog. Selbst geistreich, genoss sie jede Verführung zu geistreicher Konversation. Sie genoss die erotischen Versprechungen darin, ohne auf ihrer Einlösung zu bestehen. Sie zählte darauf, dass dieses erlesene Vergnügen für sie noch lange Bestand hatte.

Ihre Ehe betrachtete sie als eine gute Geschäftsgrundlage ihres Lebens. Der Präsident war selbstverständlich nicht ihre Wahl, sondern die ihrer Eltern. Sie erkannte darin das Walten einer Macht, die gibt und nimmt. Ihr hatte sie gegeben. Der Steuergerichtspräsident war ihr nicht nur sympathisch, dergestalt, dass das sexuelle

Entgegenkommen, das sie ihm aufgrund der Rechtslage schuldete, ihr keine größeren Opfer abverlangte, so dass sie ihm in bekömmlichen Abständen Kinder gebar und im Übrigen von Ohnmachten, Migränen und jeglicher Art exaltierter Zustände verschont blieb, sie schätzte ihn auch wegen seiner Verlässlichkeit, seines ausgewogenen Temperaments und einer gewissen schnörkellosen Tüchtigkeit, auf die sich sein berufliches Fortkommen gründete. Ein wacher Instinkt riet ihm stets, dass man sich nie zwischen zwei Stühle, sondern, wenn möglich, auf beide setzt.

Seine Eignung zum Ehemann trat auch darin in Erscheinung, dass er seiner Frau die wesentlichen Geschäftsbereiche Familie und gesellschaftliche Beziehungen überließ. Vor allem in Letzterem war sie unschlagbar. Keine Person von einigem Einfluss entkam dem Gewebe, das sie im Laufe der Jahre knüpfte. In jeder Gesellschaft, die sie betrat, eine lebhafte, elegante, liebenswürdige, gescheite Frau, hatte sie bald die Personen von Rang ausgemacht, die heimlichen Adressaten der Konversation, Kristallisationspunkte jeder Bewegung in den Salons, Magneten der Aufmerksamkeit aller anderen. Sie begann mit ihren Töchtern und Ehefrauen und drang auf diesem Weg bis zu Gesandten, Ministern und Vertretern des Hofes vor. Sie wurde stets als charmant und angenehm eingestuft. Sie war nie aufdringlich, aber sie war unabweisbar. Mit der Zeit galt es als unschicklich in den Salons der hofnahen Gesellschaft in Paris, nicht zu wissen, wer diese reizende Dame war, die die Gastgeberinnen als beste Freundin auszuzeichnen schienen und bei deren Namen die Herren aufmerkten, weil es der Name des Steuergerichtspräsidenten war. Da hatte sie es geschafft. Weiter kam sie nicht. Weiter konnte sie es nicht bringen, eine Plissay.

Bis zu diesem Tag.

Dies war der Aufbruch in eine Zukunft, die verheißungsvoll schimmerte. Sie hatte einen Namen: Marquis de Sade. Sie kannte ihn ebenso wenig wie ihre Tochter. Sie hatte nur mit dem Vater verhandelt. Der Comte gefiel ihr nicht übel. Er hatte eine Art, in Andeutungen zu sprechen, die geistreich zu finden sie sich entschlossen hatte. Sie schob es auf seine Herkunft.

Wie findest du ihn?, hatte sie ihren Mann, den Präsidenten, gefragt.
Er ist verrückt, hatte er geantwortet. Aber die Provenzalen sind alle verrückt. Also ist der Comte normal. Wenn sein Sohn nur halb so normal ist, gib ihm deine Tochter. Ein bisschen Verrücktheit wird ihr nicht schaden, wenn sie erst Marquise ist.
Er lehnt jede Verantwortung ab, dachte sie.
Es gefiel ihr nicht.
Es ist auch deine Tochter, sagte sie.
Eben, sagte er. Das erkennt man an der Mitgift, die ich ihr ausschreibe.
Und an ihrer Besonnenheit, sagte sie.
Was sie Besonnenheit nannte – ganz im Geheimen verstand sie darunter Durchschnittlichkeit. Mangel an Temperament. Es mochte hingehen bei einem Mann, der sich vermöge seiner »Besonnenheit« für ein höheres Staatsamt empfohlen hatte, weil man solche gern mit Männern besetzt, von denen niemand etwas zu fürchten hat. Bei einem jungen Mädchen sind andere Eigenschaften gefragt. Anne-Prospère, ihre zweite Tochter, erst dreizehn Jahre alt, besaß sie: Lebhaftigkeit, Anmut, Charme. Sie gleicht mir, sie wird begehrt werden, dachte sie. Es wird einmal nicht schwer sein, sie gut zu verheiraten.
Als ihr erstes Kind geboren wurde, war sie achtzehn. Renée-Pélagie glich ihrem Vater. Sie hatte es nicht sofort gesehen. Aber die Amme sagte: Ein Vaterkind. Und später fiel es auch ihr auf: das fahlbraune Haar, blaue Augen, wie sie sie in der Normandie haben – ihre eigenen waren braun wie auch die von Anne-Prospère –, und eine gewisse Zaghaftigkeit, die sie bei ihren späteren Kindern so nicht wieder antraf. Sie waren von dem lebhaft auftrumpfenden Schlag, von dem sie selbst war. Kleine Derwische an Temperament, die ihre ältere Schwester zu milder Verzweiflung brachten. Sie ist zu brav, dachte die Präsidentin oft. Sie lässt sich zu viel gefallen. Was soll aus ihr werden, wenn sie in die falschen Hände kommt?
Doch warum sollte eine Mutter hadern, dass ihr Kind leicht zu leiten war?

Es hatte keine Auftritte, keine Tränen gegeben, als sie Renée-Pélagie die bevorstehende Eheschließung offenbart hatte. Selbstverständlich erst, nachdem alles geregelt war. Nichts von den Exaltationen, mit denen Töchter sonst auf diese Enthüllung reagieren. Sie selbst hatte geweint und über mehrere Tage die Nahrung verweigert, als man sie mit dem späteren Präsidenten bekannt gemacht hatte. Gab es einen besseren Beweis dafür, wie töricht es war, den jungen Mädchen die Wahl zu überlassen? Sie war damals verliebt in ihren Gesangslehrer, einen Italiener, der die Tonübungen, die er ihr vorsang, mit immer leidenschaftlicheren Texten versah, bis sie daraus entnahm, dass er sich eine Zukunft mit ihr als Gefährtin seiner von der Musik beflügelten bürgerlichen Armut erträumte – da war sie aufgewacht, hatte wieder Nahrung zu sich genommen und Herrn de Montreuil erhört, dessen Verhandlungen mit ihren Eltern ohnehin mit befriedigendem Ergebnis abgeschlossen waren.
Du wirst heiraten, hatte sie zu ihrer Tochter gesagt.
Zu ihrer Überraschung zeigte Renée-Pélagie nicht allein die Bereitschaft zur Schickung ins Unvermeidliche, sondern sie schien überwältigt. Sie schlug die Hände vor ihr Gesicht.
O Maman, sagte sie, werde ich glücklich sein?
Aber gewiss doch, hatte die Präsidentin gesagt.
Einen Augenblick lang widerstand sie der Regung, sie an ihr Herz zu ziehen.
Ein Mann, hörte sie sie flüstern, ein Mann für mich. Ich habe ja nicht gewagt, Sie darum zu bitten, Sie und den Herrn Papa. Ist er schön?
Nun, hatte sie gesagt, das wollen wir annehmen.
Und jung?
Er ist nicht viel älter als du.
Und wird er mich lieben?, hatte Renée-Pélagie ausgerufen. Was glauben Sie?
Sie war bis ins Dekolleté hinab auf unvorteilhafteste Art errötet. Der Präsidentin missfiel es, ihr Kind so zu sehen.
Natürlich wird er das, sagte sie. Warum nicht?

Es ist der Marquis de Sade, setzte sie hinzu.
Ach, sagte die Tochter, jetzt vollends überwältigt, das wäre doch nicht nötig gewesen.
Ja, du wirst Marquise, sagte die Präsidentin und fühlte in diesem Moment doch ein unabweisbares Bedürfnis, ihr ältestes Kind in die Arme zu schließen.
Ich?, sagte unter Tränen Renée-Pélagie.
Jetzt lag die Präsidentin beim Licht einer Kerze auf ihrem Canapé. Sie gab sich ganz ihren Träumen hin. Weiche, frühlingsschwangere Lüfte kamen von draußen herein. Sie war in Erwartung des Bräutigams.
Sie stellte sich einen hübschen jungen Mann mit angenehmen Manieren vor. *Mon petit gendre,* mein kleiner Schwiegersohn, dachte sie zärtlich. Man hatte ihr gesagt, dass er geistreich sei und das Theater liebe. Sogleich dachte sie an häusliche Inszenierungen, zu denen man einladen könnte. Die Idee berauschte sie. Kleine, galante Schäferstücke, in denen sie die Schäferin geben würde, mit Bändern geschmückt und Blumen in ihrem Haar, und ihr *petit gendre* spräche sie in zierlichen Versen an, in denen kleine Unausdeutbarkeiten versteckt wären. Der Schlingel. Sie würde ihm schon zeigen, wer hier die strenge Mama war. Konnte er singen? Bestimmt konnte er das, ein Provenzale, ein kleiner Troubadour. Sie sah sich mit ihm im Duett singen, das sie selbst am Cembalo begleitete, während er hinter ihr stand und sich über sie hinabbeugte, um einen Blick in die Noten zu tun. Bei einiger Übung würde sie durchaus zu ein paar begleitenden Griffen fähig sein, sie hatte einmal passabel Musik gemacht, und wie alle sentimentalen Frauen sang sie mit Leidenschaft, mehr Leidenschaft als Stimme, aber was dem Italiener recht gewesen war, zu dem in seltenen, ausnehmend schwachen Momenten ihre Gedanken Zuflucht nahmen, das konnte dem kleinen Schwiegersohn billig sein. Sie brauchte nichts weiter als verwandte Seelen neben sich, um Künstlerin zu sein. O wie sie ihr fehlte, die Seelenverwandtschaft! Manchmal war ihr noch immer, wie ihr vorzeiten war, als sie es so deutlich gespürt hatte, dass ihr jemand begegnen würde, jemand, den sie noch nicht

kannte und der nach ihr ebenso wie sie nach ihm auf der Suche war, und eines Tages gäbe es ein großes Erkennen des einen im anderen, ihr ganzes Leben schien ihr ein Weg dorthin. Aber wann sollte das stattfinden? Sie war schon vierzig. Und wo? Sie befand sich in einem Leben, in dem sie für den, der sie suchte, unauffindbar geworden war. Und am Ende, wer sollte es sein? Wer? Und was würde geschehen, wenn dies einander Erkennen eintreten würde? Was?

Sie rief sich zur Ordnung. Gewöhnlich träumte sie praktischer. Sie hatte gelernt, auf die mahnenden Stimmen in sich zu hören. Lästige Stimmen. Aber sie wusste, dass nur diejenigen erfolgreich sind, die ihnen Gehör geben.

Wo ist er?, dachte sie. Er ist noch nicht in Paris. Er sollte längst hier sein. Er müsste darauf brennen, unsere Bekanntschaft zu machen.

Der Gedanke war kränkend. Er war von unangenehmer Insistenz. Sie verglich die eigene Ungeduld und Erwartung mit der Ignoranz des Erwarteten. Was hielt ihn in Avignon, während in Paris eine Braut und deren Familie auf ihn warteten? Dringliche Geschäfte, wie man ihr gesagt hatte? Gibt es ein dringlicheres Geschäft als eine Verheiratung?

Unter einem Aspekt –, antwortete die Stimme ihrer unbezwingbaren Vernunft.

Und der wäre?

Eine Ehe ist niemals nur ein Geschäft.

Nicht?

Verstell dich nicht.

Liebe?

Nein, so weit geht kein Mann, der bei Sinnen ist. Nicht, wenn ihm ein Vertrag wie dieser geboten wird.

Leidenschaft. Ist das möglich? So hielte eine Leidenschaft ihn in Avignon?

Eine Frau. Das kann nur eine Frau sein.

Gibt es Gerüchte?

Es gibt sie. Hör nur genau hin. Man sagt sogar, dass er krank von der Liebe sei.

Krank?
Versteh es, wie du willst.
So soll er sich auskurieren!
Sie löschte mit zwei Fingern die Kerze, warf sich herum und starrte zornig in die Dunkelheit. Sie war gewohnt, dass man sich ihrem Willen beugte! Dass man ihren Plänen den Vorrang gab!
Krankheit!, dachte sie. Dagegen hilft Quecksilber!
Sie fühlte die ganze Zurückweisung, die darin lag, dass man ein Mädchen aus Avignon ihrer Tochter vorzog, einer Tochter wie Milch und Blut, Blut von ihrem eigenen Herzen, milchweiße Haut, die sich rötete, deren Schutzlosigkeit mehr, als sie es jemals gewusst hatte, ihre eigene war.
Ich werde nicht zulassen, dass er ihr ein Leid antut, dachte sie, ich werde es nicht zulassen.
Der Gedanke entsprang nicht der Zärtlichkeit, sondern der Härte und Entschiedenheit.
Zum ersten Mal gestand sie sich ein, dass sie diese Tochter nicht liebte, obgleich sie ihr so nah wie die eigene Haut war.
Wie kann das sein?, dachte sie mit dem Mut einer Frau, die entschlossen ist, der Stimme ihres Herzens wie der ihres Verstandes zuzuhören und in beidem, noch in ihrem Widerstreit, der tiefsten Verwirrung, sich selbst zu erkennen. Wie kann es möglich sein, dass ich so wenig Entzücken an ihr finde und doch das ihr drohende Leid wie mein eigenes fürchten muss? Dass ich sie nicht liebe und doch mehr als alles andere fürchte, dass sie ohne Liebe bleibt?
Gnade dir Gott, kleiner Schwiegersohn, dachte sie, wenn du mich enttäuschst. Dein Ruf ist nicht makellos. Hätten wir dich sonst bekommen, den einzigen Sohn und Titelerben einer alten Familie? Man spricht von Ausschweifungen, das weiß ich wohl. Auch steht dein Onkel, der Abbé de Sade, im Ruf eines Libertin. Noch im vorigen Jahr soll man ihn, einen Geistlichen, bei einer Kupplerin in Paris angetroffen haben und er nur knapp der Verhaftung entgangen sein.
Es liegt wohl in eurer Familie. Man hofft dich zu bessern, kleiner Schwiegersohn. Das heiße Blut mag durch die Regelmäßigkeiten der Ehe ein wenig abkühlen. Wenn mich nicht alles täuscht, denkt

auch dein Vater so. Hätte er es sonst so überaus eilig gehabt, dich zu verheiraten? Wir werden unser Bestes tun, dich zu zähmen. Sommerwochen in Échauffour, weit weg von Paris mit seinen Versuchungen. Du wirst sehen. Die Gewöhnung kann sehr berückend sein. Eine Zeit lang. Und wenn der Winter kommt, Bälle, Soiréen, Theater, wirst du wie die anderen lernen, dass gewisse Vergnügungen nicht ohne Maß und vor allem nicht ohne Diskretion zu genießen sind. Niemand verlangt von dir, dass du auf sie verzichtest. Kein Mann von Stand verzichtet ganz auf sie, wenn er nicht zum Gespött der Gesellschaft werden will und mit ihm nicht zuletzt seine Ehefrau. Letzten Endes bezieht sie daraus das Wissen um ihre Einzigartigkeit. Das, was sie von Kurtisanen und Schauspielerinnen trennt. Ihrer sind viele. Sie ist die Einzige. Es ist unter ihrer Würde, sie wahrzunehmen. Auch ich habe es gelernt, zunächst mit Aufbegehren, dann durch die Entdeckung, dass sie auch mir eine gewisse Freiheit verschafft haben, die ich zu nutzen weiß. Allerdings sind die privaten Ergötzungen der Ehefrauen in ungleich höherem Maß als die der Männer eingeschränkt durch die Rücksichten, die sie gegenüber ihren Familien zu beachten haben. Wer das nicht wüsste!

Ob Renée-Pélagie es weiß?

Die Präsidentin hielt es für angezeigt, darüber mit ihrer Tochter zu sprechen, wenn sich Gelegenheit dazu bot. Doch zunächst galt es, die Ungeduld zu bestehen, mit der sie auf den Schwiegersohn wartete. Es war eine Ungeduld, die ihr selbst unangemessen schien, zu groß, zu beherrschend für ihren kleinen Gegenstand, den *petit gendre*. Sie ließ an den nächsten Tagen nichts davon merken. Er kommt, dachte sie, er wird kommen. Wenn er diesen Skandal riskiert, haben wir wirklich den Falschen gewählt, dachte sie.

Die Unterschrift des Königs war definitiv. Es gab kein Zurück mehr.

Sie träumte in diesen Nächten schlecht. Sie wachte mit einem Wissen um schreckliche Dinge auf, die ihr zugestoßen waren und die sie erst durch intensives Nachdenken als Traumgespinste entschlüsselte.

Wer ist der Mann, dachte sie, dem wir unsere Tochter gegeben haben? Wer ist er, dass er sich erlaubt, was er sich erlaubt? Nicht zur Stelle zu sein. Kein Zurück, das hieß keine Verheiratung mehr mit niemandem, wenn er nicht bald kam. Sie begann zu hoffen, dass er unterdessen gestorben war. Auf der Reise von Räubern getötet. Unverhofft von den Blattern dahingerafft.

Die Verwandten, die sich zum Zwecke von Schenkungen an das Paar eingefunden hatten, fingen an, ihre Abreise vorzubereiten.

Nur Renée-Pélagie verlor nicht das versonnene Lächeln, das sie seit Eröffnung ihrer Verlobung trug. Sie sagte: Mama, was hast du nur? Er kommt ganz gewiss.

Und dann, am 14. Mai, wurde ein Bote des Comte gemeldet. Mutter und Tochter, beide sprangen auf: Was sagt er?, riefen sie.

Der Marquis de Sade ist mit der schnellen Post eingetroffen, hieß es. Er wird sich morgen die Ehre geben.

Morgen erst?, riefen beide.

Niemand hat ihn gekannt. Niemand außer mir. Auch meine Schwester nicht. Sie am allerwenigsten. Vielleicht meine Mutter. Aber was weiß eine Mutter schon.

Ich war die Braut, verstehen Sie? Nicht Mama, nicht Anne-Prospère, sondern ich.

Und obwohl sie beide unglücklich durch ihn geworden sind, weiß ich, dass sie mich bis zuletzt gehasst haben, weil ich es war, die ihn bekommen hat.

Anne-Prospère war erst dreizehn, ich einundzwanzig. So ist das Gesetz der Familien. So bekam er mich.

Man will uns verheiraten, Mademoiselle, sagte er.

Es war zwei Tage, bevor wir in Saint-Roche getraut wurden. Ich sah ihn zum ersten Mal. Es war im Empfangssalon meiner Eltern in der Rue Neuve-du-Luxembourg. Er machte mit seinem Vater den Antrittsbesuch bei uns. Er kam frisch von seinen Gütern aus der Provence, zwei Dutzend Artischocken und eine Olivenpastete im Gepäck, die er meinen Eltern als Geschenk überreichte. Ein Bild von einem Bräutigam. Er trug die blaurote Uniform eines Hauptmanns der königlichen Kavallerie. In dieser Uniform sieht jeder Mann wie ein Gott aus. Ich hatte nichts anderes erwartet als einen hübschen Mann.

Man will uns verheiraten, Mademoiselle.

Ich blieb stumm.

Mein Konversationsprivatlehrer hatte mit mir diesen Auftritt noch und noch durchgespielt. Die wichtigste Regel: Niemals nichts sagen. Eine junge Dame von Stand weiß immer, was sie entgegnen muss. Außer vielleicht in dem Fall von Anzüglichkeiten, die man mit einem undurchdringlichen Lächeln zu erwidern berechtigt ist.

Ich hätte sagen müssen: Wenn unsere Eltern zufrieden sind, will auch ich es sein.

Aber ich hörte auf einmal die Anzüglichkeit in seinen Worten. Als wenn er es so deutlich gesagt hätte, dass auch meine Eltern, der alte Comte, ja selbst die Diener, die an der Wand standen, es gehört haben mussten:

Wir werden all diese unanständigen Dinge miteinander tun, die man dir bisher verboten hat, hörte ich.

Und mein Körper antwortete statt meiner. *Ja,* sagte er. *Ja, das werden wir.*

Ich hoffe, dass ich ein undurchdringliches Lächeln zustande gebracht habe.

Er sprach in Anzüglichkeiten. Es gab nichts anderes bei ihm, vor allem, wenn er mit Frauen sprach. Wenn er sagte: Es regnet. Oder: Die Nacht ist kühl, nahm es in seinem Mund unweigerlich den Charakter einer Anzüglichkeit an.

Es gibt Menschen, die, ob sie es wollen oder nicht, witzig sind. Er war, ob er es wollte oder nicht, anzüglich. Es war verdammt dazu. Manchmal habe ich gewünscht, ihn davon erlösen zu können. Aber ich konnte es nicht.

Man will uns verheiraten. Seine Anzüglichkeiten waren stets direkt, zutreffend und ohne Umschweife. Keine gewundenen Halbwahrheiten, als die sie sonst gern daherkommen.

Diese unanständigen Dinge. Alle im Raum hatten es gehört.

Sie ist entzückt, antwortete meine Mutter.
Am selben Nachmittag fand die Unterzeichnung des Ehevertrags durch die Familienmitglieder statt.

Es ging um Geld. Um Besitz. Es ging um die Familien. Es ging um Kinder, die noch nicht geboren waren. Es ging um Namen. Es ging darum, eine Marquise zu werden. Es ging darum, mehr zu sein, als man gewesen war. Mesdames et Messieurs Cordiers de Montreuil. Eine Marquise war noch nicht dabei. Sie würde die Erste sein. Es ging um Blut, um Bourbonenblut. Nur eine Spur davon, und sie würde Kinder von unschätzbarem Wert gebären.
Dann ging es um Renten, um Schenkungen, um die Einkünfte von Gütern, deren Namen sie noch nie gehört hatte. La Coste. Saumane. Mazan. Glatigny. Cabanes. Es ging um Schlösser, um Pachtrechte, um Hypotheken. Es ging um zukünftige Erbmasse. Ihre Großmütter setzten Legate für sie aus, ihr Vater eine Mitgift von 80000 Livres.
Sie wagt sich kaum umzusehen. Es ist eine Versammlung der Großzügigen und Wohlwollenden. Sie sind hier, um sie zu segnen. Ihr eine Zukunft in Glück und Wohlleben zu garantieren. Ihre Eltern. Die Verwandten mütterlicherseits Messire Jean Masson de Plissay Ecuyer, Chevalier des Ordens Seiner Majestät, und seine Ehefrau Dame Pélagie Partyet. Messires Jean Partyet und Joseph Masson de Courcelle, die Großonkel, und Pierre Charles de Vilette, Generalschatzmeister des Ordens von Saint-Louis, die Dame Elisabeth Masson sowie Messire Charles Faussin Masson de Plissay und ein paar weitere Tanten aus der mütterlichen Linie der Massons. Sie sind nicht alle gekommen, um etwas zu geben, sondern um durch ihre Anwesenheit das Gewicht der Familie der Braut zu repräsentieren. Ihre Zahl sagt auch etwas über ihr Entzücken angesichts der hier ausgehandelten Verbindung aus.
Die andere Seite ist weniger stark vertreten. Außer den Eltern, dem Comte Jean-Baptiste Joseph François de Sade und seiner Gemahlin Dame Marie-Eléonore de Maillé de Carman ist nur ein Cousin, ein Abbé aus Marseille, zugegen, der sich zufällig gerade in Paris auf-

hält und auf störende Weise mit dem jungen Marquis flüstert, als ginge sie beide der hier verhandelte Kontrakt nichts an.
Der Akt ist ebenso wichtig wie die kirchliche Zeremonie, die ihm folgen wird. Und ebenso definitiv. Die Unterschriften unter dem mehrseitigen Dokument verbinden die Familien, vermengen Vermögen, schaffen Allianzen und Abhängigkeiten und führen als Konsequenz herbei, dass zwei junge Leute den Akt vollziehen, der zur Zeugung gemeinsamer Kinder notwendig ist. Die Anwesenden, zumeist alt und des Akts entwöhnt oder dazu nicht mehr fähig, sind beim Gedanken an die Folgen ihrer Unterschrift irgendwie weich gestimmt, heiter wie jemand, der einen entschieden vorteilhaften Handel abgeschlossen hat, bei dem ein klein wenig Betrug im Spiel ist, etwas von der Raffinesse, die jedes erfolgreiche Handeln verlangt. Sie werfen, nachdem sie die Feder an den Notar zurückgegeben haben, einen kurzen Blick auf Braut und Bräutigam und lächeln ein ganz kleines Lächeln, das so viel meint wie: Jetzt entkommt ihr nicht mehr, und alles andere als ein Glückwunsch ist.
Als Renée-Pélagies Mutter an der Reihe ist, zieht ihre linke Hand ein weißes Tuch aus dem Ärmel der rechten, die die Feder hält, und führt es an die Lippen, worauf sie leicht damit wedelt, während sie schreibt, so als winke sie jemandem ein verstohlen zärtliches Adieu. Renée-Pélagie sieht nicht hin. Ihr ist grundsätzlich peinlich, was ihre Mutter tut.
Der Vater des Bräutigams kann sich ein befreites Räuspern nicht verkneifen, als sein Sohn unterschreibt, rasch, nebenbei, als unterzeichne er den Wechsel auf eine Spielschuld, und das Blatt dann weiterreicht.
Die Unterschriften nehmen auf dem Pergament beträchtlichen Raum ein. Sie sind voller Schnörkel, dramatischer Auf- und Abschwünge, die an ihrem Ende in elegante Unterstreichungen einmünden. Es sind Varianten der Unterschrift Ludwigs XV., gravitätisch bis auf die des jungen Bräutigams, die merkwürdig knapp und schmucklos, ein wenig nach unten abfallend erscheint, als wolle er damit beurkunden, dass dies kein Höhenflug für ihn sei.

Als Letzte unterschreibt Anne-Prospère, die Schwester der Braut. Sie beißt sich auf die Lippen, während sie mit kratzender Feder schreibt. Was soll sie bezeugen? Dass sie noch nicht an der Reihe ist? Dass sie weiß, für sie würde nicht annähernd so viel aufgewendet werden, um ihr eine gute Partie zu ermöglichen?

Dafür ist Anne-Prospère hübscher als ihre Schwester, durchsichtig, hell, zart konturiert, eine Kaninchenschönheit, die Männer dazu inspiriert, sie zu verletzen, um sie gleich darauf wieder trösten zu können. Vielleicht wird sie Glück haben. Vielleicht wird sich in ein paar Jahren ein Mann von Stand bereit finden, sich für sie zu ruinieren. Sie könnte das Zeug dazu haben. Man wird sehen.

Du bist reich, flüstert sie ihrer Schwester zu. Und ich muss im Kloster bleiben.

Das kostet auch, sagt Renée-Pélagie leise.

Auf der anderen Seite des Tisches erhebt sich der Marquis und kommt auf die beiden Schwestern zu.

Mesdemoiselles, sagt er.

Die eine, die Braut, blickt zu Boden. Die andere sieht ihn an.

So weit das Geschäftliche, sagt er.

Gibt es denn sonst noch etwas, das uns interessiert?, sagt die Jüngere, indem sie sich mit gespieltem Ernst an die Braut wendet.

Sie sind frech, kleine Schwägerin, sagt der Marquis.

Man sieht ihm an, dass es ihm gefällt.

Ja, sagt die Braut. Das gibt es.

Wie?, sagt der Marquis.

Er scheint überrascht, dass sie sprechen kann.

Und das wäre –?

Die Braut errötet situationsgemäß. Sie ringt um eine Antwort. Auf dem glatten Parkett der Konversation war sie nie sicher.

Die Zukunft, sagt sie kaum hörbar.

Es ist nicht das, was sie meint.

Sie meinen das Glück, das man Ihnen versprochen hat?, sagt der Marquis.

Ja, sagt die zukünftige Marquise. Und Ihnen.

Sie meinen, es geht hier um uns?, sagt er. Meinen Sie wirklich?

Jetzt sieht sie ihn an, feuerrot. Ihre Züge sind ihr entglitten. Wenn sie je hübsch ist, dann nicht so.
Ja, sagt sie. Oder nicht –?
Mademoiselle, sagt der Bräutigam. Er sieht ihr ernst in die Augen. Er verbeugt sich: Fürchten Sie nichts von mir für Ihr Glück.
Sie wird sich an den Satz erinnern. Sein Eheversprechen. *Fürchten Sie nichts von mir für Ihr Glück.*

Sie erwartet alles von ihm. Er bekommt sie. Ein Vermögen. Aussichten. Beziehungen. Sie bekommt ihn als Mann.
Von ihr wird erwartet, dass sie Jungfrau ist.
Sie war nicht dabei, als es zur Sprache kam.
Sie hätte ehrlich geantwortet, wenn ihre Mutter sie gefragt hätte.
Aber Madame de Montreuil wollte sicher gehen und hat den Abbé Gaudemar gefragt, ihren Beichtvater, der auch der Beichtvater der Tochter ist. Das Beichtgeheimnis hat seine Grenzen, wo es um große Vermögen geht.
Est-elle vraiment –?
Mais oui, Madame. Bien sûr.
Es ist wichtig.
Vertrauen Sie mir, Madame.
Der Abbé Gaudemar weiß so gut wie jedermann, dass der Ehevertrag juristisch anfechtbar ist, wenn die Braut nicht intakt übergeben wird. Mit ihrer Unterschrift stehen alle Verwandten in der Pflicht.
Der Abbé Gaudemar blickt in die ihm anvertrauten Seelen. Und was er dort sieht, ist sein Anteil an den Frauen, die zu besitzen ihm verboten ist. Es ist der Teil, der niemandem sonst gehört. Heimlich, verborgen, intim und unfassbar sündig. Niemand weiß so viel über Frauen wie ihre Beichtväter. Der Abbé Gaudemar blickt auf seine Soutane nieder, wenn er von den Männern erfährt, wie sie sich abmühen, um einen Blick in die ihnen verborgenen Seelen der Frauen zu tun. Sind sie treu? Was wollen sie eigentlich? Lügen sie? Dieses Kind gleicht mir nicht im Geringsten, sagen die Männer. Wie soll ich wissen, ob ich ihr vertrauen kann?

Der Abbé Gaudemar wundert sich. Da liegen die Männer bei ihnen, nackt. Sie besuchen das Innere der Frauen durch alle Körperöffnungen. Und sie wissen nichts.
Er dagegen sagt: Meine Tochter – und schon offenbart sie ihm alles, was kein Mann je wissen wird außer ihm.
Erstaunliche Heuchlerinnen, denkt der Abbé Gaudemar. Meisterinnen der Geheimnisse, die sie nur mit ihm und mit Gott teilen. Die Heftigkeit ihrer Begierden, die sie mit großem Geschick vor sich selber verbergen und deren Erfüllung sie auf gewundenen Wegen schließlich doch finden. Mit jeder lässlichen Sünde, die sie ihm gestehen, verbergen sie den Abgrund, an den der Abbé sie durch Fragen behutsam heranführt und in den einen Blick zu tun ihm manchmal erlaubt wird.
Der Abbé Gaudemar liebt die Frauen. Er liebt das Vergnügen, das sie ihm gewähren. Er ist ein gesunder Mann, in einem Alter, das ihm die Autorität verleiht, die sein Beruf erfordert, und ihn dennoch empfänglich sein lässt für den Reiz einer Intimität, die weit intimer als die des Bettes ist. Der Abbé Gaudemar weiß sehr gut, welche Kälte selbst bei hoher geschlechtlicher Aktivität häufig in den Betten herrscht. In seinem Beichtstuhl empfindet er eine große Innigkeit für die Frauen. Sie gleicht der Liebe, ist aber durchaus beichtväterlich. Sie ist polygam. Das ist angenehm. Er bevorzugt mal dieses, mal jenes von seinen Beichtkindern. Sein Organ ist die Stimme. Sie ist weich, gedämpft und voller Vibrationen, wenn er mit den Frauen spricht. Sie dringt in sie ein, berührt ihr Innerstes. Manchmal schließt er die Augen und überlässt sich ganz dieser Innigkeit, von der er weiß, dass die Frauen sie beim Klang seiner Stimme zu fühlen bekommen. Er berührt sie nie. Auch außerhalb des Beichtstuhls nicht. Es genügt ihm, sich selbst zu berühren.
Der Abbé Gaudemar ist ein geschlechtlich glücklicher und kundiger Mann. Ihm sind die Mütter so lieb wie die Töchter. Die Präsidentin Montreuil verführt ihn ebenso zur Innigkeit wie Renée-Pélagie. Er könnte nicht sagen, welche er bevorzugt: die Mutter, klug wie wenige Frauen und doch nicht klug genug, um sich vor dem Abgrund zu hüten, der sich auch in ihr auftut, oder die Toch-

ter, gefühlvoller, fleischlicher, ohne den unbeugsamen Willen zum Glück, den ihre Mutter hat und der allein es ist, der sinnliche Frauen vor dem Unglück bewahren kann, für das sie geschaffen sind.
Sie ist zwar Jungfrau, sagt der Abbé Gaudemar. Aber verzeihen Sie mir, Madame, wenn ich es ausspreche: Es wird hohe Zeit für sie.
Es wird nicht gesund für die junge Dame sein, sie länger aufzusparen. Sie verstehen, fügt er hinzu: Die Natur waltet. Gewisse Gewohnheiten schleichen sich ein. Man sollte sie einem Gemahl geben.
Genug, sagt die Präsidentin knapp. Es ist schon einer da.
Der Abbé freut sich. Er freut sich auf zukünftige Begegnungen im Beichtstuhl mit einer jungen Ehefrau. Es sind Höhepunkte für ihn, solche Begegnungen. Ihre Fassungslosigkeit. Der beinahe heilige Eifer, den sie bekunden. Die erste Enttäuschung, die er sanft mildert, indem er Möglichkeiten andeutet und Bedenken hinsichtlich der Gottgewolltheit solcher Möglichkeiten mit dem Hinweis zerstreut, dass das Glück des Gemahls Gesetz und Ziel allen Handelns für sie sei. Er genießt die Verwirrung der jungen Frauen. Er verliert sich darin. Und dann, indem er sich kaum noch unter Kontrolle bringt: Sage mir mehr, mein Kind. Mehr davon.
Du wirst eine Frau sein, sagte er zu Renée-Pélagie. Du weißt, was das heißt?
Ich muss gehorsam sein?, brachte sie hervor.
In allem, antwortete der Abbé Gaudemar.
Ja, ich weiß, sagte sie.
Er könnte Dinge von dir verlangen, die vielleicht ungewohnt für dich sind, mein Kind.
Ja?, sagte sie.
Ihre Stimme klang belegt und weich wie bei einem Kind, das gleich weinen will.
Es ist möglich, dass er will, dass du dich ausziehst, sagte er.
Ich weiß, sagte sie tapfer.
Es ist natürlich, sagte er. Für eine Ehefrau sind solche Dinge natürlich. Verstehst du mich, mein Kind?

Ja, hauchte sie, ich verstehe.
Hab keine Angst, sagte er. Es tut nicht weh.
Ich habe keine Angst, sagte sie.
Du darfst die Augen schließen, sagte er. Wenn es dir zu viel wird, schließ einfach die Augen.
Er sah, dass sie die Augen schloss. Ihre Lider zitterten.
Nimm einfach Zuflucht zum Gebet, sagte er.
Sie bewegte die Lippen.
Worum betest du?, fragte er.
Dass es so schön wird, flüsterte sie, wie ich es mir vorstelle.
Du stellst es dir vor?, sagte er. Das ist nicht recht. Das ist sündig.
Ja?, sagte sie.
Er konnte ihre Verwirrung spüren. Sie entzückte ihn. In ihren Augen, die sie zu ihm aufschlug, lag feuchter Glanz.
Ich muss doch vorbereitet sein, sagte sie.
Er wusste, dass ihr Gemahl ihr niemals im Leben so nah sein würde, wie er es war.
Oder nicht?, sagte sie.
Wenn es dich wieder überkommt, denk an mich, sagte er. Bete zehn Ave-Maria.
Das will ich, sagte sie.
Er sprach ihr Vergebung zu. Er dachte an alles, was ihr bevorstand. Erniedrigungen. Geburten. Flüchtige Liebschaften. Krankheiten. Alter. Tod. Er dachte an den Verrat, den ihre Mutter an ihr beging. Der Marquis de Sade. Er kannte ihn nicht. Er wusste nur, dass der Marquis nicht die geringste Neigung zu einer Ehe mit Renée-Pélagie hatte. Mehr wusste er nicht. Es genügte ihm, um die Grausamkeit zu ermessen, die man an ihr beging. Ein kaltes Ehebett, dachte er, wie es so viele gibt. Pflichtschuldig gezeugte Kinder. Ein Gemahl, der sich Mätressen hält. Und dann mit vierzig dieselbe Verzweiflung, wie ihre Mutter sie jetzt erlebt, um Pläne für das Unglück einer ältesten Tochter zu schmieden, der es ebenso ergehen wird, bis sie vierzig ist.
Ach, dachte er, das Unglück macht die Frauen wenigstens interessant. Die unerfüllten Sehnsüchte kleiden sie. Leiden ist elegant,

jedenfalls in den Kreisen, um deren Seelen ich mich sorge. Außerdem haben sie ja unsereinen, dem sie sich öffnen können. Ein schönes Bild. Sich öffnen. In einigen Wochen wird sie wieder mir gehören. Gleichzeitig erhitzt und abgekühlt, wird sie mir ihre Verzweiflung anvertrauen. Und wenn sie von mir geht, wird sie ein leichtes Ahnen davon mitnehmen, was die Liebe sein könnte, nach der sie sich sehnt. Wahre Berührung. Beides: unzüchtig und innig. Sünde und Vergebung. Tränen und Weihrauch. Die jungen Ehefrauen sind mir die liebsten. Die älteren auch.
Gott segne dich, meine Tochter, sagte er. Morgen in Saint-Roche. Hat denn dein zukünftiger Mann schon gebeichtet?
Ich weiß nicht, sagte sie. Soll er das?
Ein junger Mann hat vor dem Sakrament der Ehe immer zu beichten. Glaub mir, mein Kind.
Wirklich?, sagte sie begeistert. Glauben Sie, dass er Erfahrung hat?
In der Regel –, der Abbé ließ den Rest ungesagt.

Am 17. Mai 1763 fand die Hochzeit statt.
Eine kleine Unstimmigkeit trübte sie. Die Mutter des Bräutigams weigerte sich, den Familienschmuck herauszugeben, der jetzt der Braut zustand. Sie wolle ihn selbst tragen, ließ sie ausrichten.
Im Hause Montreuil entstand Verlegenheit.
Kammerdiener ritten hin und her zwischen dem Hôtel de Montreuil in der Rue Neuve-du-Luxembourg und dem Karmeliterinnenkloster in der Rue d'Enfer, wo die alte Comtesse lebte.
Sie brachten keinen Schmuck, nur die Antwort: Nein.
Es war eine Antwort, auf die sich die alte Comtesse gut verstand, dieses Nein.
Die Comtesse war fünfzig. Seit ein paar Jahren hatte sie sich von dem Comte getrennt und führte das Leben einer Neinsagerin: Sie bewohnte mit ihren zwei Zofen eine Suite im Karmeliterinnenkloster in der Rue d'Enfer, nahm an den Andachten teil, ging selten aus, empfing noch seltener Besuch bei sich, häkelte, stickte, las, sofern ihr nachlassendes Augenlicht das erlaubte, ging zur Beichte

und ließ sich durch ihre Cousine, die Marquise de Sorans, Gesellschaftsdame von Madame Elisabeth, der Tante des Königs, mit Nachrichten vom Hof versorgen, die sie messerscharf kommentierte.

Männer, sagte sie, können Ehren, Vermögen, Erfolge im Lauf ihres Lebens anhäufen und je älter sie sind, desto mehr davon haben. Bei Frauen ist es umgekehrt. Sie besitzen, was sie begehren, wenn sie jung sind, im Überfluss: Schönheit, Ruhm, Liebesglück. Aber je älter sie werden, desto mehr davon verlieren sie. Es gibt keine Frau über dreißig, sofern sie Verstand hat, die glücklich ist, sagte sie.

Sie wusste zu verachten, und am meisten verachtete sie ihren Mann. Das große Nein, das sie bis in ihre Haltung – kerzengerade, den Kopf etwas schief gelegt – verkörperte, galt vor allem ihm.

»Sie ist eine schreckliche Frau«, schrieb der Comte an seinen Bruder, den Abbé Jacques-François.

Sie hatten nicht viel zusammengelebt. In der ersten Zeit ihrer Ehe war die Comtesse Gesellschaftsdame der Prinzessin und lebte im Schloss Condé, wo auch der kleine Donatien die ersten vier Jahre seiner Kindheit verbrachte. Dann brachte ihn seine Mutter zu der Großmutter väterlicherseits nach Avignon und folgte ihrem Mann nach Köln, wo er Gesandter des französischen Hofes beim bayrischen Kurfürstbischof Clemens-August war. Sie blieb, verließ ihn wieder, blieb. Am Ende, nach seinen glücklosen Missionen wieder in Paris, verließ sie ihn ganz.

Unter den zuständigen Ministern Amelot und d'Argenson herrschte die Meinung, dass »Unregelmäßigkeit und Undurchsichtigkeit« die Führung der Amtsgeschäfte des Gesandten de Sade kennzeichneten. Sie schätzten ihn als »Lebemann« ein, »einigermaßen witzig, aber wenig solide«. Am Ende weigerte sich der Kurfürst, ihn zu empfangen.

Er wird seine Gründe gehabt haben. Wie die Comtesse ihre Gründe hatte, statt an der Seite des Comte im Kloster zu leben.

Ehen. Man hat seine Vermutungen.

Der Vater: ein gescheiterter Diplomat. Ambitiös, erfolglos, enttäuscht von sich.

Die Mutter: tief enttäuscht von ihm. In einer Distanz verharrend, die von mehr spricht als Beleidigtsein: von der Kraft, zu hassen und nein zu sagen.
Das sind die Eltern des Marquis de Sade.
Diese Eltern sind einander Feinde. Und wie es scheint, ist die Comtesse von beiden die Stärkere. Ihr Nein, als es gilt, die Juwelen herauszurücken, ist Teil eines größeren Nein, mit dem sie sich gegen die Zumutungen ihrer Ehe zur Wehr gesetzt hat.
Der Comte behauptet manchmal, nicht einmal zu wissen, wo sie sich aufhält. Das geht zu weit. Niemand glaubt es ihm. Eine Dame wie sie hält sich im Kloster auf, nachdem sie ihren Mann verlässt. Ihr Teil ist der Verzicht und die Frömmigkeit. Sein Teil ist das Laster, an dessen Ausübung ihn jetzt nichts mehr hindert, wie ihn auch früher nichts daran gehindert hat. Trotzdem hat sich etwas geändert, seit die Comtesse sich von ihm und der Welt zurückgezogen hat: Die Ausübung des Lasters, ein zentrales Anliegen im Leben des Comte, vermag ihn nicht mehr im selben Maße zu reizen, seit die Comtesse nicht mehr mit ihm lebt. Das macht ihn zornig. Der Comte ist sechzig. Dennoch sieht er in ihr die Ursache für ein gewisses Nachlassen seiner Lebenskraft. Ganz im Geheimen hält er sie für der Hexerei fähig. Und es mag etwas daran sein. Wenn Hexerei zu Zeiten der Enzyklopädisten noch im Schwange wäre, würden es alle sehen: ihr kleines, gepresstes Mündchen, der Spott in ihren Augen … Aber der Comte ist ein Mann der Aufklärung. Sein Zorn auf die Frau, die ihn allein gelassen hat, muss ohne den Trost eines Glaubens an Hexen auskommen. *Eine schreckliche Frau …* Mehr hat er nicht. Und einen Bruder, dem er dies schreiben kann und auf ein wissendes, mitwissendes Lächeln zählen, wenn er es liest.
Dieser Sohn ist ihr einziges Kind. Zwei kleine Töchter sind früh gestorben. Hier ist die Frucht ihrer Ehe, der Erbe einer Verbindung, die im Nein statt im Ja wurzelt: Donatien Aldonze François, ab jetzt der Begründer einer neuen Generation von de Sades.
Alles beginnt von vorn: die Vorfahrt der Kutschen vor dem Hauptportal von Saint-Roche. Livrierte Diener, die an den Verschlag eilen

und den Damen in Reifröcken und Schleppen beim Aussteigen behilflich sind. Passanten, die stehen bleiben und sich die Namen der Aussteigenden zuflüstern. Glockengeläut. Der kühle Kirchenraum, die Gerüche nach Wachs, Weihrauch, feuchtem Stein und Körperausdünstungen. Das junge Paar ohne Blick füreinander. Den entscheidenden Schritt zu zweit tut jeder für sich und jeder einsam, starr geradeaus blickend.

Ganz zum Schluss fährt noch ein Wagen vor, kurz bevor das Portal der Kirche geschlossen wird. Herein tritt die alte Comtesse, nur von einer Nonne begleitet, die auf einer der hinteren Bänke Platz nimmt, während die Comtesse mit sicheren Schritten und raschelnder schwarzer Robe nach vorne kommt, um neben ihrem verdutzten Gemahl Platz zu nehmen, der entschieden zur Seite rückt.

Die Comtesse trägt die Juwelen der de Sades. Alle haben es gesehen. Sie trägt sie zu der hochmütig verschlossenen Miene, die sie immer trägt. Das Brillantcollier harmoniert vorzüglich mit dieser Miene. Scharf geschliffen und kalt. Nach der Zeremonie wird sie es sich mit einer entschiedenen Geste abnehmen und der Braut umlegen.

Ich wollte es Ihnen selbst geben, wird die alte Comtesse zu der jungen Marquise sagen. Ich hoffe, mein Kind, es bringt Ihnen mehr Glück als mir.

Und als sie sieht, dass die Braut in törichte Tränen ausbricht und gleich etwas unglaublich Törichtes sagen will, fügt sie hinzu: Aber das glaube ich nicht.

Worauf sie die Gesellschaft, die noch vor dem Kirchenportal verharrt und in Komplimenten und Glückwünschen badet, stehen lässt, indem sie mit der Nonne, mit der sie gekommen ist, in ihre Kutsche steigt und dem Kutscher ein Zeichen gibt, unverweilt loszufahren. Sie trägt eine Witwentracht. So ist sie zur Hochzeit ihres einzigen Sohnes erschienen. Es grenzt an Gattenmord. Der alte Comte gibt vor, nichts davon zu bemerken. Es gelingt ihm gut, denn er ist ohnehin selten aufrichtig, und schließlich ist er Diplomat.

Ein kurzer Auftritt im Prolog. Wir werden ihr nicht mehr begeg-

nen, der alten Comtesse de Sade. Als Schwiegermutter wird sie nicht in Erscheinung treten, ganz im Gegensatz zu der Mutter der Braut, die jetzt vor der Kirche für einen harmonischen Abgang sorgt. Zukunft, Glück, Familie ist ihr Text, der sich im Verlauf des Stückes bedeutend ändern wird.
Und kann man von einer Schwiegermutter Schöneres sagen, als dass sie nicht mehr in Erscheinung tritt?
Sie lebte noch vierzehn Jahre bei den Karmeliterinnen, die alte Comtesse de Sade, und als sie starb, da war ihr Sohn nicht bei ihr. Er hatte in La Coste zu spät erfahren, dass sie erkrankt war. Er nahm sofort eine Kutsche, fuhr nach Paris, kam an, da war sie schon seit drei Wochen tot. Am fünften Tag nach seiner Ankunft kamen die Häscher und brachten ihn nach Vincennes. Es war der Anfang einer dreizehnjährigen Haft.
Marie-Eléonore de Maillé de Carman. Kein Zeugnis spricht davon, ob sie ihr einziges Kind geliebt hat. Kein Zeugnis spricht über sie. Eine verschlossene Frau. Im Zeitalter der Empfindsamkeit schreibt sie kaum Briefe. Sie hüllt sich in Schweigen. Nur ein schwaches Gerücht, der Nachhall eines Gerüchts in einem der Briefe ihres Sohnes an die Marquise, seine Ehefrau, lässt ein erotisches Temperament ahnen, indem sich eine lang vergangene Affäre mit dem Prinzen Condé andeutet, »die Huldigung eines Helden«, die sie ein Recht hatte entgegenzunehmen, wie ihr Sohn es sieht. Keine Bekenntnisse. Kein Kommentar außer diesem: »Diese Mutter, der nachzutrauern Sie mir erneut Anlass geben«, schreibt der Marquis 1781 an seine Frau.
Vor allem nichts über den Comte, ihren Ehemann. Nichts an ihn. Kein Sterbenswort. Nur dieses große Nein.
Die Mutter des Sadismus konnte sehr grausam sein.

Und ihr Sohn sehr verschwiegen.
Eine Hochzeitsnacht mit dem Marquis de Sade. *Fürchten Sie nichts von mir.*
Er, der nichts ausließ in seinen Beschreibungen, der, ähnlich wie Dante, keine Erzählung schuf, kein Drama, kein Gedicht, obwohl

auch bei ihm von alldem etwas dabei ist, sondern einen Kosmos, wie ihn vor ihm noch niemand geschaut hatte, den er mit seinem Wort entstehen ließ, einen Kosmos der Schändlichkeit, der Verbrechen, der Übertretungen, eine Gegenwelt der Lust, in der ihr alles unterworfen war, alles in Dienst gestellt, jede Körpersekretion, jede Ausscheidung, auch die abstoßendste, Zweck und Mittel zugleich, um noch mehr Lust zu erregen, noch größere Verworfenheit zu ermöglichen, die wiederum in noch größerer Lust gipfelte, all das von einem Willen gelenkt, der keinen Willen über sich anerkennt, keinen Gott außer dem, der sich im Orgasmus offenbart, ein Äußerstes an Entfaltung von Macht, von sich selbst genügender Herrlichkeit, wahrhaft schöpferisch, er, der nichts ausließ, nichts unversucht, um ein Gott zu sein, und der entdeckte, dass er es im sexuellen Akt war, und darum in ihm alles aufbot, was verboten war, jegliche Überschreitung: Schmutz, Ekelhaftigkeit, Grausamkeit, er arbeitete sich daran ab, bis er das Herz des Obszönen schlagen fühlte, sein nacktes Fleisch zucken sah, und er begann zu schreiben, fleißig, pedantisch, mit kleiner exakter Schrift legte er die Enzyklopädie des Obszönen an, eben zu der Zeit, als andere Enzyklopädisten am Werke waren und die Welt mit Erkenntnis erleuchteten, begann er sein Werk der Gegenwelt, der Finsternis, und ließ nichts aus, keine Kleinigkeit, nicht die geringste Entartung, wenn sie nur denkbar war, mochte sie auch niemals praktiziert worden sein, sie war in der Welt, indem er sie beschrieb, und das entzückte ihn mehr als alles, was er begangen hatte, denn kein menschliches Leben reicht aus, um alle Perversionen im Fleisch zu begehen, die denkbar sind, er wurde ein wahrer Enzyklopädist der Finsternis, und er sah, dass er dem Bösen näher als jemals gekommen war, indem er schrieb. Er verlieh ihm Dauer, gab ihm Form, ja, er schuf, wie er es sich immer erträumt hatte, seine Welt, eine Welt, in der er souverän war wie nur je in seinen sexuellen Inszenierungen, und er versprach immer Neues, er versprach Unerhörtes, nie Dagewesenes, und wurde ein wenig langweilig mit der Zeit, er vergaß, dass Unerhörtes, das auf Unerhörtes folgt, dem Gesetz der Abnutzung unterliegt, er ließ Körpersäfte fließen, verstärkte das Schreien der Gefolterten und die Mühen der Folternden, es zu entlocken, er geizte mit keiner Abscheulichkeit –

Aber er schrieb nie über die erste Nacht eines jungen Paares, das gerade verheiratet worden ist.

Nichts über die Verwirrung, wenn sich die Tür hinter ihnen schließt.

Nichts über die scheue Frage der Kammerfrau: Kann ich noch etwas tun?

Nichts über den Widerwillen des Bräutigams, der eine andere liebt, und der nicht hier wäre, weder auf Befehl seines Vaters noch nach dem Willen des Monarchen in Versailles, auch nicht für ein Vermögen, von dem er noch glaubt, dass er es nicht braucht, wenn ihn die Geliebte in Avignon nach einer hitzigen Affäre nicht zurückgewiesen hätte.

Nichts über die Beeinträchtigung, die ihm von einer nur eben ausgeheilten Geschlechtskrankheit geblieben ist.

Nichts über die Ungeschicklichkeiten der jungen Frau, die sich ihrer sexuellen Initiation nahe glaubt und davon ausgeht, dass man sie mit Sätzen verschönt, die sie in Romanen gelesen hat.

Nichts über seinen Versuch, einfach mit ihr zu plaudern. Sein Entsetzen bei dem Gedanken, dass dies fremde Mädchen jetzt seine Frau sein soll.

Nichts über seinen plötzlichen Wunsch, diese Nacht mit jeder zu verbringen, nur nicht mit ihr.

Nichts über die Überwindung, mit der er nicht aufsteht, das Zimmer verlässt und sich in ein Bordell fahren lässt.

Nichts über ihre Verzweiflung, mit der sie spürt, dass etwas nicht ist, wie es sein sollte, und sich fragt, was der Abbé Gaudemar jetzt raten würde.

Nichts über seinen Entschluss, zu tun, was erwartet wird, damit dies ein Ende hat und erträglich ist.

Nichts über das, was hinter seinen geschlossenen Augen vorgeht, als er sie in die Arme schließt.

Nichts über das, was hinter ihren geschlossenen Augen vorgeht, als er sie in die Arme schließt.

Nichts, nicht das Geringste, über die große Peinlichkeit einer Hochzeitsnacht, nichts über einen Jungen und ein Mädchen von Anfang zwanzig, die von ihren Familien zu Mann und Frau erklärt worden sind und es jetzt sein müssen. Nichts davon.
Das Unerhörte, Marquis, ist nicht immer unerhört. Es ist schade, dass Sie uns nichts davon erzählt haben. Sie mit Ihrem Talent, Ihrer schriftstellerischen Unerschrockenheit.
Und nichts über Ihre Hochzeitsnacht?

Er liebt sie sehr und könnte sie nicht besser behandeln, schreibt die Präsidentin an den Bruder des Comte, den Abbé de Sade in Saumane.
Der Abbé schreitet die Spaliere in den Gärten seines Schlosses nahe der Fontaine de Vaucluse ab, dort, wo Petrarca einst in Vollendung liebte und dichtete, und zwar in Abwesenheit der Geliebten, was die Erreichung des höchsten Grades der Vollendung entschieden begünstigt. So denkt auch der Abbé. Er liebt Petrarca, weil er ein Nachfahre der Laura ist, die Petrarca geliebt hat. Sie war mit einem Hugues de Sade verheiratet. Eine Frau aus Fleisch und Blut also, während der Dichter in seiner Eremitage nur die Musen zur Gesellschaft hatte. *Les muses habitent avec moi dans cet asile écarté.*
Der Abbé widmet sich Studien für eine Biographie des Dichters, deren erster Band bald, 1764, erscheinen wird. Er reist viel, oft nach Paris, noch öfter in die Auvergne, wo er Kommandaturabt des Klosters Ébreuil ist. Nach Saumane zieht er sich von Paris zurück, nach Paris von Ébreuil, und von Ébreuil aus ist er wieder bald unterwegs nach Saumane oder Paris. Es ist ein Leben fortwährender und einander ablösender Fluchten in die Zurückgezogenheit, die einen ausgesprochen kurzweiligen Charakter annehmen kann, zumal auch der Abbé sich mit Musen umgibt, jedoch solchen aus Fleisch und Blut. *Sein Landsitz ist in der Tat ein Harem,* wird sein Neffe schreiben, der allerdings wenig Grund hat, seinem Onkel Vorhaltungen zu machen.
Der Abbé ist achtundfünfzig. Die geistliche Tracht kleidet ihn. Er

weiß, welche Macht sie ihm über die Frauen verleiht. Er ist für sie beides: Geistlicher und Schlossherr. Die Mischung ist so angelegt, dass sie unwiderstehlich wirkt. Man muss ihn sehen, wie er durch seine Gärten geht, aufrecht, in der Aura seiner Einsamkeit, die er so gut zu zerstreuen weiß und in der dennoch seine Anziehungskraft wurzelt, ein Herr auf seinem eigenen Grund, der Schöpfer dieser Anlagen, der Brunnen, Spaliere, Rosenstöcke und Weinlauben, wie er auf einer der steinernen Bänke Platz nimmt und jetzt den Brief aus der Tasche zieht. Die Präsidentin wäre ihm verfallen mit Haut und Haar, wenn sie ihn jemals so sähe.

Sie wird ihn niemals sehen, weder hier noch in ihrem Schloss Échauffour in der Normandie, wohin sie nicht müde wird, ihn Jahr für Jahr einzuladen, auch in dem Brief, den er gerade liest. Sie wäre ihm verfallen bis zum Skandal. Sie sind ein Paar, der Abbé und die Präsidentin, auch wenn sie es, mit Bedacht, niemals werden, indem sie es nicht darauf ankommen lassen. Die vielen Briefe, die sie wechseln, künden in jeder Zeile von dem Wissen um die wechselseitige Ebenbürtigkeit, einem Respekt, der nicht ohne Misstrauen ist, weil er weiß, dass jedes Vertrauen seine Grenzen hat, von der Erotik des Wissens, der Intelligenz, der Klugheit, die mehr sieht als andere.

Was Ihre Nichte betrifft, schreibt die Präsidentin und meint ihre Tochter, *sie liebt ihn, wie man es nur wünschen kann. Das ist ganz einfach. Bis jetzt ist er sehr liebenswürdig.* Bis jetzt.

Seit Anfang August ist das junge Paar in der Normandie. Der Landhausmonat, der sich für die meisten Familien der Pariser Gesellschaft bis in den Oktober hineinzieht. Erst dann kehrt man in die Stadtpalais zurück.

Der Abbé weiß, was das bedeutet. Jahr für Jahr werden die Ehen reanimiert. Die Männer widmen sich tagsüber ihren Verwaltern, gehen zur Jagd und finden sich in Ermangelung anderer Zerstreuungen in den Boudoirs ihrer Frauen ein. Die Frauen erblühen in der Landluft und der Abwesenheit der Pariser Mätressen, sie reiten aus, sie entspannen sich und kehren von ihren Männern geschwängert im Herbst in die Hauptstadt zurück. Jahr für Jahr werden dann die erotischen Karten im Winter in Paris neu gemischt.

Der späte Sommer ist die Jahreszeit der Vermählten. Der Abbé weiß es, weil es nie seine Zeit war und er sie gewöhnlich in Ébreuil verbringt, um den Pflichten eines Abts nachzugehen.
Nun, mein Neffe, denkt er, wirst du das Deine tun.
Er liebt sie sehr und könnte sie nicht besser behandeln.
Der Abbé atmet auf. Er weiß um die Affäre von Avignon. Er hat das Seine getan, um den Neffen zur Vernunft zu bewegen. Er hat dafür gesorgt, dass er noch rechtzeitig zur Hochzeit in Paris angekommen ist.
Aber ihrer Tochter, schreibt die Präsidentin weiter, sei noch ganz weh ums Herz. Denn der junge Marquis sei nach Fontainebleau gefahren. Dort wolle er sich mit einem Herrn de Choiseul besprechen, der ihm eine Stelle beschaffen solle. Außerdem beabsichtige er, sich nach Dijon zu begeben, um sich dort ins Parlament aufnehmen zu lassen.
Der Abbé lässt den Brief sinken.
Welches Datum ist heute?, fragt er die junge Frau, die neben ihm auf der Steinbank Platz genommen hat.
Der vierte November, sagt sie. Die Nächte sind schon kurz.
So hat er es nicht länger als bis in den Oktober hinein ausgehalten, sagt der Abbé.
Wer?, fragt die junge Frau. Wovon reden Sie, *mon amour*?
Nichts, sagt der Abbé. Eine Familienangelegenheit.
Sie haben Familie?, sagt die junge Frau. Wie charmant.
Einen Neffen, sagt der Abbé. Er hat sich verheiratet.
Wann?
Im Mai.
Dann hat er jetzt ein wenig Erholung nötig. Meinen Sie nicht, *mon amour*? Lassen Sie ihn hierher kommen.
Das könnte Ihnen so passen, sagt der Abbé und macht ihre Schulter frei, die er leicht mit den Lippen streift. Er ist gefährlich. Wir de Sades sind alle gefährlich.
Junge Männer, sagt die Frau, sind weniger gefährlich, als man denkt. Viel weniger als die alten.
Er schon, sagt der Abbé. Man muss auf ihn aufpassen.

Soll doch seine Frau auf ihn aufpassen, sagt sie. Ehefrauen sind so dumm.
Sie müsste ihn einsperren und an Ketten legen, sagt der Abbé nachdenklich.
Oh, ruft die junge Frau entzückt, wie ein wildes Tier?
So ähnlich, sagt der Abbé.
Und beißt er?, sagt die junge Frau.
Sie entblößt ihr feines Mardergebiss dabei.
Der Abbé neigt sich zu ihr und flüstert etwas in ihr Ohr.
Sie antwortet mit einem Raubtierknurren, das in Gelächter übergeht.
Der Abbé zieht sie jetzt entschieden zu sich heran.
Meine Liebe, flüstert er, wir wollen hineingehen, der Wind ist kühl.
Sie tänzelt mit den flinken Schritten der Bereitwilligkeit vor ihm her. Ihr Hinterteil befindet sich vor seinen Augen, da sie bergauf gehen. Ihr gebauschter Rock schwingt. Sie hält ihn so weit geschürzt, dass er ihre Kniekehlen sehen kann.
Während der Abbé ihr folgt, formuliert er die Antwort an die Präsidentin, die er nach einem erotischen Intermezzo in seinem Privatsalon später diktieren wird. Er sieht alles klar vor sich, die Gegenwart und die Zukunft dieser Ehe. Ein Satz aus einem Brief der Präsidentin vom September hallt in ihm nach:
Ich weiß nicht, ob Renée-Pélagie seinen Ansprüchen genügt, geistig und auch sonst. Er ist sehr anspruchsvoll, fordernd. Und dann: *Er liest und er schläft viel. Sie kennen sicher seine Vorliebe für beides.*
Der Abbé hat seinen Neffen als Kind jahrelang bei sich gehabt. Er kennt und weiß noch mehr: wie schnell sein Neffe beides über hat. Auf eine Phase intensiver Lektüre und exzessiven Schlafs folgt stets eine Phase der Unruhe. Dann hält man ihn nirgendwo. Dann kommt er nach einiger Zeit wie ein Kater auf Freiersfüßen erschöpft und abgerissen zurück, schmutzstarrend, in seinen Augen einen fremden Glanz.
Wo bist du gewesen, Donatien?

Als er ein Kind war, schlug er sich mit den Jungen aus dem Dorf. Er stank nach Kuhdreck, Jauche und saurer Ziegenmilch.
Du bist ein Herr, sagte sein Onkel dann. Lass dich nicht mit den Ziegenbuben ein.
Aber ich schlage sie gerne, antwortete er, und sie schlagen mich.
Später blieb er auch länger fort. Da half kein Strafen und Drohen. Er entkam seinen Hauslehrern, sosehr man sie auch zur Wachsamkeit anhielt. Man schickte Diener und Mägde aus, ihn zu suchen. Da lag er schon mit den Mädchen im Bauernstroh. Eines Tages fand man ihn neben einem Jungen, den er an einen Karren gefesselt hatte und dem das Blut auf seine Füße tropfte. Ich wollte nur sehen, was er aushält, sagte er. Da war er neun Jahre alt.
Dann saß er wieder tagelang über den Büchern in der Bibliothek: *La lecture et le sommeil*. Und das dritte. Die Präsidentin hatte das Dritte vergessen. Der Abbé kannte es.
Ihr Neffe, sagt die junge Frau. Sprechen Sie zu mir von Ihrem Neffen.
Schweigen Sie, sagt der Abbé. Sie wissen, dass Sie jetzt schweigen sollen.

War ich glücklich mit ihm? Welche Frage. Wenn Sie eine alte Frau fragen, ob sie glücklich war, wird sie antworten: Ich war jung. Genügt das? Und wie jung ich war. Die Wochen nach unserer Hochzeit waren ein einziges Fest: Bälle, Theater, Konzerte. Besuche, die wir machten und bei uns im Haus meiner Eltern in der Rue Neuve-du-Luxembourg empfingen.
Meine Präsentation bei Hof fand am 9. Juni statt. Die Damen vom Hofstaat begrüßten mich aufs Charmanteste. Mademoiselle de Sens stellte mich der Dauphine vor, aber da ich nicht genau wusste, ob sie es war oder eine der Prinzessinnen, verneigte ich mich schweigend. Ich war sehr froh, dass Mama nicht zugegen war. Später erzählte ich ihr, dass die Dauphine mit mir geplaudert habe, und Mama fragte: Hat sie etwas über dein Kleid gesagt? Und ich log und sagte: Sie fand es ganz ausgefallen. Und Mama sagte: Das sagt sie immer, wenn die Person sie nicht interessiert. Wir werden se-

hen, ob du eine Einladung in einen der Konversationszirkel bekommst. Aber es kam keine Einladung.
War ich verliebt? Ich weiß nicht. Sollte eine junge Frau in ihren Mann verliebt sein? Die Ansichten dazu gingen damals auseinander.
Es war unser Honigmond, und meine Eltern hatten uns ein großes breites Himmelbett aufgestellt.
Gott, sagte Donatien, als er es sah, Gott, ein Ehebett.
Man will, dass wir gemeinsam darin schlafen, sagte ich.
So, sagte er, will man das? Und Sie? Wollen Sie es auch?
Ich wollte.
Dann zieh dich aus, sagte er.
Er setzte sich in ein Fauteuil und sah mir dabei zu.
Ist es wirklich das erste Mal für dich?, sagte er. Keine Cousins? Keine Pächtersöhne? Keine Gärtnergehilfen, die dir das Gewächshaus gezeigt haben?
Es war die Frage, die ich mehr als das Jüngste Gericht gefürchtet hatte.
Ich entkleidete mich, um meine Bestrafung entgegenzunehmen. Lebenslanges Kloster würde das Mindeste sein, was mich erwartete, wenn er mich meinen Eltern zurückgab.
Nein, sagte ich und löste das letzte Band, während mein Unterkleid an mir herabglitt und zu meinen Füßen liegen blieb, ein Musiklehrer.
Diese verdammten Burschen, sagte er. Wenn ich nicht Marquis wäre, wäre ich Musiklehrer geworden.
Ich war wie gelähmt. Ich stand da. Ich sah, dass er lachte.
Dreh dich um, sagte er.
Und dann: Du gefällst mir. Vor allem deine Kehrseite, du weißt schon, dein *contresens.* Bist du da unberührt? Ich hoffe doch, dass dein Verführer noch etwas für mich übrig gelassen hat. Ein Bräutigam in der Hochzeitsnacht will schließlich etwas für sich haben. Darf ich dir wehtun?
Ja, sagte ich und trat aus dem Kreis der Stoffe, in dem ich stand, auf ihn zu.

Ich wusste ja, dass es wehtun muss. Ich war so froh, dass er etwas gefunden hatte, um mir wehzutun.
Ich mag gar keine Jungfrauen, sagte er.
Ich war so erleichtert.
Du bist nett, sagte er später. Wir werden vielleicht gute Freunde sein. Willst du das?
Ja, sagte ich. Das will ich.
Im Laufe des Juni schlief er nicht mehr jede Nacht bei mir.
Ich fragte: Wohin gehen Sie?, wenn er mich nach dem Souper verließ.
Er sagte: Sie sind meine Frau und nicht mein Beichtvater.
Ich sagte: Kommen Sie in der Nacht zu mir?
Er sagte: Madame! So etwas sollte man einen Mann niemals fragen.
Verzeihen Sie, sagte ich.
Es ist unverzeihlich, sagte er im Hinausgehen.
Es war kein Scherz. Er verzieh mir solche Fragen nicht, und mit der Zeit lernte ich, sie nicht mehr zu stellen.
Oh, die bitteren Lektionen der Ehefrauen. Das Schweigen, das ihnen auferlegt ist. Ich lernte es nicht sofort. Aber mit den Jahren lernte ich es.
Die verbotenen Fragen: Liebst du mich? Woran denkst du? Wo bist du gewesen?
Gewiss, Madame, liebe ich Sie. Sind Sie nicht meine Frau?
Ich denke daran, auszugehen. Und wissen Sie was? Ich gedenke es ohne Sie zu tun.
Bin ich Ihr Zögling? Sind Sie meine Gouvernante? Seit ich ein Kind war, bin ich es nicht mehr gewohnt, Rechenschaft zu geben, wenn ich aus dem Haus gehe. Und ich sage Ihnen: Daran wird sich nichts ändern.
Gewiss, er war freundlich zu mir. Mehr noch, er war zärtlich. Er sagte mir Dinge, die mir noch niemand gesagt hatte. Er sagte: Du bist ein gutes Mädchen, weißt du das? Er sagte: Pass auf dich auf. Sie werden dich sonst ausnutzen, weil du ein Herz hast. Die meisten Menschen haben keins, sagte er. Ich bin gern mit dir zusammen.

Von allen Frauen gehst du mir am wenigsten auf die Nerven. Das kommt daher, dass du nicht klug bist. Nein, hör mir zu! Du bist klüger als die meisten, aber du versuchst nicht klüger zu scheinen, als du bist. Das gibt es selten bei Frauen. Ich mag das. Sei nicht affektiert! Ich hasse affektierte Frauen. Sie sind schrecklich im Bett.
Und ich hörte ihm zu, und mein Herz brannte vor Verlangen, mehr von ihm zu hören. Und die Frage: Liebt er mich? war stets auf dem Sprung in mir wie ein Tier, das auf seine Beute lauert, und in diesem Lauern war Wut, die ebenso wie das Verlangen auf dem Sprung war, sich auf etwas zu stürzen, um es zu halten und zu zerstören, und ich sagte:
Wer sind diese anderen Frauen, mit denen Sie das Bett teilen?
Und er sagte: Deine Eifersucht wird mich vertreiben. Merk es dir gut. Ich vertrage es nicht, wenn Frauen eifersüchtig sind. Es langweilt mich.
Und ich fühlte, wie eine Hand nach meinem Herzen griff und zudrückte.
Sie tun mir weh, Monsieur, sagte ich.
So lernen Sie es ertragen, sagte er, schritt zur Tür und ließ mich allein.
Aber wenn er wiederkam, manchmal erst am nächsten Tag, dann war er so gut aufgelegt, so erfreut, mich zu sehen, dass ich all meine Klagen und Vorwürfe – nicht vergaß, aber auf später verschob. Er umfing und küsste mich: Meine kleine Frau, rief er, sind Sie noch immer da? Sie haben mich nicht verlassen, obwohl ich so böse zu Ihnen war? Kommen Sie an mein Herz! Wir werden immer zusammen sein, immerzu Mann und Frau spielen, ist das nicht wunderbar? Kennen Sie die Sage von Philemon und Baucis? Das sind wir beide, kleine Frau, ein alt gewordenes Paar, das voneinander nicht lassen kann! Ganz zum Schluss wird man in Bäume verwandelt. Wussten Sie das? Lassen Sie uns im Park von La Coste stehen! Ja, da wollen wir sein, Sie eine Linde und ich eine Steineiche! So wollen wir stehen, bis der Mistral der Ewigkeit uns entblättert. Ist das Leben nicht herrlich als Mann und Frau!?
Dann werden Sie nie mehr von meiner Seite weichen, sagte ich.

Und er: Ja? Aber das hat Zeit. Noch sind wir jung und tun alles, was uns gefällt.
Und ich: Sie tun alles, was Ihnen gefällt.
Kleine Frau, sagte er, und er flüsterte es in mein Ohr, ich möchte jetzt etwas tun, was Ihnen gefallen soll.
Und ich sah meine Mutter, wie sie uns beobachtete. Sie stand zwischen den Rhododendrenbüschen auf der Terrasse und entfernte die alten Blütenstände. Sie war halb verdeckt, und dennoch nahm ich den Ausdruck in ihrem Gesicht wahr, und ich bemerkte ein Interesse darin, das sie mir bisher nie gezeigt hatte. Ich sah, dass es nicht das Interesse einer Mutter war, sondern das einer Frau an einer anderen Frau, von der sie etwas zu begreifen sucht, und ich flüsterte Donatien etwas zu, was meine Mutter nicht hätte hören dürfen, sollte sie nicht in Ohnmacht fallen. Ich sah sie dabei an, als ich es in sein Ohr flüsterte, und ihr und mein Blick trafen sich, als er sagte: Mit Vergnügen, kleine Frau. Ich bin schon zu Diensten, spüren Sie das nicht, und sich an mich drückte und anschickte, mich auf die unzüchtige Art zu küssen, die ihm eigen war, und ich sagte: Meine Mutter –, und er sagte: Ich weiß. So hat sie immerhin auch etwas davon.
Er lehrte mich, sie mit anderen Augen zu sehen.
Er sagte: Sie gehört ins Bett eines Marschalls von Frankreich oder – warum nicht? – des Königs selbst. Sie hat das Zeug dazu. Entschuldige bitte, dein Vater kann ihr einfach nicht das Wasser reichen. So ist das nun einmal unter Eheleuten, setzte er hinzu. Einer von beiden ist immer stärker. So wie ich von uns beiden der Stärkere bin.
Ich sagte: Ist das so? Und erschrak, weil ich sah, dass es so war und so einfach war.
Aber meine Mutter?
Alte Frauen mit vierzig, sagte er, sind zu bedauern. Sie müssen zusehen, wie ihre Töchter den Mann kriegen, den sie selbst nicht mehr haben können.
Du glaubst, sagte ich, sie will dich?
Hab keine Angst, sagte er. Der Titel Schwiegermutter bietet sicheren Schutz vor mir.

Und sonst?, dachte ich. Würde er?
Ich begann zu vermuten. Und das Vermuten begann mein Glück zu vergiften. Wo war er, wenn er nicht bei mir war? Wo schlief er, wenn er nicht in meinem, in unserem Bett schlief?
Ich habe Freunde, sagte er. Ein Mann wie ich findet immer ein Bett, das für ihn gemacht ist.
Ich kannte diese Freunde nicht.
Kann ich sie kennen lernen?, fragte ich.
Du redest wie eine Ehefrau, sagte er.
Aber das bin ich auch, sagte ich.
Sei es ein bisschen weniger, wenn ich bitten darf. Du bist ohnehin nicht sehr interessant. Aber sei nicht auch noch einfältig.
Und dann verließ er mich.
Ich begann diese Augenblicke mehr als alles andere zu fürchten, wenn er ohne Ankündigung plötzlich fortging. Ein paarmal ließ ich mich dazu hinreißen, hinter ihm herzulaufen und zu rufen: Bleiben Sie! Bleiben Sie doch! Oder nehmen Sie mich mit! Nur verlassen Sie mich nicht!
Madame!, sagte er einmal. Sie sind jetzt eine de Sade. Mehr Haltung, wenn ich bitten darf!
Und dann war da auch noch meine Mutter.
Wo ist dein Mann?, sagte sie.
Ausgegangen, antwortete ich.
Er geht häufig aus, sagte sie.
Und ich hasste sie.
Eines Tages hörte ich sie im Salon mit einer ihrer Freundinnen sprechen.
Und Ihr Schwiegersohn?, sagte die Freundin. Man hört, dass er seinem Vater und dem Abbé de Sade nachschlägt.
Lassen Sie nur, er ist reizend, sagte meine Mutter. Wir mögen ihn. Er ist jung. Vielleicht etwas leichtsinnig, aber das ändert die Ehe. *Er stößt sich die Hörner ab.*
Was sollte das heißen, er stößt sich die Hörner ab? Ich wendete die Redensart um und um und konnte nichts Verdächtiges darin finden. Ich dachte an Wettkämpfe mit seinen Freunden, von denen er

zu mir gesprochen hatte, an Kräftemessen und Ringkämpfe. Er war ein Mann und lebte in einer Männerwelt, in die ich ihm nicht folgen konnte.
Ich fragte ihn: Sind Sie müde? Sind Sie verletzt?
Wie kommst du darauf, sagte er. Ein bisschen müde, ja. Vielleicht sollten wir diese Nacht einmal ausschlafen. Ich glaube, ich werde ein Bad nehmen, bevor ich zu Bett gehe.
Und ich sagte: Wenn Sie mich brauchen –
Und er sagte: Danke. Nein, heute nicht.
Und so war es später gewöhnlich, wenn er nach Hause kam.

Da ahnte ich es längst, welches die Männerwelt war, aus der er müde und abgekämpft zu mir zurückkam. Doch einmal folgte ich ihm. Ich schrie den Kutscher an: Fahren Sie! Fahren Sie! Folgen Sie dem Wagen, der eben vor uns abgefahren ist. Ich hatte ihn in der Nähe des Hôtel de Ville in eine Droschke steigen sehen und, ohne lange zu denken, die nächste genommen. Mein Herz klopfte lauter als die Hufe des Pferdes auf dem Pflaster. Ich verbarg mich im Fond. Kaum dass der Kutscher das Pferd zum Traben gebracht hatte, bereute ich schon, was ich tat. Dann wieder siegte die Angst, er könne den Wagen vor uns aus dem Blick verlieren, und ich trieb ihn zu noch größerer Eile. Schließlich kamen wir zum Faubourg Saint-Marceau, und der Wagen, in dem Donatien saß, hielt vor einem kleineren Haus. Ich befahl meinem Kutscher, mit unvermindertem Tempo vorbeizufahren. In diesem Augenblick war mir nichts wichtiger, als nicht gesehen zu werden. Ich war es, die Verbotenes tat. Ich brach das Vertrauen, das zwischen Eheleuten herrschen soll. Ich würde zu erklären haben, was ich hier tat.
So, indem ich es kaum wagte, mich in der Kutsche umzudrehen, als wir den Wagen passiert hatten, sah ich nicht, wie er ausstieg und welches Haus er betrat und ob jemand mit ihm im Wagen gewesen war.
Halten Sie, rief ich dem Kutscher an der nächsten Ecke zu. Ich bezahlte ihn und stieg aus.
Die kleine Straße war belebt an jenem Nachmittag. Kinder spielten

in der Sonne. Alte Frauen vom Land saßen zwischen den Ecksteinen und boten ihre Waren feil. Ich mischte mich unter die Kleinbürgerinnen, die ihre Einkäufe machten. Ich fiel unter ihnen auf. Wenn man aus der Rue Neuve-du-Luxembourg kommt, ist es schwer, in der Menge der Bürgerinnen in diesem Viertel nicht aufzufallen.
Der Wagen, der Donatien gebracht hatte, war längst fortgefahren. Aber jetzt hielt eine andere Droschke an derselben Stelle. Zwei Damen stiegen aus. Eigentlich keine Damen, zwei junge Mädchen. Sie verschwanden im nächsten Hauseingang. Ich fragte eine ältere Frau, die auf der anderen Seite der Straße in der Sonne saß: Wissen Sie, wer da drüben wohnt?
Wo kommen Sie denn her?, fragte sie.
Sie taxierte mich. Ich merkte erst jetzt, wie alt sie war. Sie war uralt.
Ich habe mich verlaufen, sagte ich.
Junge Damen verlaufen sich leicht in dieser Gegend, sagte sie. Man muss aufpassen.
Kennen Sie sich hier aus?, fragte ich. Wie heißt die Straße?
Junge Frau, sagte sie, hier kennt sich niemand besser aus als ich. Das ist die Rue Mouffetard. Ich wohne seit siebzig Jahren hier. Mich kriegen sie hier nicht fort. Mich müssen sie mit den Füßen voran aus meinem Haus tragen. Meine Tochter sagt zu mir, hier kannst du nicht bleiben. Aber ich bleibe. Ich sage: Nicht die Umgebung macht den Menschen, sondern der Mensch die Umgebung. Ich bleibe dieselbe, auch wenn sich hier vieles verändert hat.
Ich fragte: Haben Sie die beiden Mädchen gesehen, die dort hineingegangen sind?
Nein, sagte sie.
Sie stiegen aus einer Droschke.
Hier halten viele Droschken, sagte sie.
Und wer wohnt dort drüben?
Was weiß ich, sagte die Frau. Früher hat dort der Schneider Maurice gewohnt.
Und jetzt?

Keine Ahnung. Ich sehe, was ich sehe, und was ich nicht sehen will, sehe ich nicht. Und das Geld, wissen Sie, das Geld ist in meinem Alter nicht mehr so wichtig. Die Herren zahlen gut, ich weiß. Sie zahlen dreimal so viel Miete, wie die Familien bezahlen können, die hier noch wohnen. Aber da muss meine Tochter warten, bis ich nicht mehr da bin, wenn sie mein Haus als *petite maison* vermieten will.
Ich sagte: Was sind das für Herren?
Sie sagte: Vornehme Herren. Reiche Herren. Nur, wenn sie hier sind, dann sind sie weniger vornehm, glauben Sie mir. Aber wahrscheinlich wissen Sie das besser als ich.
Was?, sagte ich. Was weiß ich besser?
Sie sah mich prüfend an.
Sie haben sich nicht verlaufen, habe ich Recht?
Ich suche jemanden, sagte ich.
Sie sollten nicht hierher kommen, sagte die Alte, plötzlich verändert. Tun Sie das nie wieder. Gehen Sie! Gehen Sie!
Was ist eine *petite maison*?, fragte ich.
Gehen Sie nach Hause! Er kommt schon, Ihr Bräutigam. Sie kommen immer wieder zu euch nach Hause, die Herren. Was wollt ihr eigentlich? Genügt's euch nicht, reich zu sein? Müsst ihr euren Schmutz in unserer Gegend abladen? Hier haben anständige Leute gewohnt, bevor ihr gekommen seid!
Sie war laut geworden. Passanten blieben stehen. Ich hörte sie erregt miteinander reden, als ich mich entfernte: Eines Tages, rief die Alte, wird man euch zum Teufel jagen und den Hof dazu! Ja, das ganze verderbte Hofgesindel in Versailles!
Es gibt so viele von ihnen, dachte ich. Wenn sie sich jemals gegen uns erheben, dann gnade uns Gott. Und als es viele Jahre später geschah, da fiel mir die Alte in der Rue Mouffetard ein. Wie sie mir unrecht tat und mich doch dazu brachte, dass ich mich schämte. Und als man im Herbst 89 den Hof von Versailles nach Paris brachte, da erkannte ich die Mischung aus Scham und Empörung bei den meisten von uns wieder und wusste, dass wir verloren waren.

Kennst du die Rue Mouffetard, fragte ich meinen Mann, als ich ihn wieder bei mir sah.
Das Herz klopfte mir bis zum Hals. Eine Aussprache musste unweigerlich stattfinden. Ich war gewappnet für Bekenntnisse, Schwüre, Beteuerungen, an deren Ende ich ihm schließlich unter Tränen was auch immer verzeihen würde. Ich sehnte mich nach dieser Aussprache. Sie konnte nicht fehlgehen, uns einander näher zu bringen, wenn auch ich mich ihm offenbaren würde wie er sich mir.
Die Rue Mouffetard, sagte er. Das ist keine Gegend für dich, mein Kind.
Er schien kühl und desinteressiert, als beträfe meine Frage das Wetter von vorgestern.
Aber du, bist du öfter da?, fragte ich.
Nein, sagte er. Was sollte ich da?
Ich habe dich gesehen, sagte ich.
Man kann mich an vielen Orten sehen, sagte er. Du bist mir doch wohl nicht gefolgt?
Ich sah dich zufällig, sagte ich.
Dann meide in Zukunft solche Zufälle, sagte er. War das alles?
Ich konnte es nicht glauben, dass das Gespräch für ihn damit beendet war.
Weißt du, was eine *petite maison* ist?, sagte ich.
Madame, sagte er. Sie vergessen offenbar, wer Sie sind!
Ich sagte: Erklären Sie sich, Monsieur. Was wollen Sie mir damit sagen?
Dieses Gespräch entfernte sich immer mehr von den zärtlichen, wenngleich schmerzlichen Enthüllungen, an die ich gedacht hatte.
Ich will sagen, dass Sie Ihre Zuständigkeit überschreiten.
Ich hatte mich nicht mehr in der Gewalt.
Eine *petite maison*, rief ich. Erklären Sie sich, Monsieur!
Was gibt es da zu erklären, sagte er. Da Sie doch offenbar so gut Bescheid wissen. Ich bin übrigens entsetzt, fuhr er fort, zu hören, welche Worte Sie da im Munde führen. *Petite maison*. Aber! Sie reden ja wie ein *Roué*. Und ich dachte, dass ich eine anständige junge Frau

geheiratet habe. Wenn das Ihre Mutter wüsste, wo Sie sich in Paris herumtreiben. Und welche Schande Sie mir als Ihrem Gemahl machen. Wenn Sie dort jemand gesehen hat, denken Sie nur! Ich meine, wir sollten vergessen, was Sie da getan haben. Schwamm drüber. Wir wollen nie mehr darüber reden. Ich vergebe Ihnen. Ja. Ich glaube, ich bin in der Laune, Ihnen zu vergeben. Nun, kommen Sie, kleine Frau, kommen Sie! Machen Sie ein anderes Gesicht! Wenn ein Mann nach Hause kommt, sollte ihn seine Frau freundlich empfangen, meine ich doch. Wie, Sie freuen sich nicht, mich zu sehen? Mich, der sich so gefreut hat, Sie in die Arme zu schließen? Wir sollten nicht streiten! Wissen Sie nicht, dass wir einander lieben sollen? Nun denn, ich liebe Sie!

Ist das auch wahr, Monsieur?

Ich liebe Sie auf der Stelle, wenn sie daran zweifeln. Jetzt. Hier. Sofort. Das ist doch, was Sie wollen, geben Sie es zu!

Seine Stimme hatte den weichen, belegten Klang, der mich schwach machte.

Natürlich wusste ich, was eine *petite maison* ist. Jedes Kind in Paris wusste es. Die Herren mieten sie, um darin gewisse Frauen bei sich zu sehen. Paris war voller »Schauspielerinnen« zu jener Zeit, die keineswegs alle engagiert waren, jedenfalls nicht auf den Bühnen, sondern eher von einzelnen Herren, die sich ihrer Karriere anzunehmen versprachen und sie dadurch beförderten, dass sie nicht kleinlich waren, wenn sich der Kreis von Bewunderern, der sich um eine der Frauen scharte, ein wenig vergrößerte. Sie erhöhten dann womöglich ihre Zuwendungen und sicherten sich so die Rolle eines Favoriten.

Mir war all das nicht unbekannt. Doch gleichzeitig war ich unberührt davon. So wie ich um die Armut in den Familien der Küchenmägde aus den Vorstädten wusste, die wir beschäftigten, aber unberührt davon blieb. Derlei ging mich nichts an. Es geschah in einer anderen Welt, die mit der unseren nichts gemein hatte. Ich durfte mich verhalten, als gäbe es dergleichen nicht. Ich durfte es nicht nur, ich musste es.

Aber seit meinem Besuch in der Rue Mouffetard klebte etwas vom

Schmutz dieser anderen Welt an mir. Und während mein Gemahl begann, mich zu entkleiden, stellte ich mir vor, eine Schauspielerin zu sein, eins der beiden jungen Mädchen, die in das kleine Haus gegangen waren. Ich betrat es mit ihnen, den dunklen Gang, die Treppe in den ersten Stock, wo eine Tür offen stand und man mich erwartete. Ich war so frei wie sie. Ich ließ mich bezahlen für das, was ich mit ihm tat, und er war ein Fremder für mich, der mich an einer Welt fremder Genüsse teilhaben ließ, nein, ich ließ ihn teilhaben, er suchte sie bei mir, und er fand sie.
Man sieht es Ihnen nicht an, sagte er danach zu mir. Aber Sie haben das Zeug zur Konkubine, kleine Frau. Geben Sie Acht auf sich.
Geben Sie Acht auf mich, sagte ich.
Das will ich, sagte mein Mann. Wir werden noch sehen, was aus Ihnen zu machen ist.
Ich wusste damals noch nicht, dass er nicht nur in der Rue Mouffetard, sondern auch in Versailles und in Arcueil eine *petite maison* hatte. All das belief sich auf mehr als 2000 Livres im Jahr. Er war unersättlich, mein Gemahl. Rastlos auf der Suche nach Befriedigung seiner Lust. Es füllte ihn ganz aus. Es blieb in diesen Jahren in seinem Leben kein Platz für anderes. Männer machen Politik und Geschäfte. Sie gehen auf die Jagd. Sie häufen Vermögen an. Er tat nur das eine: Er traf Arrangements zur Befriedigung seiner Lust. Er tat es mit dem Eifer, der leidenschaftlichen Ausschließlichkeit, mit der ein Mann einer großen Pflicht dient, die zu erfüllen ihm aufgegeben ist. Er verzehrte sich für diese Aufgabe. Er diente ihr mit dem Mut und der Entschlossenheit, mit denen sonst große Taten vollbracht werden. Ich wage nicht zu denken, was er vollbracht haben könnte, wenn er ein Feldherr, ein Entdecker gewesen wäre. Aber er war nur – was? Ein Mann. Ein Geschlechtswesen. Er war es ganz. Als Frau wäre er die größte Hetäre aller Zeiten gewesen. Aber es gibt solche Frauen nicht, wie er ein Mann war. Er war fürchterlich.
War er unglücklich?
Keineswegs. Wie jeder, der einer Sache ohne Vorbehalt verschrieben ist, war er ganz eins mit sich. Ganz Stolz. Ganz Stärke. Ganz

Zuversicht. Die Ausschweifung war kein kräftezehrendes Laster für ihn. Sie war Erfüllung. Was seine Kraft herausforderte, das gab ihm auch Kraft zurück, wie es der Fall ist, wenn jemand ganz seiner Bestimmung gemäß lebt. Wenn er zu uns in die Rue Neuve-du-Luxembourg nach Hause kam, war etwas Strahlendes, etwas Sieghaftes um ihn, das gleichzeitig wärmte und blendete. Eine Unschuldsaura, die mich immer wieder an mir selber zweifeln ließ.
Einzig das Theater konnte ihn ablenken. Und er erlaubte mir, ihn in die Comédie Française, das Théâtre Italien oder das Theater in der Rue de Richelieu zu begleiten. Wir sahen Stücke von Regnard und Rochon de Chabannes, von Molière und Gresset. Ich verwendete viel Mühe darauf, nicht zu viel zu lachen und zu weinen, weil Donatien mich zurechtwies, dass ich es an den falschen Stellen tat. Ich hielt mich auch zurück mit meinem Urteil und klatschte genauso lange, wie er klatschte. Nur wenn er, wie es manchmal geschah, mitten in einer Szene aufsprang und Bravo! rief oder Buh!, dann blieb ich sitzen und schämte mich. Mit der Zeit begriff ich, dass ich einen heimlichen Autor und Regisseur geheiratet hatte, einen Theatermann, der mit der glühenden Hybris des Künstlers über die Machwerke anderer urteilte und davon überzeugt war, dass er es besser konnte als jeder andere und seine Zeit, die Zeit seines Ruhms, noch vor ihm lag, und mir kommen die Tränen, wenn ich daran denke, wohin es mit ihm gekommen ist:
Damals, in den ersten Wochen unserer Ehe, war es nichts weiter als eine tiefe Beunruhigung, die mich befallen hatte. Ein leiser Verdacht, der sich noch gern widerlegen lässt. Denn wie meine Mutter konnte ich nicht glauben, dass ein Mann, der sich dem Laster ergeben hat, so fröhlich sein kann, so unbeschwert, so warmherzig, so hilfsbereit, voller charmanter reizender Einfälle. Alle im Haus liebten dich. Meine kleinen Geschwister, die Dienstboten, die Hunde. Sogar mein Vater war, seit du bei uns lebtest, viel mehr zu Hause und fragte als Erstes, wenn er heimkam: Wo ist mein Schwiegersohn?
Nur meine Schwester Anne-Prospère verfiel, seit du bei uns warst, in das Schweigen, das Heranwachsende manchmal wie eine tückische Krankheit befällt, ein böses, quälendes Schweigen voller Vor-

würfe gegen jedermann. Ich fragte sie, ob sie mir böse sei. Ich dachte mir, dass es ihr in dem Zimmer, in dem wir bis jetzt gemeinsam geschlafen hatten, einsam geworden sei.
Du verstehst mich nicht, sagte sie. Niemand versteht mich. Außer Donatien.
Ich musste lachen. Donatien?, sagte ich. Der versteht nicht einmal sich selber. Glaub mir, kleine Schwester.
Du bist wohl nicht glücklich mit ihm, sagte sie mit solch plötzlich hervorbrechender Gehässigkeit, dass ich für einen Moment vergaß zu antworten.
Doch, bin ich, sagte ich.

Anfang August fuhren wir wie in jedem Jahr nach Échauffour. Zwei Tage vor der Abreise erklärte er, dass er in Paris noch etwas Dringliches zu erledigen habe und leider vorerst bleiben müsse.
Ich fragte: Was ist es?
Er sagte: Geschäftliches.
Wollen Sie mir nicht erklären, worum es sich handelt?, sagte ich. Ich bin doch nicht dumm.
Er sagte: Madame, Sie fragen zu viel. Aber da Sie es befehlen, werde ich bald nachkommen.
Ich sagte: Bald? Wann ist das? Ich werde kein Vergnügen empfinden, wenn Sie nicht bei mir sind.
Drängen Sie mich nicht, sagte er. Ich werde umso lieber kommen, je weniger Sie mich dazu drängen.
Ganz Paris ist im August auf dem Land, sagte ich. Sie werden niemanden antreffen, um Ihre Geschäfte abzuwickeln.
Überlassen Sie das nur mir, Madame, sagte er.
Ich versuchte es anders.
Sie werden es lieben, sagte ich, in Échauffour zu sein.
Ich beschrieb ihm das kleine Schloss, wie es auf seinem Hügel liegt und weit ins Land blickt, so dass man es von ferne, wenn man mit dem Wagen von l'Aigle herkommt, mit seinen hohen zweiflügligen Fenstern sehen kann, in denen sich gegen Mittag das Sonnenlicht bricht, so dass es aussieht, als begrüße das Haus selbst einen,

indem es dies Funkeln aussendet, als freue es sich, dass endlich seine Bewohner sich wieder nähern, und wie die beiden Linden, die mein Vater rechts und links des großen Tores im Süden hat pflanzen lassen, jedes Jahr ein wenig gewachsen sind und wie man von dem mächtigen Turm im Norden, der zwar nicht hoch, jedoch so fest gegründet scheint, dass er das Jüngste Gericht ohne zu beben überstehen würde, bis nach Échauffour Village hinaufblicken kann mit seiner Kirche, deren Turm ähnlich wehrhaft ist und eher wie ein Bergfried als wie ein Kirchturm aussieht und die grässlichsten Wasserspeier hat, die die Welt kennt, grässlicher als die von Notre Dame in Paris –

Ich werde gern auf Ihrem Landsitz zu Gast sein, unterbrach er mich höflich.

Ich sah, dass er mit seinen Gedanken ganz woanders war.

Woran denken Sie?, fragte ich, und diesmal antwortete er mir frei und ohne Vorbehalt:

Ich möchte Ihnen La Coste zeigen, sagte er. Irgendwann möchte ich mit Ihnen dorthin fahren. Wollen Sie das?

Und ich ahnte, was es bedeutet, die Frau von jemandem zu sein. La Coste. Kein lieblicher Landsitz. Keine *petite maison*. Ein uraltes mächtiges Gemäuer auf einem Berg, den ich mir unendlich hoch dachte. Eine Trutzburg. Das Haus des Marquis de Sade.

Ja, sagte ich, das will ich.

Ein paar Tage nach der Familie kommt er in Échauffour an, aufgeräumt, gut gelaunt und voller Pläne, wie stets nach einer Abwesenheit. Er bringt Stücke mit.

Lassen Sie uns spielen, sagt er, um uns zu zerstreuen. Langeweile ist das schlimmste Unglück, das einem zustoßen kann.

Man hat sich in Échauffour noch nie gelangweilt. Die Familie de Montreuil liebt späte Déjeuners, lange Spaziergänge und Abende am Kamin, die damit enden, dass die Damen über den Stickrahmen einschlafen, während der Präsident aus den Schriften von Montaigne vorliest, den er bewundert und in dem er sein Vorbild für ein männliches Leben in selbstgewählter Genügsamkeit findet.

Damit ist jetzt Schluss. Der Marquis hat sämtliche Bewohner des Schlosses einschließlich der Dienstboten binnen kurzem in eine Theatertruppe verwandelt, den Salon im Erdgeschoss in einen Bühnenraum, und sogar der Präsident läuft tagsüber auf den Parkwegen hin und her und lernt seinen Text auswendig.
Sie spielen den »Steinernen Gast« von Molière, und der junge Marquis spielt den Don Juan.
»Das ganze Vergnügen an der Liebe beruht auf dem Wechsel«, ruft er und sieht dabei seiner jungen Frau in die Augen. Sie ist eins der sizilianischen Landmädchen, mit denen Don Juan sich nach seiner Flucht aus der Ehe vergnügt.
Du musst feuriger sein, mahnt er sie.
Er ist Regisseur und Hauptdarsteller in einem, und während der Proben, die nachmittags auf der Wiese hinter dem Turm des Schlosses stattfinden, wechselt er ständig zwischen den beiden Rollen hin und her.
Sie gibt sich Mühe, feuriger zu sein.
»Sie machen mich vor Scham erröten«, seufzt sie und schlägt die Augen zu ihm auf.
Das zweite Landmädchen ist Anne-Prospère. Sie bleibt auch auf der Bühne bockig, verstockt und mundfaul, wie sie es im Leben ist.
»Ihr seid alle Verführer«, sagt sie verächtlich und spuckt die Mohnblüte aus, auf deren Stängel sie lange gekaut hat.
Du bist süß, Schätzchen, sagt der Regisseur zu ihr. Ja. Genau so. Mach weiter so.
Die Präsidentin ist Donna Elvira. Sie zeigt wahres schauspielerisches Talent, das sie bisher verborgen hat. Entschlossen, für immer zu entsagen und ins Kloster zu gehen, möchte Donna Elvira den Geliebten noch einmal sehen.
»Nichts auf der Welt war mir so teuer wie Sie«, haucht sie. »Ich vergaß um Ihretwillen meine Pflicht, ich tat alles für Sie.«
Sie schwankt vor sich selbst verleugnender Leidenschaft. Don Juan fängt sie auf.
»Madonna, es ist spät, bleiben Sie hier«, spricht er, tief über ihr Dekolleté gebeugt.

Sie schmiegt sich an ihn.
»Warum sagen Sie mir nicht, dass Sie vor Sehnsucht vergehen«, sagt sie und entschließt sich, eine Ohnmacht zu wagen.
Es dauert lange, bis man sie daraus mit Hilfe eines Riechfläschchens erwecken kann. Zweifel sind angebracht, ob sie die Absence spielt oder sie erleidet. Wenn sie sie erleidet, so spielt sie sie nur allzu gut. Und wenn sie sie spielt, so erleidet sie eine Erschöpfung, die das Maß ihrer Verausgabung ahnen lässt. Sie liegt auf dem Rasen, ein Bein angewinkelt, das Haar gelöst. Ihr Kopf bewegt sich wie in Trance von einer Seite zur anderen. Dann und wann entringt sich ihrer Brust eine Art Wimmern. Sie atmet rasch. Don Juan kniet ihr zur Seite und empfindet bei ihrem Anblick nichts als ein neu erwachtes sinnliches Gelüsten nach ihr.
Einen Moment lang sieht es so aus, als wäre er dazu imstande, ihr Gewalt anzutun.
Doch schon naht mit merkwürdiger Ruckhaftigkeit, die seine Natur als steinerne Statue ausdrücken soll, der Komtur in Gestalt von Herrn de Montreuil.
»Halt, Don Juan«, spricht er mit Donnergrollen. »Gib mir deine Hand!« Und er zieht ihn mit sich in die Unterwelt, deren symbolischen Abgrund man sich nicht tief genug vorstellen kann, wenn sich die beiden Männer hinter die Mauer des Küchengartens kauern, wo sie nur kurz verharren, während die Präsidentin wieder zu sich kommt und mit der ihr eigenen Behändigkeit auf die Füße springt.
Noch mal dasselbe, ruft der Regisseur.
Mein Gott, sagt die Präsidentin und fächelt sich Luft zu, die Schauspielerei nimmt mich wirklich mit.
Sie echauffieren sich zu sehr dabei, meine Liebe, sagt der Präsident, der sich ein paar Kletten aus dem Anzug zupft und seine Perücke abnimmt, um sich den Schweiß abzuwischen, der ihm in den Nacken und von den Schläfen rinnt. Es ist nur ein Spiel. Nicht wahr?, wendet er sich an seinen Schwiegersohn.
Keineswegs, antwortet der. Es ist das Leben. Nur sollte man es den Damen nicht verraten.

Und unsere Höllenfahrt?, fragt der Präsident, der die klare Unterscheidung liebt.
Haben wir die nicht verdient, wir Männer?, sagt der Marquis.
Nun, sagt der Präsident, ich hoffe doch wohl nicht.
»Jetzt ist der Himmel versöhnt«, ruft Sganarelle, Don Juans Diener, den der ältliche Hofmeister der beiden Brüder der Marquise spielt. »Die Ehre der Frauen, so tief gekränkt, ist wieder hergestellt.« Er hat das Schlusswort.
Bravo, ruft der Präsident.
Zum Teufel, sagt der Marquis. Das klingt ja wie das Einmaleins, wenn Sie es sagen.
Der Himmel über dem Schlossgarten hat sich verändert. Sein Blau ist unmerklich in ein Grau mit gelblichen Rändern übergegangen. Die Sonne verblasst hinter giftigen Schleiern. Wind kommt auf. Er ist warm. Am westlichen Horizont flammen einzelne Wetter auf. Dann zerreißt ein erster Blitz den sich schwärzenden Himmel, gefolgt von einem ohrenbetäubenden Krachen und einer Sturmböe, die zusammen mit den Blättern der Ulmen im Park die Textblätter durch die Luft wirbeln lässt.
Sehen Sie es, ruft der Regisseur. Sehen Sie es endlich? Ein Höllensturz! So muss es sein! Haben Sie etwa geglaubt, dass dies eine Komödie ist?!
Da laufen die Schauspieler schon ins Haus. Er reckt die Arme hoch. Die ersten Tropfen fallen, rinnen ihm aus den Haaren über das Gesicht.
»O Himmel! Wie wird mir?«, ruft er. »Ein unsichtbares Feuer verbrennt mich.«
Ein neuer Blitz fährt herab.
Um Himmels willen, ruft die Marquise lachend. So kommen Sie doch! Kommen Sie!
Was, sagt der Marquis und lässt die Arme sinken, Sie sind noch da?
Und in den Lärm hinaus: Wie gefällt Ihnen dieser Theaterdonner?
Er schließt sie in die Arme. Sie stehen im jetzt strömenden Regen.

Das ist es, sagt er. Das ist es, begreifen Sie es? Und leise, an ihrem Ohr: Fürchte nichts, wenn ich bei dir bin.
Von weitem hört die Marquise ihre Mutter rufen. Es geht in einem neuen Donnerschlag unter.
Ich fürchte mich nicht, sagt sie.

Wenn ich an jenen Sommer in Échauffour denke, kommt es mir so vor, als hätten wir Tag für Tag auf ein Unwetter gewartet. Es war ein Jahr der Sommergewitter, die sich bis in den Herbst hinein wiederholten. Schwülwarme Tage, die sich mit einer banger Erwartung aufluden. Am 15. Oktober verließ uns mein Mann, um in geschäftlichen Angelegenheiten nach Paris zu fahren. Dort sah er meinen Vater, dessen Amtsobliegenheiten einen längeren Landaufenthalt nicht erlaubten und der uns schon Anfang September verlassen hatte, und begab sich von dort aus nach Fontainebleau, um bei Monsieur de Choiseul in der Angelegenheit seiner neuerlichen Verwendung in der Armee vorzusprechen, die er anstrebte. Wir erwarteten ihn in der nächsten Woche zurück.
Aber er kam nicht. Ich wartete von Tag zu Tag in großer Ungeduld. Denn ich hatte ihm Mitteilung davon zu machen, dass ich in gesegneten Leibesumständen war. Ich merkte, dass meine Mutter meine Unruhe teilte.
Dein Mann scheint es nicht sehr eilig zu haben, zu dir zurückzukehren, sagte sie.
Vielleicht ist er Ihrer Scherze und Zudringlichkeiten müde, antwortete ich.
Zudringlichkeiten, rief meine Mutter empört. Er ist mein Schwiegersohn!
Und ich seine Frau, sagte ich. Ich wüsste nicht, dass ich eine Anstandsdame benötigte.
Seit Anfang August hatte es keinen Ausritt, keine Landpartie, keinen kleinen Spaziergang gegeben, auf dem sie uns nicht begleitete. Man hätte glauben mögen, sie seien das Paar und ich so etwas wie eine entfernte Cousine, die man aus Gefälligkeit bei sich duldet, weil es sie nun einmal gibt.

Meine Mutter war eine vorzügliche Reiterin, und sie wurde nicht müde, mich im Sattel zu erziehen: Sitz gerade, Pélagie! Warum bleibst du immer zurück?
Oh, sehen Sie nur, Marquis, dieses Plätzchen ist wie geschaffen für unsere Rast. Kommst du auch, Pélagie?
Meine Mutter war klug, sie war schön, sie war geistreich. Sie war gewohnt, dass jede Konversation um sie als ihren Mittelpunkt kreiste und von ihr gelenkt wurde. Jeder fand sie bezaubernd und sagte es ihr, und niemand konnte Komplimente so selbstsicher parieren wie sie.
Solche Mütter verbrauchen alles für sich. Das Lob, die Aufmerksamkeit, die Sympathie, die man ihnen entgegenbringt. Für uns Töchter bleibt nichts übrig, zumal wenn man, wie ich, das Pech hat, die Älteste zu sein. Außerdem gibt es keine Hoffnung, jemals wie sie zu werden. Jede Anstrengung ist vergebens und immer auch ein wenig lächerlich.
Und sie belächeln uns.
Hübsch, mein Kind, ganz reizend.
Oh, man weiß, was das heißt.
Sie hat niemals gemerkt, dass ich gut sang. Man hätte meine Stimme ausbilden können. Aber die Stimme, das war sie. Sie war es, die vor unseren Gästen kleine galante Lieder vortrug.
Anne-Prospère hatte es einfacher. Anne-Prospère war das Kind, mit dem eine Mutter wie unsere sich gerne schmückt.
Ist sie nicht süß? Und so klug, die Kleine. Und wie sie tanzen kann.
Und natürlich die Jungen. Sie haben den Vorteil, nicht immer um sie zu sein. Zuerst gibt es Hofmeister, und später treten sie bald in die Militärschulen ein.
Meine Mutter sah in ihren Töchtern Trabanten, die sie umkreisten und auf die von ihrem Licht ein schwacher Abglanz fiel. Ein Schwiegersohn brachte neue Anreize, aber auch Unordnung in das gewohnte System aus Anziehung und Abstoßung, das sich um ihre Person herum bildete. Sie hatte es noch nicht ganz ins neue Gleichgewicht gebracht.

Da passierte es, dass der Schwiegersohn ohne Erklärungen von unserer Bühne verschwand.
Meine Mutter hielt das für eine gegen sie gerichtete Ungezogenheit, für die sie jedoch eher mich als Donatien verantwortlich machte. Meine Anziehungskraft war, wie zu erwarten, nicht ausreichend, um ihn in unsere Bahn zu zwingen.
Wir ahnten beide noch nicht, dass dies der Beginn von etwas war, das unser Leben für immer verändern sollte, ihres und meines und das von Anne-Prospère.
Wissen wir nicht immer, was unser Glück bedroht? Haben wir es nicht schon lange in unseren Herzen erfahren, bevor es uns jemand sagt? Woher kommt diese Beklommenheit, woher die dunklen Gedanken, die wir uns für kurze Zeit verbieten können und die doch in einem Winkel unseres Bewusstseins immer darauf warten, dass wir nicht wachsam genug sind, um ihnen zu erlauben, uns ganz und gar in ihren Bann zu ziehen? Wir wissen mehr, als wir uns eingestehen. Wir müssten nur genau hinsehen. Alles ist offenbar, gerade das Heimlichste. Aber wir ertragen nicht, was wir sehen. Die leiseste Stimme in uns, die, die uns unaufhörlich die Wahrheit zuflüstert, ist gleichzeitig die deutlichste. Wir aber ziehen es vor, sie nicht zu hören. Die Wahrheit ist wie ein hauchfein geschliffenes Messer. Man nimmt sich in Acht vor ihr.
Ich wartete jeden Tag auf Nachrichten von meinem Mann. Kein Brief, keine Depeschen, nichts. Ich spielte vor meiner Mutter die Gleichgültige.
Wenn er nicht schreibt, sagte ich zu ihr, so kommt er bald.
Anfang November bemerkte ich in ihrem Verhalten eine Veränderung. Sie fragte nach meinem Befinden. Sie sagte: Mein liebes Kind, ich kann mir denken, wie dir zumute ist.
Sie wissen nichts von mir, sagte ich.
Ich hatte ihr nichts von meinem Zustand verraten, der vorerst auch nur eine Vermutung war. Denn um sich zu einer Hebamme zu begeben, war es viel zu früh. Außerdem wollte ich es sein, die Donatien die Mitteilung machte, und dies nicht etwa meiner Mutter überlassen, die sich gewiss schon den Text dazu überlegt hatte.

Denn ich fühlte seit längerem eine gewisse Erwartung auf mir lasten.
Sie sagte: Mach dir keine Sorgen. Er wird zurückkommen, vielleicht schon bald.
Ich hatte plötzlich eine seltsame Empfindung.
Woher wissen Sie das?, sagte ich.
Sie wich mir aus.
Du siehst blass aus, sagte sie. Ist dir nicht wohl?
So werde ich an die Luft gehen, sagte ich.
Ich streifte täglich stundenlang durch die herbstlichen Wälder von Échauffour, auch wenn es regnete. Dann wieder trieb es mich zum Schloss zurück, weil mich die Hoffnung überfiel, dass er plötzlich gekommen sei. Die Langeweile hatte dort wieder Einzug gehalten, und selbst meine Brüder fragten nach Donatien. Anne-Prospère war wieder im Kloster, und beinahe vermisste ich sie. Es gibt nichts Trübsinnigeres als ein Landschloss im November.
Warum sind wir noch hier?, fragte ich meine Mutter. Lassen Sie uns doch nach Paris zurückfahren. Vielleicht wartet er dort auf uns.
Das geht nicht, beschied sie mich.
Warum nicht?
Weil er hierher zurückkommen muss.
Wieder hatte ich das Gefühl, dass sie mehr wusste als ich.
Wo ist er?, rief ich. Sie wissen, wo er ist!
Mein Kind, ich mache mir Sorgen um dich, sagte sie. Das viele Spazieren im Regen bekommt dir nicht. Sieh nur, wie verschmutzt du bist!
Eines Tages fuhr ein Wagen vor, ich rannte zum Eingang, und mein Vater stieg aus. Er schien mir sorgenvoll und zog sich nach dem Diner mit meiner Mutter in ihren Salon zurück. Ich hörte erregte Stimmen. Es kam vor, dass meine Mutter mit ihm stritt und laut wurde, doch niemals, dass er die Stimme gegen sie erhob. Diesmal hörte ich sie beide laut streiten. Und obwohl mich eine der Zofen sehen konnte, die an mir vorüberging, horchte ich an der Tür.
Du hast es gewollt, sagte mein Vater erregt. Ich habe dich gewarnt. Ich hatte Informationen. Aber auf mich hört man nicht.

Es ist eine alte Familie, sagte meine Mutter.
Ich konnte hören, dass sie im Begriff war zu weinen. Ich hatte sie noch niemals weinen sehen.
Alt und verkommen, sagte mein Vater erregt. Jedermann bei Hof weiß das. Der alte Comte ist ein Narr. Diese Mischung aus Larmoyanz und Arroganz hat mir noch nie gefallen. Obwohl er aus alter Familie ist, kommt er in Versailles nicht zum Minister durch. Aber ich. Mich hat Saint-Florentin empfangen. Da saß der Comte noch im ersten Vorzimmer, und wahrscheinlich sitzt er da immer noch und weiß nicht einmal, dass durch mich schon alles geregelt ist. Das Einzige, was ihm im Leben gelungen ist, war, seinen missratenen Sohn zu uns abzuschieben und uns dafür noch ein beträchtliches Vermögen abzuluchsen. Das war ein Glanzstück, das Sie vollbracht haben, Madame, nebenbei: ohne auch nur einen einzigen Moment an das Glück Ihrer Tochter zu denken.
Und haben Sie an das Glück unserer Tochter gedacht, als Sie es geschehen ließen, obwohl Sie Informationen hatten, wie Sie mir erst heute mitteilen, sagte meine Mutter, von Schluchzen unterbrochen.
Es pflegt nichts zu nützen, sagte mein Vater, Sie aufhalten zu wollen, wenn Sie sich in eine Dummheit zu stürzen im Begriff stehen. Ich erinnere mich –
O bitte, fiel meine Mutter ein, bitte sprechen Sie nicht davon.
Hier wurden die Worte undeutlich. Nur das laute Schluchzen meiner Mutter war zu hören.
Beruhige dich, sagte mein Vater schließlich. Wir hatten seitdem doch eine Zeit miteinander, in der nichts dergleichen mehr vorgefallen ist.
Und so soll es bleiben, sagte meine Mutter, deren Stimme sich jetzt ein wenig gefestigt hatte.
Eine Bewegung entstand. Ein Rascheln von Stoff. Ein leichtes Knarren der Polster. Ich fürchtete, mich in der darauf folgenden Stille zu verraten, wenn ich mich jetzt entfernte.
Und was sollen wir tun?, fragte meine Mutter nach einiger Zeit.
Alles, was der Vermeidung weiterer Skandale dient, sagte mein

Vater. Alles. Er ist noch jung. Erziehen Sie ihn. Halten Sie ihn unter Bewachung. Es wird ihm bis auf weiteres nicht gestattet sein, Échauffour zu verlassen. Paris ist ihm als Aufenthaltsort streng verboten. So lautet die Order. Seien Sie seine Festungskommandantin. Ihre Tochter möge Ihnen dabei behilflich sein.
Unsere Tochter, sagte meine Mutter. Was sollen wir ihr sagen?
Nichts, sagte mein Vater. Eine Frau muss nicht alles über ihren Mann wissen. Das war noch niemals so.
Ihr seid grausam, sagte meine Mutter leise.
Wieso?, fragte mein Vater.
Weil ihr uns die Wahrheit über euch verschweigt, sagte meine Mutter.
Nein, sagte mein Vater, sie nicht zu verschweigen, das wäre grausam. Dieser junge Mann muss durchaus noch lernen, diskret zu sein. Ich werde nicht dulden, dass meine Tochter mit derlei beschmutzt wird. Denken Sie daran: Kein Wort zu ihr!
Sie wird Fragen stellen, sagte meine Mutter.
So hält man es mit der Antwort, sagte mein Vater, wie immer: Man sagt nur das Nötigste. Ich vertraue Ihnen da ganz, meine Liebe. In der Diplomatie seid ihr die Begabteren.
Ich trat ein.
Und zum ersten Mal erfuhr ich, dass ich erwachsen war. Sie erschraken vor mir wie Kinder, die bei verbotenen Spielen ertappt worden sind.
Was verschweigt man mir?, sagte ich. Wo ist mein Mann?
Und ich sah, dass mein Vater hinausgehen wollte.
Bleiben Sie, sagte ich. Sie kommen aus Paris. Was haben Sie dort erfahren?
Er setzte sich gehorsam wieder hin.
Es hat Ärger gegeben, sagte meine Mutter. Wir wissen auch nichts Genaueres.
Ich will es von meinem Vater hören, sagte ich.
Meine Verehrung für ihn war umso größer, je seltener er bei uns zu Hause und je fremder er für mich war. Es stand mir nicht zu, ihn zu lieben, oder zu erwarten, dass er mich liebte, doch erfuhr ich dann

und wann ein wenig zerstreutes Interesse von ihm, das ich nicht unbedingt Zärtlichkeit nenne, obschon es hier und da daran grenzen mochte und mehr war, als Töchter gemeinhin von ihren Vätern erfahren, jedenfalls in unseren Kreisen, in denen ein Mann Wichtigeres zu tun hat, als mit seiner Familie beisammen zu sein, und die Erziehung, zumal der Töchter, allein den Frauen obliegt.
Sprechen Sie, sagte ich. Schonen Sie mich nicht.
Er war verhaftet, sagte er. Doch er kommt wieder frei.
Warum?
Weil der König ihn begnadigt hat. Er kann wieder zu uns zurückkehren.
Ich meine, warum man ihn gefangen gehalten hat, sagte ich.
An den Gesichtern meiner Eltern konnte ich sehen, dass sie Angst vor mir hatten. Das war neu, es berauschte mich.
Es ist schwierig –, begann meine Mutter.
Schweigen Sie, sagte ich. Mein Vater soll es mir sagen.
Er war enttäuschend. Zum ersten Mal war mein Vater eine Enttäuschung für mich.
Monsieur de Sartine, begann er, Monsieur de Sartine … du weißt vielleicht nicht, mein Kind, dass seine Ernennung zum Generalleutnant der Polizei nicht unstrittig war … er hat viele Feinde, auch in Versailles, es heißt jedoch, dass der König ihn mehr schätzt, als er zugeben will, weil … er ist recht beliebt bei …
Kommen Sie zur Sache, sagte ich. Was ist mit meinem Mann?
Du musst wissen … für meine Familie … Aber ich kann keine Wunder vollbringen … Monsieur de Saint-Florentin, du weißt, der Minister … Er schätzt mich sehr …
Dein Vater –, fiel meine Mutter ein.
Was ist mit meinem Mann?, rief ich.
Sie sahen sich an.
Eine politische Intrige?, sagte meine Mutter.
Ja, sagte mein Vater erleichtert, so etwas Ähnliches. Näheres ist auch uns unbekannt.
Es genügt mir zu wissen, sagte ich, dass er unschuldig ist. Er ist doch unschuldig?

Gewiss, sagte meine Mutter und nickte meinem Vater zu. Der König lässt ihn ja frei.
So kommt er?, fragte ich. Bald? Er kommt hierher?
Ja, sagte mein Vater. Er ist schon auf dem Weg.
Und eine Welle von Freude erfasste mich, die keinen Widerspruch, keine Bedenken zuließ. Es war die Freude, die ich immer erfuhr, wenn ich wusste, dass ich ihn sehen würde, und noch ganz am Ende, als er ein dicker, aufgequollener alternder Mann mit bleicher Gefängnishaut war, gezeichnet von vergeblichem Aufbegehren und den strengen Exerzitien der Wollust, denen er sich wie ein Mönch seinen heiligen Pflichten unterzog, noch da spürte ich einen Rest davon, wenn er mir auf dem Gang vor seinem Raum in der Bastille entgegenkam, und ich dachte: Mein Mann! Da kommt mein Mann!
Am 15. November war er wieder bei uns.

Am 19. Oktober 1763, vier Tage nachdem der Marquis aus Échauffour abgereist war, spricht im Châtelet in Paris die Arbeiterin einer Manufaktur zur Herstellung von Fächern bei dem Anwalt und königlichen Rat Hubert Mutel vor und macht eine Aussage. Sie wird begleitet von einem Beauftragten des Polizeiinspektors Louis Marais und gibt an, dass sie gelegentlich auch als Dirne tätig sei und in der Rue Montmartre im Pfarrbezirk Saint-Eustache wohne. Sie wird vereidigt und gibt darauf Dinge zu Protokoll, die die anwesenden Herrn mit höchst amtlicher Miene entgegenzunehmen versuchen und kaum durch ein gelegentliches Räuspern unterbrechen, damit nichts davon verloren geht.
Eine Kupplerin namens Rameau habe ihr einen Liebeshandel zum Preis von zwei Louisdor vorgeschlagen, in den sie eingewilligt habe, gibt sie an. Darauf sei sie einem Herrn in blaurotem Rock mit Silberknöpfen in eine Kutsche gefolgt, in der ein Diener wartete, und man habe sie in die Rue Mouffetard am Ende des Faubourg Saint-Marceau gebracht. Als sie mit dem Herrn im ersten Stock eines kleinen Hauses allein gewesen sei, habe er das Zimmer versperrt und damit begonnen, sie wie ein Priester zu katechisieren, ob

sie an Gott, den Herrn Jesus Christus, die Jungfrau Maria glaube et cetera, was sie bejaht habe, worauf der Herr die gotteslästerlichsten Flüche ausgestoßen habe, deren Wortlaut sie nur flüsternd und mit allen Anzeichen äußerster Überwindung von sich gibt, während die beiden Amtspersonen sie gleichzeitig dringlich dazu auffordern und entsetzt abwehrende Gesten vollführen.

Anschließend habe er sie in einen angrenzenden Raum geführt, um ihr etwas zu zeigen, und wieder die Tür verschlossen. Dort seien fünf Rutenbündel und fünf verschiedene Peitschen gewesen, solche aus Stricken und solche aus Eisendraht, die neben drei Kruzifixen an der Wand hingen sowie einer Muttergottes und einer Kreuzigungsszene, vermischt mit Zeichnungen und Kupferstichen von nackten Gestalten und Szenen, die zu beschreiben sich ihr verbiete, und er habe ihr erklärt, dass er sie jetzt mit einer rotglühend gemachten eisernen Peitsche schlagen müsse, und sie habe große Angst gehabt und ihn gebeten, davon abzulassen. Darauf habe er zwei der Kruzifixe von der Wand genommen, sie mit Füßen getreten, mit ihnen unsäglich unzüchtige Dinge vollführt und ihr befohlen, dasselbe zu tun und sie damit bedroht, sein Schwert aus der Scheide zu ziehen und sie damit zu durchbohren, so dass ihr aus Angst um ihr Leben das Unglück widerfahren sei, das Kruzifix mit Füßen zu treten und die gottlosen Worte auszusprechen, die er ihr vorgesprochen habe. Noch Schlimmeres, das er von ihr verlangt habe, habe sie abgelehnt. Sie habe die ganze Nacht ohne Schlaf mit ihm zugebracht, und er habe ihr Gedichte vorgelesen, die voller Gottlosigkeiten waren und der Religion gänzlich widersprachen, und sodann habe er sie auf widernatürlichste Weise besitzen wollen.

Die Zeugin ist nicht in der Lage, zu sagen, ob dies auch geschehen sei. Sie gibt an, dass sie um neun Uhr am nächsten Morgen von der besagten Rameau verabredungsgemäß abgeholt worden sei, dass sie jedoch vorher auf Verlangen des Herrn einen Eid schwören musste, von den Dingen, die sich zwischen ihm und ihr zugetragen hätten, nicht das Geringste zu verraten, und er habe ihr ein unbeschriebenes Blatt vorgelegt und sie unterschreiben lassen, was sie

jedoch nur aus Not getan habe. Hiermit breche sie diesen Eid, was ihr Gewissen nicht mehr beschwere, als es ohnehin schon beschwert sei, und sie habe sich direkt nach dem Verlassen des besagten Hauses zum Herrn Generalleutnant der Polizei, Monsieur de Sartine, begeben, der jedoch nicht anzutreffen gewesen sei, und so habe sie sich an den Inspektor Marais gewandt, dessen Beauftragter sie auf höheren Befehl hierher gebracht habe.
Sie unterzeichnet das Protokoll ihrer Aussage: Jeanne Testard.
Der begleitende Polizist zeichnet gegen: Zullot.
Der Polizeiapparat arbeitet schnell und präzise. Herr Zullot übergibt eine Abschrift des Protokolls an den Inspektor Marais. Der Inspektor Marais übergibt sie an den Generalleutnant. Monsieur de Sartine übergibt sie dem zuständigen Minister Saint-Florentin.
Saint-Florentin erschrickt, als er den Delinquenten bei sich eintreten sieht und ihn erkennt. Verbrechen dieser Art werden von den Angehörigen der alten Familien nur unter strengster Wahrung von Diskretion begangen. Was glaubt er eigentlich, wer er ist, denkt der Minister. Er bietet ihm einen Stuhl an. Immerhin ein de Sade.
Der Minister erstattet dem König persönlich Bericht. Die herrscherliche Aufmerksamkeit wird nur für einen Augenblick strapaziert. Die Entscheidung ist schon gefallen. In Anbetracht dessen, dass die Dirne nicht schweigen wird: Festungshaft.
Der König hebt nur ganz leicht die Hand. Das heißt: weiter. Der nächste Fall.
Der junge Marquis de Sade ist im Kopf des Königs jetzt da, wo alles Vergessene ist. Das ist der wahre Ort, an dem ein Schicksal besiegelt wird: wo der König alle Vergessenen und Fallengelassenen aufbewahrt. In der physischen Welt entspricht das einer Zelle in seinen Festungen.
Der junge Marquis de Sade wird nach Vincennes gebracht und dort dem Festungskommandanten Guyonnet übergeben mit dem Befehl, seine Haftbedingungen keineswegs zu erleichtern: nur gewöhnliche Kost und keinen persönlichen Diener.
Indessen findet in Vorzimmern, festlichen Sälen, Salons und Ar-

beitskabinetts die Diplomatie der Väter statt, die sich in ihrem Verhandlungsziel darin unterscheiden, dass der alte Comte seinen Sohn am liebsten für immer eingesperrt sähe, während Monsieur de Montreuil ihn um seiner Tochter willen wirklich frei bekommen will.
Und sein Arm reicht weiter als der des Comte. Am 13. November unterzeichnet Ludwig XV. den Haftentlassungsbefehl, mit dem er den Marquis de Sade aus den Kammern des Vergessenseins wieder ans Licht holt, nach Échauffour. Monsieur de Montreuil hat sich dafür verbürgt, dass dergleichen nie wieder passieren wird.

Was für ein Wiedersehen! Ist sie ihm entgegengerannt, als ein Wagen im Novembernachmittagsdämmern die Einfahrt zum Schloss hoch fährt? Steht sie in der Tür und erwartet ihn, wie er aussteigt und in den Matsch tritt, der sich vor dem Schlossportal gebildet hat? Sind es die Kinder, ihre jüngeren Geschwister, die herbeilaufen? Oder die Dienstboten, die tun, was ihres Amtes ist, indem sie den Verschlag öffnen und einen gewärmten Mantel für ihn bereithalten? Sitzen die Damen am Feuer und haben längst erfahren, wer da kommt, rühren sich aber nicht von ihren Plätzen, weil hier jemand erwartet wird, der um Verzeihung zu bitten hat, indem er sich ihnen zuallererst einmal zu Füßen wirft? Ist es am Ende vielleicht auch so, dass sich Mutter und Tochter gegenseitig streng in den Blick fassen, damit nicht die eine der anderen vorauseilt und weder die Tochter noch die Mutter zuerst bei ihm ist?
So mag er denn eintreten, förmlich gemeldet durch einen Hausdiener: Der Marquis de Sade!, während er schon über die Schwelle kommt, dem Diener seinen Mantel zuwirft und – stehen bleibt. Vor wem wird er zuerst sein Knie beugen, der Mutter, die die ranghöchste Dame im Raum ist, oder seiner jungen Frau?
Die Präsidentin kennt den Ausweg wie aus jedem so auch aus diesem Dilemma. Sie steht auf, glättet ihren Rock.
Hier hat man lange auf Sie gewartet, sagt sie, wirft einen Blick auf die Tochter und macht den Weg frei, indem sie sich in einen angrenzenden Salon zurückzieht.

Der Marquis stürzt zu seiner jungen Frau, beugt das Knie, nimmt ihre Hand und legt sie sich mit dem Rücken an die Stirn.
In diesem Moment betritt eine Person den Salon, die von jetzt an nicht mehr wegzudenken ist. Sie hat sich nicht melden lassen. Sie steht einfach da und blickt sich im Raum um. Der Regen tropft aus dem Mantel auf das Parkett.
Hier sind Sie also, sagt die Person. Lassen Sie sich nicht stören.
Wer sind Sie?, fragt Renée-Pélagie, indem sie ihre Hand wegzieht.
Vielleicht sollten Sie uns miteinander bekannt machen, Marquis, sagt die Person und tritt auf das Paar zu.
Das ist der Inspektor, sagt der Marquis.
Marais, sagt der Inspektor und verbeugt sich wie in einem Bühnenstück.
Willkommen, sagt die Marquise leise.
Lassen Sie sich Ihr Zimmer anweisen, sagt der Marquis. Ich gebe in der Küche Bescheid, dass man Ihnen zu essen bringt.
Oh, bemühen Sie sich nicht, sagt der Inspektor. Ich finde mich gern an Ihrer Tafel ein, wenn Sie nichts dagegen haben. Madame!, sagt er. Ich will nicht länger stören. Der Gemahl hat Ihnen sicher viel zu erzählen. Nicht wahr, Marquis?
Scheren Sie sich zum Teufel, Inspektor, sagt der Marquis.
Bin ich da nicht schon?, sagt der Inspektor und wendet sich zur Tür.
Was will er hier?, fragt die Marquise.
Er hat mich hierher gebracht, sagt der Marquis.
Der Mensch ist mir zuwider, sagt die Marquise. Er hat keine Manieren.
Dazu verpflichtet ihn sein Beruf als Polizist nicht, sagt der Marquis.
Ein Rauschen und Rascheln von seidenen Röcken kündigt den Auftritt der Präsidentin an, die den Moment dazu für gekommen hält, und aus dem Salon zurückkehrt.
Die Präsidentin wählt unter den Rollen, die das Leben für sie bereithält, in letzter Zeit gern die der reifen, mütterlichen Frau, von der sie noch immer glaubt, dass sie zu ihrer Erscheinung einen reizvol-

len Kontrast bildet. Mein lieber Junge, sagt sie, oder etwas Ähnliches, Sie haben uns Kummer gemacht. Wir haben Ihretwegen einige Beschwernis gehabt. Wollen Sie daran erkennen, wie teuer Sie uns sind!
Der junge Marquis beugt sein Knie und ergreift ihre Hände, die sie ihm bereitwillig überlässt. Die Geste fällt ähnlich aus wie die, mit der er sich seiner Frau genähert hat, nur stürmischer.
Gnädige Frau, stammelt er, Sie ahnen nicht, wie betrübt ich bin –
Schon gut, sagt die Präsidentin, stehen Sie auf! Erheben Sie sich! Dies ist kein Theaterstück. Nur das Leben wird erweisen, ob Sie unserer Neigung würdig sind. Was wir für Sie getan haben, vergelten Sie es ihr, sagt sie und weist mit dem Kinn zu ihrer Tochter hin.
Das will ich, sagt der gehorsame Schwiegersohn.
Störe ich?
Der Inspektor ist wieder da. Er hat seinen Mantel abgelegt, und jetzt ist deutlich die Pistole zu sehen, die in seinem Taillenbund steckt.
Ich bitte um Verzeihung, sagt er. Man hat mir gesagt, dass bereits aufgetragen ist. Man hat doch Hunger nach einer solchen Reise, nicht wahr, Marquis?
Sagen Sie ihm, sagt die Marquise, an ihren Mann gewandt, mit schwacher Stimme, dass er nicht mit uns zu Tische geht.
Sie haben es gehört, hebt der Marquis an –
Unglücklicherweise, sagt der Inspektor, bin ich es, der hier Befehle gibt, und nicht der Marquis. Das mag ungewohnt für die Damen sein, und ich bitte dafür ausdrücklich um Entschuldigung. Ich habe hier einen Auftrag auszuführen, und der lautet: Den Marquis nicht aus den Augen zu lassen, so lange, bis ich andere Order erhalte. Und meinen Auftrag pflege ich auszuführen, so wahr ich Marais heiße, zumal er, wie ich den Damen versichern darf, von ganz oben kommt. Und nun lassen Sie uns zu Tisch gehen, wenn's beliebt.
Der Inspektor Marais ist ein Mann um die fünfzig. Er ist Kommissar des Palais Royal und des Viertels Saint-Eustache. Dennoch ist er in Paris als der »Inspektor Marais« bekannt, ein Mann, dessen

Bedeutung durch seinen Dienstgrad nur unzureichend bezeichnet wird, eine Institution von ganz eigener Berühmtheit auf den Straßen wie in den Salons, in den Adelspalästen wie in den Etablissements der Kupplerinnen, in den Theatern wie auf den Märkten der Vorstädte, in der Hauptstadt wie in Fontainebleau und Versailles. Der Inspektor ist der Leiter der Pariser Sittenpolizei. Ihm obliegt die Kontrolle der Spielhäuser, Theater und Bordelle. Er überwacht verdächtige Ausländer sowie den Lebenswandel der Personen von Stand bis hin zu den Prinzen von Geblüt. Marais ist das Gewissen von Paris. Es gibt nichts, was er nicht weiß. Nichts, was man ihm nicht zuträgt. Keinen Ort von einiger Verrufenheit, wo er nicht seine Spitzel beschäftigte. Seine Zuträgerinnen sind die Kupplerinnen. Er kennt sie alle, und alle kennen ihn. Es gibt Gerüchte, die besagen, dass er sich von ihnen bezahlen lässt, damit er gewisse Informationen für sich behält. Vergünstigungen aller Art bieten sich ihm auf jeden Fall. Er kann die schönsten Schauspielerinnen, die verruchtesten Prostituierten besitzen. Er kann Reichtümer anhäufen, wenn er nur will. Doch ist er maßvoll. Es genügt ihm, einer der mächtigsten Männer von Paris zu sein.
Die Befehlshierarchie ist für den Inspektor von nachrangiger Wichtigkeit. Über ihm steht nur der Generalleutnant de Sartine, über diesem der Minister für den königlichen Hofstaat Saint-Florentin und über diesem der König, dessen Ohr er besitzt. So dient Marais der allerhöchsten Gewalt, und er dient ihr mit all der Ergebenheit, dem vorauseilenden Gehorsam, den er aus dem Bewusstsein bezieht, dass das Auge des Königs ebenso wachsam auf ihm ruht, wie er seine Beobachtungen durchführt. So blickt Ludwig XV. mit den Augen des Inspektors durch jedes Schlüsselloch in Paris, erspäht, was in den Alkoven, den Chambres séparées geschieht, weiß, wer wem die Treue bricht, wer sich von welchem Laster beherrschen lässt, sieht jeden Skandal voraus, kennt Bestechlichkeiten und Schwächen und erfährt zudem noch ein gewisses Vergnügen, das ihn unterhält, wenn er die von Sartine zusammengestellten und ihm von Saint-Florentin zur Lektüre übergebenen Journale liest. So hilft der Inspektor dem Souverän zu regieren.

Er ist stolz darauf. Allerdings leidet er an Überarbeitung. Wie jeden exzellenten Beamten erdrückt ihn das Maß des zu Bewältigenden. Er ist ein Virtuose des Überall-und-nirgends-Seins, aber er fühlt, dass er älter wird und seine Kraft irgendwann nachlassen wird. Das macht ihm Angst und beflügelt den Eifer, mit dem er sich seinen Aufgaben widmet. Dienstreisen wie diese genießt er. Sie erlauben ihm gewisse Verschnaufpausen, ohne dass er aufhört, im Dienst zu sein. Das tut er niemals. Er ist wie ein Jäger, der sich dann und wann an ein einzelnes Stück Wild verliert, dem er bis tief in die Wälder zu seinem verborgenen Schlupfwinkel folgt und das er dort erlegt.

Der Marquis de Sade ist ein solches Wild. Er wird nicht ruhen, bis er ihn zur Strecke gebracht und die Trophäe gewonnen hat. Hochadlig und tief verworfen, wird er ein Prachtstück in seiner Sammlung sein. Dies ist nur der Anfang einer Jagd, die ihn über Jahre seines Lebens herausfordern, unterhalten und, ja, auch erschöpfen wird.

Der Inspektor ist ganz und gar Polizist und wie die Kommissare späterer Zeiten ein sozialer Grenzgänger: Dem Volk entstammend, gewinnt er in Ausübung seines Amtes eine unanfechtbare Dominanz, der kein Adel standhalten kann. Sie verleiht ihm einen Freibrief für schlechtes Benehmen, von dem er gern und mit einer gewissen Lust Gebrauch macht. Er genießt es, den Anstand zu provozieren, von dem er weiß, wie fragwürdig seine Fassade ist, hinter die er, Marais, geblickt hat wie kein anderer. Im Kern ist er ein Revolutionär, wenn er in schmutzigen Stiefeln mit seinen Leuten einen Salon betritt und die Behaglichkeit der Herrschenden stört, deren Sitten, die er zu schützen vorgibt, er zugleich tief verachtet. Es ist schade, dass er zu alt ist, die kommende Revolution zu erleben. Er wäre ein hervorragender Büttel der neuen Mächte geworden, wie er es für die alten ist. Spätere Zeiten werden ihm hundertfach Denkmäler setzen: intelligent, illusionslos, ein Kenner menschlicher Abgründe, mit den Verbrechen, die er bekämpft, durch eine Art negativer Komplizenschaft verbunden: der Kommissar, ohne den auch diese Geschichte nicht auskommt.

Monsieur Marais, darf ich fragen, wie lange Sie unser Gast zu sein gedenken, sagt die Dame des Hauses, indem sie ihm die Pastete reicht, von der er schon zweimal genommen hat.
Madame la présidente, antwortet er, diese Pastete ist ausgezeichnet. Warum sollte ich so bald auf das Privileg verzichten, an Ihrer Tafel zu speisen?
Doch was wird aus Paris?, sagt der Marquis, während Sie hier ausspannen? Ihr Besuch, Inspektor, ist uns natürlich hoch willkommen. Aber ganz Paris wird im Sumpf des Lasters versinken, wenn Sie nicht aufpassen. Und denken Sie nur, wie man sich bei Hofe langweilen wird, wenn Sie nicht mehr zur Unterhaltung der Hofgesellschaft beitragen. Der Duc de Fronsac wird neue Höchstpreise für Konkubinen einführen, der Comte Duvernet seine Buben entlassen, die Schauspielerinnen am Théâtre Italien tauschen ihre Liebhaber aus, und Sie erfahren nichts davon.
Sie wissen gut Bescheid, Marquis, sagt der Inspektor. Doch machen Sie sich ganz umsonst Sorgen. Nichts wird geschehen, ohne dass ich davon Kenntnis erhalte. Ich habe genug Leute. Sie würden sich wundern, wenn Sie wüssten, wer alles für mich arbeitet.
Die Kupplerinnen, vermute ich. Alle Achtung. Da sind Sie doch in guter Gesellschaft, Inspektor. Solange die Kupplerinnen von Paris mit der Staatsgewalt zusammenarbeiten, ist in Frankreich alles in Ordnung. Sie erlauben, dass meine Gemahlin und ich uns zurückziehen. Oder möchten Sie uns ins Schlafzimmer folgen? Das ist doch Ihr bevorzugter Arbeitsplatz, wenn ich richtig vermute.
Herrgott, sagt der Marquis zu seiner Frau, ich werde heute Nacht mindestens zehnmal aufstehen und unters Bett schauen, ob er nicht darunter liegt.
Die Marquise ist aufgestanden.
Die Präsidentin blickt stumm von einem zum anderen. Ist der Inspektor ein Gast? Ist er ein Mann aus dem Volk, den man in seine Schranken verweisen kann? Es geschieht selten, dass die Präsidentin nicht weiß, wie sie sich verhalten soll.
Ich ziehe es vor, selbst schlafen zu gehen, sagt der Inspektor. Ich vermute nicht, dass Sie heute die Absicht haben, Ihre Familie zu

verlassen, bei der Sie so erstaunlich warm aufgenommen worden sind. Ich erwarte übrigens morgen Ablösung aus Paris und werde mich dann wieder in die Hauptstadt verfügen, die zu betreten Ihnen, Marquis, bis auf weiteres und, wie ich hoffe, für immer verboten ist.

Und wenn ich durch eine Tapetentür aus meinem Schlafzimmer entkomme, ein Pferd nehme und –

Es gibt keine Tapetentür in Ihrem Schlafzimmer, sagt der Inspektor.

Oh, sagt der Marquis, Sie wissen gut Bescheid.

Das ist mein Beruf, sagt der Inspektor.

1764

Das Laster

Wir Wüstlinge halten uns die Frauen als Sklavinnen. Als unsere Gattinnen sind sie gefügiger, als es Mätressen sind …

Der Marquis de Sade, in »Die 120 Tage von Sodom«

Die Winter in der Normandie sind lang und grau. Der Himmel ist voller tiefer jagender Wolken, aus denen selten Schnee und zumeist Regen fällt. Die Wege sind aufgeweicht. Die wenigen Kutschen, die unterwegs sind, kriechen wie Schnecken durch den Morast. Alle Sommerbewohner sind von ihren Landsitzen wieder nach Paris zurückgekehrt. Niemand, der im Winter freiwillig auf dem Land bleibt. Ab fünf Uhr tanzen die Flammen der Kaminfeuer und werfen zuckende Lichter an die Wand. Dienstboten entzünden die Kerzenleuchter in den Räumen, in denen sich die Herrschaft aufhält. Es ist eine Art Winterschlaf, in den die Landhäuser fallen, und ihre Bewohner, soweit sie geblieben sind, schlafen ihn mit. Doch sie haben unruhige Träume.

Die junge Marquise träumt von provenzalischen Schlössern. Ihre Träume sind in das betörende Licht des Südens getaucht. Sie träumt von einer Heimkehr in ein Land, wo sie noch niemals war. Sie verspricht dem Kind in sich heitere Landschaften, in die es hineingeboren werden soll. Sie verspricht ihm eine Zukunft, in der sie selbst als zärtliche Mutter und ebenso zärtliche Ehefrau eine Stelle hat. Sie träumt ihre Zukunft weit weg von Paris. Sie hat schon immer gern auf dem Land gelebt. Sie liebt Pferde und Hunde. Sie liebt die Gerüche der Ställe und Heuschober. Als Kind hat sie mit den Bauernkindern gespielt, bis man es ihr verboten hat. Aber sie geht immer noch gern in die Katen der Bauern, in die man sie scheu hereinbittet, und nimmt von dem Most, der Apfelgrütze, die man ihr anbietet. Sie liebt das Gespräch mit den Landleuten, kommt manchmal erst nach Stunden zurück und weiß von Dorfliebschaften, Kindsnöten und Krankheiten. Sie begegnet den Verweisen ihrer Mutter mit moderner Gelehrsamkeit. Sie hat Rousseau gelesen und gelernt, dass ihre Seele durch das Landleben geadelt wird. Einfachheit ... Unschuld ... Natur ..., sagt sie. Die Wörter sind neu. Sie klingen gleichzeitig nach Zukunft und nach Vergangenheit. Sie bezeichnen Zufluchtsorte für die Seele, beflügeln Lebensentwürfe, geistern durch Träume und Gespräche zwischen Liebenden, schaffen Konsens in den Konversationen. Alles seufzt. Niemand widerspricht.

Diesen Winter liest Renée-Pélagie »Die neue Héloise«, alle sechs Briefbände. Wie jede Leserin glaubt sie, dass das Buch, zwei Jahre zuvor erschienen, für sie allein geschrieben ist. Sie fühlt ihr Herz im Rhythmus der Sätze Rousseaus schlagen. Ihre Seele fühlt den Strom der Empfindungen wie ihre eigenen, die von denen Julies nicht mehr zu unterscheiden sind.

Sie legt dem Marquis kleine Billetts auf sein Kopfkissen:

Schwöre mir, dass ich niemals aufhören werde, deines Herzens Vertraute zu sein, und dass darin keine Veränderung vorgehen wird, von der ich nicht zuerst benachrichtigt werden soll.

Sie erhält keine Antwort. Doch sie glaubt, dass Landluft und Liebe auch seine Seele letztlich heilen müssen. Seine Seele ist krank, sie verhehlt es sich nicht. Sie ist es von Anfang an gewesen. Sie erkennt es daran, dass er ihre Liebe zurückweist und, wie sie zu spüren glaubt, dennoch braucht. Sie nennt es seinen Stolz. Handelt nicht der ganze Rousseau vom Stolz der Liebenden und den süßen Gefühlen, die seine Überwindung weckt? Und lehrt nicht jeder Roman, dass die Liebe aus der Überwindung des Stolzes und einer teils selbst verschuldeten, teils durch das Schicksal auferlegten Entfernung erwächst?

Sie mahnt sich zur Geduld.

Ich weiß nicht, welche traurige Ahnung in meiner Brust erwacht, liest sie bei Rousseau, *und mir zuruft, dass wir jetzt die einzige*

glückliche Zeit genießen, die uns der Himmel bestimmt hat – ich ahne, dass die Zukunft nur Trennung, Stürme, Aufruhr, Widersprüche bringen wird.
Sie liest es ihm vor.
Glückliche Zeit?, sagt er. Wie kommen Sie darauf?
Nun, Sie sind frei, sagt sie. Sie sind bei mir.
Man hat ihr gesagt, dass seine Verhaftung ein Irrtum war. Eine Verwechslung.
Sie glaubt nicht wirklich daran. Sie begreift, dass es sich um eine Sprachregelung handelt, mit der man ihr das Unerträgliche erträglich machen will. Aber was ist das Unerträgliche? In Wahrheit hat die Nachricht von seiner Festungshaft sie unendlich erleichtert. So war er nicht in seiner *petite maison*. So war es nicht eine Frau, die ihn von ihr fern gehalten hat. Politische Händel – was sonst kann es sein, das die Häscher des Königs auf seine Spur gebracht hat? Sie will nichts Genaueres wissen. Doch Vincennes erscheint ihr ein sicherer Ort für ihn, wenn er schon nicht zu Hause ist.
Was hat eine Frau zu fürchten, deren Mann ein Gefangener ist? Wer kann ihn ihr nehmen, solange ihn Mauern und Festungswälle einschließen? Wohin kann er gehen, solange er hinter mehrfach gesicherten Türen eingesperrt ist? Wohin Reißaus nehmen, wenn er unter Bewachung zu ihr zurückgebracht wird? Zum ersten Mal ist sie seiner sicher gewesen. Sie hat es nicht gewusst. Doch im Nachhinein erfährt sie daraus Trost.
Er hat sich bei seiner Rückkehr bekümmert gezeigt. Er hat sie um Verzeihung gebeten wegen der Bekümmernisse, die sie gehabt hat. Das war neu. Es war beseligend. Sie hat gewährt, worum er sie bat. Sie hat dabei Tränen vergossen. Tränen einer christlichen Ehefrau, deren Amt darin besteht, zu verzeihen. Sie ist zur Beichte gegangen und hat für den Groll und das Misstrauen, das sie beseelt hat, die Absolution empfangen. So sind sie beide absolviert.
Sie fühlt sich frei, um das Glück eines wieder vereinten Paares zu erfahren, das überwunden hat: Missverständnisse, erzwungene Trennung und allerlei Unbegreifliches.
Da ist vieles, was sie eint: ein sexuelles Interesse aneinander, von

dem sie glaubt, dass es auch bei ihm ausschließlich zu werden begonnen hat, wie es das ihre von Anfang an gewesen ist. Die geteilte Heimlichkeit, die sich daraus ergibt, die Anspielungen, die, wie sie glaubt, nur sie versteht, wenn er sie vor den Ohren ihrer Mutter, des Hauslehrers, der kleinen Brüder und gelegentlicher Besucher an der Tafel macht. Ihre Jugend, ihrer beider Status als große Kinder, der sie von den Eltern trennt, aber auch von den jüngeren Kindern im Haus, und ihnen einen eigenen Ort zuweist, den sie mit Gelächter, mit Anzüglichkeiten und wildem Gebaren füllen, das selbst die Dienstboten zum Lachen bringt. Ihrer beider Lust an Streifzügen durch die Umgebung, von denen sie meist erst nach Einbruch der Dunkelheit durchnässt und von lärmenden Hunden umtanzt heimkehren, während die Präsidentin, herbeieilend, die Hände ringt und ihrer Rolle gerecht wird, indem sie ruft: Meine Tochter, in Ihrem Zustand! Sie sollten sich schonen! Das lachende Einverständnis, das zwischen ihnen herrscht. Und schließlich das Kind, das sie bekommen.
Sie sind bei mir, sagt sie.
Er nennt es seine Festungshaft. Er nennt sie die Galeere, an die er gekettet ist.
Sie bemüht sich, es als Scherz zu verstehen.
Sie sind frei, sagt sie.
Sie nennen das Freiheit?, sagt er. Sehen Sie nicht den Kerkermeister, den ihre Mutter engagiert hat?
Meine Mutter! Sie wissen, dass meine Mutter in diesem Fall unschuldig ist.
Glauben Sie?, sagt er. Sie sind ahnungslos.
Er meint den Polizisten, der ihn im Auftrag von Marais bewacht und der ihnen auch bei ihren Ausflügen in gewissem Abstand folgt. Er geht nicht wie sein Vorgesetzter mit ihnen zu Tisch. Er isst mit den Dienstboten. Doch er bewegt sich im Haus mit der Ungeniertheit, die das Gesetz für sich beansprucht. Das Gesetz ist allgegenwärtig, und das ist auch sein Hüter, so subaltern er seinem Dienstgrad entsprechend sein mag. Er ist das Auge Marais', der das Auge des Königs ist, das bis in die privatesten Gemächer auf sie gerichtet ist.

Eines Tages trifft sie ihn in ihrem Schlafzimmer an. Ihr Kleiderschrank ist geöffnet. Er liest einen Brief, den sie an ihre Schwester begonnen und unfertig liegen gelassen hat.
Was tun Sie hier?, fragt sie.
Ich befolge Befehle, Madame, sagt er. Verzeihen Sie.
Gehen Sie, sagt sie, verschwinden Sie!
Es tut mir leid, sagt er.
Er ist jünger als sie, ein Junge vom Land, blond, linkisch und blauäugig. Jungen seiner Art wagen gewöhnlich nicht, den Blick zu ihr zu erheben. Dieser liest ihren Brief.
Er verlässt den Raum rückwärts, gebeugt wie ein Hausbursche, der das Holz im Kamin nachgelegt hat.
Sie entschließt sich, dem Marquis nichts davon zu sagen. Sie hat gelernt, seinen Zorn zu fürchten. Sie denkt: Wohin ist es mit mir gekommen, seit ich Marquise bin?
Sie fühlt das Kind in sich wachsen. Ihr Bauch ist schon gewölbt. Er wird lebendig. Sie fühlt etwas wie ein Rumoren in ihren Eingeweiden und merkt mit Erschrecken, dass es nicht von ihr selbst kommt, sondern von dem Kind, das sich in ihr bewegt.
Eine neue Angst steigt in ihr auf. Wenn der Marquis ihr beiwohnt, was er gewöhnlich allnächtlich tut, horcht sie danach lange in sich hinein, ob er irgendeinen Schaden angerichtet hat.
Du musst mich schonen, sagt sie. Sanfter. Nicht zu oft.
Ihr entgeht nicht das Missvergnügen, das sie ihm dadurch bereitet.
Das Missvergnügen hat schon länger von ihm Besitz ergriffen, wie sie sich eingesteht. Es breitet sich aus. Es vergiftet die Tage und Nächte.
Vormittags findet sie ihn in der Bibliothek. In einer Ecke sitzt der Polizist. Es ist immer ein anderer. Sie lösen einander alle zwei Wochen ab.
Was tun Sie?, fragt sie sanft den Marquis.
Ich zerstreue mich, sagt er, ohne den Blick von dem Buch zu wenden, das er liest.
Indem Sie lesen?, sagt sie.

Nein, sagt er, indem ich die Flöhe auf meiner Perücke tanzen lasse. Ist es zu viel verlangt, wenn ich bitte, mich nicht zu stören?
Was lesen Sie?, fragt sie.
Er sieht sie an. Sie erschrickt über seinen Blick.
Ein Buch mit erbaulichen frommen Geschichten, sagt er. Etwas, das mich aufrichtet. Willst du es sehen?
Sie kann sich den Ausdruck in seinem Gesicht noch immer nicht erklären.
Ja, gern, sagt sie.
Na, wie gefällt dir das, sagt er, packt ihre Arme und zieht sie zu sich herunter.
Das Buch, sagt er. Du sollst in das Buch sehen!
Sie kann nichts anderes denken als an den Polizisten, der in seiner Ecke sitzt.
Wir sind nicht allein, flüstert sie.
Kann ein Ehepaar auch mal allein sein, um sich zu vergnügen, ruft er dem Polizisten zu. Raus, ruft er, los, raus!
Der kommt aus seiner Ecke.
Wird's bald, ruft der Marquis.
Der Polizist verschwindet.
Sie starrt auf das Bild im Buch. Sie erkennt eine Szene von erheblicher Obszönität. Es dauert eine Zeit lang, bis sie alles entschlüsselt hat. Sie ist so ungeübt im Entschlüsseln erotischer Bilder, dass sie im ersten Moment an die Illustrationen in der Fibel denkt, aus der sie lesen gelernt hat: wie ein Lehrer die faulen und bösen Kinder mit Ruten straft, bis sie fromm und fleißig geworden sind. Sie denkt an die Spiele, bei denen man sich bei der Hand fasste und im Kreis herum ging – bis der Gesang der Kinder abbrach und es plötzlich still war und man in den Kreis gestoßen wurde, wo man sich einen Moment lang entsetzlich schämte und nicht weiterwusste, bevor das Lied wieder weiterging und der Nächste an der Reihe war –
Das?, sagt sie.
Los, sag mir, ob es dir gefällt!
Sie sollten mir solche Bilder nicht zeigen, flüstert sie.

Und warum nicht?
Mein Zustand, flüstert sie. Man sagt ... der Anblick von Dingen ... der böse Blick ...
Dumme Gans!, sagt er und wendet sich von ihr ab.
Sie spürt, dass etwas gerissen ist. Sie möchte den Faden wieder aufnehmen, ist aber wie gelähmt.
Du störst, sagt er. Lass mich allein!
Sie erwägt alle Gesten, die ihr zu Gebote stehen, und begreift, dass keine von ihnen weiterhilft.
Sind Sie noch immer da?, sagt er, indem er das Bild betrachtet. Sie sollen gehen!
Und als sie an der Tür ist:
Merken Sie sich eins, Madame: Geben Sie es auf, hinter mir herzuspionieren! Ich hasse das!
Ich wollte nur, sagt sie, sich noch einmal zu ihm umdrehend. Ich kam herein –
Ich tue, was ich will, sagt er. Haben Sie das verstanden? Glauben Sie nicht, mich ändern zu können. Ich bin ein böser Junge, das wissen Sie doch, Madame. Und Sie sollten noch eins wissen: Ich will es bleiben.
Als sie die Tür schließt, sieht sie den Polizisten wie eine Schildwacht davorstehen. Eine junge Zofe kommt ihr auf dem Gang entgegen. Sie dreht sich um und sieht sie in der Bibliothek verschwinden. Sie möchte hinter ihr herlaufen. Sie möchte sagen: Da können Sie jetzt nicht hinein. Doch da steht noch immer der Polizist. Um ihr Gesicht nicht zu verlieren, setzt sie ihren Weg fort. Als sie nach ein paar Minuten zurückkommt, steht er noch immer da, unbewegt. Warum bezieht er nicht seinen Platz in der Bibliothek?, denkt sie. Welchem Befehl gehorcht er? Und wo ist die Zofe? Ist sie es, der er jetzt die Bilder zeigt? Die er jetzt fragt, ob sie ihr gefallen? Und gefallen sie ihr am Ende? Oder ist sie längst wieder fort? Was ist geschehen, dass sie nicht einmal mehr einer Zofe zu begegnen wagt?
Am Abend nimmt sie ein Licht und sucht unter den Bänden im Bücherschrank nach dem Buch. Ihr Herz klopft laut. Was sucht sie eigentlich?

Etwas in ihr ist erwacht, das ihr Angst macht und sie dennoch mit aller Macht in seinen Bann zieht. Sie weiß noch nicht, dass sie verloren ist. Dass diese Suche sie über Jahre beherrschen wird. Dass sie niemals an ein Ende damit kommen wird. Dass sie sich tiefer und tiefer in diese Suche verstricken wird wie der Kommissar Marais. Beide versuchen die Sprache des Lasters zu lesen. Beide deuten sie die Zeichen, die es hinterlässt. Beide sind sie geblendet von der Wahrheit, wenn sie vor ihnen aufleuchtet. Beide verschließen die Augen in dem Moment, in dem sie zutage liegt. Für beide wird die Suche nach der Wahrheit des Lasters zum Laster selbst, dem sie erliegen. Für den Kommissar mit seinem Heer von Helfern und Untergebenen und für die Marquise, die nur ihr eigenes Herz hat, auf das sie bauen kann.

Sie hat einen Mann, der ein Rätsel für sie ist. Es ist ein Rätsel, dessen Deutung ihren Verstand und ihre Kräfte weit übersteigt. Eine ganze Nachwelt wird sich davon überfordert sehen. Dennoch macht sie sich daran, die Spuren zu suchen und sie zu entziffern. Sie tut es mit Herzklopfen und der Erregung, mit der ein Heer von Lesern später de Sade-Texte lesen wird. Sie ist die erste. Sie ist nicht vorbereitet dafür. Sie ist jung. Allerdings ist auch er noch jung. Sie ist katholisch. Ihre katholische Seele ist von Beichtvätern und Nonnen geformt, denen ihre Erziehung anvertraut war. Die Sünde ist für sie eine allgegenwärtige Begleiterin, der zu widerstehen man ihr aufs Strengste geboten hat. Sie weiß, dass, wer sündigt und keine Buße dafür tut, zur Hölle fährt. Man hat ihr keinen Zweifel daran zugebilligt.

Sie findet das Buch im Regal der Philosophen zwischen Pascals »Pensées« und dem »Traité de morale« von Nicole. Einen Moment lang fragt sie sich, ob ihr Vater weiß, dass es dort steht. Denn die Bücher in Échauffour sind von ihm gekauft worden. Sie hält es für unmöglich. Sie trägt es zum Tisch, öffnet es, und beim Licht einer Kerze betritt sie eine Welt verschlungener Leiber, entblößter Geschlechtsteile, eine Welt von erlittenen und begangenen Grausamkeiten, unzüchtiger Züchtigung, eine Welt der schrankenlosen Vermischung ohne Ansehen von Mann und Frau, Mensch und Tier.

Sie betritt diese Welt wie durch eine Tapetentür, die sie in Räume

jenseits der ihr vertrauten führt. Sie sieht, dass es in dieser Welt keine Grenzen gibt, keine Überraschung, denn alles ist in ihr möglich. Sie sieht einen behaarten Affenmenschen mit ungeheurem Geschlechtswerkzeug, der sich einer nackten Frau nähert, während eine andere ihn mit Stockschlägen traktiert. Zu seinen Füßen ein schlafender Säugling, vielleicht tot. Sie sieht Särge, Ruten, Fackeln, sie sieht entweihte Altäre, an denen unzüchtige Messen gelesen werden. Sie sieht Folterbänke, auf denen sich Opfer winden, während die Peiniger sich mit allen Anzeichen geschlechtlicher Erregung über sie hermachen.
Sie glaubt plötzlich ein Geräusch zu hören und löscht ihr Licht. Sie lebt in einem Jahrhundert, in dem Geheimnisse noch tief in dunklen Räumen verborgen sind. Sie nisten in unausgeleuchteten Ecken, denen man sich mit einer im Luftzug flackernden Kerze und bang klopfendem Herzen nähert. Die Dunkelheit schützt die Geheimnisse. Die umstandslose Preisgabe des ganzen Raums an seine Ausleuchtung ist ein noch unbekanntes Sakrileg späterer Generationen, dessen Schrecken sich rasch abnutzen wird.
Sie horcht angestrengt. Sie hört Schritte, Flüstern, das Knarren einer Tür zum Nebenraum. Sie hört eine Stimme, die sie kennt, und eine andere, die sie als die der Zofe vom Vormittag zu erkennen meint. Sie hört rasches Atmen wie von großer Anstrengung … Sie hält sich die Ohren zu. Dennoch hört sie, wie es weitergeht. Sie wartet lange ab, bis sie im Dunkel, an das ihre Augen sich gewöhnt haben, das Buch ins Regal zurückstellt.
Sie weiß, dass ihr Kind den bösen Blick bekommt. Es wird ein böses Kind. Es hat böse Eltern. Es kommt in eine böse Welt. Sie hat es nicht davor bewahrt. Es wird nie die schöne lachende Welt der Provence sehen. Es ist ihre Schuld.
Sie weiß nicht, dass dies erst ein Anfang ist. Ihre erste Berührung mit der Welt des Lasters. Hat man sie nicht gewarnt? Man verstrickt sich darin, und am Ende findet man die Wahrheit des Lasters nur in sich selbst. Der Marquis weiß das von Anfang an. Die Marquise wird es erfahren. Sie wird es bald erfahren.

Es ist schon März. In Paris geht die Saison der Bälle und Soireen ihrem Ende zu. Die Präsidentin hat viel verpasst. Zwar war sie einige Male für ein paar Tage in Paris, hat die beschwerliche Reise durch Schneematsch und Morast auf sich genommen, indem sie sich in Pelzdecken und Fußsäcke gehüllt und dennoch gefroren hat, doch ist sie trotz dieser Zumutungen und Gefahren für ihre Gesundheit immer wieder nach Échauffour zurückgereist, von einer Unruhe getrieben, als deren Ursprung sie die Sorge um ihre Tochter nennt.

Sie sollte in Paris entbinden, sagt sie. Die Hebammen auf dem Land sind schmutzig und unkundig.

Mir geht es gut, sagt Renée-Pélagie. Die Bäuerinnen kriegen ihre Kinder auch auf dem Land.

Sie ist jetzt im sechsten Monat. Ihre Rocksäume heben sich vorn vom Boden hoch, der Bund rutscht immer höher. Sie mag sich so. Sie fühlt sich dadurch ihrer Mutter ähnlich, die zum letzten Mal vor drei Jahren schwanger war, als sie Françoise-Pélagie bekam, die ihr jüngstes Kind bleiben soll. Ja, sie fühlt sogar etwas wie Nähe zu ihrer Mutter, eine Gemeinschaft der Frauen, deren Los es ist, Mütter zu werden. Sie wünscht sich diese Gemeinschaft. Sie sehnt sich danach.

Es ist doch keine Krankheit, guter Hoffnung zu sein, sagt sie, indem sie den Ausdruck wählt, der für die *accouchements* der Damen bei Hofe verwendet wird.

Wie kannst du so etwas sagen?, ruft ihre Mutter empört. Die Bäuerinnen sind von ganz anderer Konstitution als wir! Man hat schon gehört, dass sie ihre Kinder ohne alle Hilfe auf dem Feld zur Welt gebracht und nachher weitergearbeitet haben. Kann man sich das bei einer Dame von Stand vorstellen?

Und Sie, *ma mère,* sagt Renée-Pélagie. Wie war es bei Ihnen? Ich bin Ihnen gewiss ähnlicher als den Frauen von Échauffour.

Sie sind mir nicht ähnlich, sagt die Präsidentin. Nicht wie Anne-Prospère.

Ich wünschte, sagt Renée-Pélagie nachdenklich und legt die Hände auf ihren Leib, dass dies Kind mir ähnlich ist.

Warum auch nicht, sagt ihre Mutter. Mal mehr, mal weniger. Doch wenn es mir nicht gleicht, dann soll es mir auch gefallen. Natürlich, sagt die Präsidentin. Man nimmt sie, wie sie sind.

Sie fühlt das Dilemma: Entweder muss man den Marquis in Échauffour zurücklassen, nur von dem jungen Handlanger Marais' bewacht. Oder man muss die Marquise auf dem Land niederkommen lassen. Beides birgt Risiken.

Oder soll sie ihre Tochter allein, nur von einer Zofe begleitet, nach Paris schicken, wo sie ein standesgemäßes *accouchement* erwartet, während sie in Échauffour bleibt und ihren Schwiegersohn überwacht? Für ein paar schwache Momente überlässt sich Madame de Montreuil dieser Vorstellung: wie sie die einzige Frau sein wird, die seine Verbannung teilt. Wie die ganze übrige Welt fern und bedeutungslos für sie wird. Wie alle durch Etikette und Vernunft diktierten Rücksichtnahmen, denen sie in ihrem Leben so viel geopfert hat, an Gültigkeit verlieren. Wie sie ein einziges Mal in ihrem Leben das Unerhörte tut, sich der Schrankenlosigkeit ihrer Begierden überlässt … Sie ruft sich zurück. Sie schreibt einen Brief an den Präsidenten, in dem sie ihn bittet, dass er bei Hof eine, wenn auch vielleicht nur zeitlich begrenzte, Erlaubnis für den Marquis erwirkt, Échauffour zu verlassen und sich nach Paris zu verfügen, um sich dort dringenden Geschäften zu widmen, die Regelung seiner Vermögensverhältnisse betreffend. Man könne ihn als gereift und nunmehr sittlich gefestigt betrachten, fügt sie an. Sie habe sich selbst davon überzeugen können. Die gute Luft und die Geborgenheit im Schoß der Familie hätten das Ihre getan, um ihn zu bessern. Das gärende Blut sei zur Ruhe gekommen et cetera.

Anfang April teilt der Präsident mit, dass sein Ersuchen genehmigt ist. Dem Marquis wird erlaubt, für die Dauer von drei Monaten in der Hauptstadt zu weilen, und es besteht, wie der Präsident anmerkt, ausreichend Hoffnung, dass nach dieser Frist die Verbannung ganz aufgehoben wird, eine einwandfreie Führung natürlich vorausgesetzt.

In Échauffour brechen die Schollen auf. Frühling liegt in der Luft.

Ein Wind von Westen, vom Meer her, fährt in die Bäume und treibt die Blütenblätter und die drei Kutschen vor sich her, die in Richtung Paris aufgebrochen sind. In der ersten sitzt die Marquise mit zwei Kammerfrauen. Sie sitzt auf mehreren dicken Kissen, die die Stöße abfedern sollen. Sie ist blass. Ihre Augen wölben sich hinter geschlossenen Lidern vor, die sich manchmal flatternd heben und sich wie in stummer Ergebung niedersenken. Sie will nicht fort. Sie will bleiben. Sie will ihr Kind in Échauffour gebären. Sie hat die Empfindung, dass man es heimatlos macht, indem man es in ihr auf die Reise schickt. Sie hat ihre Mutter gebeten, dann ihren Mann, bei ihr zu bleiben. Sie haben ihr beide erklärt, dass diese Reise zu ihrem eigenen Besten dient, und sie hat sich gefügt. Doch seit sie unterwegs sind, kommt es ihr wie eine Verschwörung vor, die sich gegen sie und das Kind richtet. Sie kann seine Stöße, die ihr so lieb geworden sind, nicht mehr spüren. Das heißt, sie kann sie von denen der Kutsche nicht mehr unterscheiden. Beide rütteln an ihrem Unterleib. Sie verlangt ein weiteres Kissen. Doch die Kammerfrauen sagen, dass ihre Mutter es für sich braucht.
Die sitzt mit dem Marquis in der zweiten Kutsche. Wenn die Marquise sich umdreht, kann sie ihre Köpfe sehen, ihre Gesichter, die nah beieinander und wie in lebhaftem Gespräch einander zugewandt sind. Ihre Mutter lacht. Durch die Scheibe sieht sie verzerrt ihren offenen Mund. Sie sieht sie ihre Hände vor das Gesicht schlagen. Wie eine Bauersfrau, denkt sie. Bauersfrauen lachen so. Was tut der Marquis, um ihre Mutter zu dieser Art Lachen zu bringen? Sie lacht viel in seiner Gegenwart. Die Marquise versteht oft nicht, worüber sie lachen. Ein Satz. Ein Wort. Andeutungen, die sie nicht begreift. Sie fragt: Was hat er gemeint? Ach, nichts, sagt ihre Mutter. Dein Mann ist so komisch. Manchmal lacht sie mit, um nicht aufzufallen. Dann schweigen sie plötzlich und sehen sie verwundert an.
Im letzten Wagen sind die Kinder mit der Gouvernante und dem Hauslehrer.
Dunkle Wolken ziehen von Westen her auf und überholen sie. Sturmstöße lassen die Wagen erzittern. Das Holz der Deichseln

ächzt. Regen peitscht gegen die Fenster. Die Kutscher beugen sich nach vorn, tief in ihre Kapuzenmäntel gehüllt. Bald ist die Straße ein Morast. Die Fahrt verlangsamt sich.
Wie ist Ihnen, Madame?, fragt eine der Kammerfrauen und beugt sich zur Marquise vor.
Ihre Zähne klappern. Ihr Körper ist bis ins Innerste verkrampft vor Kälte. Sie spürt etwas in sich hart werden. Sie schließt die Augen und konzentriert sich ganz auf die Kraft, die unabhängig von ihrem Willen in ihr wirksam ist.
Sie sieht, dass die Kammerfrau an die Scheibe klopft und dem Kutscher Zeichen gibt. Sie halten an. Hinter ihnen kommen die anderen Wagen zum Stehen.
Kurz darauf taucht der Kopf des Marquis an der Seitentür auf.
Ist Ihnen nicht wohl, Madame?, fragt er.
Ich bin nur etwas müde, sagt sie.
Man gibt den Befehl zur Weiterfahrt.
Am Abend vor der Relaisstation in Verneuil-sur-Avre bleibt sie einfach still in der Kutsche sitzen, als man aussteigt. Ihre Hände, die sie krampfhaft im Schoß gefaltet hat, fühlen es durch den Stoff ihrer Röcke hindurch: das Hartwerden und Entspannen und wieder Hartwerden der festen Kugel, die ihr Bauch geworden ist. Sie denkt: Das ist die Kälte. April, denkt sie. Tut, was er will. Kein Monat, in dem man so viel friert.
Madame, sagt eine der Kammerfrauen, wir sind da.
Sie sieht Bilder aus einem Traum, den sie schon häufig geträumt hat, wie sie erkennt: eine Stiege, ein dunkler Gang, in dem ein Luftzug die Kerze ausbläst, mit der man ihr vorausleuchtet. Hier, sagt eine Stimme. Eine Tür öffnet sich wie von selbst. Ein Feuer, endlich. Hinter der Wand schreit ein Kind. Es schreit die ganze Nacht. Es schreit in ihre Träume. Es will nicht still sein. Sei still, sagt sie, sei endlich still. Sie nimmt das Kissen, das ihr gefehlt hat, endlich hat sie es zur Hand, und macht das Kind damit ruhig. Die ganze Nacht träumt sie, dass sie etwas verloren hat. Als sie aus der Kutsche stieg, ist ihr ein Koffer abhanden gekommen. Sie hat nicht darauf Acht gehabt. Es ist ihre Schuld. Jetzt reist sie nur noch mit

leichtem Handgepäck. Das ist gut. Das ist nicht gut. In dem Koffer befand sich alles, was ihr wichtig ist, während die Tasche, die ihr geblieben ist, nur ein paar wertlose Lumpen enthält. Sie sucht Donatien, um ihm von ihrem Verlust zu erzählen, doch es stellt sich heraus, dass auch er ihr abhanden gekommen ist. Sie hätte ihn halten müssen. Es ist zu spät. Alles entgleitet ihr, verlässt sie, bewegt sich fort von ihr …

Noch monatelang nach der Geburt eines Kindes, das nur wenige Minuten lebt, fallen ihr Dinge aus der Hand, Gläser, die sie aufnimmt, zerschellen, Schlüssel klirren auf dem Boden, bevor sie sie ins Schloss stecken kann, Bücher gleiten ihr durch die Finger bei dem Versuch, sie aufzuschlagen. Sie hat das Kind gesehen. Ein Mädchen. Es glich ihr. Es ist ihr abhanden gekommen. Es wird mehr als zweieinhalb Jahre dauern, bis sie wieder schwanger ist.

Es konnte ihr nicht verborgen bleiben. Zuerst war da die Colet. Dann die Beaupré. Dann die Beauvoisin. Die Dorville. Die Le Roy. Die Rivière. Schauspielerinnen. Sängerinnen. Statistinnen bei der Oper.

Ach und alle die Mädchen, die ihm die Brissault verschafft hat, die ein Haus bei der Barrière Blanche unterhielt.

Sie sah ihn selten, als sie in Paris zurück waren. Dann und wann erschien er zum Diner in der Rue Neuve-du-Luxembourg.

Sie sehen nicht wohl aus, sagte er.

Sie sagte: Es ist der Kummer, Sie selten bei mir zu sehen.

Wie, sagte er, Paris ist voller Amüsement. Bälle. Gesellschaften. Sie sollten öfter ausgehen, Madame. Ich bin doch keiner dieser ehelichen Kerkermeister. Vergnügen Sie sich!

Sie sagte: Wann werde ich das Vergnügen genießen, Sie wieder bei mir zu sehen?

Richtig, sagte er. Sie sind ja meine Frau. Wenn ich nur nicht so beschäftigt wäre. So ausgefüllt, falls Sie mich verstehen.

Ich verstehe, sagte sie.

Seien Sie nicht beleidigt. Ich hasse es, wenn Frauen beleidigt sind. Oh, wie das langweilt. Ich glaube, sagte er, es pressiert schon wieder. Termine, Termine. Setzen Sie ein anderes Gesicht auf, kleine Frau. Dann, wer weiß, finde ich sicher wieder einmal Zeit für Sie.

Ja, es war eine ernste, gewaltige Aufgabe für einen Mann seiner Klasse, ein galantes Leben zu führen. Es forderte ihn ganz, und nur wenige konnten sich darin hervortun und Ruhm ernten wie der Duc de Fronsac, die Chevaliers de Sabran und Jaucourt, um nur die wichtigsten unter ihnen zu nennen, die schärfsten Konkurrenten, die de Sade hatte.

Man brauchte viel Zeit dafür, einen Namen, klangvoll und alt, elegante Garderobe, Wagen, Dienerschaft. Es war darüber hinaus, wenn auch nicht ganz unerlässlich, so doch erwünscht, nicht zu alt zu sein, von angenehmer Gestalt und einnehmendem Äußeren, dazu, wenn möglich, nicht zu schüchtern, beredt, unterhaltsam, bewandert in der Musik und der Schauspielkunst.

Vor allem brauchte man viel Geld.

Irgendwann wird die Marquise erfahren, dass die meisten Beschäftigungen, denen die Männer nachgehen, ihnen Geld einbringen. Diese kostete. Mademoiselle Colet, Schauspielerin im Théâtre Italien erhielt 25 Louisdor im Monat von Donatien neben den Zahlungen, die ihr der Marquis de Lignerai leistete, der wusste, mit wem er sie teilte, und sich mit dem zweiten Platz bei ihr zufrieden gab.

Die Beauvoisin belastete ihn mit den Kosten für ihre Toiletten, die sich auf 20 Louisdor monatlich beliefen, bis sie sie später dem Marquis de Saint-Contat in Rechnung stellte. Die anderen erhielten Geschenke, Schmuck, und kostbares Ameublement für ihre Wohnungen, in deren Mietkosten sich ihre Liebhaber teilten, sofern sie nicht auf Exklusivität bestanden, in welchem Fall sich nur die wenigsten von ihnen ein mehrfaches Engagement leisteten.

Armer Marquis de Sade. Durch die Mitgift war er reich, aber nicht reich genug. Die Ländereien in der Provence, von Monsieur Fage, Notar in Apt, schlecht verwaltet, warfen nicht genug ab und mussten zudem den alten Comte ernähren, der einen vergleichbar kostspieligen Lebensstil pflegte. Im Wettstreit der Liebhaber Pariser Kokotten, dem der Marquis sich für einige Zeit mit aller Kraft widmete, konnte nur der Reichste Gewinner sein. Er verkannte das. Er glaubte, er könne mit Leidenschaft überzeugen. Er glaubte es wirklich. Er glaubte an sich, seine Männlichkeit. Mit ihr wollte er in diesem Wettstreit gewinnen, der in Wahrheit ein Wettstreit der Zahlungskraft, nicht der Liebeskraft der Männer war.

Eine Zeit lang versuchte er, konventionell zu sein. Ein konventioneller Liebhaber, der sich mit anderen konventionellen Liebhabern misst. Ein fast rührender Versuch, seiner Bestimmung zu entgehen, die darin lag, außerordentlich als Mann zu sein. Außerordentlich grausam. Außerordentlich schamlos. Außerordentlich entschlossen, keine Grenzen anzuerkennen.

Als er mit der Colet brach – oder brach sie mit ihm? –, zu Anfang des Jahres 1765, begann er wieder, seine Frau dann und wann zu besuchen. Er kam, jedes Mal überraschend, spät in der Nacht, schlich in ihr Zimmer, und wie ein Kind, das schlecht geträumt hat, kam er zu ihr ins Bett, drückte sich an ihren Rücken, bis sie sich zu ihm umwandte und ihre Arme um ihn schlang. Die einfachen Freuden des Bettes. Der Trost der Wärme, den sich zwei beieinander liegende Körper spenden, die sich voreinander nicht bewähren müssen, nicht das mindeste Geschick brauchen, um sich hervorzutun, keine Reize zur Schau stellen, zwischen der eigenen Befriedigung und der des anderen nicht unterscheiden und doch vor nichts Halt machen, was beidem dient. Hätte ihm die Marquise diesen Trost versagen sollen, den sie selbst so brauchte? Immer wieder setzte es sie in Erstaunen, dass ihr Körper die Empörung, die sie empfand, nicht teilte. Dass er so leicht verzieh. Dass er so willig war. Dass er ganz ohne ihr Zutun handelte.

Ja, dass sie für die Dauer von ein paar Stunden, manchmal sogar den ganzen folgenden Tag lang davon überzeugt war, es werde nun alles gut.

Oft war er vor Tagesanbruch schon wieder weg, unruhig, getrieben, auf der Jagd nach neuen Eroberungen, ein streunender Kater, ein Kämpfer im Revier, der nur in seltenen Nächten seine Blessuren zu ihr trug, der einzigen Frau, die keine rasanten heldischen Kunststücke von ihm erwartete, zu der er wie zu einer Amme ins

Bett kommen konnte und die ihm kein Stück von sich verweigerte, deren Körper ganz und immer zu seiner Verfügung war, um ihm den Trost zu spenden, den jeder große Junge braucht, wenn er müde von seinen Siegen und Niederlagen ist.

Sie war die Ehefrau. Es gab Huren. Es gab Kokotten. Es gab Gelegenheiten. Es gab Ausschweifungen. Es gab Affären. All das gab es in großer Zahl. Nur sie war einzig.

Als Ehefrau ist man immer die Einzige.

Das muss genügen.

Wenn da nur nicht ein Herz wäre.

Aber das Herz ist ungeduldig, leicht beleidigt und misstrauisch. Das Herz hat eine schlechte Phantasie. Es ist der Sitz der Eifersucht.

Machen Sie nicht so ein Gesicht, meine Tochter, sagte die Präsidentin. Kein Wunder, dass Ihr Mann sich nicht mehr bei uns blicken lässt, wenn Sie so schlecht gelaunt sind.

Alle Welt weiß, dass er Mätressen hat, sagte die Marquise. Sie wissen es auch, meine Mutter.

Er ist noch jung, sagte die Präsidentin. Solange er seine Pflichten gegen Sie erfüllt –

Welche Pflichten, rief die Marquise. Hat er nicht die Pflicht, mich zu lieben?

Mein Kind, sagte die Präsidentin, er hat nicht die Pflicht, Sie zu lieben, sondern Sie zu respektieren.

Sie saß sehr aufrecht. Ihre Lippen waren schmal, nachdem sie gesprochen hatte. In ihrem Haar zeigten sich erste graue Fäden.

Und Papa?, sagte die Marquise.

Ihr wurde plötzlich bewusst, dass auch ihre Eltern eine Ehe führten.

Die Präsidentin griff nach dem Fächer, der in ihrem Gürtel steckte, klappte ihn mit einer geübten einhändigen Bewegung auf, die etwas vom Schlagen nach einem lästigen Insekt hatte, und fächelte.

Er hat mich immer respektiert, sagte sie. Und mit der Zeit –

Sie lieben ihn nicht?

Mit der Zeit respektierte auch ich ihn. Ist das nicht mehr, als was man in Ihrem Alter überschwänglich Liebe nennt? Ich weiß, es ist Mode geworden … Selbst in der Ehe … Mir scheint …
Sie verstummte. Sie fächelte. Sie erinnerte sich an unwürdige Szenen. Tränen, Geschrei. Einen zerbrochenen Kristallflakon. Sich entfernende Schritte in Männerstiefeln, die durch Zimmerfluchten hallen. Die ironischen Blicke der Dienstboten danach. Likörflecken in ihrer Bettwäsche, die sie selber ausgewaschen hatte.
Mit den Jahren wird es besser, sagte sie. Man lernt, sich zu arrangieren.
Ich will mich nicht arrangieren, rief die Marquise und stampfte beinahe mit dem Fuß auf. Ich will geliebt werden!
Zeigen Sie Haltung, sagte die Präsidentin. Sie sind keine Bürgersfrau!
Wie viele Frauen ihresgleichen hatte sie für sich die Eifersucht abgeschafft. Eifersucht war aus der Mode in ihrer Klasse! Man trug sie nur noch in den Vorstädten und auf dem Lande. Bürgersfrauen keiften in den Gassen, wo betrunkene Fuhrknechte torkelten. Kammerjungfern und Zofen weinten sich wegen eines untreuen Bräutigams die Augen aus, und Bauerntöchter erhängten sich in der Scheune, weil sie verlassen worden waren. Ihresgleichen trug Migräne und blassen Teint, hielt sich gerade, fächelte, erlitt plötzliche Ohnmachten und unerklärliche Gefühlsaufwallungen, neigte zu inbrünstiger Frömmigkeit sowie nervöser Reizbarkeit gegenüber den Dienstboten und erlaubte sich allenfalls gezielte Bemerkungen über dem Stickrahmen:
Sie, Monsieur, haben Ihre Vergnügungen. Seien Sie doch so gütig, mir die meinen zu lassen, zumal sie doch so viel bescheidener als die Ihren sind.
Etwas von der Art.
Die Eifersucht war in die tiefsten Verliese der Seele verbannt. An Ketten gelegt. Sie schlief nicht. Sie wartete. Wie alle verbannten Geister wartete sie auf den Tag ihrer Befreiung. Dann und wann hob sie ihr Haupt, horchte, die Ketten rasselten.
Eines Tages, bald, wird die Revolution des Bürgertums kommen

und mit allen gefangenen, verbannten Geistern des Ancien Régime auch die Eifersucht befreien. Sie wird ihren Platz in der bürgerlichen Ehe einnehmen und ihn dort behalten.

Als de Sade sich im Frühling 1765 in die Beauvoisin verliebte, kam er gar nicht mehr.

Die Marquise begann, an andere Männer zu denken. Sie erwog, selbst ein Verhältnis zu haben, gestand es jedoch bei einem Beichtgespräch und erschrak angesichts der Schwere der priesterlichen Vorhaltungen und der geistlichen Strafe, die ihr für den bloßen Gedanken auferlegt wurde.

Dann traf sie den Marquis mit seiner Geliebten in der Oper. Die Beauvoisin trug eine orangefarbene Robe mit schwarzer Spitze. In ihrem dunklen Haar glitzerten Diamanten. Ihre Größe kam von der hochgetürmten Frisur, die sie trug. Sie war eher zierlich von Gestalt, so wie der Marquis es liebte, mit sehr kleinen Füßen. Die ihren waren ihm zu groß, und sie zwängte sie in viel zu kleine Schuhe, um ihm zu gefallen.

Er sah gar nicht zu ihr hin, obwohl sie in der Loge ihrer Familie saß.

Die Beauvoisin galt als eine der schönsten Frauen von Paris. Man sagte von ihr, dass sie einen Spielsalon betreibe und somit einer Vielzahl von männlichen Lastern zu Diensten sei.

Sie betrachtete sie durch ihr Opernglas. Sie erwartete, in ihrem Gesicht die Spuren der Prostitution zu sehen: niedrige Züge, Gemeinheit, Gier. Aber sie sah wie ein Engel aus. Geistvoll und zart.

Die Marquise sah, wie sie die Augen zu ihm aufschlug und ihm einen der tiefen ergebenen Blicke schenkte, mit denen ein Mädchen den Mann seiner ersten Liebe ansieht. Sie fühlte die Magie, die zwischen beiden herrschte, als sei sie selbst ein Teil davon. Dann rannte sie hinaus und übergab sich am Hinterausgang auf dem Weg zu den Aborten.

Niemand war ihr gefolgt, nicht einmal ihre Zofe, die auf einem Stuhl an der Rückwand der Loge saß und häkelte. Sie beschloss, unbegleitet und zu Fuß nach Hause zu gehen.

Sie war um diese Zeit noch nie allein unterwegs gewesen. Auf den

Straßen folgten ihr Bettler und Betrunkene, deren Hände nach ihren Kleidern griffen. Sie warf ein paar Münzen und riss sich los. Sie hatte bisher nie darüber nachgedacht, was sie von dem Volk in den Gossen trennte. Sie fühlte auf einmal, dass es weniger grundsätzlich war, als sie immer gemeint hatte.
Ein plumpes, unvornehmes, ein Armeleutegefühl machte sie so elend, die Eifersucht. Sie musste lernen, kalt, gleichgültig und spitzzüngig zu sein, wenn sie nicht untergehen sollte.
Sie lief den ganzen Weg nach Hause und löste bei ihrer Ankunft das Entsetzen der Dienerschaft aus, die nicht glauben wollte, dass sie ohne Wagen war.
Dann wurde sie, wie man es von einer adligen jungen Dame nach solchen Strapazen erwartete, erst einmal krank.
Sie haben sich übergeben? Sind Sie vielleicht wieder in gesegneten Umständen?, fragte ihre Mutter, als sie auf dem Weg der Genesung war.
Nein, sagte sie. Aber das will ich werden, und zwar sofort. Wo ist mein Mann?
Etwas im Blick ihrer Mutter gefiel ihr nicht.
Sie wissen doch, dass er sich auf seine Güter in der Provence begeben hat.
Warum war sie immer die Letzte, die etwas erfuhr?
Er bat mich, es Ihnen zu sagen, sagte ihre Mutter. Er wollte Sie nicht beunruhigen, als Sie krank waren.
Eines Tages will ich Ihnen La Coste zeigen, hatte er zu ihr gesagt.
Er war ohne sie auf sein Schloss gefahren. Nichts konnte ihr deutlicher zeigen, dass sie ihn enttäuscht hatte. Sie hatte sein Kind verloren. Seinen Respekt. Seine Liebe, die sie nie besessen hatte. In das Haus der de Sades war sie es nicht mehr wert einzuziehen.
Erlauben Sie mir, ihm nachzufahren, bat sie ihre Mutter. Begleiten Sie mich. Er ist mein Mann. Er wird uns willkommen heißen, so wie er bei uns stets willkommen war.
Sie hatte plötzlich das Gefühl, wenn sie nur in der Provence wäre, dann würde alles gut.
Sind Sie von Sinnen?, sagte ihre Mutter kalt. Hat man Ihnen nicht

beigebracht, einem Mann nicht nachzulaufen? Haben Sie keinen Stolz?
Nein, wollte sie sagen. Aber sie sagte: Gewiss, und schwieg.
Es war im Juni. Über ein Jahr war es her, dass sie das Kind verloren hatte.
Im Juli, kurz bevor die Familie de Montreuil wie jedes Jahr nach Échauffour aufbrechen wollte, hatte sie noch keine Nachricht von ihrem Mann. Eines Tages kam ein Brief vom Abbé de Sade an die Präsidentin.
Was schreibt er?, fragte sie. Schreibt er von Donatien?
Nichts, sagte ihre Mutter, indem sie, ohne aufzublicken, weiterlas. Nichts Besonderes. Ja, er hat ihn gesehen.
Und?, sagte sie
Es geht ihm gut, sagte die Präsidentin.
Darf ich es lesen?, fragte sie.
Ach was, sagte ihre Mutter. Alles geschäftlich. Es würde dich langweilen.
Als sie ausgegangen war, schlich sich die Marquise zu ihrem Schreibtisch. Sie konnte den Brief des Abbé nicht finden, fand aber ein Blatt, auf dem Madame de Montreuil ihre Antwort entworfen hatte. Ein Blatt mit flüchtiger Schrift und vielen Streichungen, offenbar in großer Erregung beschrieben.
Einzelne Sätze daraus würden ihr für immer im Gedächtnis bleiben:
Seine Mätressen haben despotische Gewalt über ihn … Diese Sittenlosigkeit vor seiner gesamten Provinz …
Sie sei entschlossen, ihre Tochter endlich aufzuklären, schrieb sie dem Abbé.
Worüber? Was war gemeint mit dem *stillschweigenden Verhalten der Dienerschaft* in La Coste? Von welchem *Irrtum* war hier die Rede?
Dann begriff sie: Er war mit seiner Frau in La Coste eingezogen. Er hatte sie den Nachbarn, seinen Verwandten, der Dienerschaft vorgestellt. Sie war die Königin der Feste gewesen, die er in der Provinz gab, Hauptdarstellerin bei seinen Inszenierungen: Theater-

aufführungen, Landpartien und intimen Soireen an den Kaminen des Schlosses, die er ihr ausgemalt hatte. *Eines Tages möchte ich Ihnen La Coste zeigen.* Er hatte es wahr gemacht.
Aber nicht mit ihr.
Er hatte die Beauvoisin als seine Frau ausgegeben.
Als sie das Ausmaß seines Verrats begriff, die Ungeheuerlichkeit, die darin beschlossen war, als sie nicht ohnmächtig geworden war, nicht nach ihrer Zofe geschrien hatte, sie möge ihr zu Hilfe eilen, nicht einmal das Fenster geöffnet hatte, sondern, das Blatt mit den Schriftzeichen ihrer Mutter in der Hand, dastand, da ließ sie die Eifersucht in den tiefen Verliesen ihrer Seele frei. Sie löste die Ketten des Ungeheuers. Sie erlaubte ihm, ans Licht zu kommen. Es war fürchterlich. Es raste. Es drohte sie zu verschlingen. Doch sie trat ihm entgegen:
Er muss mich nicht lieben, sagte sie. Aber er muss mich respektieren!
Soll er seine Mätressen lieben. Soll er es ihnen auf hunderterlei Weise zeigen. Soll er ihnen Juwelen schenken, die aus meiner Mitgift bezahlt werden. Aber die *Einzige,* die Ehefrau, das bin ich!
Die Eifersucht blieb stumm. Sie ließ erkennen, dass sie nicht das letzte Wort für sich beanspruchte. Schließlich zog sie sich freiwillig, wenn auch widerstrebend, in ihr Verlies zurück. Respekt! war das Wort, das sie bezwang.
Die Marquise sucht nach Papier. Sie spitzt die Feder an, tunkt sie ins Tintenfass.
Mein Gemahl, schreibt sie …
Zwei Wochen später wird die Beauvoisin wie ein Spuk aus La Coste verschwunden sein.
Und nach seiner Rückkehr wird die Marquise dann und wann wieder ihren Mann bei sich sehen.

Meine Tochter, sagt der Abbé Gaudemar, Gott will von uns, dass wir Geduld üben. Er prüft uns, indem er sie uns auferlegt.
Wie oft hat er es schon erlebt, den Trotz, mit dem junge Frauen auf einem Kind bestehen. Als ein Mann der Erfahrung denkt er: Je hef-

tiger der Wunsch ist, desto unwahrscheinlicher seine Erfüllung. Wieso, weiß nur Gott.
Du musst es ganz in Gottes Hand legen, sagt er seinem Beichtkind. Er gibt und nimmt.
Ich weiß, sagt die junge Marquise.
Sie wissen gar nichts, denkt der Abbé. Diese jungen Frauen sind derartig unwissend. Das ganze System der Ehe beruht auf ihrer Unwissenheit. Man muss sie darin erhalten. Das ist unsere Aufgabe.
Ich werde dein Anliegen im Gebet vor Gott tragen, sagt der Abbé Gaudemar.
Das wird nichts nützen, sagt die Marquise mit Entschiedenheit.
Der Abbé begreift, dass es nicht um ihr mangelndes Gottvertrauen geht, sondern um den Marquis. Er weiß, was sein Beichtkind quält. Er nimmt auch einigen Mädchen von Madame Brissault manchmal die Beichte ab. Er wundert sich immer aufs Neue. Die Einfalt der Frauen in diesem Gewerbe ist nicht geringer als die der Ehefrauen. Sie drängen ihm ihre Ersparnisse auf. Nehmen Sie. Nehmen Sie alles, sagen sie, für die Armen. Ich habe gesündigt, sagen sie, das ist Sündengeld.
Es gibt nichts, was sie für dieses Geld nicht getan haben.
Er sagt ihnen: Geh und sündige hinfort nicht mehr. Behalt dein Geld und beginne ein neues Leben damit, ein anständiges. Und sie sagen: Mit wem soll ich es beginnen? Ich habe niemanden, und niemand wird mich wollen, so wie ich gelebt habe.
Und er sagt zu ihnen dasselbe wie zu den Ehefrauen: Du musst Geduld haben, sagt er. Und: Ich werde Gott um einen anständigen Mann für dich bitten.
Die Frauen lachen. Einen anständigen Mann, sagen sie. Es gibt keine anständigen Männer.
Versündige dich nicht, mein Kind, sagt der Abbé Gaudemar. In deinem Gewerbe trifft man sie natürlich nicht.
Wen?, sagen die Frauen. Sie kommen alle zu uns, Abbé. Wenn Sie wüssten, wer. Alle.
Und er weiß, wenn die Frauen gehen, dass sie wieder zu ihm kom-

men werden mit ihrem Sündengeld. Sie brauchen es, um ihre Schuld zu bezahlen, indem sie ihm ihre Almosen aufdrängen.
Wie soll ich es sonst verdienen?, sagen sie.
Heilige Einfalt. Manchmal erscheint es dem Abbé, als seien alle Menschen Gefangene ihrer selbst. Ein Teufelskreis, denkt der Abbé. Wir sündigen, um unsere Sünden zu sühnen.
Wenn der Abbé Gaudemar die lange Reihe der Wartenden vor seinem Beichtstuhl sieht, überkommt ihn eine große Hoffnungslosigkeit, die sich als Müdigkeit fühlbar macht. Ist es nicht immer dasselbe, was man ihm zuträgt? Die Last der Welt. Manchmal möchte er aufstehen. Er möchte ein Schild an den Beichtstuhl hängen, auf dem »Geschlossen« steht, wie es die Ladenbesitzer tun.
Geht nach Hause, möchte er sagen. Ihr seid alle absolviert.
Die Priesterwürde hängt ihm manchmal wie ein Mühlstein um den Hals. Er wird sie niemals los, niemals ein ganz gewöhnlicher Sünder sein wie die Menschen, die zu ihm kommen, die Huren und Handwerker, Köchinnen, Kammerfrauen und ihre Herrinnen. Wer so viele Beichten wie der Abbé Gaudemar abgenommen, so viele Tränen gesehen hat, so viel Verzweiflung, wird selten noch etwas erfahren, was ihn überraschen kann.
Auch mit der jungen Marquise ist alles, wie er es erwartet hat. Das Ehebett. Die Enttäuschung. Die Fortsetzung ihres Lebens im Elternhaus, das sich wenig von dem Leben unterscheidet, das sie vor ihrer Heirat geführt hat, nur von gelegentlichen Besuchen eines Ehemanns unterbrochen, der offenbar nicht einmal mehr seiner ehelichen Pflicht obliegt.
Du bist jung. Du bist gesund. Du bist reich. Ich kenne viele, denen es schlechter geht. Es ist nicht recht, dass du klagst. Du musst dankbar sein, sagt er. Gott wird dir zu seiner Zeit auch wieder ein Kind schenken.
Helfen Sie mir dabei, sagt sie.
Der Abbé erschrickt. Wie meint sie das? Wie kann er helfen, dass sie schwanger wird? Manchmal denkt er jetzt daran, dass er ohne leibliche Kinder alt werden und sterben wird. Was hat er mit seinem Leben getan, als er es dem Dienst an der Kirche gewidmet hat?

Als er vor vielen Jahren seine Gelübde getan hat, schien es ihm kein Opfer zu sein, dass er kinderlos bleiben wird.
Helfen Sie mir, Abbé? Tun Sie das für mich?
Meine Tochter ... Der Abbé weiß nicht, was er sagen soll. Einen Moment lang denkt er: Der Ruf des Lebens. Ist er das? Dann begreift er, was sie meint.
Ich soll mit ihm reden?
Ja, sagt sie.
Meine Tochter, sagt er unbestimmt. Ich vermag nichts über die Seelen. Das vermag nur Gott. Und vergessen wir nicht: Auch das Gebet hat Macht.
Über meinen Gemahl haben nur seine Mätressen Macht, sagt die Marquise.
Und der Abbé denkt: Erstaunlich. Sie ist vielleicht nicht so ahnungslos, wie ich gedacht habe.
Ein paar Tage später kommt eins der Mädchen von Madame Brissault zu ihm. Sie ist die Letzte am Nachmittag. Es dämmert schon in St.-Roche. Über das Innere des Beichtstuhls senkt sich Dunkelheit. Der Abbé kann nicht sehen, wer hinter dem Gitter ist. Er hört nur ein weibliches Schluchzen: Pater, peccavi. Er sagt: Sprich, mein Kind. Er fühlt, wie seine Gedanken sich nah an der Grenze zum Traum verlieren, in den die Stimme des Mädchens dringt und wo das Unerhörte mit schläfriger Präzision und Beiläufigkeit geschieht. Er öffnet die Augen. Vor sich im letzten Tageslicht sieht er das Kreuz über einer der Seitenkapellen. Er sieht den Gekreuzigten, der mit Anmut und Eleganz, das weiße Tuch um seine Lenden geschwungen, seine Leiden trägt. Seinem Appell an das Mitgefühl des Betrachters ist etwas anderes, Heimliches beigemischt. Etwas Herausforderndes ist um ihn, etwas Wollüstiges, wie es dem Priester auf einmal scheint. Es ist ein junger schöner Gekreuzigter, der die Striemen seiner Geißelung an sich trägt. Er versteht sich auf Schmerzen. Es ist sein Beruf zu leiden. Die Blutspuren, die seinen nackten Leib herabrinnen, bezeugen es. Die Peitsche, mit kleinen Widerhaken versehen, hat sein Fleisch wie ein Pflug aufgerissen, der durch den Acker fährt. Plötzlich ist der Priester hellwach.

Wer hat dir das angetan?, hört er sich fragen.
Der Marquis de Sade, antwortet das Mädchen.
Der Abbé Gaudemar erschrickt, als habe Gott selber das Wort an ihn gerichtet. Er weiß jetzt, was er zu tun hat.

Zu Anfang des Jahres 1767 stellt es sich heraus, dass die Gebete der Marquise de Sade und des Abbé Gaudemar erhört worden sind. *Sie ist seit etwa zweieinhalb Monaten schwanger,* schreibt die Präsidentin an den Abbé de Sade in Saumane.
Im Dunkel der Nächte im Spätherbst, zur Zeit der Affären mit den Mademoiselles Dorville und Le Roy, die sich eine Zeit lang überlappen, während sich eine Wiederaufnahme der Beziehung zur Beauvoisin andeutet, die sich im Laufe des Winters vollziehen wird, hat der Marquis ein Kind gezeugt.
Der Vater scheint nicht sehr begeistert davon zu sein, schreibt die zukünftige Großmutter. *Er ist von Dingen in Anspruch genommen, die nach seiner Auffassung interessanter sind, und ich befürchte, dass die Mutter am Ende ihrem Kummer erliegt, zumal sie die Pein, die man ihr bereitet, noch nicht überwunden hat.*
Madame de Montreuil weiß viel, aber sie weiß nicht alles. Als der alte Comte überraschend am 24. Januar stirbt, fühlt sie sich angesichts der Betroffenheit und Trauer ihres Schwiegersohns *völlig mit ihm ausgesöhnt.* Wie die meisten Menschen glaubt sie, dass tiefe Gefühle und böse Bestrebungen einander ausschließen. Sie glaubt, dass ein Sohn, der seinen Vater geliebt hat und um ihn trauert, gegen das Laster gefeit ist. Sie weiß nicht, dass das Böse ein zutiefst gefühltes Anliegen ist. Sie denkt, dass es kalten Herzens begangen wird. Sie täuscht sich. Der Marquis de Sade ist nicht herzlos. Er ist nur ohne Skrupel. Und – möglicherweise – nicht einmal das.
Die zweite Schwangerschaft seiner Frau lässt ihn ebenso wenig gleichgültig wie die erste. Er fürchtet, wieder enttäuscht zu werden. Darum hält er sich mit Bekundungen seines Stolzes zurück. Doch er ist ein Dynast. Er hat ein de Sade-Kind gezeugt, von dem er hofft, dass es ein Sohn sein wird, ein legitimer Erbe seines Namens,

seines Blutes und der Arroganz, zu der sie berechtigen. Renée-Pélagie ist ein kostbares Gefäß für ihn, das einzige, in dem die Zukunft seiner Familie bereitet wird. Hat sie es ihm klar gemacht? Hat er begriffen, dass sie nicht austauschbar ist? Nicht als die Mutter zukünftiger de Sades?
Er hat es begriffen. Sie weiß es. Auch darin täuscht ihre Mutter sich. Wenn sie sichtbar leidet, so um ihren Wert zu steigern, den sie seit der Schwangerschaft wieder fühlt. Ich bin zerbrechlich, sagt sie damit. Bedenkt, was ich enthalte, und fasst mich zart und vorsichtig an.
In Wahrheit genießt sie den Zustand. Jetzt, da es endlich zum zweiten Mal geschehen ist und also wieder geschehen kann, möchte sie in alle Zukunft de Sades gebären. Es ist ihre Bestimmung, ihr Beruf, ihre Aufgabe. Es ist das, was ihr allein zukommt.
Was denn auch sonst?
Sie hat ja darüber hinaus keine Aufgabe. Anders als ihre Mutter hat sie keinem Haushalt vorzustehen, jedenfalls bis jetzt nicht. Anders als die Schauspielerinnen, die Tänzerinnen und Sängerinnen muss sie nicht singen, nicht tanzen und keine Rollen auswendig lernen. Kein Regisseur verlangt von ihr, dass sie pünktlich und vorbereitet zur Probe kommt. Anders als die Kokotten muss sie weder geistreich noch schön, noch besonders einfallsreich oder verführerisch sein im Bett. Anders als ihre Zofen und Dienerinnen muss sie nicht im Geringsten arbeiten. Im Gegenteil, sie muss andere arbeiten lassen. Ihre Aufgaben bestehen in der Vermeidung von Aktivität, wo immer sie sich bieten mag. Anders auch als die Mütter aus dem Volk wird sie ihre Kinder nicht selbst betreuen. Man wird Ammen beauftragen. Ihre Kinder werden nicht von ihr gestillt werden, was ihr, wie allen Frauen aus ihrer Gesellschaftsschicht, wiederholte Brustdrüsenentzündungen einträgt. Sie wird sie niemals baden oder zu Bett bringen. Wenn sie krank sind, wird sie nicht bei ihnen wachen. In den Nächten werden sie zu ihrer Amme ins Bett wollen, wenn sie schlecht geträumt haben, und wenn sie sich verletzt haben, in ihren Armen Trost suchen. Als Mutter wird sie streng nach dem Rechten sehen und die Ammen und Kinderfrauen

nach bestem Wissen zurechtweisen. Sie wird die Kinder ermahnen, folgsam und fromm zu sein. Mit ihr werden sie ihr erstes kleines Gebet sprechen. Sie wird ihnen manchmal ein Lied singen, das die Amme nicht kennt, die ihnen dafür die bekannten Schauermärchen erzählt und die Furcht vor den Phantomen der Volksphantasie schürt, was die Marquise ihr streng untersagen wird.
Dennoch wird auch ihr Tag lang und zu durchleben sein. Und es wird ihr Geheimnis bleiben, wie sie ihn verbringt. Mit allen Frauen ihrer Zeit und ihrer Gesellschaftsschicht teilt sie dieses Geheimnis, Frauen, deren tiefstes Inneres sich eher offenbart als ihr Tageslauf. Die Briefe, die sie schrieben, geben keine Auskunft darüber, außer dass sie geschrieben worden sind, was dazu verleitet, sie sich als ambitionierte, fleißige Briefschreiberinnen vorzustellen, deren Gefühle unaufhörlich durch die Feder aufs Papier fließen. Geliebter Freund ... Und dann? Was kam dann? Was war am Abend geschehen? Es ist eher möglich, ihr Leben zu erzählen, als einen einzigen Tag daraus und womit sie ihn verbracht haben.
Er dagegen, wie beschäftigt der Marquis ist. Der Tag ist viel zu kurz, um allen Berufen nachzugehen, die er ausübt.
Da ist zunächst der Landadlige, dessen Vermögen aus seinen Liegenschaften in der Provence besteht. Wenn er Briefe schreibt, gehen sie an seinen Bevollmächtigten, den Notar Fage in Apt oder den Pächter und Verwalter Ripert in Mazan. Es geht um Geld. Das Geld fließt in eine Richtung: von Süd nach Nord, von der Provence nach Paris. Es fließt nie reichlich genug. Der alte Comte hat Schulden hinterlassen, die sich zu den Schulden, die sein Sohn macht, hinzuaddieren.
Geld, schreibt er dem Notar. *Um Himmels willen, Geld ...*
Er ist kein Bürger. Er erwirbt nicht, er fordert ein, was ihm zusteht. Dann gibt er es auf standesgemäße Weise aus. Das beansprucht den größten Teil seiner Zeit. Er beschäftigt zwei Kammerdiener für sich, hält sich einen Wagen mit Personal für die Pferde und Kutschfahrten, lässt bei Schneidern arbeiten, bei denen einer wie er arbeiten lässt, um sich, so ausgestattet, bei Bällen, Empfängen, privaten Diners und in den Salons sehen zu lassen, entweder begleitet von sei-

ner Ehefrau oder einer Mätresse, für welche Damen jeweils derselbe Aufwand nötig ist, wenn nicht ein in Hinsicht auf ihre Toiletten noch größerer. Er besucht Theater, Konzerte, auch Spieltische dann und wann, jedoch ohne die verzehrende Leidenschaft, die das Spiel gefährlich macht. Seine Leidenschaft gehört der Bühnenkunst und ihren Vertreterinnen. Er ist einer von den Herren, die kurz vor Ende der Vorstellung hüsteln, sich erheben und hinter die Bühne gehen. Das Personal kennt ihn und lässt ihn mit Respekt passieren. Die Blumen in den Garderoben sind oft von ihm. Er selbst trinkt gern den heimischen Landrotwein, doch lässt er fast allabendlich Champagner anliefern. Er betrachtet all dies als Aufwand, der einer geschäftlichen Investition gleichkommt. Es ist ein Geschäft mit großem Konkurrenzdruck, das er betreibt, und sein Erfolg misst sich nicht in Einnahmen, sondern in den Ausgaben, die er hat.
Nicht nur seine Tage, vor allem seine Nächte sind ausgefüllt. Denn die Frauen, die er sich hält, wollen nicht nur versorgt, sie wollen glücklich sein. Er macht sie nächtens glücklich. Sein Ruf als Mann ist ungeschmälert unter den Kokotten von Paris. Er gleicht die Begrenztheit seiner finanziellen Mittel aus. Der Marquis ist siebenundzwanzig. Er ist ein leidenschaftlicher, ein überaus erregbarer Liebhaber. Die meisten Kokotten sind nicht so ausschließlich auf das Geld aus, wie ihr Ruf es von ihnen sagt. Die besten unter ihnen wissen einen Mann in seiner ureigenen Disziplin zu beurteilen. Sie schätzen durchaus seine Liebeskraft, seine Begabung, sie sexuell zum Äußersten zu verführen. Sie brauchen dieses Äußerste, um eine gewisse Hochform zu erreichen, von der sie ganz genau wissen, dass sie vergänglich ist und sie vielleicht noch eher als ihre Schönheit im Stich lassen wird. Eine gewisse Blässe, ein Flackern im Blick, eine Aura der Unwiderstehlichkeit bleibt ihnen von einer Nacht mit dem Marquis zurück, ein Glanz, ein Hauch, ein Duft, der andere Männer auf ihre Fährte lockt, so dass auch die Kokotten eine Art Investition tätigen, wenn sie sich ihm manchmal sogar umsonst hingeben.
Er macht dich verrückt, sagen sie einander. Hast du ihn schon gehabt?

Man muss verstehen, dass der Marquis nicht viel Zeit für die Familie hat. Doch er erübrigt sie. Es geht ihm wie anderen Männern, die sich ganz dem Kampf da draußen verschrieben haben und umso lieber und dringlicher dann und wann zu Hause Einkehr halten. Er genießt die Aufmerksamkeit, die nur seltenen Gästen zuteil wird. Man eilt herbei, sobald er sich auf der Schwelle zeigt.
Mon petit gendre? Nein, das ist er nicht mehr.
Marquis, welche Ehre. Meine Tochter erwartet Sie.
Die Ironie im Ton täuscht ihn nicht.
O Madame, ich schmeichle mir, dass auch Sie mich gern bei sich sehen.
Ein Vergnügen, das so selten ist, muss in der Tat willkommen sein.
Wenn Sie wüssten, Madame, wie sehr ich es misse, täglich von Ihnen geschmäht und gerügt zu sein. Es verschafft mir erst das Recht auf Vergebung, die ich demütig erbitten will. Sie vergeben mir doch, Madame? Mein Herz kennt kein größeres Vergnügen als die Verzeihung, die Sie mir gewähren. Ich bin ganz verrückt, ganz süchtig danach, wenn Sie wissen, was ich meine. Wenn ich je gesündigt habe, *Madame ma mère,* so nur, um ihrer Verzeihung teilhaftig zu werden.
Kindskopf, sagt die Präsidentin und berührt ganz leicht sein Haar. Sehen Sie mich nicht so an.
Er sieht Sie an, weil er überlegt, wie er Ihnen klar machen soll, dass er mit mir allein sprechen will, sagt Renée-Pélagie, die aus dem Hintergrund getreten ist. Nicht wahr, Donatien?
Nicht geradezu, sagt er. Doch sie hat Recht. Zwei Frauen aus dieser Familie sind einfach zu viel für mich. Sie entschuldigen uns, Madame?
Wie dumm ist es, denkt er, die Frauen mit sich zu verwöhnen. Je weniger man sich ihnen widmet, desto begehrter wird man für sie. Nicht auszudenken, was diese zwei aus mir machten, wenn ich mich zu ihrer Verfügung hielte. Sie sind Wölfinnen. Sie würden mich in Stücke reißen und verspeisen, wenn man sie ließe. Man muss sie erziehen, indem man sich entzieht. Ich sollte diese Lehre

auch außerhalb der Familie beherzigen. Wie heißt der Spruch? Teile und herrsche. Das scheint mir klug. Und auch Frauen, die klug sind, handeln so. Keine Ausschließlichkeit. Niemals. Ich muss mich vor dem Wahnsinn der Liebe hüten. Ich besitze eine gewisse Disposition dafür. Nicht, dass ich mir vorstellen könnte, nur eine Frau zu begehren, nicht einmal dich, Beauvoisin. Doch es verletzt mich, nicht der Einzige zu sein, der dich begehrt, und vor allem nicht der Einzige, der dich bekommt. Es ist unerträglich. Kann es denn sein, dass Frauen ähnlich empfinden?

Nein, denkt er. Das tun sie nicht.

Sieh dir diese Frau an, denkt er, meine Ehefrau. Sie hat keinen Stolz. Würde sie mich sonst in ihr Boudoir führen, da sie doch weiß, dass ich ihr nicht treu bin und niemals sein werde?

Meine Liebe, sagt er, meine Verehrte, Sie wissen, meine Pflicht drängt. Ich habe nicht viel Zeit für Sie.

Ich habe auf Sie gewartet, sagt sie. Ich habe gewusst, dass es heute sein wird. Schon heute Morgen beim Aufwachen habe ich es gewusst. Ich sagte mir: Wenn der Hahn kräht, bevor die Zofe, die mich weckt, ins Zimmer kommt, wird es heute sein. Und es war so. Und dann hatte ich große Angst, als es anfing zu regnen, und ich sagte mir: Bei Regen kommt er nicht, da bleibt er, wo er ist. Aber dann, gegen Mittag, hat es aufgehört. Da hörte ich Ihre Stimme, wie Sie mit Mama sprachen. Und jetzt sind Sie bei mir.

Er denkt: Was tue ich hier?

Ihre Züge erscheinen ihm vergröbert, seit sie schwanger ist. Ihre Haut ist stumpf und großporig geworden. An ihrem Hals haben sich rote Flecken gebildet. Er nimmt das alles mit unverstellter Nüchternheit wahr. Wenn ich sie liebte, fragt er sich, würde es mir dann etwa nicht auffallen? Ist Schönheit am Ende nur eine Frage von Betrachtungswinkel und Beleuchtung, selbst bei dir, Beauvoisin? Er macht sich klar, dass diese Frau da sein Besitz ist, ob er sie liebt oder nicht, und dass sie es immer sein wird. Er fühlt diesen Besitz. Er fühlt ihn so deutlich, wie er sich selber fühlt. Seine Belustigung. Eine hellsichtige, klare Belustigung, wie sie mit überraschenden Einsichten einhergeht. Seine Rührung. Seine plötzliche

Freude. Den Stolz, der ihn ähnlich wie beim Anblick der Gärten in La Coste befällt, wenn er sie gut bestellt findet. Und er merkt erst jetzt, dass ein wenig Begehren sich dem Stolz beimengt, dass es wächst und von ihm Besitz ergreift – ganz ohne die Bilder, die er sich sonst, wenn er bei ihr ist, vor Augen ruft, Bilder von den Mädchen der Madame Brissault und was er mit ihnen tut.

Zieh dich aus, sagt er.

Und ohne sich zu bewegen, sieht er zu, wie sich dieser Leib entblößt, der ihm genauso gehört wie sein eigener. Er sieht die Rundung, die sich von Mal zu Mal vergrößert hat. Er wundert sich, dass sein Begehren diesem Anblick standhält, als er sich wie ein gewöhnlicher Ehemann zu ihr legt und ihre bräunlich verfärbten und angeschwollenen Brüste küsst, die Körperzone der Frauen, die den geringsten Reiz für ihn hat. Sie sehen wie bei einer Amme aus, denkt er. Das mag gefallen, wem es will. Dennoch fragt sein Begehren auch danach nicht. Es ist gesund wie der Appetit auf ein Hausgericht, der mit dem Essen kommt. Teufel, denkt er, die Ehe ist auch eine Möglichkeit. Wenn man's nicht übertreibt.

Seine Zeit ist knapp bemessen. Nach dem Diner empfiehlt er sich. Er hat wieder eine *petite maison*, diesmal in Arcueil, Rue de Lardenay. Die Begrenzung seiner Aufenthaltserlaubnis für Paris ist längst aufgehoben. Wenn auch nicht die Überwachung durch den Inspektor Marais und seine Leute. Arcueil gehört zu den Plätzen, die sie im Blick haben. Wenn der Marquis meint, dass das private Leben, das er dort führt, seine Privatsache ist, irrt er sich. Doch einstweilen bleibt es im Rahmen des von einem der stadtbekannten Libertins zu Erwartenden. Dann und wann ein paar Mädchen, die er dafür bezahlt, dass sie sich von ihm auspeitschen lassen – solange Inspektor Marais nicht einschreitet, erfahren davon nur die Beichtväter. Und auch die orientieren sich am Maß des zu Erwartenden.

Renée-Pélagie erfüllt die in sie gesetzten Erwartungen, indem sie schwanger ist. Wer wäre sie, wenn sie keine Kinder zur Welt brächte? Ein Misserfolg. Mehr: ein Unglück. Das Ende eines Geschlechts. Nicht irgendwelche, nur ihre Nachkommen setzen die

Linie fort. Ein Mann mag so potent und zeugungsfreudig sein, wie er will, wenn seine legitime Frau keine Kinder hat, hat er keine Kinder, es sei denn, er sinnt auf Gattenmord, um eine andere zu heiraten. Der Wert ihrer Existenz entscheidet sich in der Dunkelheit ihres Leibes, im Austausch der Säfte, der Namenlosigkeit unerforschlicher Vorgänge.
Eine Zeit lang steht die Waage des möglichen Glücks unentschieden still. Sie zittert leicht, scheint sich zur Seite zu neigen, auf deren Schale die Hoffnung liegt, als der Marquis im April zum Oberst im Kavallerieregiment befördert wird. Er erhält den Befehl, seine Kompanie ohne Verzug zu versammeln.
Solche Neuigkeiten verbreiten Schwiegermütter mit Vergnügen in den Salons. So werden wir, denkt Madame de Montreuil für sich, wenigstens eine Weile Ruhe haben.
Sie irrt sich, wie meistens in letzter Zeit. Zwar reist der Schwiegersohn ab. Aber er hat seinen General um Aufschub gebeten. Er trifft sich in Lyon mit der Beauvoisin, die nach dem Tod seines Vaters, als sein Herz weich und seine Seele verletzlich war, wieder Macht über ihn gewonnen hat. Erst das Vergnügen, dann die Pflicht. Nein. Das Vergnügen i s t die Pflicht.
Es sei leicht? Es sei angenehm? Es sei ein Merkmal schwächlicher Charaktere, sich dem Vergnügen vor allem anderen zu verschreiben?
Nicht für de Sade. Das Vergnügen fordert den ganzen Mann. Seinen Mut. Seine Hingabe. Seine Leidensbereitschaft. Seine Neigung zum Äußersten. Er ist ein Soldat des Vergnügens, nicht des Schlachtfeldes. Er nennt es darum nicht so. Er nennt es Ausschweifung. Ein Wort, das die Grenzüberschreitung mitbenennt, um die es geht, und den Mut, den der Libertin nicht anders als der Soldat braucht.
Dennoch reist er für diesmal allein nach La Coste weiter. Die Marquise, inzwischen hochschwanger und mit aller Sorgfalt vor jeder Erregung, jeder Anstrengung, jedem Luftzug geschützt, vor allem, was eine glückliche Niederkunft gefährden kann, und von den besten Ärzten in Paris betreut, erfährt aus den Briefen eines besorgten,

zärtlichen Ehemanns, dass er sich ganz seiner Rolle eines ländlichen Seigneurs widmet: Er lässt sich als legitimer Nachfolger seines Vaters huldigen!

Vor dem Notar in Apt empfängt er, in einem erhöhten Sessel sitzend, die Delegierten des Dorfes, die sich vor ihm auf die Knie lassen, seine Hand ergreifen und ihren Vasallenkuss darbringen, gelobend, dass sie treue Untertanen dieses Herren sein wollen, seine Geheimnisse wahren, Schaden von ihm abwenden, seinem Wohl nach besten Kräften dienen, und sich nach Väter Art seiner Gerichtsbarkeit unterwerfen.

Die Zeremonie ist ein wenig altmodisch. Seit hundert Jahren verzichten viele Seigneurs darauf, wenn auch nicht auf die Gaben, die ihnen zustehen und die ihnen auch ohne Kniefall und Handkuss gewährt werden. Der junge de Sade ist keineswegs der Prophet einer neuen Zeit. Er ist vielleicht auch ein bisschen bedürftig nach Huldigung.

Er sieht die Männer vor sich knien, sieht ihre gebeugten Nacken. Er spricht wie jeder Seigneur die Formel aus, die besagt, dass er sie schützen und in der Not für sie da sein will. Er fühlt sich uneingeschränkt als Herr. Die Verfügung über das Gut, das Schicksal, die Leiber anderer Menschen ist sein angestammtes Recht und ihm gemäß. Das Bewusstsein davon wird ihn nie in seinem Leben verlassen, nicht in den Verliesen, in die man ihn einsperrt, nicht unter den Irren in Charenton. Und nicht, als die Freiheit, die Gleichheit und Brüderlichkeit erfunden sind, die auch ihn befreien. Selbst als Sansculotte wird er nicht einen Moment aufhören, ein Seigneur zu sein.

In diesem Augenblick ist er ganz de Sade. Ganz Marquis. Ganz Sohn und Nachfahre. Es fehlt nur noch, dass er Vater ist.

Am 27. August 1767 wird der Sohn Louis-Marie geboren, ein schönes gesundes Kind. Die Waage neigt sich auf die Seite des Glücks. Ein Sohn. Ein Titel. Ganze Dörfer voller Leibeigener. Schlösser. Wälder. Weinberge. Eine einflussreiche Familie in Paris. Eine weit verzweigte Verwandtschaft von de Sades in der Provence. Ein Offizierspatent. Die vom Vater übertragene Charge des Generalleut-

nants von Bresse, Bugey, Valmorey und Gex: ein Füllhorn an Gütern, an Privilegien, an Glücksumständen.
Eine Ehefrau.

16. Oktober 1767
Bericht des Inspektors Marais:

Der Marquis de Sade tut das Unmögliche, um Mademoiselle Rivière von der Oper zu überreden, mit ihm zu leben, und hat ihr 25 Louis im Monat angeboten …
Mademoiselle Rivière hat sich geweigert, weil sie die Wohltaten von Monsieur Hocquart de Coubron empfängt, aber Monsieur de Sade verfolgt sie weiterhin …
Er hat diese Woche die Brissault heftig angefleht, ihm Mädchen zu schicken … Diese Frau hat es ihm abgeschlagen, denn sie weiß ungefähr, wozu er fähig ist …

1. Februar 1768
Bericht des Polizeileutnants Gersant:

Der Marquis de Sade hat vier Mädchen in sein »kleines Haus« kommen lassen und sie gepeitscht. Daraufhin gab er ihnen zu essen und ließ ihnen einen Louis überreichen, von dem sein Diener einen Taler zurückbehielt für die Mühe, die er hatte, sie aufzutreiben …

Der Marquis de Sade verursacht seit fünfzehn Monaten viel Skandal in Arcueil, indem er Tag und Nacht Personen beiderlei Geschlechts mitbringt, mit denen er Ausschweifungen treibt …

18. März 1768
Bericht des Inspektors Marais:

Es ist schon einige Zeit her, dass der Marquis de Sade Mademoiselle Rivière verlassen hat. Sie hat seither ihre Gunst verschiedentlich verschenkt …

Am vierten Tag nach der Geburt unseres ersten Sohnes kam er aus La Coste zurück. Ich saß am Fenster und hielt meine schmerzenden Brüste. Sie waren hart wie junge Kohlköpfe, und wenn ich mein Kind schreien hörte, dann tropften sie. Eine gelbe halbklare Flüssigkeit nässte meine Hemden, und der süße Geruch strömte aus meinen Kleidern und meiner Bettwäsche. Ich habe seitdem nie wieder Milch trinken können. Ich hasse den Geruch.
Ich sagte: Gebt ihn mir! Gebt ihn mir!
Doch meine Mutter sagte: Das geht vorbei. Es wird mit jedem Kind einfacher. Es ist nur beim ersten so schlimm. So ging es mir mit dir. Bei Françoise-Pélagie hat es mir gar nichts mehr ausgemacht.
Ich sagte: Du bist grausam.
Ich bin nicht grausamer, als meine Mutter zu mir gewesen ist, sagte sie. Unser Stand verlangt Opfer.
Nebenan saß die Amme und stillte mein Kind. Ich konnte es schmatzen und seufzen hören. Die Amme sagte im Tonfall der Leute vom Faubourg Saint-Antoine: So ist es recht, mein Kleiner. So geht's uns beiden gut.
Da kam Donatien. Er stürzte ins Zimmer. Er rief: Wo ist mein Sohn? Ich will ihn sehen.
Ich sagte: Sie müssen warten.
Warten?, sagte er. Ich warten? Ein Vater wartet nicht.
Gib ihn mir, befahl er der Amme.
Der Kleine begann zu schreien.
Er gleicht mir. Er strebt zu den Frauen, sagte Donatien und gab ihn zurück.
Ich fühlte, wie mein Brusttuch nass wurde, als ich sah, wie er bei der Amme trank.
Madame, sagte mein Gemahl, wie ist Ihnen?
Sie ist noch schwach, sagte meine Mutter. Das vergeht.
Wenn meine Hündinnen warfen, sagte mein Gemahl, so säugten sie ihre Jungen selbst. Es ist doch seltsam, wie man bei uns verfährt.
Monsieur!, rief meine Mutter. Sie sprechen von Ihrer Frau!
Verzeihen Sie, sagte er. Ich mische mich in Dinge, die mich nichts angehen.

Er nahm meine Hand. Er küsste sie. Meine Mutter verließ den Raum.
Sie haben mich glücklich gemacht, Madame, sagte er.
Dann bin auch ich glücklich, sagte ich.
Aber die Angst war da. Sie war immer da. Es war nicht allein die Angst davor, betrogen zu werden. Da war etwas anderes, Schlimmeres. Ich fürchtete mich davor, herauszufinden, was es war. Die Angst war durch die Ankunft des Kindes nicht geringer, sie war größer geworden. Jetzt ging es auch um ihn, unseren Sohn.

1768

Die Affäre

Ich hoffe, dass Sie, Monsieur, so gütig sind, meine Familie nicht vom wahren Grund meiner Inhaftierung zu unterrichten.

Der Marquis de Sade an Monsieur de Sartine, Generalleutnant der Polizei, am 2. November 1768

Die Place des Victoires liegt am Morgen des 3. April noch im Schatten. Es ist Ostersonntag gegen neun Uhr. Die Nacht war kalt. Auf den Dächern liegt weißer Reif. Die Passanten, die den Platz überqueren, bewegen sich in die Richtung, aus der die Osterglockenklänge von Saint-Eustache kommen. Als sie verklungen sind, hat der Platz sich geleert. Nur ein junger Herr im grauen Rock ist geblieben, der am Sockel der Statue Ludwigs XIV. lehnt, und eine Bettlerin. Der junge Herr trägt einen hellgrauen Muff aus Luchspelz und einen eleganten Stock mit einem Silberknauf, den er in der Hand wiegt, während die Bettlerin aufblickt und sieht, dass niemand mehr vorüberkommt. Der junge Herr winkt. Sie geht zu ihm.

Sie heißt Rose Keller. Sie ist sechsunddreißig. Ihr Mantel ist zu dünn. Sie friert. Sie ist die Witwe eines Konditorgehilfen, seit vier Wochen arbeitslos. Vorher hat sie in den Baumwollspinnereien gearbeitet. Sie ist fremd in Paris. Sie kommt aus dem Elsass. Ihr Französisch ist unbeholfen. Sie spricht es mit einem starken deutschen Akzent. Das Unglück war ihr auf den Fersen, solange sie denken kann. Sie ist leidlich hübsch, doch das Elend hat sie schon gezeichnet. Gram oder Verschlagenheit – etwas davon deutet sich in ihren blassen schmalen Zügen, ihren hungrigen Augen an.

Der junge Herr bietet ihr einen Écu, wenn sie mit ihm geht.

Sie hat es verlernt, empört zu sein. Sie sagt freundlich, so eine sei sie nicht.
Der junge Herr sagt, dass sie ihn falsch verstehe. Er suche nur eine Frau, die sein Zimmer in Ordnung bringe. Ob sie keine Arbeit wolle. Sie sei doch gewiss auch nicht zur Bettlerin geboren.
Das sei freilich wahr, sagt sie.
Ob hier das Zimmer sei, fragt sie, als er sie zu einem Haus in der Nähe der Halles bringt.
Nein, sagt er und fragt, ob sie auch bereit sei, auf dem Land zu arbeiten.
Überall, sagt sie.
In ihr ist eine Hoffnung entstanden, dass es für sie eine Wende zum Glück geben könne. So viele Jahre hat sie sich vorgenommen, nicht dumm zu sein, wenn es so weit ist.
Sie solle auf ihn warten, sagt der Herr. In einer Stunde sei er zurück. Dann wolle er mit ihr aufs Land fahren.
Sie nimmt es als Zeichen zum Guten, dass er Wort hält und mit einem Wagen kommt, um sie abzuholen.
Er setzt sich neben sie und zieht die Gardinen vor den Fenstern zu. Sie weiß nicht, ob er schläft oder nur seine Augen geschlossen hält. Nahe der Barrière d'Enfer spürt sie seinen Schenkel an ihrem Schenkel und bekommt Angst.
Herr, sagt sie, ich möchte aussteigen. Sie finden gewiss ein anderes Hausmädchen.
Sie solle sich keine Sorgen machen, sagt er, indem er die Augen weiter geschlossen hält. Sie werde gut behandelt werden. Er fragt sie, ob sie etwa nicht Hunger habe. Sie werde zu essen bekommen, sobald sie da seien.
Sie hat den Tag noch nichts gegessen. Sie hat auch Angst, ihm zu widersprechen. Sie spürt ihn nicht mehr an der Seite. Sie denkt, sie habe es sich nur eingebildet, und fährt weiter mit.
Wie soll ich einmal Glück haben, denkt sie, wenn ich zu ängstlich bin? Man muss auch zugreifen, wenn eine Chance kommt. Ein Écu, denkt sie. Und wenn er etwas Unziemliches dafür verlangt – wen kümmert es? Sie fühlt plötzlich die Bereitschaft dazu. Ja, mehr als

das. Sie fühlt Lust dazu, es zu tun. Sie schließt selbst die Augen. Sie hört den Mann neben sich atmen. Es ist der Atem des Lasters und der Verworfenheit. Sie zweifelt nicht daran. Mit jeder Meile fühlt sie ihre eigene Verworfenheit wachsen. Dies ist die Wende in ihrem Leben, auf die sie gewartet hat. Gott, wie dumm sie war. Wozu soll sie sich aufsparen und wofür? Es gibt niemanden, der auf sie wartet, wenn sie nicht zurückkommt.
Es ist gleichgültig, denkt sie, vollkommen gleichgültig. Sie wundert sich, dass sie erst heute darauf kommt. Es ist ein Gedanke, der beides, lustvoll und bitter, ist. Beides in einem Maß, das sie bisher nicht kannte.
Und während sich der Wagen dem Dorf Arcueil vor den Toren von Paris nähert, fressen sich Gram und Verschlagenheit, die ihre Züge schon lange geprägt haben, langsam bis in ihr Herz.
Wir sind da, sagt der junge Herr.
Es ist ungefähr Mittagszeit.

Gegen sechs Uhr am Abend verlässt der Marquis de Sade sein Haus in Arcueil, nachdem er sich von seinem Gärtner und dem Diener Langlois verabschiedet hat, und begibt sich zurück nach Paris, wo er gegen halb zehn in der Rue Neuve-du-Luxembourg eintrifft, einen Diener beauftragt, ihn seiner Gemahlin zu empfehlen, und sich bald zu Bett begibt.
Währenddessen befindet sich Rose Keller im Haus des Notars und Gerichtsschreibers Charles Lambert in Arcueil, dessen Gattin sich unter Zuhilfenahme eines Riechfläschchens und des Arztes Pierre-Paul Le Comte von der Ohnmacht erholt, die sie erlitten hat.
Hängen, sagt sie als Erstes, als sie wieder zu sich kommt.
Nein, sagt sie, das ist nicht genug. Wird noch gerädert? Man sollte ihn rädern. Oder von vier Pferden zerreißen lassen wie Ravaillac, der unseren guten Heinrich IV. ermordet hat. Vorher goss man ihm heißes Öl in seine Wunden. War es nicht so? Damals wusste man noch, was mit Verbrechern zu geschehen hat.
Madame, sagt der Arzt, so beruhigen Sie sich doch!
Es muss ein Teufel gewesen sein, flüstert sie.

In einem Zimmer im Erdgeschoss liegt Rose Keller auf dem Canapé. Ihr Hemd ist zerrissen. Sie hat sich auf ihrer Flucht den linken Arm und die Hand verletzt. Sie blutet. Sie redet wirr. Sie sagt ein ums andere Mal: Ich habe doch nichts geahnt. Ich habe nichts geahnt. Wie soll eine anständige Frau so etwas ahnen …
Der Polizeibrigadier von Bourg-la-Reine versucht sie zu verhören.
War noch jemand im Haus anwesend?, fragt er.
Ein Diener, sagt sie, ja. Außerdem habe sie Frauenstimmen gehört. Sie habe jedoch keine Frau gesehen. Es sei ein Zimmer im ersten Stock gewesen, wo sie der Herr hingebracht habe. Er habe den Schlüssel zweimal herumgedreht. Dann sei er weggegangen und habe sie lange Zeit allein gelassen, sagt Rose Keller. Er habe gesagt, er wolle etwas zu essen holen.
Warum sie nicht da schon versucht habe zu fliehen?, fragt der Polizist.
Sie sei eine anständige Frau, sagt Rose Keller. Sie habe sich solche Dinge nicht vorstellen können. Im Leben nicht.
Und dann?, fragt der Polizist.
Dann sei er wiedergekommen, eine brennende Kerze in der Hand.
Eine Kerze?
Es sei dunkel in dem Zimmer gewesen, die Läden vor den Fenstern zu. Er habe gesagt, sie solle sich ausziehen. Warum?, habe sie gefragt. Um sich zu amüsieren, habe er gesagt.
Ob sie nicht protestiert habe?, fragt der Polizist.
Doch, sagt Rose Keller. Aber er habe gesagt, er werde sie umbringen, wenn sie es nicht tue. Da habe sie sich ausgezogen bis auf ihr Hemd. Sie habe lieber sterben wollen, als sich ganz ausziehen. Es habe ihr nichts genützt.
Du warst ganz nackt?, fragt der Polizist.
Ja, sagt sie. Dann habe der Herr sie bäuchlings aufs Bett gelegt und sie an Armen und Beinen mit Hanfstricken an die Pfosten gebunden.
Und du hast dich nicht gewehrt?, fragt der Polizist.

Wie sollte ich mich wehren, sagt Rose Keller. Da er mich doch mit Ruten schlug.
Monsieur Lambert sitzt am Tisch und schreibt alles mit.
Der Herr Marquis wird bezahlen, murmelt er.
Ein Marquis?, fragt Rose Keller. Das Wort weckt etwas in ihr. Die vergessenen Hoffnungen. Die Gedanken an eine Wendung zum Besseren, die das Erfahrene ausgelöscht hat und wie Hohn erscheinen ließ. Ein Marquis, denkt sie. Es ist ein Zauberwort. Ein Marquis hat sich an mir vergnügt.
Hast du das nicht gewusst?, sagt der Polizist. Es sind immer die Herren, die solche Schweinereien begehen. Je vornehmer sie erscheinen, desto lasterhafter sind sie in Wirklichkeit.
Ist er reich?, fragt Rose Keller.
Das kannst du glauben, sagt der Polizist.
Er wird bezahlen, hat Rose Keller gehört.
Als der Arzt Le Comte kommt, der sich zuerst um Madame Lambert bemühen musste, ziehen die beiden Männer sich zurück.
Der Arzt bittet Rose, sich umzudrehen, und schiebt ihre Röcke hoch.
Sie hat schon lange keinen Arzt mehr konsultiert. So viel ehrbare Aufmerksamkeit, die ihrem Körper gilt, ist sie nicht gewohnt. Sie hört, auf dem Bauch liegend, wie der Arzt Luft durch die Zähne zieht.
Sie stöhnt. Sie erinnert sich, wie sie als Kind in Straßburg zu einem Doktor gebracht wurde. Wie sie ein bisschen flunkerte, damit man einsah, dass sie die Aufmerksamkeit für sich auch verdient hatte.
Wie ist das passiert?, fragt der Arzt. Eine neunschwänzige Katze? Hatte sie Knoten?
Sie wundert sich nicht, dass er so gut Bescheid weiß. Schließlich ist er der Arzt.
Ja, sagt sie.
Aber wenn Sie auf dem Bauch lagen, sagt der Arzt, konnten Sie doch nichts sehen.
Ich habe es gespürt, sagt Rose Keller.
Und diese Wunden? Sind das Schnitte? Abschürfungen?, fragt er.

Sie denkt an das Messer, das der Marquis ihr gezeigt hat.
Ja?, sagt sie.
Was?, fragt der Arzt.
Er hatte ein Messer, sagt sie. Er sagte, er werde mich töten, wenn ich nicht aufhöre, laut zu schreien. Ich hatte solche Angst zu sterben, ohne gebeichtet zu haben.
Haben Sie ihm das gesagt?, fragt der Arzt.
Ja, sagt sie. Der Marquis sagte, er wolle mir selber die Beichte abnehmen. Ich solle ihm nur erzählen, wie schlecht ich sei und was ich Unanständiges getan hätte. Er höre es gern, wenn Frauen beichteten.
Als ihr das Wort Marquis über die Lippen kommt, fühlt sie sich plötzlich durchdrungen von einer großen, mitleidigen Liebe zu sich selbst. Wieder denkt sie: die Wende in meinem Leben, die Wende zum Besseren. Heute Morgen hat sie noch gebettelt. Seitdem haben ein Arzt und ein Marquis sich für sie interessiert. Außerdem ist sie in einem ehrbaren Hause, wohin sie die Frauen gebracht haben, die sie auf ihrer Flucht als Erste gesehen hat.
Helfen Sie mir, hat sie gerufen. Ihr zerrissenes Hemd hing ihr um die Beine. Ihr Haar war wirr, ihr Gesicht verschmiert, weil sie die Tränen mit ihrer blutenden Hand weggewischt hatte.
Sie hat den Instinkt einer Bettlerin. Sie weiß, wie man die Aufmerksamkeit von Passanten auf sein Unglück lenkt. Seit sie betteln geht, schämt sie sich nicht mehr dafür, es zu tun. Das Entsetzen der Frauen galt diesen Spuren von Blut in ihrem Gesicht. Die Bettlerin in ihr hat gewusst, dass dies ein guter Anfang war.
Sie hat auf das Haus gedeutet, aus dem sie entflohen ist. Am Fensterkreuz im ersten Stock konnte man noch den Streifen des verknoteten Betttuchs sehen, an dem sie sich in den Garten herabgelassen hat, während der Marquis zum Essen gegangen war.
Die Frauen haben zuerst ihr Gesicht betastet.
Was hat man Ihnen getan?
Sie bedeutete ihnen, ihr zu folgen, und in der Toreinfahrt hob sie ihre Röcke und zeigte es ihnen.
Sie war gefasst darauf, dass man sie schmähen und mit Schimpf-

wörtern verjagen würde. Sie hätte sich nicht gewehrt, wenn das geschehen wäre. Ja, etwas in ihr war davon überzeugt, dass sie es verdient hatte. Aber sie brachten sie zu dem Haus des Notars Lambert, dessen Gattin bei dem Bericht, den die Frauen ihr gaben und in dem von einem Unhold mit glühenden Augen und Krallen statt Fingern die Rede war, in Ohnmacht fiel. Und während man die Frauen verabschiedete und nach dem Arzt und dem Polizeibrigadier schickte, hatte man sie auf das Canapé gebettet.

Ein Messer, sagt der Arzt. Und was hat er damit gemacht?

Der Marquis hat mich verletzt, sagt sie.

Die Worte gehen ihr immer geschmeidiger von den Lippen.

Diese Wunden, fragt der Arzt, sind sie etwa schon behandelt worden? Das sieht wie Wachssalbe aus, die jemand darauf gegeben hat.

Nein, sagt Rose Keller, davon weiß ich nichts.

Sie sieht sich den langen Weg von Arcueil nach Paris zu Fuß gehen. Es ist kalt. Kann sein, dass es heute Abend noch zu schneien beginnt. Das Zimmer, das sie mit einer Witwe aus Rouen teilt, ist ungeheizt.

Glauben Sie mir etwa nicht?, sagt sie aufgebracht.

Sie hat heute so viel geweint, dass ihre Tränen ganz leicht kommen.

Er hat heißes, flüssiges Wachs in meine Wunden gegossen, flüstert sie. Wie kann ein Mann – sie verbessert sich: Wie kann ein Marquis so etwas tun?

Wie oft?, fragt der Arzt tonlos.

Vielleicht sieben- oder achtmal, sagt Rose Keller. Zum Schluss hat er selbst geschrien. Sehr hohe, sehr schreckliche Schreie hat er getan. Dann war er ruhig und hat mich losgebunden.

Sie hat sich dieses Detail bis zum Ende aufgespart. Wer auf der Straße überleben will, muss für die Dramaturgie des Elends begabt sein. Manche verstehen es, ganze Elendsgeschichten nur durch die Haltung ihres Körpers zu erzählen, den Winkel, in dem sie die Hand ausgestreckt halten, die Biegung des Halses, die zwischen Aufbegehren und demütiger Ergebung jede Nuance ausdrücken

kann. Man darf nur kein Bedenken, keine Scham kennen. Es gibt Meister darin. Sie steht noch am Anfang. Aber sie weiß auf einmal, dass es um viel geht. Um mehr als ein Almosen. Vielleicht um etwas ganz anderes. Dies ist ihre Chance, wenn sie keine Fehler macht.
Wird er vor einen Richter kommen?, fragt sie.
Der Marquis?, sagt er. Wenn Sie Klage erheben.
Und wird er für das bestraft, was er mir angetan hat?, fragt sie.
Von jetzt an muss sie auf ihre Ausdrucksweise achten. *Das, was er mir angetan hat* scheint ihr gut.
Das kommt darauf an, ob Sie Geld erhalten haben, sagt der Arzt nachdenklich.
Geld?, sagt Rose Keller. Sie meinen –
Ich meine gar nichts, sagt der Arzt. Ich sagte: Wenn –
Wenn ich eine Prostituierte wäre, meinen Sie.
Sie wählt jedes Wort mit Bedacht.
Ja, sagt der Arzt. Dann würde es Ihnen nichts nützen, wenn Sie klagen.
Gehen Sie, sagt Rose Keller und richtet sich mit dem Ausdruck heftiger Schmerzen auf, indem sie den unverletzten rechten Arm erhebt und zur Tür weist. Meine Armut gibt Ihnen kein Recht, mich zu beleidigen. Gehen Sie!
Der Arzt zuckt mit den Schultern und geht hinaus.
Sie glaubt, dass sie bis jetzt noch keinen Fehler gemacht hat. Als der Diener ihr auf der Straße nachgerannt ist und ihr Geld geben wollte, damit sie zurückkommt, hat sie es abgelehnt. Nicht aus Klugheit, aus Angst. Sie wollte um keinen Preis in das Haus zurück. Später hat sie gedacht, dass es dumm von ihr war, das Geld nicht zu nehmen. Sie hätte ja deswegen nicht zurückgehen müssen. Sie hatte es sich weiß Gott verdient. Ich habe wieder nicht zugegriffen, hatte sie sich gesagt.
Jetzt weiß sie, wie klug es war, dass sie nichts genommen hat.
Ich möchte Klage erheben gegen den Marquis – wie heißt er?, fragt sie, als der Notar und der Polizist wieder eintreten.
De Sade, sagt der Notar.

Vier Tage später empfängt sie den Anwalt Sohier aus Paris unbeweglich im Bett liegend.
Sie sei sehr misshandelt worden, sagt sie ihm und im Leben nicht mehr zu gebrauchen.
Monsieur Sohier, ein vertrauter Freund der Familie Montreuil, fragt, ob sie bereit sei, die Klage zurückzuziehen. Der Marquis sei seinerseits bereit, sie dafür großzügig zu entschädigen.
Rose Keller schließt ihre Augen. Ihr Gesicht ruht ernst und bleich in den Kissen, die Madame Lambert, ihre freundliche Gastgeberin, ihr täglich mehrmals zurechtschüttelt, der sie dafür die Geschichte ihrer Misshandlungen erzählt, ohne, wie Madame Lambert es ausdrückt, ihr eine Einzelheit zu verschweigen.
Auch was unschicklich ist, sagt Madame Lambert. Man müsse die Seele durch rückständeloses Aussprechen davon reinigen. Es könne sich sonst wie Gift hineinfressen und unbehebbaren Schaden anrichten. Madame Lambert hat sich beim Apotheker ein neues Riechfläschchen bestellt. Sie möchte nichts von dem, was Rose Keller erzählt, durch unerwünschte Ohnmachten verpassen.
Was er denn großzügig nenne, fragt Rose Keller den Anwalt, in Anbetracht ihrer gänzlich zerstörten Gesundheit und aller Hoffnungen, die sie, eine noch junge Frau und, man könne sagen, durchaus ansehnlich, sich habe machen dürfen.
Man habe an sechshundert Livres gedacht, sagt Monsieur Sohier.
Sie öffnet die Augen kurz und wie mit großer Anstrengung. Dann schließt sie sie wieder.
Sechshundert, haucht sie, das sei doch wohl nicht ernst gemeint.
Wie viel sie erwarte.
Dreitausend, sagt die Bettlerin.
Madame Lambert kommt herein und sagt dem Anwalt, die Patientin brauche Ruhe, es strenge sie zu sehr an. Sie sei zudem eine stolze Frau, die ihren Preis kenne und die man mit einer falschen Einschätzung sehr verletzen könne.
Liebe Frau, sagt Monsieur Sohier, den die geschlossenen Augen der Keller irritieren. Dafür habe ich keine Vollmacht.

Keine Vollmacht?, sagt Rose Keller, ohne die Augen zu öffnen. So besorgen Sie sich eine.
Am Abend ist der Anwalt wieder in Paris zurück.
Um jeden Preis, sagt Madame de Montreuil. Die Affäre muss beendet werden, bevor ein Haftbefehl ergeht.
Der junge Marquis bleibt für den Anwalt unsichtbar. Es geht offenbar nicht um ihn, sondern um die Ehre des Ehepaars Montreuil, in deren Auftrag Monsieur Sohier handelt. Der Marquis ist in dieser Familie nichts als ein offensichtlich missratener Sohn, der nicht für sich selbst zu sprechen berechtigt ist. Der Anwalt rechnet nach, wie alt er sein muss, und kommt auf fast achtundzwanzig. Aber der stadtbekannte Libertin und Besitzer bedeutender Ländereien gilt im Herrschaftsbereich der Präsidentin de Montreuil offenbar als eins ihrer Kinder, leider das schwierigste. Seine entschiedene Lust am Ungezogensein mag auch darin wurzeln, vermutet Monsieur Sohier.
Er wundert sich jedoch darüber, dass die junge Gattin neben ihren Eltern an diesem Abend zugegen ist. So weiß sie Bescheid? Man hat ihr tatsächlich gesagt, worum es geht?
Es ist nicht der Brauch, die jungen Ehefrauen einzuweihen in diese Dinge. Der Anwalt Sohier ist der Meinung, die er mit der Mehrheit anständiger Männer teilt, dass es ihre Eignung zur Mutterschaft beeinträchtigt. Er kann seine Augen nicht von der Marquise wenden, seit sie gesagt hat:
Sie wissen, was meinem Mann vorgeworfen wird?
Er hätte am liebsten zurückgefragt: Wissen Sie es etwa auch, Madame?
Es ist jetzt nicht die Frage, was daran wahr ist, sondern wie wir einen Prozess verhindern können, sagt sie.
Sie spricht, als ginge es um einen Hausdiener, der einen Diebstahl begangen hat.
Selbstverständlich, Madame, sagt Sohier.
Sie ist ganz hübsch, denkt er. Wenn auch nicht auf dieselbe Art wie ihre Mutter. Ihr fehlt die Eleganz. Wenn sie anders gekleidet wäre, könnte man sie für eine Dienstmagd vom Land halten. In der Pro-

vinz würde sie besser herauskommen als in Paris, denkt er. Ja, sie hat etwas bemerkenswert Unpariserisches. Sie sieht aus wie eine Frau, die sich nicht scheut, in den Stall zu gehen, wenn eine Kuh kalbt. Solche Frauen sind nicht schlecht im Bett, denkt Sohier. Sie sind oft besser als die Schönheiten, die einem den Kopf verdrehen. Sie ist *natürlich*, denkt er mit einer Anstrengung, die ihm die Konzentration auf den Gegenstand der Unterredung raubt.

Wir sind nicht untätig gewesen, sagt die Präsidentin. Wir sind bei Hofe vorstellig geworden. Der Minister Saint-Florentin wird vom König erbitten, dass man den Marquis in Verwahrung nimmt.

Meine Mutter!, ruft Renée-Pélagie. Davon haben Sie mir nichts gesagt!

Es geht darum, ihn der Justiz zu entziehen, sagt die Präsidentin. Das ist auch in Ihrem Interesse und in dem Ihres Sohnes. Oder wollen Sie, dass sein Vater auf die Galeeren muss?

Auf die Galeeren?, ruft Renée-Pélagie.

Ja, sagt die Präsidentin ungerührt. Aber ich schmeichle mir, sagt sie zu Sohier gewandt, dass die Majestät ihn unter ihren Schutz stellen wird. Sein Rang, seine Familie verschaffen ihm ein Recht darauf.

Aber warum, fragt die Marquise, geben wir dieser Frau dann so viel Geld?

Erklären Sie es ihr, sagt die Präsidentin, an ihren Mann gewandt.

Man muss dem Gerede entgegenwirken, sagt der Präsident müde. Es geht auch um Ihren Ruf, meine Tochter. Wenn sie die Klage zurückzieht, dann werden auch die Gerüchte verstummen. Zur Zeit redet ganz Paris von nichts anderem, wie man mir sagt.

Und wie lange?, fragt Renée-Pélagie.

So lange, wie es dem König richtig erscheint, sagt Madame de Montreuil.

Ich werde Donatien warnen, sagt die Marquise, plötzlich aufsässig.

Der Anwalt spürt, dass zwischen den beiden Frauen ein Krieg geführt wird, dessen erste Schlacht dies nicht ist.

Das werden Sie nicht, meine Tochter, sagt die Präsidentin. Nehmen wir einmal an, dass diese Frau ihre Klage nicht zurückzieht. Oder dass jemand anderes Klage führt. Es gibt genug Personen, die von der Sache wissen. Ihr Mann, meine Tochter, hat diese Situation selber herbeigeführt. Vergessen wir das nicht.

Der Anwalt ist nicht sicher, ob die Marquise ihre Drohung wahr machen und ihrem Mann zur Flucht verhelfen wird. Klug wäre es nicht, denkt er.

Als Sohier am nächsten Tag in Begleitung des Abbé Amblet, des alten Hauslehrers von Donatien de Sade, nach Arcueil kommt, finden die beiden Herren Rose Keller auf ihrem Bett sitzend, Hof haltend, umgeben von mehreren Frauen, denen sie offenbar unter großem Vergnügen aller Beteiligten ein paar Wörter auf Deutsch beibringt.

Ihnen scheint es ja merklich besser zu gehen, sagt der Anwalt, als sie mit ihr allein sind.

Ein wenig, sagt Rose Keller.

Jetzt hat sie doch einen Fehler gemacht. Doch es war so schön mit den Frauen. Sie bringen Geschenke. Sie vermuten, dass sie viel Schlimmes durchgemacht habe. Sie sagt, ja, das habe sie. Wenn sie Hilfe brauche –, sagen die Frauen. Sie sagt: Danke. Sie glaube, es werde gehen. Es gefällt ihr in Arcueil.

Der Anwalt legt ihr einen schriftlichen Klageverzicht vor und sagt, sie solle unterschreiben.

Dreitausend Livres, sagt sie.

Doch sie hört selbst den leicht fragenden Tonfall darin.

Eintausendachthundert, sagt er.

Sie schiebt das Schriftstück weg.

Nein, sagt sie. Zweitausendvierhundert. Sonst werde sie nichts unterschreiben.

2400 Livres. Sie hat die ganze Nacht im Kopf gerechnet. Das ist dreißigmal so viel, wie ihr verstorbener Mann als Konditorgehilfe im Jahr erhielt.

Und die Kosten für den Arzt, sagt sie.

Der Notar nickt. Wie viel?, sagt er.

Sieben Louisdor.

Das sind noch einmal 168 Livres.

Sie unterschreibt.
Vor der Haustür sagt eine der Frauen zu Madame Lambert, sie habe da einen Cousin, zwar sei er schon sechzig –
Warten wir ab, sagt Madame Lambert, bis wir wissen, wie viel es ist.
Und dann, setzt sie hinzu, sind da auch noch unsere Unkosten.

Das Geld. Immer das Geld. Von Anfang an war das Geld der Fluch unserer Ehe.
Wir waren reich. Da waren die Ländereien in der Provence. Die Schlösser in La Coste, in Saumanes, in Mazan. Die Pachthöfe. Die Wälder, Olivenhaine und Weinberge. Da waren die Verschreibungen meiner Eltern in unserem Ehevertrag.
Aber was ist es anderes als ein Versprechen, reich zu sein? Ein Wechsel, den man dir hinhält und, bevor du noch recht einen Blick darauf geworfen hast, wieder wegschließt, indem man dir sagt: Du hast es. Aber du brauchst es nicht. Warum nicht? Nun, weil du ja reich bist.
Und was ist, wenn der Wechsel gar nicht gedeckt ist?
Reichtum, das ist nicht das Geld, das du hast. Das ist auch nicht der Boden, die Häuser, die dir gehören. Reichtum ist ein Gefühl. Ein schönes Gefühl, zugegeben. Ein Gefühl wie aus der Kindheit. Als ob dir nichts Böses geschehen könne. Als ob in allem, was geschieht, nur ein Prinzip walte: dein Wohlergehen. Reichtum ist trügerisch.
Es stellte sich bald heraus, dass unser Reichtum sehr teuer war. Die Schlösser mussten instand gesetzt werden. Die Pachtgelder liefen nur zögernd ein und mussten für den Unterhalt des alten Comte und nach seinem Tod noch für die Comtesse Mutter verwandt werden. Es gab Schulden, die zu bedienen waren. Die Raten, die aus meiner Mitgift fällig waren, reichten nicht hin für das Leben, das Donatien führte.
Er war ein Verschwender. Und er war geizig. Es ist das Vorrecht der Reichen, verschwenderisch und geizig zugleich zu sein. Der Widerspruch ist nur scheinbar. Alle Verschwender sind geizig, wo

es nicht um ihr Vergnügen, ihre persönlichen Leidenschaften geht. Er liebte das Geld, und er brauchte es. Eine unglückliche Liebe. Es war etwas von der Gekränktheit verschmähter Liebhaber darin. Wodurch verdiente er es, dass sich das Geld nie zu seiner Verfügung hielt, wenn er es brauchte? Stand es ihm nicht zu, reich zu sein? Hieß reich sein nicht Überfluss? Stattdessen herrschte immer Mangel.

Sein Leben lang versuchte er, dieses Mangels Herr zu werden. Denn er war ein Herr, und er ging davon aus, dass auch das Geld sich seinen Wünschen und Bedürfnissen zu fügen habe und nicht umgekehrt seine Bedürfnisse dem vorhandenen Geld. Er hasste seine Gläubiger. Er sah in ihnen natürliche Feinde, die seine Verachtung verdienten und der Einhaltung der Verträge, die er mit ihnen hatte, nicht wert waren.

Und war nicht auch ich so etwas wie seine Gläubigerin, wenn ich erwartete, dass er für mich und das Kind aufkam?

Dein Kind, sagte er, wenn es darum ging.

Es ist auch Ihr Sohn, Monsieur, sagte ich. Es ist unser Sohn.

Was kostet schon so ein Winzling, sagte er dann. Das bisschen Milch.

Ich erinnerte ihn daran, dass die Milch von einer Amme kam, die wir zu unterhalten hatten.

Er sagte: Es ist doch unglaublich, dass Ihre Eltern so geizig sind, sich diese Kosten erstatten zu lassen. Schließlich ist es ihr Enkel.

Ich sagte: Schließlich bin ich Ihre Frau.

Ja, sagte er. Da sollte man doch mehr Verständnis erwarten.

Es stellte sich heraus, dass er seinem Regiment für die Jahre, in denen er nicht aktiv gewesen war, 7400 Livres schuldete. Außerdem blieb er die Zahlungen an seine Mutter schuldig, die alle sechs Monate fällig waren. Sie wurde gewöhnlich vertröstet und hingehalten, während die Gläubiger ihr selbst auf den Fersen waren.

Meistens musste ich den Unterhalt für seine Mutter vorstrecken, und das Geld fehlte dann für meine eigenen Aufwendungen und die Befriedigung seiner Gläubiger, die sich, sobald er in Haft war, natürlich an mich wandten.

Eines Tages fragte meine Mutter, wo das de Sade-Collier sei, das ich bei der Hochzeit bekommen hätte. Sie habe es mich schon länger nicht mehr tragen sehen.
Ich sagte, es gefalle mir nicht an mir. Ich hätte mich immer gefühlt, als stünde es mir nicht wirklich zu. Ich käme mir vor wie die alte Comtesse, wenn ich es trüge.
Und weiß die alte Comtesse, sagte meine Mutter, dass Sie es versetzt haben?
Und woher wissen Sie es?, fragte ich.
Mein Kind, ich kann rechnen, sagte sie.
Ich bat sie, der Comtesse davon nichts zu sagen.
Sie hat Ihnen Ihren Sohn gegeben und das Halsband dazu. Ich denke, das Halsband war mehr wert, sagte meine Mutter.
Seit der Affäre von Arcueil resignierte sie.
Ich hoffe, Sie haben wenigstens genug Geld dafür bekommen.
Genug, sagte ich, um nach Lyon zu fahren.
Meine Mutter wurde rot vor Zorn.
Sie bleiben! Sie kompromittieren sich!
Ich sagte, es sei meine Pflicht, dort zu sein, wo mein Gemahl sei.
Wenn er nur seine Pflicht gegen mich auch immer so gut gekannt hätte, sagte sie.
Das zu beurteilen, fehle ihr der Einblick, sagte ich. Ich wolle sie jedoch davon in Kenntnis setzen, dass er nicht ohne mich sein könne, sowenig wie ich ohne ihn. Nun, da er nach ihrem Willen nicht mehr zu mir kommen könne, ginge ich zu ihm.
Bist du von Sinnen?, sagte meine Mutter. Hat dich der Kerl verhext?
Ich wisse, sagte ich, dass sie mich gern begleiten würde, ziehe es jedoch vor, ohne sie zu fahren.
Er war seit Freitag nach Ostern auf königlichen Befehl in Haft. So war er möglicherweise vor der Strafjustiz sicher. Zwar hatte Rose Keller ihre Klage zurückgezogen, aber es waren schon so viele Gerüchte in Umlauf, dass ein Mitglied des Gerichtshofs den Staatsanwalt informiert hatte und die Untersuchungen in Arcueil nicht mehr aufzuhalten waren.

Zuerst brachten sie ihn nach Schloss Saumur. Dann, gegen Ende April, war man am Hof der Meinung, dass es ihm dort zu gut ging. Jemand hatte ihn gesehen, wie er an der Tafel des Kommandanten zu Tisch saß, und es hieß, er bewege sich frei im Schloss.
Sie schickten Marais mit dem Auftrag, ihn nach Lyon in die Festung Pierre-Encise zu bringen. Seine Majestät verfügte strenge Verwahrung und die Verweigerung jeglicher Hafterleichterung. Der Kommandant de Bory galt als gewissenhafter Vollstrecker solcher Befehle.
Was willst du dort eigentlich?, fragte meine Mutter.
Ich will ihn besuchen, sagte ich.
Du glaubst doch nicht, dass man dich einlässt?, sagte sie.
Dann stehe ich am Fuße der Festung und sehe zu ihm hinauf, sagte ich. Vielleicht kann man sich etwas zurufen.
Und was soll diese Kinderei, sagte sie. Oder ob ich ihn zu befreien beabsichtige. Ob ich ein Fluchtpferd am Halfter mitführen wolle und glaube, dass er sich vom Turm in den Sattel stürzen werde wie einer der Musketiere, über die so viele Lügengeschichten in Umlauf seien.
Befreien? Wenn das möglich ist, sagte ich. Doch glaubte ich eher imstande zu sein, das Herz des Herrn de Bory zu erweichen, dass er mich in die Festung einließe. Schließlich sei ich die Ehefrau.
Meine Mutter sah mich mit einem seltsamen Ausdruck an.
Seit wann man in den Festungen des Königs ein Stelldichein arrangiere, damit es einem gewissen Gefangenen nicht an Unterhaltung fehle?
Ich sagte: Mama, Sie machen sich zu viele Gedanken über Dinge, die nur mich und meinen Mann etwas angehen.
Wir wurden unterbrochen.
Vor unserem Haus hatten die Trompetenausrufer Seiner Majestät Stellung bezogen, die Brüder Ambezac. Wissen Sie noch? Jedes Kind in Paris kannte sie. Es waren richtige Musiker, große Solisten, die auf ihren Instrumenten zuerst eine Viertelstunde lang improvisierten, bevor Philippe Rouveau, Gerichtsdiener und einziger vereidigter Ausrufer des Königs, seine Stimme erhob und vor all

dem Volk, das zusammengelaufen war, den Herrn de Sade, abwesend und flüchtig, aufforderte, binnen acht Tagen vor unseren Herren des Gerichtshofs in der Chambre de la Tournelle persönlich zu erscheinen, um dort gehört und verhört zu werden. Wenn er der Aufforderung nicht Folge leiste, werde ihm in seiner Abwesenheit der Prozess wegen Nichterscheinens gemacht.
Wir wussten, dass derselbe Aufruf auch am Pranger der Halles, vor der großen Treppe des Palastes und an den anderen üblichen Orten in Paris ergehen würde.
Meine Mutter und ich standen verborgen hinter den Portieren der Fenster im Vestibül. Die Menge auf der anderen Seite der Straße sah zu unserem Haus herüber. Nachdem Rouveau geendet hatte, schwoll der Lärm ihrer Stimmen an. Einige Minuten lang sah es aus, als wollten die Leute im Sturmangriff bei uns eindringen. Dann zerstreuten sie sich langsam.
Da sehen Sie es, sagte meine Mutter, als habe ich den Tumult auf der Straße zu verantworten. Jetzt könne nur noch ein königlicher Gnadenbrief helfen. Man werde ihn wohl in Anbetracht der Verwandtschaft mit den Bourbonen erlangen. Sei diese Verwandtschaft dem Grade nach noch so geringfügig, so sei sie doch vorhanden. Eine Verurteilung durch das Strafgericht wäre um ihretwillen nicht im allerhöchsten Interesse und würde unnötige Fragen, den Lebenswandel des Königs betreffend, aufwerfen, und wie man wisse, sei der nicht ganz ohne Tadel, nur rede man nicht davon, solange man das Wohl seiner eigenen Familie im Auge habe.
Es erfordere allerdings das Schreiben unzähliger Briefe sowie das Abstatten von Besuchen, die nicht immer kurzweilig seien, das könne sie versichern. Sie erwarte keinen Dank dafür. Auch sei es das letzte Mal, dass sie sich für ihre Tochter zur Närrin mache. Sie sage es deutlich. Sie tue es nur für mich. Der Schwiegersohn solle ihretwegen zum Teufel gehen, wo er sich ja wohl in der ihm gemäßen Gesellschaft befinde.
Ich fragte, ob er dann freikommen werde.
Frei?, sagte meine Mutter. Sehen Sie mich an! Wünschen Sie wirklich, ihn frei zu sehen? Frei, um sein Geld für Mätressen zu ver-

schwenden und mit Prostituierten Ausschweifungen der schlimmsten Art zu begehen?
Frei für mich, sagte ich. Was soll mir ein Mann hinter Mauern? Einer, den ich nicht haben kann?
Mein liebes Kind, sagte sie. Wir haben die Männer nicht. Hast du das noch nicht gelernt? Sie haben uns.
Also, sagte ich. Lassen Sie mich zu ihm nach Lyon fahren.
Zuerst einmal komme er nach Paris, sagte sie. Wenn der Gnadenbrief da sei, müsse er ihn den Herren vom Gericht barhäuptig, auf den Knien und vor allem persönlich darbringen. So wolle es der Brauch, ob ich das nicht wisse.
Und dann?, fragte ich.
Dann werde er aus Gnaden freigesprochen und zurück nach Lyon gebracht, sagte meine Mutter. Und dort bliebe er so lange, wie es dem König gefallen würde. Denn es sei keine Haft. Es geschehe zu seinem Schutz. Eine rein familiäre Maßnahme.
Familiär?, sagte ich. Welche Familie hat ein Interesse daran, ihn einzusperren. Wir? Die de Sades?
Der König, sagte meine Mutter. Wir alle, der ganze Adel von Frankreich. Wenn einer von uns gefährlich wird, wenn er uns Schande macht, muss der König als Oberhaupt aller Familien von Adel dafür sorgen, dass er in Verwahrung genommen wird, damit kein weiterer Schaden durch ihn entsteht. Die Festungen des Königs sind voll mit unwürdigen Mitgliedern ihrer Familien. Saumur. Vincennes. Die Bastille. Und auch Pierre-Encise.
Dann werde ich ihn befreien, sagte ich.
Sie könne nicht glauben, sagte meine Mutter, dass ihre Tochter so töricht sei.
Ich widersprach ihr nicht.

Zu dieser Zeit hat Renée-Pélagie längst das Reich ihres Mannes betreten. Sie ist jetzt die Herrin von Arcueil. Sie beauftragt den Diener Langlois, sie zu begleiten, als sie die *petite maison* aufsucht, um die persönlichen Dinge, die sich dort befinden, sicherzustellen.
Die persönlichen Dinge?

Sie betritt das kleine, unauffällige Bürgerhaus auf demselben Weg wie Rose Keller, durch das Tor in der Mauer, die den Garten umschließt. Es ist ein verschwiegenes Haus, wie geschaffen, um seine Geheimnisse zu bewahren. Die Fensterläden wie fast immer geschlossen, der Garten verunkrautet, seit der Gärtner nicht mehr kommt, der wie auch das Stubenpersonal aus dem Ort nach der Affäre nichts mehr davon wissen will, dass er jemals hier beschäftigt war.
Langlois hat den Schlüssel. Sie weiß, dass er weiß, was hier geschehen ist. Er ist auch verhört worden. Sie verzichtet darauf, ihn ihrerseits zu verhören. Sie weiß, dass er lügen wird. Wahrscheinlich hat er auch die Richter belogen. Sicher hat er das. In den Augen seines Herrn gehört es zu den Obliegenheiten eines Dieners, zu lügen. Es zeichnet ihn aus. Es qualifiziert ihn für höheren Lohn.
Ihre Augen müssen sich zuerst an das Dunkel gewöhnen, als sie das Haus betritt. Es kommt ihr plötzlich wie eine Art Grabfrevel vor, dass sie hier eindringt. Ihr Herz klopft laut. Eine unsaubere, starke, unwiderstehliche Neugierde treibt sie an. Sie hat die Grenze zu einem verbotenen Bereich überschritten. Sie wird die Geister, die an diesem Ort herrschen und wie Fledermäuse in den Ecken ihren Tagesschlaf halten, aufstöbern. Sie wird finden, was nicht von ihr gefunden werden soll. Sie wird einen Blick in geheime, abgründige schmutzige Welten tun.
Es riecht muffig, schlimmer, es stinkt. Sie befiehlt dem Diener, ein Fenster zu öffnen.
Sie spürt sein Unbehagen, seinen Widerwillen dagegen, dass sie hier eindringt. Sie spürt seinen Hass. Aber er kann es nicht ändern. Sie ist es, die jetzt die Herrschaft über ihn ausübt und ihm die Befehle gibt.
In der Küche liegt noch altes verschimmeltes Brot auf dem Bord. Im Kamin hängt ein Topf mit schwarzen, verkrusteten Resten über der kalten Feuerstelle. Im Ausguss fauliges Spülwasser.
Das Personal ist nicht wiedergekommen, sagt Langlois.
Kümmern Sie sich darum, sagt sie.
Madame –

Oder soll ich es selber tun?
Gewiss nicht –
Selbstverständlich gehört es nicht zu seinen Aufgaben, in der Küche tätig zu werden. Er wird kündigen. Es macht nichts. Sie will ihn ohnehin loswerden. Außerdem soll er ihr nicht folgen, wenn sie jetzt nach oben geht. Sie will allein sein, wenn sie die *persönlichen Dinge* findet, die sie sucht. Sie schämt sich ihrer Ungeduld, ihres im Kopf dröhnenden Herzklopfens. Wenn Donatien hier ist? Wenn er sich hier vor ihr versteckt hält? Wenn das alles nur Vorwand, nur Inszenierung war, um sie zu täuschen? Sie öffnet die Türen der Kammern. Sie sieht nacheinander hinein, um sich zu überzeugen, dass niemand da ist, niemand in den Betten liegt, die sie sorgfältig gemacht findet. Irgendjemand muss hier für Ordnung gesorgt haben.
Ich bin verrückt, denkt sie. Die Gefangenen des Königs sind in sicherer Verwahrung. Man hat Ruhe vor ihnen, als wären sie tot. Für einen Augenblick wird ihr bewusst, dass sie sich im Einklang mit seinen Verfolgern befindet, wenn sie so denkt.
Dann macht sie sich auf die Suche nach *Dingen*. Sie zieht die Schubladen einer Kommode auf.
Sie sind leer.
In einem Schrank findet sie einen Gehrock, zwei Westen und einen Hausmantel, die ihr bekannt vorkommen. In einer weiteren Kommode ein wenig Leibwäsche, darunter ein Frauenhemd und einen Unterrock. Eine Truhe enthält Leinenzeug. Unter den Betten Nachttöpfe, geleert.
Sie entdeckt ein Arbeitskabinett. Im Regal ein paar Bücher. Astronomie. Geschichte des Römischen Reiches, zwei Bände. Eine Reisebeschreibung von Neapel. Ein Band mit gestochenen Ansichten aus der Schweizer Bergwelt. Nichts *Sonstiges*. Sie wird Langlois befehlen, dass er die Bücher abholen lässt.
Auf dem Schreibtisch ein Tintenfass mit dickflüssiger Tinte, die halb eingetrocknet ist, ein Satz Schreibfedern, eine Streubüchse aus Silber. Auch die soll mit. Und das Leinenzeug.
Jetzt fällt ihr auf, dass die Wände bilderlos sind.

Sie weiß, dass es nicht sein kann. Nicht in dem Zimmer, in dem er arbeitet. Auch nicht dort, wo er Unzucht treibt. Sie weiß inzwischen, wie wichtig die Bilder für ihn sind.
Sie öffnet einen Fensterladen. Sie geht zur Wand. Sie streicht mit den Fingern über den Putz. Sie hebt den Blick. Sie sieht den Nagel und noch einen Nagel. Sie sieht, dass hier Bilder gewesen sind. Und sie begreift, dass Langlois sie zum Narren hält.
Die Grabkammer, in die sie eingedrungen ist, ist ausgeräumt. Da war vorher schon jemand da. Es gibt keine *Dinge* mehr in diesem Haus.
Nur in einem der Schlafzimmer hängt noch ein Kruzifix. Sie greift danach. Sie nimmt es von der Wand. Ein Kruzifix in einer Wohnung des Marquis de Sade? Seiner *petite maison*? Wozu hatte er ein Kruzifix? Plötzlich, ganz kurz, durchzuckt sie die Möglichkeit einer Antwort, die sogleich verworfen und vergessen werden muss. Das Wort *entweihen* kommt ihr ins Bewusstsein. Sie vertreibt es daraus. Der *Gegenstand* fällt ihr aus der Hand. Oder hat sie ihn zu Boden geworfen? Sein Aufprall veranlasst Langlois, nach oben zu kommen.
Ist alles in Ordnung, Madame la Marquise?
War schon jemand vor mir hier?, fragt sie ihn in dem Tonfall, den nur beherrscht, wer als Mitglied einer Klasse geboren ist, für die es Diener gibt.
Gewiss, Madame la Marquise, sagt er.
Ihre Mutter habe befohlen, das Haus zu durchsuchen, bevor die Beamten von der Gerichtskommission hier gewesen seien. Sie sei in Sorge gewesen, es möge Dinge im Haus geben, die zu falschen Vermutungen verleiten möchten. Sie habe ihn mit dem Abbé Amblet nach Arcueil geschickt, dem alten Hauslehrer, der ihrem Gatten, dem Herrn Marquis, seit dessen Kindheit so treu ergeben sei und, wie jeder wisse, fünfhundert Livres im Jahr von ihm erhalte, eine Summe, von der manch anderer, der auch treu zu Diensten sei, nur träumen könne. Es sei schon Wochen her, und er denke, dass man sich des Auftrags zur Zufriedenheit von *Madame la présidente* entledigt habe.

Da sei doch nichts mehr?, sagt der Diener mit plötzlich verschwimmenden Zügen. Man habe sich bemüht.
Warum haben Sie mir das nicht gesagt?, fragt Renée-Pélagie immer noch in dem Tonfall, der ihr zum Glück zu Gebote steht.
Er bitte um Verzeihung, sagt Langlois, aber sie habe ja nicht gefragt.
Er solle die von ihr bezeichneten Dinge aus dem Haus schaffen, dann von einer Summe, die sie ihm aushändigen werde, die Mietrückstände begleichen und dem Vermieter die Schlüssel zurückgeben, befiehlt sie ihm.
Als sie den Wagen besteigt, der an der Straße auf sie gewartet hat, hat sie Angst, in Arcueil erkannt zu werden. Sie schließt die Vorhänge der Wagenfenster, wie es der Marquis auf der Fahrt zu einer seiner Absteigen tut, besonders wenn er nicht allein im Wagen ist.
Es ist das erste Mal, dass sie sich schämt, die Marquise de Sade zu sein.

De Sade ist begnadigt. Er hat im Verhör durch den Gerichtsrat Chavannes alle Vergehen zugegeben, deren man ihn beschuldigt, jedoch erklärt, dass Rose Keller sich ihm freiwillig zur Verfügung gestellt habe. Sie habe gewusst, dass es sich um eine Ausschweifung handelte. Nach erfolgter Bestätigung seines Gnadenbriefs durch den Hauptsenat wird er verurteilt, hundert Livres für die Armen zu zahlen, und mit einer Eskorte, die von Marais geführt wird, nach Lyon zurückgebracht.
Er ist verzweifelt, zu sehen, dass er nicht in die Freiheit entlassen wird. Und wie immer, wenn er verzweifelt ist, wird er ausfallend. Er beschimpft den Inspektor von Paris bis Lyon.
Sie sitzen sich in der Kutsche gegenüber und hassen sich. Zwei bewaffnete Polizisten reiten voraus und zwei folgen ihnen. Auch der Kutscher trägt eine Waffe. Es ist eine gefährliche Fracht, die er befördert. Dem Marquis hat man seinen Säbel abgenommen, wie es allen Gefangenen des Königs widerfährt.
Marais sieht diesen Mann vor sich. Er weiß alles über ihn. Er kennt

seine Schulden. Seine sexuellen Passionen. Er weiß, mit wem er sie befriedigt und wie oft. Er kennt die Preise, die er dafür bezahlt. Er weiß, welche Namen er seinen Huren gibt. Er weiß um die Krankheiten, die er sich in den Bordellen geholt hat. Er hat die Ärzte ausgeforscht, die ihn behandeln. Die Apothekergehilfen, die ihm verraten, wer Quecksilbersalbe bekommt.
Der Marquis sieht aus dem Fenster.
Wir kommen bald zur Rhône, sagt der Inspektor. Sie sind bald daheim, Marquis. Na? Freuen Sie sich schon? Auf die Ruhe in Ihrer Zelle? Diese Geborgenheit in einem dicken Turm? Ihr Leben möchte ich haben. Keine Sorgen. Keine Verpflichtungen.
Sie Schwein, sagt der Marquis. Wenn Sie ein Kerl wären, Marais, würden Sie mich nach La Coste auf mein Schloss bringen. Ich bin begnadigt! Wissen Sie, was das heißt? Nein, das wissen Sie nicht. Das verstehen Sie nicht. Gnade. Das kann nur ein Mensch von vornehmer Gesinnung verstehen. Das ist nichts für Lakaien. Jawohl. Lakai habe ich gesagt. Für mich sind Sie nichts weiter als ein Lakai meiner Schwiegermutter. Sie wollen mir befehlen? Sie? Ein Schnüffler! Und? Hat es Ihnen Spaß gemacht, hinter mir herzuschnüffeln? Haben Sie auch etwas davon gehabt? Das macht Ihnen doch Spaß, Marais! Machen Sie sich nichts vor! Ein bisschen Partizipation an den Sünden anderer, weil man keinen Mut hat, die eigenen zu begehen? Oder nicht genug Phantasie? Was weiß ich, was dir fehlt, Marais. Irgendetwas fehlt dir doch. Gib es zu. Und du fragst dich die ganze Zeit: Was hat er, was ich nicht habe? Stimmt's, Marais? Soll ich's dir sagen? Du kannst so viel schnüffeln, wie du willst, du kannst deine Nase in jeden Dreck stecken und schnüffeln, wie das riecht, du kriegst es nie raus, was Kerle wie ich mehr vom Leben haben. Und weißt du was? Ich verrat's dir nicht. Ich verrat es dir einfach nicht, Marais.
Es reicht, Marquis. Üben Sie schon mal, still zu sein. Bald können Sie sowieso nur noch mit den Wänden reden. Die Küche soll gar nicht so gut sein, höre ich. Und Besuche? Die gibt's da nicht. Vielleicht schicken sie Ihnen mal einen Pfaffen. Von dem können Sie dann lernen, wie sich's ohne Frauen lebt. Na? Haben Sie dann im-

mer noch mehr vom Leben? So ganz mit sich allein, Marquis? Verstehen Sie? Nur er und Sie. Ob das so unterhaltsam ist auf die Dauer. Ja, dauern kann es schon. Man sagt ja, dass man die Gefangenen in den Festungen manchmal einfach vergisst, wissen Sie? Es gibt kein gerichtliches Urteil, das das Ende Ihrer Haft bestimmt. Und mit der Zeit erinnert sich einfach niemand mehr an Sie, Marquis. Die Frau Gemahlin tröstet sich bald. Dem Kind wird gesagt, er ist tot, dein Vater. So kann das Leben dahingehen, Marquis. Das ist doch schade, nicht wahr? All die Frauen, die sich nun von anderen auspeitschen lassen. Die Mätressen, die von anderen genossen werden, Männern, die genug Geld dafür haben und wissen, wie weit man gehen kann. Und man darf nicht einmal zuschauen. So wie ich.

Dreckiger Voyeur.

Wissen Sie, dass es in manchen Bordellen in Paris Zimmer mit Gucklöchern gibt? Es ist amüsant, sage ich Ihnen, wirklich amüsant. Und sehr lehrreich. Doch, man lernt viel dabei. Sie haben es nie getan? Wirklich nicht? Es ist nicht billig für die Konsumenten. Die Polizei macht natürlich gratis davon Gebrauch. Langweile ich Sie, Marquis?

Es ist schlimmer. Leute wie Sie sind mir widerlich.

Dennoch werden Sie sich selbst nach meiner Gesellschaft bald sehnen, wenn mich nicht alles täuscht …

Am siebten Tag ist er wieder in seinem Zimmer im Turm von Pierre-Encise. Das Zimmer hat Tisch und Bett, einen Fauteuil vor dem Fenster und ein Bord mit Wasserkanne und Waschschüssel sowie ein paar Haken zum Aufhängen von Wäsche und Kleidungsstücken. Soeben wird die Reisetruhe des Marquis hereingebracht, die Schreibzeug und ein paar vom Festungskommandanten genehmigte Bücher enthält.

Auf Wiedersehen, Marquis, sagt der Inspektor und verbeugt sich, wie es der Standesunterschied verlangt, sogar ein bisschen tiefer, um die Ironie der Geste zu unterstreichen.

Der Marquis sieht dem Flug der Turmschwalben vor seinem Fenster zu.

Der Inspektor wartet. Er wartet auf ein böses Wort, eine giftige Bemerkung, etwas dergleichen.
Der Marquis scheint aus der Flugbahn der Turmschwalben wichtige Zeichen zu lesen.
Der Inspektor verlässt, da immer noch wartend, dass der Marquis sich umdreht, rückwärts gehend und gebeugt wie ein Leibeigener den Raum. Plötzlich scheint es ihm bewusst zu werden. In diesem Moment wendet sich der Marquis zu ihm um.
Was tun Sie denn da, Marais?, sagt er. Wollen Sie mir zum Abschied die Füße küssen? Das ist aus der Mode. Wussten Sie das nicht?
Der Inspektor richtet sich auf und verschwindet, indem er die Tür hinter sich zuschlägt. Es sieht aus, als sei er auf der Flucht.

1768

Der Chevalier

Sie hat alles getan,
um ihr Werk zu vollbringen …

Madame de Montreuil an den Abbé de Sade über ihre Tochter, die Marquise, am 19. November 1768

Im Juli sieht man in Lyon eine junge Frau täglich denselben Weg gehen. Sie geht unbegleitet. Kein Domestike, keine Dienerin folgt ihr. Man könnte sie für eine Bürgerin halten, wenn sie nicht zu gut gekleidet wäre. Sie ist keine Flaneurin, keine Spaziergängerin. Sie geht mit raschen Schritten, als habe sie etwas Dringendes zu erledigen, und scheint blind für das Lichtspiel des Sonnenlichts auf dem Fluss, das majestätische Gleiten der Schiffe, die unter Segeln rhôneabwärts fahren, taub für die Schiffer, die ihr manchmal nah am Ufer etwas zurufen. Oft bewegt sie die Lippen und spricht mit sich selbst. Dennoch scheint sie nicht verrückt, sondern nur konzentriert, als lerne sie einen Text auswendig, den sie sich unaufhörlich vorsage. Sie sieht nicht unglücklich aus, nur sehr, sehr in sich gekehrt.
Die bettelnden Kinder aus den Hütten am Fluss außerhalb der Stadt fertigt sie rasch mit ein paar Münzen ab. Den Führern der Pferdefuhrwerke, die manchmal ein Stück im Schritttempo neben ihr fahren und sie fragen, ob sie aufsteigen will, bedeutet sie mit einer abwehrenden Bewegung, sie mögen weiterfahren. Die Bauern fragen sich erschrocken, ob sie der Dame zu nahe getreten sind. Warum wird sie auch nicht begleitet? Dann hätte man gleich gesehen, dass sie eine Dame ist.
Sie verlässt das Flussufer und schlägt den Weg zur Festung ein. Er führt steil bergauf. Sie nimmt das Tuch, das sie um die Schultern trägt, und wickelt es sich um die Hüften. Ihr Dekolleté und die

Arme sind gebräunt von diesen Gängen wie bei einer Bauersfrau, ihre Brüste nur halb bedeckt und fest. Sie weiß um den Reiz ihrer Erscheinung. Wenn sie ihn erhöhen will, dann kann sie die Haube abnehmen, die ihr aufgestecktes Haar umschließt, und es mit einer Bewegung des Kopfes herabfallen lassen.
Sie steht vor dem Tor der Festung und wartet, bis einer der beiden Wachsoldaten aus dem Schilderhaus tritt und sie fragt, was sie da tut.
Ich warte darauf, sagt sie, dass der Kommandant mich empfängt.
Der Kommandant empfängt nicht, sagt der Soldat. Sie werden gebeten, Madame, sich hinwegzuverfügen. Dies ist eine Festung des Königs, zu der Frauen keinen Zutritt haben.
Ich bin die Marquise de Sade, sagt sie.
Das gilt auch für Sie, sagt der Soldat.
Sie zieht einen Beutel aus ihrer Rocktasche und hält ihm eine Münze hin.
Der Soldat blickt mit unbewegter Miene über sie hinweg.
Haben Sie eine Frau?, fragt sie.
Ja, sagt der Soldat. Aber nicht, wenn ich Dienst tue.
Und hört sie auf, Ihre Frau zu sein, wenn Sie Dienst tun?
Nein, sagt der Soldat. Aber das tut nichts zur Sache.
Nehmen wir an, sie seien in Gefangenschaft, sagt sie. Jedem Soldaten kann das passieren. Und Ihre Frau käme. Würden Sie nicht hoffen, dass man sie zu Ihnen lässt? Nur für einen Moment? So lange, dass sie Ihnen sagen kann, sie wird warten, bis Sie wieder frei sind? Würden Sie das nicht hoffen? Und würden Sie die, die es ihr verwehren, nicht für Unmenschen halten?
Hier gibt es keine Soldaten unter den Gefangenen, sagt der Soldat. Hier sind Männer, die dem Schutz des Königs anvertraut sind. Das ist etwas anderes.
Ich habe dem König geschrieben, sagt sie. Der König wird mir erlauben, meinen Mann zu sehen.
Ich habe keine Befehle, sagt der Soldat.
Und eine Bitte?, sagt sie. Würden Sie einer Frau eine Bitte erfüllen?

Sie streift ihre Haube ab. Hellbraunes Haar rieselt ihr in den Nacken.
Der Soldat antwortet nicht. Sie sieht die kleinen Schweißtropfen auf seiner Stirn. Sie ist daran gewöhnt, Leuten wie ihm Befehle zu geben, nicht Bitten an sie zu richten. Sie spürt, dass es auch ihm schwer fällt, sich ihrer Befehlsgewalt zu entziehen. Er wird der Sohn eines Pächters sein, denkt sie. Sein Vater, seine Brüder sind abgabenpflichtig. Darum ist er hier.
Sie zieht jetzt den Brief aus der Tasche.
Sie sagt: Sie können ihn lesen. Ich tue nichts Unrechtes. Es steht nur darin, dass ich hier bin. Sorgen Sie dafür, dass mein Mann ihn bekommt. Dann weiß er, wo er mich sehen kann, wenn er aus dem Fenster blickt. Der König wird nichts dagegen haben, dass der Marquis de Sade seiner Frau zuwinkt.
Währenddessen gleitet die Münze aus ihrer Hand in die Hand des Soldaten, dem jetzt ein Schweißtropfen über die Schläfe rinnt.
Es wird dauern, sagt der Soldat, der seinem Kameraden im Schilderhaus ein Zeichen gibt, dass alles in Ordnung ist.
Kommen Sie übermorgen wieder. Bis da will ich sehen, was ich tun kann.
Für die Liebe, sagt sie.
Für die Liebe, sagt der Soldat und wird über und über rot.
Am Abend in ihrem Gasthof auf der Presqu'île, wo ihre Zofe auf sie gewartet hat, schreibt sie den Brief an Saint-Florentin, den Minister, der dem König die *lettres de cachet,* die nichtgerichtlichen Internierungsbefehle, zur Unterschrift vorlegt. Sie schreibt ihm jeden Tag.
Sie bitte erneut um die Erlaubnis, ihren Mann in der Festung Pierre-Encise besuchen zu dürfen. Sie halte sich in Lyon auf, um in seiner Nähe zu sein. Sie hoffe, wenn denn Gattentreue in Frankreich noch etwas gelte, auf ein Einsehen und schließe als seine demütige Dienerin de Montreuil, Marquise de Sade.
Zwei Wochen später, Anfang August, bringt ein Bote ihr einen Brief des Kommandanten de Bory in ihre Unterkunft. Der Kommandant bitte die Marquise de Sade am Soundsovielten des Mo-

nats nachmittags drei Uhr zu sich. Seine Zeit sei begrenzt, die Unterredung auf eine halbe Stunde befristet. Sein Adjutant werde sie am Tor der Festung erwarten. Die Wachen seien angewiesen, sie passieren zu lassen. Er empfehle sich der Marquise als ihr gehorsamer Diener de Bory.
Sie verfasst noch am selben Abend ein Dankschreiben an den Minister in Paris.

Und der Zweck Ihres Besuches, Madame?, sagt der Kommandant.
Er ist ein groß gewachsener, schmalgesichtiger Mann, ein Mann, zu dem eine Soutane besser passte als eine Uniform, findet sie.
Monsieur, sagt sie, er ist mein Gatte.
Gewiss, sagt der Kommandant unbewegt. Aber ich habe meine Amtsgeschäfte korrekt zu führen, und wenn einer unserer Gefangenen, was nicht oft geschieht, Besuch erhält, ist ein schriftlicher Vermerk für das Ministerium anzufertigen, der einen dringenden Zweck des Besuchs angibt. Vermögensangelegenheiten, Erbschaften, notarielle Vereinbarungen, Sie verstehen.
Sie meinen, wenn ich mich scheiden lassen wollte, dürfte ich ihn besuchen, aber nicht, wenn ich seine Frau bleiben will?
Sie ist entschlossen, diesen Mann für sich zu gewinnen, aber er macht es ihr nicht gerade leicht. Sie spürt seine Voreingenommenheit gegen sie, die in nichts anderem als seiner Voreingenommenheit gegen seinen Gefangenen wurzeln kann.
Madame, sagt er, sehr charmant ausgedrückt. Aber wir sind nicht bei Hofe. Dies ist eine Haftanstalt.
Also, sagt sie und schenkt ihm ihr liebenswürdigstes Lächeln, schreiben Sie: Es geht um Geld. Ist das dringend genug? Mein Mann hat Schulden. Gläubiger sind zufrieden zu stellen. Ich möchte seine Anweisungen dazu entgegennehmen.
Vermögensangelegenheiten mithin, sagt der Kommandant.
Ja, sagt sie und folgt einer plötzlichen Eingebung: Ich habe eine Bitte.
Sie macht eine Pause, um die Überwindung anzudeuten, die es sie

kostet, weiterzusprechen, das außerordentliche Vertrauen, das sie ihm entgegenbringt, indem sie es tut.
Es gehe um größere Summen, sagt sie, um Vermögenswerte, die man nicht vor den Ohren des Wachpersonals beziffern solle, das dem Volk entstamme und durch die Nennung solcher Summen unnötigerweise irritiert werde. Im Volk, wie man wisse, gäre es seit einiger Zeit. Dem Kommandanten sei das ja wohl bekannt, Missernten, Teuerung, vor allem in Paris sei die Unruhe spürbar, aber auch in der Provinz. Sie habe selbst in Lyon gehört, dass Dienstboten den nötigen Respekt vor der Herrschaft vermissen ließen und Knechte einfach davonliefen, weil sie glaubten, dass es dem Volk erlaubt sei, so etwas wie Unzufriedenheit zu äußern, was doch in Anbetracht –
Worauf sie hinauswolle, unterbricht sie der Kommandant.
Sie müsse den Marquis unbedingt unter vier Augen sprechen. Gewiss könne der Herr Kommandant das verstehen, sagt sie, indem sie die Augen zu ihm aufschlägt.
Das sei gegen die Vorschrift, sagt der Kommandant. Allenfalls könne man die Wachen anweisen, dass sie sich vor der Tür des Besuchsraumes postierten.
Sie sind so freundlich, Monsieur, sagt die Marquise. Wann sie denn ihren Mann besuchen dürfe.
Wann?, sagt der Kommandant. Er wartet schon auf Sie.
Jetzt?
Fast klingt es, als sei sie entsetzt und wolle um Aufschub bitten.
Wenn Sie mir bitte folgen wollen, sagt der Kommandant.
Zwei Soldaten nehmen sie in ihre Mitte, während der Kommandant zurückbleibt. Sie ist aufgeregt. Sie erwartet, dass man sie über Gänge und Treppen bis vor die Tür bringt, hinter der der Gefangene untergebracht ist. Aber man führt sie zu einem Kabinett im Erdgeschoss, in dessen Mitte zwischen vollkommen kahlen Wänden nur ein Tisch und zwei Stühle stehen. Während sie hört, wie von außen abgesperrt wird, öffnet sich eine weitere Tür, und der Gefangene wird hereingebracht.
Der Marquis hat seit seiner Überstellung nach Pierre-Encise vor

zwei Monaten nur mit den Frauen in seinem Kopf verkehrt. Es bestehen Zweifel, ob sie dazugehört. Dennoch ist die Frau, die ihm mit fliegendem Atem und bewegter Brust gegenübersteht, ein Anblick, der auch ihn in Aufregung versetzt.

Madame, ruft er. Sie! Ich wusste nicht –

Er schließt sie ohne Umstände in die Arme. Seine Umarmung ist warm, enthusiastisch, unkompliziert. Sie gilt der Frau, die einen Titel hat, auf den keine andere Anspruch erheben kann, den seiner Ehefrau.

Als sie sich wieder daraus gelöst hat, rot vor Glück bis tief in ihr Dekolleté, merken beide, dass man sie allein gelassen hat.

Ich hatte darum gebeten –, sagt sie.

Er begreift sofort.

Was für eine kluge Frau ich geheiratet habe, sagt er. Wie haben Sie das geschafft?

Ich habe an den Minister geschrieben, sagt sie, jeden Tag.

Und er hat eingesehen –

Er hat eingesehen, dass ich wichtige Dinge mit Ihnen besprechen muss. Geschäftliches …

Und der Kommandant?

Hat eingesehen, dass es nur unter vier Augen geschehen kann.

Sie sind die Frau, die nach meinem Herzen ist. Wahrhaftig. Am Ende lieben Sie mich? Sagen Sie es! Tun Sie das?

Er sieht vernachlässigt aus. Blass und seit Tagen unrasiert. Seine Halsbinde fehlt. Der Rand seines Hemdes ist angeschmutzt wie wahrscheinlich der ganze Mensch, der darunter steckt. Nur ein Hauch von Eau de Cologne beweist, dass ihm seine Erscheinung nicht gleichgültig geworden ist.

Wann werden Sie das begreifen?, sagt sie.

Dann lassen Sie uns rasch zum Geschäftlichen kommen, sagt der Marquis. Ich bin sehr ungeduldig, es zu erledigen. Geht es Ihnen auch so?

Und wenn jemand hereinkommt, flüstert sie, während er sie zur Tischkante drängt und den Stuhl zur Seite schiebt.

Das ist uns egal, flüstert er.

Das ist uns egal, wiederholt sie.
Vor der Tür schließen die Soldaten Wetten ab.
Das ist nur seine Frau, sagt einer von ihnen, der tut er nichts. Sie hat Dokumente dabei, die er unterschreiben soll.
Willst du wissen, sagt der andere, wo der seine Unterschrift hinsetzt, dann sei mal still.
Sie legen beide ihr Ohr an die Tür.
Ich höre nichts.
Halt die Klappe.
Die sind ganz still.
Ich hab's ja gesagt.
Warte. Ich seh mal nach.
Er beugt sich zum Schlüsselloch.
Das glaubst du nicht …
Lass mich auch mal …
Solln wir's dem Kommandanten melden?
Warum? Dann ist die Vorstellung doch vorbei.
Ist sowieso vorbei.
Dann gibt's auch nichts mehr zu melden.
Ich gönn's ihm. Sind arme Schweine hier.
Der ist mehr Schwein als arm.
Das kannst du laut sagen.
Hast du gesehen, wie er's gemacht hat?
Klar hab ich's gesehen.
Das muss ne scharfe Braut sein, die so was mitmacht.
Ne Hure. Das machen nur Huren.
Das ist die Marquise.
Das ganze vornehme Gesindel. Ich sag's ja. Die gehören fortgejagt. Und dann wir in die Schlösser. Dann geht's mal andersrum. Guck dir die Kerle doch an, die wir hier bewachen. Lauter Verbrecher. Perverse. Mörder. Und alle aus reichen Familien. Alle verwandt mit dem Königshaus. Der da auch. Denen geht's hier noch viel zu gut. Die machen sich ein feines Leben auf unsere Kosten. Ja, ist doch wahr.
Sei mal still. Das ist unglaublich.

Was?
Der legt schon wieder los.
Lass mich mal sehen. Dieses Schwein. Ich glaub es nicht. Sollen wir reingehen?
Lass ihn. Ist doch seine Frau.
Deswegen kann er noch lange nicht tun, was er will hier drin. Das ist aber auch ein scharfes Luder. Wenn die nicht bald genug hat, dann nehme ich sie mir mal vor.
Sei still. Lass mich auch noch mal ...
Hast du das nicht gehört?, flüstert die Marquise. Da draußen ist jemand.
Das sind nur die Wachen, sagt der Marquis. Die sehen durchs Schlüsselloch.
Glaubst du?, sagt die Marquise entsetzt.
Aber ja, sagt der Marquis. Die meisten Männer finden es anregend, zuzusehen.
Du hättest mich warnen sollen, sagt die Marquise.
Ich dachte, es wäre dir klar. Ich dachte, es gefällt dir vielleicht.
Wie kommst du darauf?
Weil die meisten Frauen sich verstellen, wenn sie entrüstet sind. So komme ich darauf.
Du weißt so viel über Frauen, sagt sie. Das gefällt mir nicht.
Doch, sagt er. Es gefällt dir. Du lernst gern.
Aber ich kann dir nichts beibringen, sagt sie.
O doch, sagt er. Weißt du das nicht? Von dir habe ich eine ganz neue Technik der Liebe gelernt.
Was denn?, lacht sie.
Die Belagerung, sagt er.
Die Belagerung?
Ich wusste, dass du da draußen bist. Ich wusste, dass du Tag für Tag um die Festung herumstreifst. Ich wusste, da draußen ist eine Frau, und sie lässt nicht davon ab, zu mir hereinzuwollen. Es war wie bei den Jagdhunden, wenn eine läufige Hündin im Haus ist und die Rüden vor der Tür sitzen, nur umgekehrt. Verzeih einem Jäger den Vergleich. Ich war die Hündin, verstehst du? Das hat mich so

scharf gemacht. Keine Frau hat mich jemals so scharf gemacht wie du mit der Technik der Liebesbelagerung. Frauen sollten das öfter tun, um das Haus eines Mannes herumschleichen. Es ist phantastisch. Das glaubt man nicht, was das bewirkt. Ich möchte –

In dem Moment hört man den Schlüssel im Schloss. Die beiden Wachen kommen zur Tür herein, gefolgt von dem Kommandanten.

Bleib, flüstert der Marquis de Sade. Bleib in der Nähe. Verlass mich nicht. Versuche wieder hereinzukommen. Das ist so erregend für mich.

Er schließt währenddessen sehr rasch seine Beinkleider, während sie auf der Tischkante sitzen bleibt, einen leeren, höflichen Ausdruck im Gesicht, und mit einem einzigen Zucken der Knie und einer Handbewegung ihre Röcke herabgleiten lässt.

Ich hoffe, Sie konnten Ihre Angelegenheiten zur Zufriedenheit regeln.

O ja, sagt sie, durchaus. Allerdings sei da noch einiges –

Die Materie ist kompliziert, sagt de Sade. Meine Frau –

Sie brauche die Beratung eines Rechtsbeistands, sagt die Marquise, um sich danach mit ihrem Gatten besprechen zu können. Es würden wohl noch einige Besuche nötig sein. Aber man habe ja zum Glück die Erlaubnis des Ministers.

Die sei nur für einen Besuch gültig, sagt der Kommandant.

Ob das ausdrücklich darin stehe, fragt die Marquise.

Nun, doch, sinngemäß, sagt der Kommandant.

Man werde das klären, sagt die Marquise. Sie stehe mit dem Minister in stetem Briefwechsel. Und sie werde ihm auch vom freundlichen Entgegenkommen des Kommandanten zu berichten wissen. Dies sei ein sehr angenehmer Besuch in dem seiner Führung unterstellten Hause gewesen. Man merke doch gleich, dass hier vorbildliche Ordnung herrsche. Auch das Wachpersonal sei so taktvoll, so feinfühlig.

Sie lächelt den beiden Soldaten zu.

Meine Herren, sagt de Sade, gehen wir.

Mit den Augen folgt er der Marquise, die vom Kommandanten hi-

nausgeleitet wird. Aus ihrem Haar haben sich Strähnen gelöst, die ihr wirr um den Kopf stehen. Ihre Haube ist verrutscht. Auf dem Tisch sind zwei Haarnadeln liegen geblieben, die niemand bemerkt hat.
Ich danke für Ihr Verständnis, sagt die Marquise, als sie sich von Monsieur de Bory verabschiedet.

Diese Herbstwochen in Lyon. Langsam nimmt alles die Farbe des gelben Sandsteins an, aus dem die Stadt erbaut ist, dieses Gelb, das sie von der Sonne selbst geliehen zu haben scheint. Die Stadt ist durchglüht davon. Sogar an bedeckten Tagen bringt sie aus sich selbst ein Leuchten hervor, das das Grau des Himmels braucht, um seine magische Schönheit zu präsentieren. Langsam, im Lauf des Oktober, gleicht sich die Natur dieser Farbe an, ockergelb, und nur das Wasser der beiden Flüsse und an klaren Tagen das vogeldurchschossene Blau des Herbsthimmels bilden den Kontrast dazu.
Es sind die Wochen des Eheglücks der Marquise de Sade.
Sie setzt ihre Belagerung der Festung fort. Und wie alle Belagerer braucht sie beides: List und Ausdauer. Es wird ihr Bravourstück. Nach und nach ergeben sich alle: der Kommandant. Der Minister. Und ihre Mutter in Paris. Am Ende zieht sie als Siegerin in die Festung ein und führt ihren Gefangenen mit sich.
Es ist die glücklichste Zeit ihres Lebens. Der Marquis hinter Mauern, an dem einzigen Ort, an dem er ihr und nur ihr gehört. Es wird noch oft so sein, in Miolans, in Vincennes, in der Bastille. Aber nicht jeder ihrer Belagerungsfeldzüge wird siegreich verlaufen, und nirgends wird sie so glücklich sein wie in Pierre-Encise.
Noch weiß sie nicht, dass es die Belagerung selbst ist, die sie glücklich macht. Die Befreiung des Gefangenen ist jedes Mal ein Pyrrhussieg. Kaum ist er frei, schlägt er einen Haken und entkommt auch ihr wieder. Die Jahre, die er hinter Mauern verbringen wird, insgesamt vierzehn, bis sie sich von ihm trennt, werden die besten für sie sein. Jahre, in denen das Eheprivileg für sie gilt und auch er nichts daran ändern kann. Niemand hat Zutritt zu ihm außer ihr.

Keine andere Frau, die ihm vor die Augen kommt. Kein Fleisch, das sich ihm darbietet, außer ihrem. Kein Amüsement, keine Abwechslung außer den Besuchen, die sie den zuständigen Kerkermeistern abringt, Ministern, Polizeipräsidenten, Festungskommandanten, die aufeinander folgen, während ihr Begehren immer dasselbe bleibt: ihren Mann zu sehen.

Der Marquis de Sade muss in Ketten gelegt werden, wenn er zum Ehemann taugen soll.

Noch hat Renée-Pélagie das nicht wirklich begriffen. Noch ist das Glück unschuldig, das sie in Lyon genießt. Die täglichen Wege am Fluss entlang. Das Herumstreifen um die Festung. Die kleinen Briefchen voller zärtlicher Beteuerungen, die sie ihm durch einen bestochenen Soldaten zukommen lässt, obwohl sie nie eine Antwort darauf erhält. Ihr träumerisches Lehnen an einem Eichstamm, während sie zum Turm hinaufblickt. Das Warten auf eine neuerliche Besuchserlaubnis aus Paris. Das süße Sehnen, seine Worte im Ohr: Ich weiß, dass du da bist. Es ist phantastisch. Man glaubt nicht, was das bewirkt …

Im Laufe des Monats September kommt ein Brief aus Paris. Der Minister wendet sich persönlich an die Marquise:

Ich schreibe Herrn de Bory, dass er Sie, Madame, Ihren Gatten noch ein- oder zweimal besuchen lassen darf während Ihres Aufenthaltes in Lyon, den ich mir nicht so lange vorgestellt habe. Ich rate Ihnen, in Ihren Gesprächen mit ihm so viel Aufklärung wie möglich zu erhalten, um seine Angelegenheiten in Ordnung bringen zu können, denn ich will Ihnen nicht verschweigen, dass der König nicht die Absicht hat, ihm so bald die Freiheit wiederzugeben, und dass Sie nicht erwarten dürfen, ihn auf seine Güter mitnehmen zu können.

Woher weiß Saint-Florentin so genau, was sie vorhat? Sie hat es nur ihrer Mutter geschrieben, dass sie so lange in Lyon bleiben wird, bis Donatien frei ist, um mit ihr nach La Coste zu fahren. Also hat ihre Mutter die Finger im Spiel. Also steht sie in Kontakt mit dem Minister.

Renée-Pélagie weiß nicht genau, ob das gut oder schlecht für sie ist.

Selbst wenn es gut ist, so ist es ärgerlich. Dies ist ihr Feldzug. Er ist bisher aus dem Geist der Auflehnung gegen die Eltern geführt worden. Zum ersten Mal in ihrem Leben tut sie etwas, das ihre Mutter missbilligt. Sie ist ohne Schutz, ohne Familieneskorte nach Lyon gereist. Sie hat vorher nicht um Geld gebettelt, sie hat ihren Schmuck verkauft. Es ist eine Reise in die Selbständigkeit, die, da niemand sie von ihr erwartet, im Trotz wurzelt und sie rasch an den Rand der Selbstaufgabe führen kann. Was sie tut, ist mutig, und Mut ist bei Frauen ein anderes Wort für Unvorsichtigkeit. Die junge Frau, die unbegleitet von Lyon nach Pierre-Encise geht und abends im Gasthof schläft, ist ein Skandal auf zwei Beinen. Es ist ungezogen, was sie da tut. Ungezogen auf die Art, die sowohl Respekt abnötigt als auch Verachtung nach sich zieht, wobei das eine sehr rasch ins andere umschlagen kann. Ihre Lage ist heikel. Sie verbessert sie nicht, wenn sie sich dem Marquis im Besuchsraum der Festung hingibt, wo es entdecken kann, wer es entdecken will, und nur ein Minister im fernen Paris dem Kommandanten Sand in die Augen streut.
Sie wird es wieder tun. In Pierre-Encise. In Vincennes. Später in der Bastille. Im Reich der sexuellen Passionen, in dem ihr Mann herrscht, wird sie diese kleine Provinz besetzt halten, die ihr niemand nehmen kann. Sie wird eine Virtuosin der Irreführung von Polizeispitzeln und Kommandanten sein. Sie wird ein eigenes kleines Beziehungsnetz zur Erlangung von Besuchserlaubnissen knüpfen und dazu umfangreiche Korrespondenzen und Besuchslisten führen. Sie wird lernen, sich zu verstellen. In heikelsten Situationen wird sie die unverfänglichste Konversation machen. Keine Lüge wird ihr zu abgeschmackt sein, kein Versteckspiel zu kindisch, um für Momente mit dem Marquis allein zu sein. Oder auch nicht allein. Dann wird sie bezahlen. Schweigegeld für das Wachpersonal.
Und sie wird selbst dieser Passion verfallen. Sie wird die Gefahr als Teil des erotischen Arrangements lieben. Die Nähe des Skandals. Die Gefahr der Entdeckung. Es wird ihr nichts über diese kleinen gestohlenen Momente gehen. Sie wird sie brauchen, wie eine Klep-

tomanin die Gefahr des Erwischtwerdens braucht. Sie wird zur Komplizin des Marquis werden. Wie am Anfang ihrer Ehe werden sie zwei ungezogene Kinder sein, die wissen, dass die Erwachsenen sie nicht verstehen.
Und sie wird gegen jede Erwartung erfahren, wie es ist, die Ersehnte zu sein.
Die Unersetzliche. Die unter gewissen Voraussetzungen Geliebte.
Wo warst du? Warum kommst du so lange nicht? Weißt du nicht, dass ich dich brauche?
Du brauchst mich?
Wen denn sonst?
Es ist nicht genug. Doch es ist viel für die Ehefrau eines Wüstlings und Lebemanns.
Gegen Ende September lässt man sie wieder ein.
Und die Wachen?, fragt er.
Es sind keine Wachen da. Sie haben uns zusammen eingeschlossen.
Wie hast du das gemacht?
Frag mich nicht. Ich weiß noch andere Geheimnisse.
Zeig sie mir. Zeig sie mir schnell. Ich kann nicht mehr warten …
Im Laufe des Monats November erlaubt ihr Saint-Florentin, den Marquis so oft zu sehen, wie sie will.
Sie sagt ihm nichts davon. Sie spürt, dass die glücklichen Tage von Pierre-Encise dem Ende zugehen. Sie weiß, wer dahinter steckt. Sie weiß, dass ihre Mutter in Paris unermüdlich ihre Fäden spinnt. Sie sollte sich freuen, dass er bald freikommt, doch sie wünscht sich noch einen Winter in Lyon. Dunkelnde Räume. Wind, der um die Festung heult. Schwarze Dohlen, die sie umfliegen. Atmosphärische Begleiter großer Leidenschaft, die darin gipfelt, dass ein Paar keuchend bei flackernder Kerze mit den gewaltigen Stoffmengen seidener Röcke kämpft.
Ende November geht der Befehl zur Freilassung des Marquis aus der Festungshaft ein. Die Diplomatie ihrer Mutter, der gute Ruf, den ihr Vater am Hof in Versailles genießt, haben das bewirkt. Offenbar kann niemand glauben, dass der Marquis nach allem, was

geschehen ist, nicht voller guter Vorsätze ist und sich bessern wird. Man wird sich täuschen.
Dem Befehl ist ein weiterer Befehl beigefügt, der besagt, dass ihm als Aufenthaltsort sein Schloss La Coste zugewiesen wird.
Da weiß die Marquise schon, dass sie schwanger ist. Sie wird von Lyon aus direkt nach Paris, in die Stadt der erfahrenen Ärzte und guten Hebammen, fahren. Nicht nach La Coste, immer noch nicht. Vielleicht ist das auch eine Nachwirkung der großen Kränkung, die ihr dort zugefügt worden ist. Einstmals war La Coste für sie das Land der Verheißung hinter dem Horizont. Sie wird es sehen, aber nicht so bald.
Das getrennte Paar trennt sich, sobald es vereint ist.
So wird es immer wieder sein.
Im Juni des nächsten Jahres kommt Claude-Armand zur Welt, der im Besuchsraum der Festung Pierre-Encise gezeugt worden ist. Ihr Beutekind. Ahnherr aller de Sades, denen die Zukunft gehören wird.
Ich küsse ihn immer zweimal wegen der Ähnlichkeit mit dir, wird die Marquise später schreiben.
Ein kleiner Chevalier, der er als Zweitgeborener nach seinem Bruder, dem Comte, ist.
Der Comte ist ein hübsches Kind. Alle Welt ist entzückt von ihm, vor allem seine Großmutter, in deren Obhut sie beide aufwachsen werden. Er ist brav, lernwillig, ein Wunder von einem de Sade-Sohn, ein zukünftiger Literat, der den ersten Band einer »Histoire de la Nation Française« veröffentlichen wird, bevor er 1809 einen Soldatentod sterben wird.
Der Chevalier ist nicht ganz so hübsch, aber bezaubernd. Ein Schmuser und Schmeichler, dem Gouvernanten und Ammen nichts abschlagen können und der in jeder Lage den sicheren Weg des geringsten Widerstands ausfindig macht, so dass er durch alle Wirren und Gefahren der Revolution gelangen und sich mit einer vorteilhaften Verbindung zur Ruhe setzen wird.
Eine erfreulich normale, gewinnende Nachkommenschaft für einen Marquis de Sade, der mit leichtem Befremden später den Stallge-

ruch der Montreuils an seinen Kindern wahrnehmen wird. Er hätte sich mehr von der Wildheit und Unabhängigkeit der de Sades gewünscht.

Aber Geduld. Es sollte ja noch Madeleine-Laure geben …

1771

Die Seidenen Schuhe

Das Schlimmste erlebt man immer von der eigenen Familie …

Anne-Prospère de Montreuil an den Abbé de Sade (undatiert)

Ein Wagen für die Kinder, die Gouvernante und die derzeitige Amme von Madeleine-Laure, die ein halbes Jahr alt ist. Einer für die Erwachsenen. Und ein dritter für das Gepäck und die Dienerschaft. Die Kinder sind unruhig. Die beiden kleinen Jungen streiten sich in einem fort, Madeleine-Laure schreit oder schläft. Etwas anderes gibt es bei ihr nicht.

Kurz nach Paris sind die Wege vom Regen aufgeweicht. Dann lichtet es sich, die Straße wird trockener. Hinter Auxerre bricht die Sonne durch. Nach jedem Aufbruch, jeder Relaisstation fragen die Kinder sofort: Sind wir bald da? Sie wollen auf der Fahrt nicht spielen. Sie wollen ankommen. Vor allem wollen sie bei Mama in der Kutsche sein. Schließlich gibt sie nach und steigt selbst zu den Kindern. Im Wagen der Erwachsenen bleiben nur der Papa und seine Schwägerin. Anne-Prospère begleitet die de Sades auf ihrer Reise in die Provence.

Renée-Pélagie fährt zum ersten Mal nach La Coste. Sie ist seit acht Jahren die Marquise de Sade, aber noch nicht auf dem Stammschloss gewesen. Gewisse Umstände haben es immer verhindert. Gewisse Umstände und ein gewisser Zorn, den sie noch immer empfindet, wenn sie an eine gewisse Beauvoisin denkt, eine der Frauen, die sich unbeschadet der Reihe ihrer Nachfolgerinnen auf die Inszenierung von sexuell-sentimentalen Rückfällen verstehen, so dass man nie genau weiß, ob sie noch im Spiel ist oder nicht.

Die Marquise wird bald dreißig. Bei allem, was sie tut, denkt sie neuerdings: Es wird Zeit.
Es wird Zeit für die Reise, die sie jetzt angetreten hat. Auch das Jahr ist schon fortgeschritten. Es ist Oktober. Der Himmel wird blauer, aber der Wind stärker, je weiter man nach Süden kommt. Es ist der Mistral, hat der Marquis den beiden Schwestern erklärt. Der Mistral ist ohne Gnade. Es ist ein Wind, der immer von vorn kommt, wussten Sie das noch nicht? Man kann sich wenden, wohin man will, der Mistral bläst einem immer ins Gesicht. Er vertreibt die Fremden. Sie halten es in der Provence nicht aus, wenn der Mistral weht. Und er weht fast immer im Winter. Es ist ein böser Wind. Man sagt, dass in seinem Wehen das Klagen der verlorenen Seelen ist. Nirgendwo im Süden ist man vor dem Mistral sicher.
Ich fürchte mich, sagt Anne-Prospère, lasst uns umkehren.
Außer im Schloss von La Coste, sagt der Marquis. Würde er sonst die Damen auf diese Reise mitnehmen? Er habe schriftlich Befehl gegeben, den Garten neu anlegen zu lassen und für ausreichend Holz, Milch, Käse, Geflügel, Wein und Getreide zu sorgen. Alles sei zur Bequemlichkeit der Damen vorbereitet. Man möge nur einen Wunsch äußern, er werde sogleich für seine Erfüllung Sorge tragen. Man nähere sich jetzt nämlich seinem »Hauptort«, wo es niemanden gebe, der ihm nicht dienstbar sei. Das Leben in Paris sei doch allzu erbärmlich. Ein Gedränge von Unwürdigen auf viel zu engem Raum. Er rieche bereits die Provence. Es sei unverwechselbar. Der Wind bedeute nichts anderes als das Rauschen der Flügel der Freiheit. Er liebe das.
Chinesische Orangen, sagt Anne-Prospère.
Wie bitte?
Chinesische Orangen. Er habe gesagt, sie solle einen Wunsch äußern. Und sie wolle sie eingelegt.
Das sei kein Problem, sagt der Marquis. Bei Süßwarenhändler Légier in Apt könne man derlei Dinge ordern. Er werde sofort nach der Ankunft in La Coste einen Boten nach Apt senden. Chinesische Orangen wüchsen selbstverständlich in der Provence, und eingelegt seien sie besonders gut.

Wenn das wahr ist, bleibe ich für immer in La Coste, sagt Anne-Prospère.
Oh, er könne noch ganz andere Dinge wahr machen, sagt der Marquis.
Was denn?, fragt Anne-Prospère.
Sie ist einundzwanzig, bestes Verheiratungsalter, doch alles an ihr möchte jünger sein. Wie manche Kinder bezaubert sie durch den Kontrast zwischen Zartheit und Härte, Naivität und Intelligenz. Sie ist zierlich, unglaublich schlank und milchhäutig. Ihre Schläfen und Wangen sind leicht konkav, die goldbraunen Augen groß, ihr blondes Haar trägt sie am Oberkopf hochgebunden und zum Zopf geflochten, der ihr über den Rücken fällt. Ein deutliches Fanal ihrer Aufsässigkeit, zumal sie keine Haube trägt. Bekenntnis zu einer Ungebundenheit, die ihr im Hinblick auf Alter und Standeszugehörigkeit nicht zugestanden werden kann. Sie unterstreicht diesen Eindruck durch das leichte Schmollen, das immer auf ihren Zügen liegt, als habe man ihr soeben einen berechtigten Wunsch abgeschlagen, und die Launenhaftigkeit, mit der sie sich beträgt, manchmal sanft, freundlich und einschmeichelnd, dann wieder schroff, abweisend, als sei sie zutiefst verletzt worden und könne nun nicht anders, als selbst zu verletzen.
Sie ist eine Mädchenfrau, deren Magie in der beharrlichen Weigerung, erwachsen zu werden, liegt. Selbst ihre Stimme ist mädchenhaft, und nur Renée-Pélagie erkennt die Künstlichkeit darin. Nur sie weiß, dass ihre Schwester sich spielt. Dass sie es aus Verzweiflung tut, nicht zu wissen, wer sie ist oder sein sollte. Sie wünscht ihr einen Mann, fürchtet aber, dass es nicht einfach sein wird, sie zu verheiraten. Erste Versuche der Eltern haben sich schon als Fehlschlag erwiesen. Anne-Prospère will Mitsprache. Sie werde niemanden nehmen, in den sie sich zuvor nicht verliebt habe, hat sie erklärt. Sie verweist auf das Beispiel ihrer Schwester.
Mit mir nicht, sagt sie.
Madame de Montreuil ist verzweifelt. Man kann die Ehe arrangieren. Aber wie soll man die Liebe dazu bewerkstelligen?
Anne-Prospère weiß, dass sie der Liebling ihres Vaters ist.

Mit kindlich hoher Stimme, der er nicht widerstehen kann, sagt sie: Wenn man ihr den Mann nicht gönne, den sie haben wolle, dann werde sie dem Orden beitreten und ihr Leben unter alten, bösartigen und schlecht riechenden Klosterschwestern verbringen.
Wer das denn sei, fragt ihr Vater, zu allem bereit.
Das wisse sie nicht. Sie hoffe ihn zu finden, auch wenn das noch lange dauere.
Was das für überspannte Ideen seien, ruft ihre Mutter. Ob sie denn nicht wisse, dass eine Frau jedes Jahr älter werde!
Doch, sagt Anne-Prospère, das könne sie an ihr sehen. Sie dagegen sei jung genug, eine Reise zu tun und etwas von der Welt zu sehen, bevor sie sich verheirate. Sie werde ihre Schwester und ihren Schwager in die Provence begleiten.
Nein, ruft Madame de Montreuil, das sei zu viel!
Sie missbilligt diese Reise ohnehin schon zutiefst. Sie werde ständig in Todesangst schweben, hat sie dem Abbé de Sade nach Saumane geschrieben, wenn sie ihre Tochter mit diesem Menschen auf einem abgelegenen Schloss eingesperrt wüsste. Und nun ist auch ihre zweite Tochter mit von der Partie.
Sie nimmt kein Blatt mehr vor den Mund, wenn es um ihren Schwiegersohn geht. Sie glaubt an keine Besserung. Der Inspektor Marais informiert die Montreuils regelmäßig über sein Treiben. Vor allem ist sie über das Ausmaß der Schulden informiert, die er hat. Denn wer sie bezahlt, das ist meistens sie.
Man hat ihr gesagt, auf dem Land sei das Leben viel sparsamer.
Sie hat entgegnet, dass Luxus und Laster überall Geld kosten.
Man hat gewagt, ihr zu sagen, sie solle sich um ihre eigenen Dinge kümmern.
Und um Ihre Kinder! Hat sie ausgerufen.
Dann werde man eben die Kinder mitnehmen. Das lasse man sich nicht noch einmal sagen.
Die Kinder und Anne-Prospère. Madame de Montreuil hat verstanden, welch ein Komplott das ist. Es ist das Komplott der erwachsenen Töchter, die sich gegen die Bevormundung durch die Mutter auflehnen. Wenn es nur das wäre, könnte man sie zur Not

ziehen lassen und hoffen, dass sie irgendwann klug werden und zurückkommen. Doch die Präsidentin weiß, dass es schlimmer ist: Der Wolf hat ihre Lämmer gestohlen. Sie sind in den Händen de Sades.

Madame de Montreuil ist zermürbt. Sie kämpft seit acht Jahren mit dem Wolf, dem sie ihr Lamm selbst übergeben hat. Manchmal, besonders nachts, fürchtet sie, dass ihr Lamm, durch die Bisse des Wolfes infiziert, selbst zur Wölfin wird. Ist es möglich, dass ihre Tochter ihn liebt? Oder täuscht sie sich? *Mon petit gendre.* Sie selber hat ein paar Tropfen Wolfsblut geleckt. Sie spürt noch den Geschmack auf der Zunge. Es gibt Nächte, in denen sie immer noch in ihren Träumen die Meute hört …

Am Tage sagt sie sich: Es ist alles gut. Meine Tochter folgt ihrem Gatten auf seine Besitzungen. Man verbringt den Winter im Süden. Die Kinder atmen gesunde Luft. Und, ja, meine Tochter Anne-Prospère begleitet sie.

Es ist nichts daran, was nicht ehrbar genug wäre, dass man es auf jeder Gesellschaft erzählen könnte, redet sie sich ein. Sie tut es zu ihrer Beruhigung. Sie lauscht ihren Worten nach, sieht gelangweilte Gesichter – und wenn da nicht der unverkennbare Geschmack von Wolfsblut wäre, könnte alles in Ordnung sein.

Sie denkt: Die Mädchen werden aufeinander aufpassen.

Dann, in einer der Anwandlungen von Nüchternheit und Illusionslosigkeit, die Madame de Montreuil auszeichnen, fragt sie sich: Wer auf wen? Renée-Pélagie auf Anne-Prospère oder umgekehrt? Und sie weiß, dass keine von beiden auch nur auf sich selbst aufpasst.

Ein paar Tage vor Weihnachten liefert Légier nach La Coste:
Pomade am Stück und in Töpfen,
Mandeln und Mandelbrei,
raffinierten und rohen Zucker,
Pralinen,
gezuckerte Früchte,
Quitten,
Orangen aus Portugal,

Orangenblüten,
Kastanienpüree,
Senf,
weißen Pfeffer,
Lavendelwasser,
Toilettenseife
... und eingelegte chinesische Orangen!

Ein halbes Jahr später schreibt Madame de Montreuil an den Abbé de Sade in Saumane:

Ich mache mir Sorgen um die Gesundheit meiner Kinder, weil ich lange nichts mehr von ihnen gehört habe ...

Madame, seien Sie ohne Sorge. Es geht ihnen gut. Sie hören Gerüchte? Sie wissen doch, die Provinz ist eine einzige Gerüchteküche.

Man spricht von Festen, Theateraufführungen, Vergnügungen aller Art?

Haben Sie etwas anderes erwartet, wenn der Marquis de Sade auf seinem Schloss Einzug hält? Sie kennen ihn. Sie wissen, dass er nichts so fürchtet wie Langeweile.

Warum er dann nicht wie andere seinesgleichen am Hof in Versailles sein Vergnügen sucht?

Madame, so verstehen Sie doch endlich: Der Marquis de Sade fügt sich nicht gern in ein von anderen arrangiertes Stück ein. Er liebt es, selber Regie zu führen.

Und was dabei herauskommt?

O Madame, Sie sollten nur einen Tag in La Coste verbringen. Hören und Sehen würden ihnen vergehen, und Sie wüssten, was Vergnügen ist.

Der Tag in La Coste beginnt spät, und er dauert lange. Er beginnt mit einem raschen *petit dejeuner,* zu dem man sich in fliegendem Wechsel im Frühstücksraum nahe der Küche einfindet. Madame la Marquise hat um diese Zeit schon längst gefrühstückt und gibt der Haushälterin Gothon Anweisungen für das Diner. Der Hausherr ist nirgends zu sehen. Er lässt sich den Milchkaffee in sein Arbeitskabinett bringen, das an seinen Schlafraum grenzt. Die kleinen

Jungen sind mit ihrer Gouvernante im Garten, wo sie die Grenzen ihrer Freiheit jeden Tag ein wenig ausweiten.
Mais non, Chevalier! Doucement, Comte!, schallt es herüber.
Und wer ist der Herr mit Federhut, der sich soeben den Kaffee servieren lässt?
Das ist Monsieur Dutilleul. Zu seiner Seite, mit blonder Coiffure, die noch von der Nacht zerwühlt scheint, das ist Madame. Sie sind beide auf das Fach Tragödie spezialisiert, spielen jedoch auch Komödie, wenn es verlangt wird. Die Gesichter von beiden weisen deutliche Reste der Schminke vom Vortag auf, die Madame durch ein herzförmiges Mündchen in Zyklamrot aufgefrischt hat.
Der junge Mann neben ihr, das ist Monsieur Benoît, Anfang zwanzig, jugendlicher Liebhaber. Er sieht etwas schwindsüchtig aus, was darauf zurückzuführen ist, dass er die letzten drei Jahre unter fahrendem Volk auf der Straße gelebt hat. Doch der Marquis hält ihn für ein Naturtalent.
Eben kommt ein kleiner Mittfünfziger herein, dessen Perücke ein wenig schief sitzt. Es ist Monsieur Achar, der vorzugsweise alte Tyrannen, Schwindler und Heuchler gibt. Er hat bessere Tage gesehen und langweilt die Gesellschaft mit Theateranekdoten aus Bordeaux, in die er berühmte Namen einstreut, die keiner kennt. Er stört die Proben und sogar die Aufführungen, indem er manchmal Hustenanfälle kriegt, die nicht enden wollen. Man will ihn loswerden.
Monsieur Gallot spielt die Diener und kleine Nebenrollen. Man hat sich daran gewöhnt, ihn auch außerhalb der Bühnenhandlung als Diener anzusehen.
Jemand ruft: He, Gallot, sag in der Küche Bescheid, dass ich Rührei will.
Was für eine Angewohnheit, murmelt Gallot, am frühen Morgen Rührei. Aber er steht auf.
Es ist schon elf, lässt sich eine Stimme vernehmen, die wie von der Bühne dröhnt.
Monsieur Bourdais kommt, gefolgt von seiner Frau, herein.
Sofort werden zwei Plätze am Kopf des Tisches frei gemacht.
Das Ehepaar Bourdais, Heldenvater und ältere Dame, ist schon seit

Februar im Engagement. Sein Vertrag läuft bis zum 1. November. Monsieur Bourdais ist das Haupt der Truppe des Marquis de Sade. Er kann nur im Theaterton sprechen. Er betont die stummen Wortendungen und lässt die einfachste Bemerkung wie einen Vers aus Dichtermund klingen. Monsieur Bourdais beaufsichtigt auch die Bühnenarbeiter, Burschen aus La Coste und umliegenden Dörfern, die für die Arbeit auf dem Land nicht geeignet oder zu faul sind. Er beaufsichtigt sie beim Wechsel der Dekorationen, beim Putzen der Lichter und beim Reinigen des Saals. Er erhält dafür 70 Livres zusätzlich.

Von irgendwoher ist Musik zu hören, ein Cembalo präludiert, dann setzt Gesang ein. Man verdreht die Augen.

Monsieur Rolland, seufzt Monsieur Bourdais.

Madame fragt: Wer?

Glücklich, skandiert Monsieur Bourdais, wem Taubheit gegeben.

Monsieur Rolland ist für komisches Divertimento zuständig. Er glaubt daran, dass dies sein Sprungbrett für eine Karriere als Sänger ist, und probt schon am Morgen die Gesangseinlagen, deren Text und Ton er selber komponiert. Erstaunlicherweise ist er beim Publikum sehr beliebt. Es klatscht so lange, bis er wieder aus der Kulisse kommt und noch eine Strophe zum Besten gibt. Ohne es zu merken, bewegt sich Monsieur Rolland auf der Grenze, die unfreiwillige Komik von bewusst arrangierter trennt, und das Publikum liebt ihn um dieses Flimmerns, dieser kleinen Unsicherheit willen. Deshalb hält der Marquis ihn noch in der Truppe, obwohl Monsieur Maillet dagegen ist.

Maillet leitet das Orchester. Die zwölf Musiker sind im Schloss in Mazan untergebracht und kommen nur zu den Aufführungen nach La Coste.

Die Musik sei unverzichtbar für die Wirkung des Theaters auf das Gemüt, findet der Marquis.

Dennoch, pflegt die Marquise ihm entgegenzuhalten, genüge ein Cembalo, und rechnet ihm vor, welche Ausgaben das Orchester verschlingt.

Er finde in ihr ganz das dürre, gefühlskalte Wesen ihrer Mutter,

entgegnet darauf der Marquis. Ob man denn in der Familie Montreuil auch an etwas anderes als Geld denken könne.
Sie meinen das Geld, sagt die Marquise, das Sie nicht haben und ohne Zweifel von uns zu borgen begehren und niemals zurückzahlen werden.
Er spreche, sagt der Marquis, von gestrichenen Saiten, deren Vibrationen denen einer fühlenden Seele so verwandt seien, wie sie, seine Frau, es niemals begreifen werde, da sie über eine solche nicht verfüge. Leider, setzt er hinzu.
Sie wolle sich solche Beleidigungen nicht länger anhören, entgegnet die Marquise, mache aber darauf aufmerksam, dass ohne ihre tätige Mithilfe dieser ganze Betrieb zusammenbrechen würde wie ein Kartenhaus. Sie spreche von der Führung des Personals, der Leitung eines Haushalts, dem eine schwankende und in der Tendenz steigende Anzahl von Personen angehörten, deren Appetit unermesslich sei, von der Führung der Bücher, die ihr obliege, und zwar sowohl für den genannten Haushalt als auch für den Bühnenbetrieb, nicht zu vergessen die Bauhandwerker, die den Umbau des Schlosses Mazan zum Theater bewerkstelligten, sowie auch die, die in La Coste tätig seien, um den Träumen, die der Marquis von seinem Schloss träume, sogleich Gestalt zu verleihen, ohne dass man lange darüber nachdenke, wie das zu bezahlen sei, denn man habe ja wohl schon neue Träume für La Coste von einem größeren Theatersaal, der alte sei selbst für die Proben schon nicht mehr gut genug –
Ja, sie rede vom Geld. Denn zu ihr kämen täglich die Handwerker. Sie habe sie zu vertrösten. Ihr kämen sie mit Drohungen, ihre Arbeiten einzustellen, was ihr nicht einmal als das Schlimmste erscheine. Das Schlimmste sei, dass sie bald nicht mehr wisse, wie sie die zahlreichen Mäuler stopfen solle, und dass sie Rechnungen erhalte wie vor einigen Tagen vom Schumacher in Ménerbes, der 59 Livres für allerlei Schuhwerk verlange, darunter rosafarbene Seidenschuhe für Mademoiselle de Montreuil. Erstens: Wozu brauche ihre Schwester Seidenschuhe? Zweitens: Wieso setze man sie ihr auf die Rechnung? Drittens: Ob er davon gewusst habe?
Das sei doch nun eine Kleinigkeit. Er könne nicht verstehen, wa-

rum sie sich aufrege. Er selber habe die Schühchen – Schühchen, sagt er – für Anne-Prospère bestellt.
Was das zu bedeuten habe, fragt die Marquise.
Zu bedeuten? Er wollte der Kleinen – der Kleinen, sagt er – eine Freude machen, weiter nichts.
Warum er ihr, seiner Frau, nicht zur Abwechslung mal eine Freude mache –
Aber ja, unterbricht sie der Marquis. Sie solle sich Hausschuhe kaufen, so viel sie wolle, seinetwegen auch in Rosa. Ihm sei es gleich, wenn ihr Herz daran hänge.
Er habe sie nicht verstanden, sagt die Marquise. Die Schulden beliefen sich auf 30000 Livres. Dazu komme noch einmal dieselbe Summe in Paris. Das mache zusammen 60000. Sie erbitte Auskunft, wie diese Summe zusammenzubringen sei, ohne dass sie ihre Mutter erneut um Geld bitten müsse. Denn das sei ihr verhasst.
Dann seien sie doch endlich einer Meinung, sagt der Marquis. Auch er wolle mit dieser alten Spielverderberin nichts mehr zu tun haben. Und nun bitte er sie, ihn allein zu lassen. Er habe da gerade ein Stück von Destouches in Bearbeitung, das er gern auf die Bühne bringen wolle, allerdings in erheblich gekürzter und, er schmeichle sich, verbesserter Fassung: »Le Philosophe marié«, ein Stück, in dem er übrigens viel aus dem Leben wiederfinde, wie er es selbst führe, dem Leben eines Mannes, dem familiäre Belastungen doch oft recht lästig seien, weil er, das müsse einmal gesagt werden, ganz andere Interessen als seidene Schuhe habe. Dennoch sei es ein Vergnügen ganz eigener Art, wie sie es vermutlich nicht verstehen könne, wenn Kunst und Leben einander berührten. Und letzten Endes, er verrate ihr ein Geheimnis, sei es die Kunst, die ihn mehr interessiere als alles andere.
So solle er sich beglückwünschen, sagt sie, dass er eine Frau habe, die von Montreuil'scher Art sei und sich für den Rest interessiere.
Das tue er, ruft der Marquis, plötzlich lebhaft geworden, indem er sich über den Tisch beugt und nach ihrer Hand greift, die er zum Mund führt. Ob sie das nicht wisse? Er liebe und verehre sie!

Er dreht ihre Hand. Seine Lippen berühren das innere Handgelenk, die empfindliche Stelle, unter der der Puls schlägt. Er streift ihren Ärmel hoch, wandert zu ihrer Armbeuge. Er lässt sich Zeit dabei.
Monsieur, sagt sie leise. Mir scheint, wir haben beide Wichtigeres zu tun.
Gibt es Wichtigeres, sagt der Marquis, als das, was Sie jetzt gern mit mir tun möchten?
Währenddessen hat sich Anne-Prospère zum Frühstück eingefunden.
Sie wirft sich in einen Stuhl, verschränkt die Arme hinter dem Kopf und streckt die Beine aus. Ihre Füße stecken in schmutzigen Reitstiefeln. Ihr blondes Haar fällt ihr gelockt, nur durch ein Band gehalten, über den Rücken. Sie sieht gar nicht wie eine Dame aus. Sie trägt braune, mehrfach gerüschte Kattunröcke zu den Reitstiefeln. Unter dem Saum blitzt die weiße Spitze ihres Unterrocks. Darüber trägt sie eine weinrote Reitjacke, die eng ihre schmale Taille umschließt. Sie hat die Gerte in der Hand und spielt mit ihr, indem sie sie in raschem Rhythmus an die Stiefel tippen lässt. Sie seufzt.
Die anwesenden Männer haben die Konversation eingestellt. Nur Madame Bourdais und Madame Dutilleul führen noch ein Gespräch und lassen sich nichts anmerken.
Ausgeritten?, fragt Monsieur Achar.
Das tut sie doch jeden Morgen, sagt Monsieur Rolland, der die Gesangsprobe beendet hat.
Hol einen Kaffee für Mademoiselle Anne-Prospère, Gallot, sagt Monsieur Bourdais gebieterisch, der vor Verehrung in die Niederungen der normalen Sprache hinabsteigt. Eine Art Verbeugung der sprachlichen Art.
Kein Kaffee, ruft Monsieur Dutilleul entsetzt, den verträgt sie nicht. Kamillentee.
Ach was, sagt Anne-Prospère, ich trinke Kaffee heut.
Hast du nicht gehört, sie will Kaffee, sagt Monsieur Benoît, der es genießt, Gallot herumzukommandieren, weil er weiß, dass er in nicht allzu weiter Zukunft selbst die Dienerrollen spielen wird.
Wo ist meine Schwester?, fragt Anne-Prospère.

Die Marquise ist beschäftigt, sagt Gothon, die mit dem Kaffee aus der Küche kommt.
Die Marquise ist beschäftigt, äfft Anne-Prospère sie nach. Ich werde niemals heiraten, sagt sie, mir wäre das zu anstrengend. Alle wollen ständig etwas von dir, wenn du die Marquise bist.
Ich werde nachsehen, sagt Gothon kühl.
Es ist deutlich, dass die beiden Frauen sich nicht ausstehen können.
Gothon ist Ende zwanzig. Ihre Augen blitzen. Sie sind überall. Sie ist Schweizerin, von kräftiger Statur und festem Fleisch. *Sie hatte den schönsten Hintern, der seit hundert Jahren den Schweizer Bergen entspross,* wird de Sade schreiben, wenn er neun Jahre später in der Festung Vincennes erfährt, dass sie im Kindbett gestorben ist. Und: *Gothon liebte die Männer.* Sie liebte gewiss auch ihn.
Sie steigt die Treppe hinauf zum Arbeitskabinett des Marquis, das an ihr Zimmer im Südflügel grenzt. Alle anderen Dienstboten schlafen im Stockwerk darüber. Sie genießt das Recht, einzutreten. Sie klopft, sie wartet kurz und öffnet die Tür.
Verzeihung, sagt Gothon.
Sie lächelt. Ihr Rückzug ist in Wahrheit ein heimlicher Sieg.
Die Marquise ist beim Herrn, gibt sie der Frühstücksgesellschaft bekannt.
Alle in diesem Schloss wissen, dass ihr nichts verborgen bleibt. Und was sie anbelangt, sie sollen es wissen. Gothon fürchtet niemanden, erst recht nicht die Marquise. Mit ihr verbindet sie eine Art Solidarität, die auf ihrer Seite nicht ganz frei von Herablassung ist. Sie weiß, dass die Marquise weiß, und die Marquise weiß, dass sie ohne Gothon in diesem Haushalt verloren ist, der einer Hofhaltung gleicht, deren Herrschaftsstrukturen nur für Eingeweihte durchschaubar sind. Außer Gothon für den Diener Carteron, genannt La Jeunesse, und vielleicht noch den Dorfpfarrer Testanière, der gewöhnlich mit an der Tafel sitzt, obwohl er ohnehin vom Marquis alimentiert wird.
Madame la Marquise und Monsieur le Marquis möchten nicht gestört werden, sagt sie mit Blick zu Anne-Prospère.

Mon dieu, der Tag hat kaum begonnen, sagt Anne-Prospère, und ich fange schon an, mich zu langweilen.
Dabei gleichen die Tage von La Coste einem Feuerwerk an Zerstreuungen: Bühnenproben, Jagden, Landpartien, Bälle, Gesellschaften, vor allem aber Theateraufführungen, an die sich wiederum Empfänge, Diners und Bälle anschließen, die sich oft bis weit in den Morgen hineinziehen und zu denen man schon nicht mehr einladen muss, sondern eine nicht zu kleinlich getroffene Auswahl der umliegenden Grundherren bei sich sieht, die sozusagen im Genuss einer Dauereinladung sind. Wer sich gegen Abend einfindet, darf sicher sein, dass für seine Unterhaltung gesorgt ist.
Der neue Theatersaal im Schloss von Mazan fasst bis zu hundert Zuschauer, wenn er fertig ist. Einstweilen wird noch in La Coste gespielt, wo sich häufig dieselbe Zuschauerzahl auf viel zu wenigen Plätzen drängt, was jedoch der Stimmung im Saal nicht abträglich ist und den anschließenden Gelagen im Schlosshof etwas von der ausgelassenen Stimmung volkstümlicher Feste gibt.
Niemand fragt nach dem gesellschaftlichen Rang der Gäste. Der Marquis ist so vom eigenen Adel, der unüberbietbaren Qualität seines Blutes und seiner seigneuralen Machtfülle überzeugt, dass er seinen Umgang keiner weiteren Überprüfung unterzieht. Ein Teil seiner Verachtung für das System des Sichüberbietens an Adel und Vornehmheit, wie es bei Hof in Versailles herrscht, hat seine Wurzeln in dieser altadligen Arroganz. Auch ein Teil der Verachtung, die er der Familie de Montreuil entgegenbringt.
Wer nach La Coste kommt, ist da. Und wer da ist, braucht nichts weiter als seine Begeisterungsfähigkeit für das Theater, um willkommen zu sein. Allerdings muss er sie auch zu artikulieren wissen. Klatschen und Bravo rufen ist nicht genug. An der spätabendlichen Tafel des Marquis ist geistreicher Witz gefragt. Nur keine Schüchternheit. Der Marquis hält Schüchternheit für bürgerlich. Er sieht durchaus Bürger an seiner Tafel, Notare, Kaufleute, Richter, sogar Monsieur Paulet mit seiner Frau, Schöffe im Ort La Coste. Doch er erwartet scharfe Aperçus als Gegenleistung für

seine Gastfreundschaft. Kein Sowohl-als-auch. Kühne Standpunkte, mit denen er die seinen messen kann.
Langweiler habe ich genug um mich, sagt er.
Das ganze Leben in La Coste ist eine Maschine zur Erzeugung von Unterhaltung und Vertreibung der Langeweile. Sie muss naturgemäß immer größere Leistung erbringen. Immer mehr Energie verbrauchen. Immer teurer sein. Immer bunter. Immer schneller. Immer verzweifelter.
In ihrem Zentrum, da, wo im Auge des Sturms bekanntlich Stille herrscht, befindet sich Anne-Prospère. Sie spielt in den Stücken die Rolle der tragischen jungen Liebhaberin, die zumeist launisch, unberechenbar, kühl und melancholisch ist und am Ende, wenn die Männer für sie gestorben sind, ins Kloster geht. Sie braucht dazu nicht viel Schauspielkunst. Oder ist es vielleicht umgekehrt so, dass sie im Leben all ihre Schauspielkunst aufbraucht? Auch auf der Bühne muss sie nur auftreten, um den Mittelpunkt aller Aktionen zu bilden, ohne dass sie selbst viel mehr tut, als anwesend zu sein. Die Texte, die sie zu sprechen hat, zumeist Formeln der Abweisung – Aber Monsieur! Was glauben Sie? –, werden von ihr improvisiert. Die Textrollen, die Carteron anfertigt, der als Sekretär des Marquis fungiert, lässt sie achtlos herumliegen und beruft sich auf die Authentizität ihrer seelischen Regungen. Der Marquis ist ihr gegenüber als Regisseur merkwürdig tolerant, während er von den anderen Mitspielern keinerlei Widerspruch duldet. Er ist der Meinung, sie sei exakt so, wie sie sei, dem Kopf der Dichter entsprungen. Das sei die Vollendung der Schauspielkunst. Alles Bemühen sei letztendlich Stümperei.
Eine Reihe von Verehrern liegt auch im Leben vor Anne-Prospère auf den Knien, fast sämtliche Schauspieler, einige Grundbesitzer aus der Nachbarschaft, heiratsfähige Söhne aus dem provenzalischen Landadel, sogar Ripert, der Verwalter aus Mazan, hat vorübergehend den Verstand verloren und einen Eimer mit Honig und einen Pfau geschickt, der nach seiner Ankunft in La Coste vor Heimweh kein einziges Rad mehr schlug. Selbst der Jude Beaucaire, einer von de Sades ungeduldigsten Gläubigern, zeigt auf ein-

mal Verständnis und bringt Geschenke mit, wenn er kommt: seidene Strümpfe für die Damen und Parfum aus Grasse. Aber Anne-Prospère scheint nur dazusitzen, zu schmollen und zu rufen: Der Nächste bitte! Der Nächste, wenn ich nicht vor Langeweile sterben soll!

Dann wieder stürzt sie sich verzweifelt ins Treiben. Reitet stundenlang, angeblich ohne Begleitung, aus, versetzt alle im Schloss, vor allem ihre Schwester, in Sorge. Plötzlich kommt sie wie eine wilde Amazone herangesprengt und behauptet, bis Rousillon geritten zu sein und unterwegs beim Onkel Abbé in Saumane Besuch gemacht zu haben, während der Abbé beim nächsten seiner Aufenthalte in La Coste versichert, untröstlich zu sein, weil sie ihr Versprechen, ihn zu besuchen, nie wahr mache.

Sie waren nicht zu Hause, sagt sie. Ihr Kastellan hat mich empfangen. Und ich muss sagen, er wusste mich zu unterhalten.

Unterhaltung ist das Stichwort. Amüsement. Bald ist das Theater im Schloss in Mazan fertig. Auch die Dekorationen sind gemalt: Ein eleganter Salon. Ein öffentlicher Platz. Ein Gefängnis. Ein gemaltes Gemäuer für Stücke aller Art. Dazu verschiedene Landschaften. Vierundsechzig Lampen. Blechplatten für die Kerzen an der Rampe. Ein Vorhang aus blauer Leinwand, der auch als Himmel dienen kann. Dazu ein veritabler Orchestergraben. Und alles, was man für den Wechsel der Dekorationen braucht: Holzrahmen für die Prospekte, Seile, Rollen, Gegengewichte. Allein der Blick auf die Bühne mit ihren Lichtern, gerafften Vorhängen und eleganten Sitzmöbeln unterhält.

Ab jetzt wird in La Coste nur noch geprobt, und die Vorstellungen finden in Mazan statt. Es ist ein ständiges Hin und Her, ein zweistündiges Reiten und Kutschefahren. Die Maschine läuft. Sie läuft schneller. Sie läuft heiß. Am 22. Juni wird »Le philosophe marié« und »Heureusement« von Rochon de Chabannes gespielt. Dann steht die Maschine plötzlich und ohne Vorankündigung still. Die Schauspieler kommen zu Madame de Sade und verlangen den Rest ihrer Gage. Die Musiker packen ihre Instrumente ein. Auch sie wollen Geld. Die Bauhandwerker drohen mit Pfändungen. Die Bühnenarbeiter erklären, dass sie auch auf den Feldern und Weinbergen arbeiten können, wenn man sie nur beschäftigen wolle. Die Gäste aus der Nachbarschaft bleiben wieder zu Hause, gehen auf die Jagd und spielen abends Domino. Sie erwähnen es niemals mehr, dass sie in La Coste ein und aus gingen, und wenn ihre Gattinnen sich darüber beklagen, dass ihnen nichts mehr geboten wird, sagen sie: Schweig! Oder hast du vergessen, was geschehen ist?

Der Juni 1772 ist schwül und voller Gewitter. Die Atmosphäre entlädt sich über dem Lubéron, aber vom Mittelmeer treiben neue Unwetter heran. Es ist ein Erhitzen und sich Entladen und wieder Erhitzen, das zu neuer Entladung treibt. Die Menschen sind seltsam erschöpft und seltsam aufgeregt. Weder die Worte der Dichter noch das Vibrieren der Saiten, das mit dem der Seele in eins klingt, können diesen Aufruhr besänftigen. Der unermüdliche Herr der Unterhaltungsmaschine von La Coste, ihr rastloser Betreiber und Erfinder immer neuer Vergnügungen, ist plötzlich nicht mehr da.
Wo steckt er?
Niemand weiß es. Die Marquise glaubt, dass er geschäftlich unterwegs ist und bald wieder zurück sein wird. Wo er ist? Vielleicht in Aix? Vielleicht in Marseille, wer weiß? Sie hofft, dass er Geld beschafft. Dann soll es ihr recht sein. Sie sagt zu allen: Wenn mein Gemahl zurückkommt, wird Zahltag sein, vorher nicht.
Mit ihm ist ein Diener gereist, der diesmal Latour heißt. Das bedeutet nicht das Mindeste. Kein Seigneur reist ohne einen Bediensteten. Dennoch fühlt die Marquise eine leichte Beunruhigung bei dem Gedanken, dass es Latour ist, der den Marquis begleitet. Sie verhehlt sich nicht, dass es der Eifersucht gleicht, was sie empfindet, wenn sie an Latour denkt.
Da ist etwas zwischen dem Herrn und seinem Diener, das sie nicht deuten kann. Ein Einverständnis, das weit über das Übliche hinausgeht. Carteron ist der dienstälteste Diener, aber Latour ist vertraut bis zur Unverschämtheit mit seinem Herrn, eine Vertrautheit, die sich in gewissen Anspielungen zeigt, die niemand sonst versteht und die manchmal den Charakter einer Geheimsprache annehmen.

Es ist nicht ungewöhnlich, dass einer der Diener eine Vertrauensstellung genießt, dennoch missfällt der Marquise die ironische Note, die sie in der Art findet, in der Latour sich zu ihr verhält, die leichte Beimischung von Spott in seiner standesbedingten Unterwürfigkeit. Doch in der Vermengung von Leben und Bühnenhandlung, die in La Coste üblich ist, gehen auch Überschreitungen solcher Art unter. Latour hütet sich, der Marquise einen Anlass zu geben, sich beim Marquis über ihn zu beschweren. Sein Verhalten ist immer tadellos und seine Loyalität den Herrschaften gegenüber außer Frage.
Die Marquise nimmt sich vor, ihn bei seiner Rückkehr zur Rede zu stellen. In Zukunft möchte sie über eventuell anstehende Ortsveränderungen informiert werden. Am meisten scheint Anne-Prospère alarmiert.
Warum hat er dir nichts gesagt?
Wovon?
Dass er verreist.
Aber das wusste ich doch, lügt sie.
Hinter der Stirn ihrer Schwester sieht sie die Frage arbeiten: Und warum wusste ich es nicht? Aber sie hält sie zurück.
Und wo ist er?, fragt sie.
In Marseille. Er holt Geld. Oder glaubst du, dass wir hier im Garten einen Schatz vergraben haben?
Ich war noch nie in Marseille, sagt Anne-Prospère unbestimmt.
Hast du gedacht, dass er dich mitnimmt?, fragt die Marquise.
Sie hat plötzlich Lust, ihre Schwester zu verletzen. Sie kann nicht widerstehen.
Weißt du nicht, sagt sie, wozu er wirklich in Marseille ist?
Sie verfolgt, wie Anne-Prospères Züge verschwimmen, wie sie weich und wieder kindlich werden. Wie früher, kurz bevor sie in Tränen ausbrach.
Er will sich amüsieren, sagt sie. Glaubst du, er findet hier auf dem Land genug Zerstreuung? Da kennst du ihn schlecht.
Ihr entgeht nichts von den Veränderungen im Gesicht ihrer Schwester. Sie fühlt sich in diesem Moment sehr erfahren. Überle-

gen. Fast unverletzlich. Aber die damit verbundene Erleichterung weicht bald wieder der tiefen Beunruhigung, die sie immer befällt, wenn der Marquis verschwunden ist. Sie schläft schlecht. Die Bediensteten hören, wie sie nachts in ihren Zimmern mit raschen Schritten hin und her wandert. Hin und her. Immer von Wand zu Wand.
Wie ein Tier im Käfig, sagen sie.
Am frühen Morgen des 29. Juni, als das Schloss von La Coste noch in tiefem Schlaf liegt, sprengen zwei Reiter in den Schlosshof, die offenbar die Nacht durch geritten sind. Die Marquise wacht aus einem flachen Morgenschlaf auf und horcht hinaus. Der Schlossherr ist wieder da. Sie hört, wie die Pferde über den Hof in den Stall geführt werden. Sie steht auf, legt sich ein Tuch um die Schultern und tritt auf die Treppe.
Im Erdgeschoss öffnet sie die Tür von einem der Salons zur Terrasse, die über dem Schlossgarten liegt. Der Duft von Lavendel und Rosen flutet herein. Der Duft eines Sommermorgens in der Provence.
Man sollte öfter so früh aufstehen, denkt die Marquise. Nicht nur, wenn man unglücklich ist.
Sie hört Stimmen im Treppenhaus, sieht Gothon herabkommen, barfuß wie sie, und in die Küche gehen, wo sie das Feuer vom Vorabend, dessen kalter Geruch in den Räumen liegt, wieder entfachen wird.
Kurz darauf hört sie die Flüsterstimme ihrer Schwester vor dem Haupteingang:
Ich habe auf Sie gewartet. Wo waren Sie?
Ihr weißes Hemd ist morgenrötefarben überstrahlt. Ihr blondes Haar steht im Gegenlicht wie eine Aura. Der Marquis greift sich in den Nacken und löst ihre Arme von seinem Hals.
Gehen Sie ins Bett, sagt er streng wie zu einem Kind. Sie erkälten sich.
Wo sind Sie gewesen?, wiederholt Anne-Prospère.
Die Marquise tritt aus dem Hintergrund.
Meine Schwester, sagt sie, mein Mann ist ermüdet. Heißen wir ihn

später willkommen, wenn er sich ein wenig erfrischt und geschlafen hat.
Meine Liebe, sagt der Marquis und streckt eine Hand nach ihr aus, die eher abwehrend ist und die sie nur kurz ergreift. Sehen Sie zu, dass mich niemand stört. Niemand, hören Sie. Ich bin vollkommen erschöpft. Sagen Sie Gothon, dass ich baden will.
Als er an ihr vorbeigeht, sieht sie, dass sein Hemd im Rücken blutige Flecken hat.
Sind Sie verletzt?, fragt sie.
Keine Fragen, sagt der Marquis, während er die Treppe hinaufgeht.
Das kommt vom Reiten, sagt Latour, der mit dem Gepäcksack folgt. Sie wissen doch, Madame, unter Bäumen zu reiten, kann ziemlich gefährlich sein.
Natürlich, sagt die Marquise. Gothon soll Kamillen ins Badewasser streuen.
Sie wendet sich zur Küche. Sie sieht, dass Gothon schon Gefäße für Wasser aufgesetzt hat. Von weit her hört sie das fordernde, wütende Schreien von Madeleine-Laure.
Wie erschöpft wir alle sind, denkt sie.
Sie sieht, wie Gothon einen weiteren Behälter mit Wasser auf den Herd stemmt. Sie wird einen nach dem anderen die Treppe hinauftragen, den hölzernen Zuber füllen und dem Marquis behutsam den Rücken, die Schenkel, die Lenden waschen. Dann wird sie ihn zwischen blütenweiß saubere Tücher betten.
Er wird sagen: Gothon, ich bin so müde.
Und sie wird sagen: Ich weiß, Herr. Schlaft.
Leg dich ein bisschen zu mir, Gothon, wird er sagen.
Und sie: Ein anderes Mal, Herr, heute nicht.
Ein anderes Mal, wird der Marquis, schon im Einschlafen, murmeln.
Dann wird Gothon leise die Tür hinter sich schließen. Das Badewasser wird rötlich sein und langsam abkühlen, und am Holz des Zubers werden sich Ränder von geronnenem Blut bilden, die Gothon später mit Sand wegscheuern wird.

Es wird niemals Ruhe geben, denkt die Marquise. Niemals.
Was ist denn los?, fragt Anne-Prospère in ihrem Rücken. Warum erfahre ich nichts?
Du erfährst, was du begreifst, sagt sie.

Wird die Vergnügungsmaschine wieder in Gang kommen? Wird man wieder spielen? Musik machen? Ausreiten? Jetzt, da der Marquis wieder zurückgekommen ist?
In Mazan wird noch einmal der »Verheiratete Philosoph« gegeben. Aber die Schauspieler sind so aufgebracht über den Rückstand ihrer Gagen, dass sie so schlecht spielen, wie es ihnen möglich ist. Die Musik besteht nur noch aus einer Trompete, deren Einsätze die wenigen Besucher auf ihren Plätzen zusammenzucken lässt. Sie ziehen missgelaunt ab und schwören, nie mehr wieder zu kommen. Die große Zeit des Unternehmens »Theater auf dem Lande« ist vorbei.
Nur das Ehepaar Bourdais weicht nicht. Es besteht darauf, bis November allabendlich aufzutreten. Schließlich habe man einen Vertrag, der von beiden Seiten zu erfüllen sei.
Monsieur Bourdais kann auf einmal sehr prosaisch werden. Er kündigt an, die Gerichte bemühen zu wollen.
Da zahlt die Marquise ihm 352 Livres und zehn Sous für bisher geleistete Schauspielerdienste aus. Und damit Schluss.
Das sei nichts als eine Anzahlung, ruft der Schauspieler, den Fuß bereits auf dem Trittbrett des kleinen einspännigen Wagens, mit dem er gekommen ist. Betrüger wie der Marquis und alle die Seinen sollten zur Hölle fahren. Dies noch einmal in Hexametern.
Der Fluch wirkt auf der Stelle.
Am nächsten Tag erscheint, begleitet von einem Sergeanten und drei berittenen Gendarmen, der Gerichtsvollzieher aus Apt. Er hat einen Haftbefehl für den Marquis und seinen Diener Latour sowie einen Befehl zur Beschlagnahme seiner Güter.
Der Marquis sei zufällig abwesend wie auch der Diener und, nein, auch die Marquise sei nicht da, teilt ihm der Notar Antoine Fage mit, der Bevollmächtigte des Marquis, der seinerseits zufällig anwesend ist.

Also schreitet man zur Inventarisierung des beschlagnahmten Besitzes des Marquis.
Diesmal scheint es ernst zu sein. Diesmal muss es um mehr als Flagellation gehen. Diesmal hat der Marquis eine ganze Stadt gegen sich aufgebracht.
Vernehmung der Gothon Duffé, Haushälterin:
Ob sie wisse, wo ihr Herr, der Marquis, sich aufhalte?
Sie wisse nichts davon.
Wann er sein Schloss verlassen habe?
Das könne sie nicht genau sagen. Er melde sich nicht in der Küche ab.
Ob ihr bei seiner Rückkehr aus Marseille etwas an ihm aufgefallen sei?
Er sei hungrig gewesen. Sie habe ihm ein Omelett mit frischen Erbsen bereitet. Er möge das.
Sie sei eine fesche Person und unvermählt. Ob sich der Marquis ihr jemals auf nicht ehrbare Weise genähert habe?
Sie könne nur das Beste von ihrem Herrn sagen.
Ob sie nicht verstehe. Sei sie vom Marquis auch für Dienste in der Kammer gebraucht worden?
Ob die Herren damit sagen wollten, dass sie die Nachttöpfe im Schloss leeren solle. Dafür seien die Zimmermädchen zuständig. Sie stehe dem Haushalt vor, bewirte die Gäste und sei für das leibliche Wohl des Schlossherren zuständig, eine Aufgabe, die sie zu seiner vollen Zufriedenheit erledige. Da sei sie sicher.
Und die Marquise?
Die Marquise sei mit ihrem Fräulein Schwester verreist. Wohin, wisse sie nicht genau.
Ob sie irgendetwas genau wisse?
Ja, sagt sie, dass der Marquis der liebenswürdigste Mensch auf der Welt sei.
Man danke ihr, sagt der Sergeant.
Unterdessen sind die Schwestern de Montreuil auf dem Weg nach Marseille. Sie führen einen Geldbetrag mit sich, den der Notar ihnen übergeben hat. Es handelt sich um Pachtgelder, die zur Ab-

lösung der Schulden bei den Bauhandwerkern vorgesehen waren. Irgendwo ist immer Geld. Nur wird immer mehr gebraucht als da ist.
Es ist Schweigegeld, das die Schwestern mit sich führen. Die Marquise weiß, wem sie es geben soll. Sie weiß nicht, welches Schweigen sie damit erkaufen soll. Sie vermutet, dass alles wie vor vier Jahren in Arcueil ist. Er tut es nicht mit ihr, nicht mit Gothon, nicht mit den kleinen Schauspielerinnen, die er für Nebenrollen in La Coste und Mazan hält, nicht mit den Mätressen, die er in Paris hat. Er tut es dennoch dann und wann. Er tut es mit Frauen, die für Geld alles tun. Es sind Frauen, die es nichts anderes kennen und wollen, hat er ihr erklärt. Er bezahlt sie gut. Arbeiter, die gut bezahlt werden wollen, sind schließlich auch bereit, doppelt so hart zu arbeiten, sagt er.
Er sagt: Meine Liebe. Dies alles hat nichts mit dir zu tun.
Es ist ein altes Lied.
Er ist nicht der Erste, der diese Strophe singt. Wie viele Frauen haben sie nicht schon gehört.
Es hat nichts mit ihr zu tun.
Warum spürt sie dann die Schmerzen, die er fremden Frauen zufügt, nicht an ihrem eigenen Leib, sondern an ihrer Seele? Peitschenhiebe, die ins Allerempfindlichste treffen. Kein Fleisch kann so empfindlich sein. Keine Haut so leicht zerreißen. Sie zuckt und windet sich unter den Schmerzen, die seine Peitsche ihr zufügt, wenn er andere Frauen peitscht.
Du kannst es mit mir tun. Es macht mir nichts. Tu es mit mir. Ich bitte dich.
Sie kann sich nicht vorstellen, dass sie Lust dabei empfindet. Doch sie wird dankbar sein, weil ihr schlimmere Qualen erspart bleiben.
Aber nein!, sagt er. Ich würde das niemals tun. Nicht mit dir!
Warum nicht?
Du bist meine Frau! Ich würde doch meiner Frau nichts tun. Ich könnte es gar nicht.
Du tust mir weh, sagt sie.

Er hat sie gebeten, nach Marseille zu fahren.
Sie hat gespürt, dass es ernst ist. Jemand hat ihn gewarnt und von dem Haftbefehl in Kenntnis gesetzt, der schon vor einer Woche ergangen ist.
Was haben Sie getan?, hat sie ihn gefragt.
Sie wisse doch, wie solche Dinge übertrieben dargestellt würden, hat er gesagt. Er habe ein wenig Vergnügen genossen, das sei wahr. Schließlich habe er sich ihrer Gesellschaft in Marseille nicht erfreut. Er bitte um Verzeihung, doch sei er ein Mann. Und das Vergnügen der Männer sei ohne Frauen nun einmal unvollständig, sie wisse ja.
Sie haben bezahlt, sagte sie.
Ja, sagte er. Und nicht zu knapp. Aber manche Frauen könnten nicht genug kriegen und wollten im Nachhinein noch ein Geschäft machen.
Wie in Arcueil vor vier Jahren?, fragte sie.
Nun ja, sagte er, etwa so. Wenn ich Fage hinschicke, werden sie glauben, dass man mich wie eine Gans ausnehmen kann. Aber wenn Sie, meine Liebe, auftreten, könnten Sie ein wenig die Stimmung beeinflussen, wenn Sie verstehen, was ich meine. Sie sprechen von den Kindern … Sie sind ganz Ehefrau … Ihnen wird man nicht das Leben mit lächerlichen Anklagen gegen mich verderben wollen. Sie können auf Mitleid zählen, verstehen Sie. Ihre liebenswürdige Art –
Sie habe verstanden, hat die Marquise gesagt. Sie werde ihre Schwester mitnehmen. Anne-Prospère habe sich unlängst beschwert, dass man ihr noch nicht Marseille gezeigt habe.
Er halte das nicht für eine gute Idee, hat der Marquis gesagt. Es sei eine – wie solle er sagen – heikle Mission. Und ihre Schwester sei doch – man möge ihm verzeihen – ein recht dummes Huhn, jedenfalls, wenn es ernst werde.
Eben, hat die Marquise gesagt. Vielleicht könne die Reise sie ein wenig klüger machen. Im Übrigen frage sie bei der Wahl ihrer Reisegefährten nicht um Erlaubnis. Genauso wenig, wie er das bei ihr tue.

Es ist ein sonniger Julitag, als sich die Schwestern frühmorgens auf die Reise machen, zwei junge Damen auf ihrem Ausflug in die Stadt. Sie sehen bezaubernd aus mit ihren geblümten Strohhüten, ihren blaugrauen Reisekleidern, den weißen Miedern, den Rüschen, den Stickereien. Es fällt auf, dass sie ohne Zofen auf Reisen gehen. Nur der Mann auf dem Kutschbock, ein Stallknecht, begleitet sie.

Was tun wir in Marseille?, fragt Anne-Prospère.

Wolltest du nicht die Stadt kennen lernen?, sagt Renée-Pélagie. Ich zeige sie dir. Marseille ist interessant. Marseille ist verdorben. Ich zeige dir die verbotenen Geheimnisse von Marseille, wenn du willst.

Was soll das bedeuten?, fragt Anne-Prospère.

Du wirst schon sehen.

Sei nicht so, sagt Anne-Prospère. Sag mir, was los ist. Geht es um Geld, um Geschäfte? Du kannst mir vertrauen.

Das tue sie, sagt Renée-Pélagie. Doch. Ja. Geschäfte. Sie habe keine Geheimnisse vor ihr. Sie werde sie zu allen Verhandlungen mitnehmen. Sie hoffe nur, dass ihre Schwester ebenso wenig Geheimnisse vor ihr habe.

Anne-Prospère schweigt.

Gegen Mittag bringt der Fahrtwind kaum noch Kühlung. Die Damen lehnen erschöpft jede in ihrer Ecke. Der Straßenstaub, um diese Jahreszeit unvermeidlich, der den Wagen wie eine Wolke umhüllt, dringt herein und macht das Atmen schwer. Dann und wann reicht eine der Schwestern der anderen die Wasserflasche. Man hält an einem Brunnen, um sie nachzufüllen und sich die Gesichter zu waschen. Renée-Pélagie spritzt ihre Schwester ein wenig nass, wie sie es als Kinder gemacht haben.

Anne-Prospère spritzt nicht zurück.

Sie müsse ihrer Schwester etwas sagen, murmelt sie, als sie wieder in der Kutsche sitzen. Sie sieht aus dem Fenster, als habe sie etwas entdeckt, das ihren Blick unwiderstehlich bannt.

Oh, das habe Zeit, sagt Renée-Pélagie. Ob sie nicht spüre, dass man sich schon dem Meer nähere? Diese leicht faulige Luft, der Hauch von Gestank nach altem Fisch, das sei Marseille für sie. Sie liebe das. Man werde im Hotel des Treize-Cantons nördlich des Hafens absteigen. Dort pflege auch Donatien Quartier zu nehmen, wenn er in der Stadt sei. Sie werde ihn vermissen.

O ja, das werde sie auch, sagt Anne-Prospère.

Bald rattert der Wagen schon über gepflasterte Straßen. Sie sind in Marseille.

Am Abend lässt die Marquise in die Rue d'Aubagne und in die Rue Saint-Ferréol-le-Vieux schicken und sich anmelden. Am nächsten Morgen – der Tag ist wieder schwül und gewittrig – fahren sie zuerst in die Rue Saint-Ferréol-le-Vieux.

Es ist ein schäbiges Treppenhaus, das sie ersteigen. Die Stufen sind ausgetreten, die Wände schimmelig.

Was suchen wir hier?, flüstert Anne-Prospère.

Renée-Pélagie klopft an eine Tür im zweiten Stock.

Eine junge Frau macht auf. Sie sieht übernächtigt aus. Vielleicht ist sie auch krank.

Sind Sie die Frau, die mich sprechen will?, sagt sie.

Ich bin die Marquise de Sade, sagt Renée-Pélagie.

Und die?

Das ist meine Schwester.

Ich habe nicht aufgeräumt, sagt die Frau. Kommen Sie in die Küche.

Es riecht nach angebranntem Kaffee, nach der Wäsche, die auf einer Leine vor dem Fenster hängt, weibliche Dessous.

Ihr Mann, sagt sie, das ist einer. Setzen Sie sich.

Sie weist auf zwei Stühle. Sie selbst bleibt stehen.

Ich weiß, sagt die Marquise, dass Sie krank waren.

Krank?, sagt die junge Frau, das ist gar kein Wort. Ich hab mir die Seele aus dem Leib gekotzt. Fragen Sie meine Wirtin, Madame Hugues. Soll ich sie holen?

Das ist nicht nötig, sagt die Marquise. Ich glaube Ihnen.

Fragen Sie den Arzt, sagt die junge Frau, Monsieur Roux. Die wollten mich schon auf die Reise schicken. Die haben den Priester geholt. Ich hätte nicht mal mehr Amen sagen können, wenn sie mir

das Sakrament gegeben hätten, so tot war ich schon. Jesus hat ein Wunder getan, dass Sie mich noch sehen. Oder die Heilige Jungfrau, was weiß ich. Bei der kann sich Ihr Mann bedanken, dass er kein Mörder ist. Diese Bonbons waren schuld. Die waren vergiftet. Sagt der zu mir, Marguerite, sagt er, nimm noch eins, nimm noch eins mehr. Du wirst dein blaues Wunder erleben.
Ich sage: Was für ein Wunder, Herr?
Er sagt: Warte doch ab, und nimm noch eins.
Und ich hab noch eins genommen. Sechs oder sieben, glaube ich, insgesamt. Schmeckten komisch. Das ist wahr. Aber wenn so ein Herr kommt und dir etwas anbietet.
Ich fragte: Wo bleibt mein Wunder, Herr?
Und er sagte: Dreh dich um.
Da wusste ich schon, was die Stunde geschlagen hat. Nämlich, ehrlich gesagt, Madame, Ihr Mann war früher schon mal bei mir. Der Marquis de Sade ist bei uns hier nicht ganz unbekannt. Es gibt Mädchen, die sagen, solche Kunden, die wollen sie nicht. Jeanne Nicou zum Beispiel, bei der ist der Diener von Ihrem Mann auch gewesen. Die hat nein gesagt. Die wusste warum. Ich wollte, ich hätte auch nein gesagt. Es ist nicht wegen der Prügel. Wenn mein Vater mich schlug, hat meine Mutter immer gesagt: Marguerite, mach die Augen zu und denk an was Schönes. Dann hab ich an meine Hochzeit gedacht. Wie ein Mann mir einen Ring an den Finger steckt, und alle, die in der Kirche sitzen, müssen weinen, weil er so treu ist und mich so liebt. Und dann war es auch schon vorbei.
Ich meine, wenn ein Mann gut bezahlt, dann wird er auch gut bedient. Das heißt nicht, dass ich alles mache. Alles mache ich nicht. Und was Ihr Mann dann von mir wollte, das habe ich nicht getan. Das hab ich auch Monsieur Chomel gesagt –
Monsieur Chomel?
Dem Polizeidirektor, der bei mir war. Ich sage, Monsieur Chomel, Sie glauben doch nicht, dass ich so etwas tue.
Und Monsieur Chomel sagt, Mademoiselle Coste, was ich glaube, ist hier nicht wichtig. Ich weiß nur, dass der Marquis de Sade einen Kopf kürzer gemacht wird, wenn es erwiesen ist, dass er widerna-

türlich mit Ihnen verkehrt hat. Denn das ist die Strafe, die das Gesetz für das Verbrechen der Sodomie vorsieht.
Da hab ich schon einen Schrecken gekriegt, das können Sie mir glauben, Madame. Man hat ja schließlich Verantwortung, wenn's ums Gesetz geht. Ich verstehe ja nichts davon, aber ganz unter uns Frauen: Man hat schließlich keine Augen am Hinterkopf, wissen Sie.
Er sagt: Marguerite, du hast da so schöne Backen.
Ich fühle was. Was macht er? Ist das Sodomie? Ich streng mich an, nicht so viel zu fühlen, das tue ich eigentlich immer, obwohl der Marquis gesagt hat: Mit diesen Bonbons kriegst du den Teufel in den Leib, Marguerite. Und ich fühle da so ein inwendiges Brennen. Das fühlt sich nicht wie der Teufel an. Das fühlt sich an, als ob mir schlecht wird.
Und als er weg ist, da geht es los. Sogar Madame Garagnou, die unter mir wohnt, hat es gehört, wie ich gewürgt und gekotzt hab. Entschuldigung. Lauter so schwarzes Zeug. Hat ausgesehen wie Gift. War auch Gift. Ihr Mann hat mich vergiftet. Das war der Teufel, den er mir an den Leib gehext hat. Madame Hugues hat einen Eimer gebracht. Ich war zu schwach, um auch nur den Kopf zu heben. Da hat sie den Arzt geholt. Aber das Mandelöl, das Doktor Roux mir gegeben hat – ich darf gar nicht dran denken –, hat es nur schlimmer gemacht. Ich war –
Mein Mann möchte Ihnen ein Schmerzensgeld zahlen für das, was Sie durchgemacht haben, Mademoiselle Coste, unterbricht sie die Marquise.
Wie viel?, fragt sie.
Dreihundert Livres.
Soll das ein Scherz sein? Dreihundert Livres? Dafür, dass ich nichts gesagt habe von dem, was er mit mir gemacht hat, nachdem ich die Prügel bekommen habe? Ich kann's dem Polizeidirektor ja noch sagen. Wenn ich will.
Fünfhundert, sagt die Marquise.
Tausend, sagt Marguerite Coste.
Sie macht das zum ersten Mal, aber sie macht es gut.

Tausend, wenn Sie Ihre Klage zurückziehen.
Auch die Marquise macht es nicht schlecht.
Tausend Livres?, sagt Marguerite Coste.
Sie lügt doch, ruft plötzlich Anne-Prospère. Siehst du nicht, dass sie lügt?
Was will die, sagt Marguerite Coste. Will die mich beleidigen?
Aber nein, sagt die Marquise. Beruhigen Sie sich, Mademoiselle. Hier ist das Geld.
Sie zählt tausend Livres in Louisdor auf den Tisch, während Anne-Prospère hinausrennt und die Wohnungstür hinter sich zuschlägt.
Als sie ins Hotel kommt, ist Anne-Prospère nicht da.
Sie erscheint spät am Abend und will ohne Essen ins Bett.
Die Luft von Marseille kühlt um diese Zeit auch am Abend nicht merklich ab. Sie ist träge, faulig, ein Hauch von altem Fisch ist ihr beigemengt. Die beiden Frauen liegen nackt, ohne Leinentuch, selbst das wäre noch zu viel. Sie schämen sich nicht. Sie sind Schwestern. Die eine weich und füllig in ihrem Fleisch, die andere zart und dünn.
Du wolltest mir etwas sagen?, spricht die Ältere in die Stille hinein, die dann und wann von dem Geschrei Betrunkener unterbrochen wird, mal näher, mal weiter weg.
Die Jüngere schweigt. Sie sieht an die Decke. Das Licht einer Fackel, die über die Straße getragen wird, zieht darüber hinweg.
Du bist gemein, sagt sie.
Renée-Pélagie weiß, dass ihre Schwester Recht hat. Sie ist gemein. Sie will es sein. Sie hat sich mit der Gemeinheit gemein gemacht. Sie ist mit der Niedrigkeit niedrig geworden. Sie geht durch den Schmutz, aber der Schmutz kann ihr nichts anhaben. Er haftet nicht an ihr.
Es ist eine neue Erfahrung. Sie ist wunderbar. Sie macht sie stark. Stärker als ihre Schwester. Stolzer. Unbesiegbar, wenn sie sich nicht beirren lässt.
Ich habe dir doch gesagt, dass ich dir das wahre Marseille zeige, sagt sie. Marseille ist schmutzig. Marseille ist wild. Es ist die Stadt,

in der Donatien sein Vergnügen sucht, seine *débauches*, seine Ausschweifungen. Er kann nicht ohne sie sein. Weißt du das nicht?
Du lügst, flüstert Anne-Prospère. Ihr lügt alle.
Zart zeichnen sich die Konturen der beiden Schwestern im spärlichen Licht des Zimmers ab, immer deutlicher für ein Auge, das sich im Dunkeln schärft: die Silhouetten der Brüste, klein, fest und mädchenhaft die von Anne-Prospère, üppig und schwellend die von Renée-Pélagie, die Bäuche, flach, leicht nach innen gewölbt bei Anne-Prospère und weich, schon die Neigung zur Fülle verratend, bei Renée-Pélagie, die schmalen und die fülligeren Schenkel, der dunklere Flaum und der blonde, kaum erahnbare bei Anne-Prospère. Welch ein gefundenes Fressen für einen Kenner wie Donatien. Die beiden Frauen müssten sich nur noch einander zuwenden, sich berühren, ihre Körper verschränken, um ein Tableau zu bilden, wie er es so liebt.
Und ist er nicht der Dritte in diesem Bett? Anwesend in den Gedanken der beiden Frauen, ihrem Kummer, ihrer Verwirrung und, leider, nur allzu sehr in ihrem Blut?
Ach, Madame de Montreuil, was hat er mit Ihren Töchtern gemacht? Wie wollen Sie sie retten? Da haben Sie ein Leben lang die eigenen Begierden gezügelt, und nur, um sie in Ihren Töchtern umso heftiger auferstehen zu sehen. Sie werden nichts unversucht lassen müssen, um den Mann, der ihnen das getan hat, aus dem Verkehr zu ziehen. Haben Sie kein Erbarmen! Legen Sie ihn in Ketten! Mauern Sie ihn lebendig ein! Sie werden übrigens sehen, dass es nichts nützt. Ihre Töchter werden trotzdem zugrunde gehen, wenn sie nicht der Lust am eigenen Untergang widerstehen. Die *débauches* der Frauen. Ihr gefährlichstes Laster. Die unwiderstehliche Lust, sich ins eigene Verderben zu stürzen oder, je nachdem, langsam gleiten zu lassen. Es ist so verführerisch, wenn ein Mann sie dazu einlädt: Wirf dich weg! Tu es für mich! Es gibt Frauen, die ganz verrückt danach sind, ihr Leben zu zerstören. Die *débauches* der Männer sind wiederholbar. Sie tun es wieder und wieder. Sie können nicht davon lassen, wie Donatien. Sie fühlen sich stark und unverwundbar, indem sie es tun, wenngleich auch

sie dafür bezahlen. Die stärkste Ausschweifung der Frauen ist die Vergeudung ihrer selbst, die Vergeudung einer Ressource, die nicht nachwächst. Man kann es nur einmal tun. Dies eine Mal im Leben, wenn man ein verbotenes Glück erprobt.

Es sind oft die schönsten, die verführerischsten Frauen, die der Versuchung zur Selbstvergeudung nicht widerstehen können. Sinnliche Frauen, begehrte Frauen. Frauen, die eine hohe Glücksoption haben. Verwöhnte Töchter, reich, mit der vielfachen Anwartschaft auf eine Ehe, die ihnen Wohlstand und gesellschaftlichen Rang böte, ja, möglicherweise sogar einen Mann, der sich ihren Reizen zumindest für einige Zeit verschreiben würde. Je größer die Fallhöhe, desto entschiedener die Verlockung, sich dem freien Fall hinzugeben, der so lustvoll ist.

Während Madame de Montreuil mit den Eltern des jungen Grafen de Beaumont Kontakt aufnimmt, im Begriff, einen Ehevertrag für Anne-Prospère auszuhandeln, der ihr eine glänzende Zukunft und Herrn de Beaumont einen nennenswerten Teil des Montreuil'schen Vermögens verspricht, setzt ihre zweite Tochter zum Flug in den Abgrund an.

Stille Augusttage. Das Land, auf das man vom Schloss herunterblickt, ist braun und versengt. Es hat seit Juni nicht mehr geregnet. Am Mittag stehen die Pferde mit hängenden Köpfen im Schatten der Steineichen und antworten nicht einmal mehr, wenn von ferne ein Esel schreit. Das Wasser tröpfelt nur noch in den Brunnentrog im Schlosshof. Den Kindern hat man verboten, davon zu trinken. Es ist trübe und abgestanden. Die Mägde müssen das Trinkwasser aus der Tiefe des Brunnens vor dem Schloss holen. Dort ist es klar und kühl, und dank der Gewittergüsse im Frühsommer besteht noch keine Gefahr, dass es knapp wird in diesem Jahr. Über den Bergen im Nordosten ist manchmal als Dunst der Rauch ferner Waldbrände aus der Gegend um Sisteron sichtbar. Doch auch ohne Feuer ist die Luft in La Coste heiß und trocken, sind die Wege staubig. Wer um diese Zeit auf Reisen gehen muss, hat es schwer.

Das Schloss steht verlassen. Die bunten Vögel, die vor kurzem noch als Schwarm hier eingefallen waren, sind weitergeflogen. Nur die beiden Kinder spielen auf der Treppe vor dem Haupteingang. Ein paar Hunde liegen faul da, wo der Dachvorsprung Schatten gibt. Und die Mägde lungern herum. Es gibt mittlerweile zu viele von ihnen. Die Marquise wird ihnen ihren Lohn auszahlen und ihnen kündigen. Das Räderwerk des Lebens im Schloss ist zum Stillstand gekommen.

Ein anderes Räderwerk arbeitet, das der Justiz in Marseille. Der Staatsanwalt Monsieur de Mende hat ein Verfahren in Gang gesetzt. Es sind Zeugen vernommen worden. Neben Marguerite Coste, fünfundzwanzig, Mariette Borelly, dreiundzwanzig, Marianne Laverne, achtzehn Jahre alt, Mariannette Laugier und Rose Coste, beide zwanzig.

In der Wohnung von Mariette Borelly in der Rue d'Aubagne findet man am Kaminsims eingeritzte Zahlen – die Anzahl der Peitschenschläge, die der Marquis erhalten oder ausgeteilt hat: 215, 179, 225 und 240. Die Aussagen der Mädchen sind weniger präzise. Mariette Borelly gibt an, sich vor der Peitsche aus Pergamentstreifen mit Widerhaken, an denen Blut haftete, so gefürchtet zu haben, dass ihre Dienerin angewiesen wurde, einen Besen aus Birkenreisern zu kaufen, der daraufhin zur Anwendung kam. Auf dem Boden ihrer Wohnung finden sich bei der polizeilichen Durchsuchung noch zwei der Bonbons, von denen es Marianne Laverne fast ebenso schlecht gegangen ist wie Marguerite Coste. Man beauftragt zwei Apotheker mit der Analyse. Sie stellen die Bestandteile Anis und Zucker fest. Dennoch hält sich das Gerücht, dass Kantharidin darin enthalten war, aus dem zerstoßenen Körper der Spanischen Fliege gewonnen, dem man eine aphrodisiakische Wirkung zuschreibt. Die Nachricht verbreitet sich wie ein Lauffeuer und reichert sich auf ihrem Weg bis nach Paris mit hübschen, schmückenden Elementen an. Man sagt, der Marquis de Sade habe in Marseille einen Ball gegeben, bei dem das Dessert mit dem Pulver der Spanischen Fliege angereichert war, so dass die Gäste von einer schamlosen Brunst ergriffen wurden und selbst die keuschesten Frauen Ausschweifungen sonder Zahl begingen und das Fest zu einer altrömischen Orgie

ausartete. Mehrere Personen seien an den Folgen der Exzesse gestorben. Andere schwebten noch in Lebensgefahr.
Der Staatsanwalt weiß besser, was am 27. Juni geschehen ist. Am Vormittag haben der Marquis und Latour sich mit vier der fünf Mädchen in der Rue d'Aubagne bei Mariette Borelly getroffen, nachdem Latour alles arrangiert hat. Es sind zweierlei Verbrechen geschehen, auf die nach dem Gesetz die Todesstrafe steht: Vergiftung und Sodomie. Das Verbrechen der Sodomie ist vom Herrn an seinem Diener oder vom Diener an seinem Herrn oder wechselseitig von beiden begangen worden. Man weiß es nicht genau, weil der Marquis seinen Diener Marquis genannt hat und der Diener seinen Herrn Lafleur. Die Mädchen sind immer noch etwas konfus davon, und entsprechend konfus sind ihre Aussagen. Im Wesentlichen jedoch stimmen sie überein, vor allem darin, dass sie sich selbst geweigert haben, auf die verbotene Weise zu Diensten zu sein, was angesichts der dafür drohenden Strafe begreiflich ist, also nichts besagt.
Nein. Obwohl der Marquis einen Louisdor dafür bot, haben sie alle ihr Hinterteil wohl verwahrt.
Es mag wahr sein oder nicht.
Die Marquise kennt diese Aussagen. Sie weiß, was geschehen ist. Sie hat auch mit den anderen vier Mädchen gesprochen und ihnen Geld gegeben, damit sie ihre Klage zurückziehen. Inzwischen jedoch hat der Staatsanwalt Klage erhoben. Die Marquise hat auch ihn aufgesucht. Er hat ihr gezeigt, wie die Frau eines Sodomisten und Giftmörders abgefertigt wird: kalt, knapp, die Gesten der Höflichkeit auf ein Minimum reduziert.
Dies alles hat nichts mit dir zu tun, Renée-Pelagie.
Was ist aus ihr geworden?
Aus der Tochter des Höflings, der in Paris und Versailles die Achtung der Einflussreichen und Tonangebenden genießt?
Aus der Tochter der von allen geschätzten Salondiplomatin, die zum Vorteil ihrer Kinder die Netze knüpft?
Aus dem verwöhnten Kind, das sie war, dem von beiden nicht nur Vermögen, sondern auch Reputation, Stolz, sozialer Rang und der Dünkel, der damit einhergeht, vermacht worden sind, dies alles

durch die Ehe mit einem Marquis aus alter vornehmer Familie gesichert?
Was auch aus der jungen Ehefrau, die sich stürmisch in den Mann verliebt hat, den man ihr gegeben hat?
Gibt es ein Maß für die sexuelle Untreue eines Mannes? Ist mehr vielleicht weniger? Noch ausschweifendere Ausschweifung? Noch mehr Personen beiderlei Geschlechts, die er dazu *gebraucht*? Er wird bald das Wort vom *physischen Möbel* prägen. Muss eine Frau eifersüchtig sein auf ein Möbel? Nimmt nicht mit der Zahl seiner sexuellen Objekte ihre Bedeutung ab? Sind nicht überhaupt Huren kein Gegenstand für die Eifersucht? Ist nicht sie dagegen die *Einzige*? Wird sie es nicht immer sein?
Ich liebe und verehre Sie.
Sie hört den Satz, ohne dass er sie glücklich macht. Sie möchte nicht verehrt, sie möchte begehrt werden. Doch alles, was sie für ihn tut, sichert ihr die Verehrung, nicht das Begehren.
Sie ist eine Art Anwältin für ihn. Eine Art Unterhändlerin. Eine Art Finanzbuchhalterin. Eine Art Agentin. Er braucht sie immer nötiger. Er ist immer mehr im Einverständnis mit ihr und sie mit ihm. Er ist liebevoll. Er ist sogar liebebedürftig. Und manchmal, gar nicht so selten, schläft er mit ihr. Er tut es nicht ohne Aufwand. Nicht ohne das Raffinement, das für ihn selbst dabei nötig ist. Er mutet ihr Varianten zu. Er sieht sofort davon ab, wenn er ihr Missfallen zu bemerken meint.
Danach sagt er zu ihr: Madame, ich schmeichle mir, Sie befriedigt zu haben. Ich wäre untröstlich, wenn meine Frau durch mich Mangel litte.
Sie sagt: Monsieur, seien Sie unbesorgt in dieser Hinsicht.
Am 3. August entsteht Unruhe vor dem Schloss. Die verbliebenen Mägde versammeln sich um Gothon vor dem Haupteingang. Die beiden Jungen reißen sich von der Hand der Gouvernante los. Sie werden noch wochenlang von dem Trommler sprechen, bis die Marquise ihnen kleine Trommeln schenkt.
Der Marquis de Sade und sein Diener werden durch Pancrace Roux, den Ausrufer des Dorfes, und den Gerichtsdiener der Stadt

Apt aufgefordert, vor dem Gerichtshof der Provence in Aix zu erscheinen, woselbst der Prozess gegen sie eröffnet wird.
Mein Papa ist nicht zu Hause, sagt Louis-Marie.
Der Älteste der kleinen de Sades ist ein kluges Kind. Er hat früh gelernt, dass ein Schlossherr darüber verfügt, was als wahr zu gelten hat.
Pancrace Roux hat nichts anderes erwartet. Jedermann im Dorf weiß, dass der Marquis sich irgendwo in der Nähe aufhält und manchmal im Dunkeln zum Schloss schleicht, wo die Marquise und das Fräulein Schwägerin ihn erwarten. Doch ist dem Gesetz Genüge zu tun. Die Vorladung gilt hiermit als zugestellt.
Anfang September ergeht in Abwesenheit der Delinquenten das Urteil. Das Gericht in Aix schließt sich dem Antrag des Staatsanwalts an. Der Marquis und sein Diener Latour werden der Vergiftung und Sodomie für schuldig befunden und dazu verurteilt, vor dem Portal der Kathedrale öffentlich Abbitte zu leisten, *auf den Knien, barhäuptig und barfüßig, im Hemd, den Strick um den Hals, jeder eine glühende Fackel aus gelbem Wachs von einem Pfund Gewicht in den Händen, Gott, König und Justiz um Vergebung zu bitten,* bevor sie zur Place Saint-Louis geführt werden, *wo dem besagten Herrn de Sade auf einem Schafott der Kopf abgeschlagen und Latour an einem Galgen gehängt und erwürgt werden soll. Daraufhin sollen die Körper des Herrn de Sade und des Latour verbrannt und ihre Asche in alle Winde verstreut werden.*
Am Tag darauf wird das Urteil *in effigie* sorgfältig vollstreckt. Nur die schöne Geste des Tragens einpfündiger Kerzen muss entfallen. Dafür brennen die beiden Strohpuppen, die der Knecht des Scharfrichters angefertigt hat, rasch und lichterloh, umstandsloser als Menschen mit Haut und Fleisch, und ohne vorher Abbitte geleistet zu haben.
Währenddessen sind der Marquis und sein Diener längst über alle Berge. Sie sind in Italien. Der Marquis weiß nichts von dem Urteil. Er wird erst Monate später davon erfahren. Es wird auf gewisse Art nach seinem Geschmack sein: die eigene Hinrichtung überlebt zu haben. Wer kann das schon von sich sagen? Was er bedauert: nicht

dabei gewesen zu sein, als er geköpft und verbrannt wurde. Wie ihn das amüsiert hätte. Ach, dass nicht jede Inszenierung, jeder dramatische Coup machbar ist. Doch das Leben gewinnt einen neuen, einen ganz eigenen Reiz, wenn man auf der Flucht ist. Er wird es noch öfter erfahren: das diebische Glück, am Leben und frei zu sein. Und es wird ihn jedes Mal leichtsinnig machen.
Er ist nicht mit seinem Diener allein unterwegs. Ein bildhübsches blondes Mädchen begleitet ihn, das er der Einfachheit halber manchmal als seine Frau ausgibt. Die beiden haben viel Spaß miteinander. Der Marquis ist zweiunddreißig, jung genug, um sich manchmal wie ein junger Hund zu fühlen, der sich austoben will. Verrückte Jagden zu Pferd, Bergbesteigungen, Bäder in reißenden Flüssen, wahre Tollheiten in den Betten der Herbergen. Man lebt. Man lacht. Man genießt die Abende in den Gasthäusern. Den Landwein. Die Witze Latours, der gut weiß, was seinen Herrn unterhält, und auch das blonde Mädchen scheint sich köstlich zu amüsieren. Es ist Anne-Prospère.

Meine Schwester nahm das Pferd, das der Onkel Abbé ihr geschenkt hatte. Es war ein zähes, schnelles Tier. Kurz vor Sisteron hat sie ihn eingeholt.
Ich habe ihr nicht gesagt, dass er gehen wollte. Er verließ uns vor Morgengrauen, wie jedes Mal, wenn er im Schloss war, um sein Versteck in der Scheune am Weg zwischen Bonnieux und Apt aufzusuchen. Ein gutes Versteck. Man konnte die ganze Straße in beiden Richtungen überblicken. Gothon und ich haben ihn ein paarmal besucht, auch Carteron. Aber er hielt es nicht aus.
Ich bin der Marquis de Sade, sagte er. Ich verkrieche mich nicht in einem Heuhaufen.
Die Tage wurden ihm zu lang, obwohl Carteron ihm jedes Buch aus seiner Bibliothek brachte, das er verlangte. Er hat es nie lange in einem Versteck ausgehalten. Nicht einmal fünf Jahre später, als die ganze Provinz ihn jagte wie einen Feldhasen. Er hätte nur in seinem Versteck bleiben müssen. Doch er sah sein Schloss von weitem und ging nach Hause, als sei er von einem Spaziergang zurückgekehrt.

Er hielt sich für unverletzlich in seinem Schloss. Es war seine Festung. Aber er sollte noch lernen, was eine Festung ist. Pierre-Encise war nur ein Anfang. Wenn er sich selbst nicht verstecken wollte, so versteckte man ihn. So war das Gesetz. Er kannte es noch nicht.
Du kannst nicht bleiben, sagte ich.
Er begriff nicht, wie schlimm es für ihn stand.
Er sagte: Wegen ein paar Bonbons und einer Tracht Prügel.
Ich sagte: Sie wollen dich zum Tode verurteilen.
Er sagte: Dieser de Mende möchte es gern selbst einmal machen und traut sich nicht.
Er ist Staatsanwalt, sagte ich. Und die Mädchen haben gegen dich ausgesagt.
Aber das sind Huren, sagte er. Seit wann gilt das Wort von Huren mehr als das eines Marquis?
Es sind nicht nur die Mädchen, sagte ich. Die ganze Stadt ist gegen dich aufgebracht.
Marseille ist ein stinkender Eimer voller verrotteter Fische, sagte er.
Du wirst in deinem Leben nie mehr nach Marseille kommen, sagte ich, außer um deinen Kopf zu riskieren. Und nicht mehr nach Aix, wo das Gericht tagt, und überhaupt nirgendwo mehr hin, wenn du jetzt nicht verschwindest.
Dieses ganze Land mit seinem Juristenpack ödet mich an, sagte er. Ich gedenke, eine Reise zu tun. Ich brauche die Abwechslung.
Wohin willst du gehen?, fragte ich.
Nach Italien. Das ist ein Land, sagte er, das ein Edelmann von einiger Bildung gesehen haben muss. Rom. Florenz. Vielleicht Venedig. Venedig könnte mir gefallen.
Nimm mich mit, sagte ich.
Ich wusste, dass es vergebens war. Immer wenn er mir nah war, machte er sich zum Aufbruch bereit. Und diesmal für lange, ich wusste es.
Sie werden in La Coste bleiben, sagte er. Sie werden mich doch jetzt nicht im Stich lassen. Ich werde Geld brauchen. Viel Geld. Sie müssen es mir besorgen. Sie müssen mit dem Anwalt und den Verwal-

tern in Kontakt bleiben, damit sie Geld schicken, wenn ich im Ausland bin. Ich habe niemanden, dem ich so wie Ihnen vertrauen kann. Und wollen Sie etwa unsere Kinder allein lassen?
Nein, sagte ich. Sie können mir vertrauen.
An jenem Morgen, als er mich verließ und noch einmal vom Pferd stieg, um mich lange zu umarmen und mir zu sagen, dass er mich liebe, wie eben ein Mann seine Frau liebe, trat Anne-Prospère aus der Tür. Sie schien in Aufregung.
Sie haben mir nicht gesagt, Schwager, dass Sie uns verlassen, rief sie.
Ich sagte: Leise. Du weckst die Dienstboten auf!
Und woher wissen Sie es dann, Schwägerin, sagte Donatien, und ich sah, dass sie ihn nervös machte.
Ich erkenne es an der Art, wie Sie Abschied nehmen, sagte Anne-Prospère, und ich wusste nicht, woher meine Schwester das Recht nahm, vorwurfsvoll zu klingen.
Soll ich auch von Ihnen Abschied nehmen?, sagte Donatien.
Nein!, sagte meine Schwester, drehte sich um und verschwand wieder.
Es gibt ein paar Rätsel im Leben, die man nicht erträgt.
Ich habe Donatien später gefragt, ob er gewusst habe, dass sie ihm folgen würde. Ob es bereits zwischen ihnen verabredet war.
Er hat mir nie eine Antwort darauf gegeben.
Ich habe es geahnt, hat er vielleicht gesagt.
Aber habt ihr darüber gesprochen?
Du kennst Anne-Prospère, hat er geantwortet. Worüber kann man mit ihr schon vernünftig sprechen?
Ich muss es wissen, habe ich gesagt.
Ach, hat er geantwortet. Frauen wollen immer alles so genau wissen. Es ist so lange her. Ich weiß es einfach nicht mehr genau. Das war damals ein verrücktes Huhn, deine Schwester. Ganz anders als du. Unberechenbar. Welch ein Glück, dass deine Mutter mich nicht mit ihr verheiratet hat. Was willst du noch wissen? Ja. Ich habe sie angerührt. Was blieb mir denn anderes übrig? Kannst du mir das sagen?

Ich habe Anne-Prospère gefragt: War das verabredet, dass du ihn auf der Flucht nach Italien begleitest?
Oh, erinnere mich nicht daran, hat Anne-Prospère geantwortet. Dein Mann ist ein schrecklicher Mann. Aber was sollte ich tun? Er hat mir keine Ruhe gelassen. Anne-Prospère, du bist so süß. Anne-Prospère, du bist so anders als die meisten Frauen. Du weißt schon, wie Männer sind. Klar hätte ich das nicht tun sollen. Du bist meine Schwester. Aber ich habe gedacht … Wirklich, ich habe gedacht, es macht dir nichts aus. Niemand in der Familie, auch Mama nicht, hat geglaubt, dass dir etwas an ihm liegt. Nach allem, was er dir angetan hat.
War es verabredet?
Mein Gott, mit Donatien, da wusste man doch niemals, woran man war.
War es verabredet?
Ja und nein. Wenn du mich heute fragst. Direkt verabredet war es nicht. Aber dass er auf mich wartet, das war irgendwie klar. Habe ich jedenfalls gemeint.
Soll ich auch von Ihnen Abschied nehmen, meine Schwägerin?
Nein!
War das die Verabredung? Geschah sie vor meinen Augen und Ohren? Oder war das der Beweis dafür, dass Donatien überrascht war, als er den kurzen Galopp des Abbé-Pferdes hinter sich vernahm. Und welche Szene, als sie absaß, atemlos, und ihm stammelnd um den Hals fiel:
Ich musste … Ich konnte nicht anders … Verzeih …
Die Versuchung, ihr Leben zu zerstören, war zu stark für Anne-Prospère. Sie tat es in diesem Augenblick.
Ich wusste, dass meine Schwester in ihn verliebt war. Ich wusste es schon lange. Sie war ihm verfallen. Seinem Charme. Seinem Witz. Er besaß einen Witz, der beides war, scharfzüngig und voller Verständnis, voller tiefer menschlicher Einsichten. Ein heißkalter Witz, ein Witz, der Herz und Verstand zugleich entzückt. Anne-Prospère konnte nie genug davon bekommen. Ich habe sie nie so viel lachen sehen wie in seiner Gegenwart. Und das Lachen der

Frauen ist immer auch ein Signal für einen Mann: Ich bringe dich dazu, mich zum Lachen zu bringen. Wozu bringst du mich?
Ich wusste nicht genau, seit wann er mit ihr schlief. Er schlief mit vielen Frauen.
In Marseille wollte ich ihr den anderen de Sade zeigen, den sie nicht kannte. Den grausamen de Sade, den schmutzigen. Ich wollte ihr zeigen, wer der Mann war, in den sie sich verliebt hatte. Ich dachte, ich könnte es ihr austreiben. Es war auch Rache dabei, ich gebe es zu.
Ich hätte es wissen müssen. Anne-Prospère hat schon immer bekommen, was sie wollte. Nur dass es diesmal das Falsche war.
Ich hatte damit gerechnet, dass sie es nicht glauben würde. Als sie aus der Wohnung von Marguerite Coste weglief, dachte ich: Das hält sie nicht aus. Jetzt wird sie sich ihre eigene Wahrheit zurechtlügen.
Aber so war es nicht. Ich hatte sie unterschätzt. Es war viel schlimmer. Sie sah klar, dass er verloren war, und nahm sich vor, ihn zu retten!
Arme Anne-Prospère. Mit bedingungsloser Liebe wollte sie Donatien vom Laster befreien. Ist das nicht rührend? Ist es nicht – wie man heute sagt – wahrhaft romantisch? Dafür warf sie sich weg. Dafür brachte sie sich selbst zum Opfer. Ihr Glück. Ihre Zukunft. Den guten Ruf ihrer Familie, sofern davon, seit Donatien zu ihr zählte, noch etwas übrig war. Ein Mädchen, das mit seinem Schwager nach Italien durchgebrannt ist, seinem Schwager, der zudem ein rechtskräftig verurteilter Sittlichkeitsverbrecher ist, ein solches Mädchen kann, wenn es vorzieht, am Leben zu bleiben, nur noch ins Kloster gehen.
Adieu, Monsieur Beaumont. Adieu, alle anderen Männer.
Bleibt nur zu hoffen, dass sie etwas davon gehabt hat. Der Spätsommer im Piemont … Die Freiheit des Reisens … Die Zügellosigkeit der Leidenschaft … Die Lust im Bett und an all den anderen Orten, die dafür geeignet waren … Das ununterbrochene Zusammensein eines Paares …
Das ununterbrochene Zusammensein? Nichts ist für einen Mann

wie Donatien weniger wünschenswert. Er hasst es. Niemand weiß besser als ich, dass er es nicht erträgt.
Er bekam sie bald satt. So viel ist sicher. Er suchte Ausreden. Begab sich abends fort von der Herberge. Ließ sie mit Latour oder auch ganz allein. Er blieb ganze Nächte verschwunden. Wenn er zurückkam, war er zärtlich und unbeschwert, doch ohne Leidenschaft. Sie weinte. Sie bedrängte ihn. Sie ging ihm recht auf die Nerven, und er sagte es ihr. Dann gab es wieder Nächte von großer Magie und neue Ausbrüche.
Es war gegen Ende Oktober, als sie wieder in La Coste ankam. Sie kam mit der Post von Nizza. Das Pferd des Abbé hatte sie verkauft, um an das Fahrgeld zu kommen. Sie hustete und war dünner, als sie es jemals gewesen war.
Hat er dir nicht mal das Geld für die Reise gegeben?, fragte ich.
Ich bin ihm durchgebrannt, sagte sie.
Ein Rest von ihrem alten Stolz schwang darin mit.
Sie war viel zu dünn gekleidet für die Jahreszeit und fieberte. Ich steckte sie ins Bett und ließ Doktor Terris aus Bonnieux holen.
Ihr Fräulein Schwester ist unterernährt, sagte er. Und, wenn Sie erlauben, Ihre Seele ist ebenso krank wie ihr Leib, scheint mir. Man muss sehr behutsam mit ihr sein.
Ich versprach es.
Ich sagte: Wenn du gesund bist, bringe ich dich nach Paris zu Mama.
Nicht zu Mama, rief sie. Tu das nicht!
Ich sagte: Es wird am besten sein, wenn du ihr die Wahrheit sagst. Sie wird es sowieso erfahren. Du weißt doch, wie diese Dinge sich herumsprechen.
Und was wird dann aus mir?, sagte sie. Ich will nicht ins Kloster zurück. Kann ich nicht einfach bei dir bleiben?
Nein, sagte ich.
Sie begriff nicht, was ihr widerfahren war.
Aber er wusste doch, dass ich ihn liebe, sagte sie.
Gewiss, sagte ich, aber er kann sich nichts darunter vorstellen.

Aber ich weiß, er könnte glücklich sein mit mir, wenn er nur treu wäre.
Das sind zwei Dinge, die sich für Donatien ausschließen, sagte ich.
Wie hältst du es nur aus mit ihm?, sagte sie.
Ich gab zu, dass es mir manchmal schwer fiel. Es sei zum Beispiel nicht leicht, zurückzubleiben, wenn zwei eine Reise tun. Man male sich das Glück der anderen in leuchtenden Farben, man könne gar nicht anders, selbst wenn man wisse, dass es nicht von Bestand sei. Es gebe da etwas im Herzen des Menschen, das sei die Eifersucht. Es sei ein Wurm, der sich an einem im Innern satt fresse, bis nichts mehr übrig sei außer einer großen Bitternis, die einem die sonnigsten Tage des Spätsommers in La Coste grau wie einen Dezember in Paris mache.
Ach, rief Anne-Prospère, wie unglücklich sind wir doch beide durch denselben Mann.
Du mehr als ich, sagte ich.
Das glaube sie nicht, sagte Anne-Prospère. Es sei doch etwas mit der Liebe, das einen für alles Erlittene entschädige.
Wenn du es nicht glaubst, sagte ich, so wirst du es noch merken.

1773 – 1774
Die Löwin

Meine Mutter ist wie eine Löwin …

Die Marquise de Sade an Monsieur Gaufridy,
August 1774

Madame de Montreuil ist in diesem Jahr fünfzig geworden. Sie ist in dem Alter, in dem man sich zu ihrer Zeit bereit macht, dem Tod zu begegnen. Was ihr von jetzt an vom Leben bleibt – es wird noch lange währen –, wird deutlich das Alter sein. Sie beginnt zu ergrauen. Vielleicht wird sie etwas fülliger, doch sie weist ihre Zofe an, die Schnürung ihrer Tornüre ohne Rücksicht zu vollziehen und keinen Millimeter nachzugeben. Das zwingt sie dazu, flach zu atmen und sich sehr gerade zu halten. Sie wirkt, als stünde sie immer kurz vor einem Ausbruch, den zu beherrschen sie niemals nachlassen wird. Die durch das Klimakterium bedingten Hitzewallungen tun ihr Übriges, um den Eindruck gebremster Leidenschaftlichkeit zu verstärken, der einmal den Reiz ihrer Person ausmachte, jetzt jedoch eher einschüchtert und beängstigt.

Ihr Gesicht ist noch immer schön und weitgehend faltenfrei. Dennoch verliert ihr Gewebe an Elastizität, und ihre Züge lassen schon die Tendenz erkennen zu erschlaffen, besonders wenn sie müde ist. Und sie ist oft müde, weil sie oft schlaflos ist. In den Nächten steht sie manchmal auf und entwirft die Briefe, die sie am Tag ins Reine schreibt. Sie ist eine der Frauen, die die Angelegenheiten ihrer Familie mit der Kraft betreiben, mit der Männer Kriege führen und Geschäfte abwickeln. Ihr Einfluss ist begrenzt, aber sie macht ihn geltend, soweit sie kann.

Sie ist eine Kämpferin, und sie kämpft an zwei Fronten:

Ihre zweite Tochter zu verheiraten, ist das eine, ihren Schwieger-

sohn zu rehabilitieren, das andere Projekt, das sie verfolgt. Beide Projekte sind aufs Engste miteinander verflochten.
Es sind Aufgaben von erheblichem Schwierigkeitsgrad, die die Präsidentin sich vorgenommen hat. Die meisten Frauen an ihrer Stelle würden verzweifeln. Madame de Montreuil dagegen schätzt die Herausforderung. Sie schätzt sogar den Ärger. Er wirkt wie Riechsalz auf sie, leicht ätzend, aber belebend.
Ausruhen kann ich mich, wenn alle meine Kinder versorgt und glücklich sind, sagt Madame de Montreuil. Na ja, fast alle. Denn was Renée-Pélagie anbelangt, so hat sie das Ziel, sie glücklich zu sehen, schon korrigiert. Es kann nur noch um Schadensbegrenzung gehen. Vielleicht noch darum, die Enkel zu retten, die seit einiger Zeit mit ihren Gouvernanten und Hauslehrern wieder bei ihr in Paris leben.
Madame de Montreuil ist dem Wolf begegnet. Sie hat ihn nicht erkannt. Der Wolf trug keinen Schafspelz, sondern das Gewand eines Edelmanns. Er hatte ausgezeichnete Manieren. Er sprach von seinen Schlössern und Ländereien. Madame de Montreuil kannte viele junge Männer, die reich und vornehm waren. Aber sie hatte nie einen getroffen, der in seinen Kleidern eines Edelmanns und der hochfahrenden Weise seiner Umgangsformen den Wolf in sich nicht verleugnete. Es gab da eine gewisse Art, wie er seine Beute abschätzte, wie er sie spielerisch dazu einlud, sich ihm freiwillig zu überlassen, die sie wehrlos gemacht hatte, und mit Erstaunen hatte sie ihre eigene Verwandlung wahrgenommen und bebend vor Jagdfieber, Beute und Jägerin in einem, hatte sie auf ihre Töchter nicht Acht gehabt und nicht gemerkt, wie sie mit dem Wolf in den Wäldern verschwunden waren. Sie wollte sie zurückrufen, doch es kam nur ein heiseres Bellen aus ihrer Kehle, und sie schämte sich.
Bald darauf kam ihre älteste Tochter und brachte ihr drei Wolfsjunge, und sie nahm sich ihrer an und versuchte, sie vergessen zu lassen, dass sie kleine Wölfe waren. Sie begann sie zu lieben, wie man Waisen liebt, die niemanden sonst auf der Welt haben. Und sie kleidete sie wie kleine Menschen und erzog sie so.

Dann, eines Tages, kam ihre zweite Tochter zurück, abgemagert, zerzaust und krank vor Wolfsliebe.
Da entbrannte ein Zorn in ihr auf den Wolf, der kein Einhalten kannte. Und sie blies zur Jagd auf ihn. Sie versammelte die Jäger des Reiches um sich, beschrieb ihnen die Untaten des Wolfs, bis auch ihr Zorn entfacht war, und verriet ihnen seine Schlupfwinkel. Sie brachte sie so sehr gegen ihn auf, dass sie schworen, keine Ruhe zu geben, bis sie den Wolf gefangen und unschädlich gemacht hätten. Jeder, der eine Tochter hatte, fürchtete ihn und nahm sich vor, ihn zur Strecke zu bringen. Und die Kunde von dem Wolf, der sich in seinen Wäldern versteckt hielt und dort sein Unwesen trieb, kam auch zum König, und er verkündete: Keine Gnade den Wölfen! Obwohl er selbst es manchmal liebte, als Wolf auf die Jagd zu gehen und die Jungfrauen des Reiches als seine natürliche Beute sah, von denen er sich die schönsten in einem Flügel seines Schlosses in Versailles hielt.
Aber der Wolf machte sich über seine Verfolger lustig. Er glaubte, wenn er den Wolfspelz ablegte und wieder Perücke und Spitzenjabots trüge, werde man den Edelmann in ihm erkennen und von der Jagd auf ihn ablassen. Er irrte sich. Er hatte nicht mit der Wut der Präsidentin gerechnet. Er wusste, dass sie ihn geliebt hatte. Er wusste nicht, dass auch Frauen, wenn sie lieben, grausam sein können. Sie brauchen keine Peitschen. Sie müssen kein Blut sehen, um sich daran zu erregen, und keine sakralen Objekte entehren. Sie halten all das für lächerlich. Spielzeug. Firlefanz. Ihnen genügt es, das Wild, das sie jagen, zur Strecke gebracht zu sehen. Und wenn es um Gnade fleht, drehen sie sich um und sagen kurz: Tötet den Wolf! Oder nein! Lasst ihn am Leben und werft ihn in das tiefste Verlies! Er soll nie wieder die Freiheit der Wälder schmecken und – das ist wichtig – kein Fleisch mehr! Nie wieder!
Anne-Prospère hat ihn verraten. Es war nicht schwer, sie zum Reden zu bringen.
Sie ist immer noch schwach und verzweifelt vor Sehnsucht nach dem, der sie zugrunde gerichtet hat. Eine Mutter hat leichtes Spiel mit ihr.

Du gehst wieder ins Kloster, und diesmal für immer. Ich habe schon mit den Schwestern korrespondiert. Wir müssen dankbar sein, wenn sie dich wieder aufnehmen. Es ist nicht billig.
Haben Sie Mitleid mit mir, meine Mutter!
Mitleid?
Ich bin keine Nonne. Ich kann keine Nonne sein. Geben Sie mir einen Mann.
Den habe sie sich schon genommen, sagt Madame de Montreuil. Nur dass es der ihrer Schwester gewesen sei.
Sie nehme jeden, sagt Anne-Prospère, jeden, den ihre Mutter die Güte habe für sie auszusuchen.
Da gebe es nichts mehr auszusuchen, sagt Madame de Montreuil. Der Bewerber, den sie im Auge gehabt habe, Monsieur de Beaumont, habe schon signalisiert, dass sein Interesse erloschen sei. Und ihre Tochter glaube doch nicht, dass man nach diesen Ereignissen einen zweiten finden werde. Die Gazetten seien voll mit Berichten über das spurlose Verschwinden des Marquis, und auch ihr Name werde genannt. Die ganze Familie Montreuil sei entehrt.
Ob man Monsieur de Beaumont nicht erklären könne, dass alles gelogen sei. In die Welt gesetzt von Neidern, die den Montreuils ihr Ansehen missgönnten.
Von Ansehen könne man nicht mehr sprechen. Es werde sogar schwer halten, die kleine Françoise-Pélagie in ein paar Jahren zu verheiraten. Im Übrigen könne nur dort gelogen werden, wo ganz und gar alle Beweise fehlten, durch die die Wahrheit ans Licht kommen könne. Ob sie Briefe an den Marquis geschrieben habe, die er womöglich aufbewahre? Briefe kompromittierender Art, sie wisse schon?
Ja, das habe sie, flüstert Anne-Prospère.
Wo die seien?
Das wisse sie nicht, sagt Anne-Prospère.
Herrgott noch mal, sagt Madame de Montreuil, dann sei alles verloren. Es gehe ja nicht nur darum, ein Gerücht zu entschärfen, sondern auch, dem Herrn de Beaumont bindende Zusicherungen machen zu können.

Das heißt –, sagt Anne-Prospère. Es gebe da eine rot lackierte Schatulle mit Kupferbeschlägen, in der er derartige Briefe aufbewahre, wenn sie sich richtig erinnere. Sie habe sie zuletzt mit dem übrigen Gepäck in Nizza gesehen.
Ob der Marquis noch in Nizza sei, will Madame de Montreuil wissen.
Wie sie das wissen solle, sagt Anne-Prospère. Ihr Schwager folge den Launen des Augenblicks. Das mache das Reisen mit ihm so – wie solle sie sagen? – anregend.
Schweig, sagt die Präsidentin. Antworte nur auf die Fragen, die ich dir stelle.
Chambéry, sagt Anne-Prospère. Chambéry in Savoyen. Er habe davon gesprochen, dort zu überwintern.
Warum sie das erst jetzt erfahre, sagt die Präsidentin.
Sie haben mich nicht gefragt, sagt Anne-Prospère.

Es gibt Bittsteller, die lästig sind und dadurch Erfolg haben. Und es gibt Bittsteller, die zu überzeugen wissen. Madame de Montreuil gehört zu beiden. Sie vertritt ihre Anliegen überzeugend, weil sie berechtigt sind, und sie vertritt sie zugleich ein wenig aufdringlich, so dass die Entscheider, denen sie sie vorträgt, keinen Moment daran zweifeln, dass man ihr willfahren sollte, wenn man weder vom eigenen Gewissen noch von dieser Frau hinfort belästigt werden will.
Es trifft sich meistens, dass sie jemanden kennt, der jemanden kennt. Es ist das Geheimnis von Versailles, das Geheimnis eines ganzen Reiches, das nicht mehr lange Bestand haben soll. Es ist das Beziehungsnetz der Ehefrauen, das sie benutzt, ein System von untergeordneter Relevanz. Aber da jeder wichtige Mann im Staat bis hinauf zum König es selbst zuweilen benutzt, ist es ein System von hoher Effizienz und Verlässlichkeit.
Die Duchesse d'Aiguillon hat in einer stillen Minute – über mehr Zeit verfügt der Herzog nicht – ihren Mann, den Außenminister, darüber informiert, dass der berüchtigte Marquis de Sade sich in Savoyen, wahrscheinlich in Chambéry, aufhält und dort den Ruf

Frankreichs und die zur Zeit ungetrübten Beziehungen zum Königreich Sardinien schädigt.
Woher wissen Sie das, Madame?, hat der Graf gefragt, dessen Gedächtnis für Namen, Abhängigkeiten und Zusammenhänge von eminentem Fassungsvermögen ist.
Ich treffe in Gesellschaften, zu denen Sie mich bedauerlicherweise nicht begleiten, Monsieur, häufig mit Madame de Montreuil, der Schwiegermutter des Besagten, zusammen. Ich sage Ihnen, es stimmt, was man sich erzählt.
Was kann ich tun?, fragt der Graf, der immer ein wenig schneller von Begriff ist als andere.
Sprechen Sie mit dem sardischen Gesandten. Man sollte den Marquis in eine Festung sperren. Es ist derselbe, der in Aix-en-Provence verurteilt worden ist.
Ach der, sagt d'Aiguillon. Da muss ich mit Ferrero de la Marmora sprechen.
Graf de la Marmora ist der Turiner Gesandte am französischen Hof. Er möchte noch gern eine Zeit lang am französischen Hof akkreditiert bleiben, weil er eine Geliebte in Versailles hat. Er ersucht deshalb darum, den Marquis de Sade, der sich, möglicherweise auch unter anderem Namen, in Chambéry aufhält, verhaften und in einer Zitadelle in Savoyen gefangen setzen zu lassen. Seine Familie, so wie der Hof in Paris, habe ein begründetes Interesse daran.
Seiner Majestät sei es ein Vergnügen, dem Wunsch des Herzogs d'Aiguillon zu entsprechen, antwortet Graf Lascaris, Außenminister des Königs von Sardinien in Turin. Er habe den Grafen de la Tour, Gouverneur des Herzogtums Savoyen, gebeten, sich der Person des Marquis de Sade zu bemächtigen und ihn in die Festung Miolans unweit Chambéry bringen zu lassen.
Gegen Mitte Dezember erhält Madame de Montreuil ein Billett der Herzogin, in dem diese ihr mitteilt, dass alles zur Zufriedenheit verlaufen sei, der Marquis in die Festung verbracht, wo er Tag und Nacht bewacht und zuverlässig daran gehindert werde zu entkommen, seine Bequemlichkeit auf das Nötigste reduziert.

Die Präsidentin erleidet einen Anfall von Atemnot, als sie das liest. Sie greift sich ans Herz. Gib Luft, ruft sie ihrer Zofe zu.
Die Zofe eilt herbei und löst die Schnüre im Rücken der Präsidentin. Dann öffnet sie ein Fläschchen, gibt etwas daraus auf ein Taschentuch und hält es ihr unter die Nase. Die Präsidentin sinkt in der lockeren Rüstung, die sie jetzt umgibt, auf ein Canapé. Mit dem Billett der Herzogin fächelt sie sich Luft zu. Dann befiehlt sie der Zofe, wieder zuzuschnüren.
Madame sollten sich nicht so eng tragen, sagt die Zofe.
Schweig, sagt Madame de Montreuil. Und zieh!
In der Nacht liegt sie wach und träumt davon, nach Chambéry zu fahren. Der Regen schlägt an die Fenster. Sie denkt an den Mann im Turm, an seine Einsamkeit, seine Verzweiflung. Sie denkt: Mein Gott, wenn er jetzt kein Feuer hat. Sie weiß nichts über das Leben in savoyischen Festungen. Gibt man den Gefangenen genug zu essen? Was heißt das: *seine Bequemlichkeit auf ein Minimum reduziert*?
Sie stellt sich eine Szene vor, in der sie es ist, die ihm Rettung bringt. Sie sieht sich durch finstere Gänge eilen, während ein Wächter ihr die Fackel vorausträgt. Sie steht vor der eisernen Tür, hinter der der Gefangene schmachtet. Sie tritt hindurch. Er erhebt sich von seinem Strohlager. Er fällt vor ihr nieder, umfasst ihre Knie, drückt sein Gesicht in ihren Schoß, feucht von Tränen. Sie sagt: Nicht doch. Nein. Sie denkt: *Mon petit gendre.* Er sagt: Kannst du mir verzeihen? Sie sagt: Ich habe immer gewusst, dass du im Kern gut bist. Er sagt: Ich bin so verzweifelt. Sie: Sch, sch. Ich bin doch da. Er: Ich habe immer nur dich gewollt. Sie: Aber das weiß ich, das weiß ich doch …
Solange er in Gefangenschaft ist, bleibt er für ihre Träume erreichbar. Es sind Träume von einem verschlossenen, heimlichen Ort, an dem sie ihn antrifft, Träume in denen sie selbst als seine Retterin vorkommt. Verzweifle nicht … Ich bin gekommen …
Sie könnte ihn retten. Sie könnte es tun. Aber will sie das? Es gibt genügend Gründe, es nicht zu wollen.
Am Morgen schreibt sie ein Gesuch an den Grafen de la Tour. Sie bittet ihn, dafür zu sorgen, dass der Marquis de Sade mit eini-

ger Rücksicht behandelt und ihm die größtmögliche Bequemlichkeit gewährt werde, die ein Mann seines Standes verlangen könne. Sodann fügt sie die Bitte an, ihm sämtliche Effekten, die er eventuell bei sich habe, zu seiner Beschäftigung zu überlassen, welche für einen lebhaften Geist wie den seinen nötig sei – ausgenommen Briefe, ganz gleich, welchen Charakters. Seine Familie bitte, ihr dieselben zu schicken, die, wie sie glaube, in einem Kästchen, rot und mit Kupferbeschlägen verziert, enthalten seien. Falls er es in die Festung mitgenommen habe, bitte man zu versuchen, es zu bekommen, ohne dass er es merke und irgendwelche darin enthaltenen Papiere vorher entfernen könne.
Sie träumt in der Nacht. Doch am Tage handelt sie. Und wer ihre Träume kennte, würde sehen, dass sich für den Marquis wenig Anlass zur Hoffnung darin findet. Was bliebe ihr noch zu träumen, wenn er glücklich und gerettet wäre? Der Gefangene einer Frau hat wenig zu lachen. Zumal, wenn ihr seine Gefangenschaft wirklich nützt. Denn Madame de Montreuil beginnt sogleich wieder in Verhandlungen mit der Familie de Beaumont zu treten.
Die Präsidentin gibt nicht auf.

Die Festung Miolans liegt oberhalb des Dorfes Saint-Pierre-d'Albigny auf einem steilen Felsvorsprung über dem Tal der Isère. Dem eigentlichen Fort ist das Bas-Fort vorgelagert, das ein Pulvermagazin, Wirtschaftsräume, Kantinen, Kohlenlager, eine Kapelle und Kasematten für die Wachmannschaften enthält. Darüber liegen der Turm Saint-Pierre und der Zwinger, in dem sich die Gefängnisse und die Wohnung des Kommandanten befinden. De Sade bewohnt mit seinen Dienern Latour und Carteron, die sich bei ihm abwechseln, zwei Räume im vierten Stock. Die Fenster öffnen sich nach Süden und geben den Blick auf den Fluss und die Alpen frei. Es ist ein herrlicher, weiter Blick, nur dass ein Gefangener keine Flügel hat. Dafür hat er seine Verzweiflung.
Der Zwinger gibt einen Vorgeschmack auf das Jenseits. Ganz unten ist die »Hölle«, ein finsteres Verlies ohne Tageslicht. Darüber liegt das »Purgatorium«. Dann folgt die »Schatzkammer«, die immerhin

einen Kamin hat. Im dritten Stock ist die Wohnung des Kommandanten, darüber die Zellen, »die große und die kleine Hoffnung« genannt, die man dem Marquis zugewiesen hat. Von da aus führen 107 Stufen ins »Paradies«. Eine schöne Adresse. Die stete Versuchung, den direkten Weg dahin zu nehmen, indem man sich hinunterstürzt. Aber die Fenster sind selbstverständlich vergittert.
Ein Polsterer aus Chambéry hat dem Marquis Möbel geliefert, mit denen er sich so behaglich wie möglich eingerichtet hat. Die Marquise in Paris erhält die zu begleichenden Rechnungen, in denen neuerdings mangels anderer Laster Spielschulden dominieren, die nicht nur den Marquis, sondern auch seinen Diener Carteron betreffen, den er als natürlichen Sohn des Herzogs von Bayern ausgibt. Man möge mit der Begleichung nur warten, bis Carteron eines Tages reich geerbt habe. Mit den übrigen Gefangenen, vor allem Baron de l'Allé aus Annecy, der wegen Händeln und Betrügereien einsitzt, hält er Gelage und Gastmähler. Wie überall, scheint sich das Leben, wo der Marquis auftaucht, zu beschleunigen. Die Kantinenwirtin hat alle Hände voll zu tun, um die Ansprüche der Herren zu befriedigen, und Renée-Pélagie bezahlt.
Sie ist seit November seine notariell bestellte Vermögensverwalterin, Adressatin der Gläubiger, ehemaligen Bediensteten, die ihren Lohn fordern, Liegenschaftsverwalter, Pächter und Anwälte, außerdem ist sie Vormund der Kinder. Der Marquis, verurteilt, degradiert, indem ihm sein Offizierspatent aberkannt wurde, ist so viel wie entmündigt. Die Unterschrift seiner Frau gilt, nicht mehr seine eigene. Sie unterschreibt hinfort mit *Montreuil de Sade*.
Es verleiht ihrer Person Gewicht, ihrem Auftreten Nachdruck, ihrem Geist Entscheidungskompetenz. Nur ihr Herz bleibt, was es immer war: unbelehrbar.
Von den drei Frauen, die Nacht für Nacht unter dem Dach der Montreuils in Paris an den Gefangenen in Savoyen denken, ist es Renée-Pélagie, die die unruhigsten Träume hat. Und die törichtsten Pläne. Sie denkt daran, den Gefangenen zu befreien. Sie träumt von Stricken und Leitern, von Käuzchenrufen, von wispernden Fluchten durch Mondscheingärten, von Pferden, auf die

man sich schwingt, um nach wildem Davonsprengen hinter dem Kamm der Berge zu verschwinden.
Im Sehnsuchtsmonat Februar verabschiedet sie sich von ihren Kindern – sie wird sie lange nicht wiedersehen – und macht sich auf den Weg Richtung Süden.
Sie wollen Ihren Gatten besuchen?, fragt die Präsidentin beim Abschied.
Nein, meine Mutter. Ich fahre nach La Coste. Wie Sie wissen, gilt es, dort Geschäfte zu erledigen.
Und Sie fahren nicht zufällig über Savoyen? Der kleine Umweg sollte Ihnen ungelegen sein?
Durchaus nicht, meine Mutter. Wer weiß, vielleicht nehme ich ihn.
Törichtes Weib, sagt die Präsidentin. Sie werden Ihren Gatten nicht zu sehen bekommen.
Und warum nicht?, sagt die Marquise. Ich habe ihn, wie Sie wissen, auch in Lyon gesehen. Mein kleiner Chevalier kann es bezeugen.
Die Anspielung ist etwas unfein. Sie trägt dazu bei, Madame de Montreuil zu verstimmen, sofern sie es nicht schon ist.
Weil ich es verhindern werde, sagt sie kurz. Ich werde mit Monsieur de la Marmora sprechen.
Maman!, ruft Renée-Pélagie. Sie mischen sich in Dinge –
Die mich sehr wohl etwas angehen, sagt die Präsidentin.
Und warum?, fragt Renée-Pélagie mit einer Stimme, die vor Zorn und Verzweiflung eines Kindes bebt, das sich von seiner Mutter ungerecht behandelt fühlt.
Ich habe Gründe, sagt die Präsidentin knapp.
Renée-Pélagie kennt diesen Satz als den Abschluss streng mütterlicher Anweisungen, gegen die aufzubegehren vergebens ist.
Das werde ich meinem Gatten erzählen, sagt Renée-Pélagie.
Sie spürt selbst ihren Rückfall in vergangene Zeiten, die hilflose Kindlichkeit ihrer Äußerung.
Ihr Gatte, Madame, sagt die Präsidentin scharf, ist ein Mann ohne Einfluss, ohne Reputation, ohne Beziehungen, ohne Geld. Von alldem habe ich. Soll ich mich vor ihm fürchten?

Mein Gott, sagt Renée-Pélagie, Sie hassen ihn!
Eines Tages, sagt Madame de Montreuil mit Nachdruck, als sei es ihr vergönnt, einen Blick in die Zukunft zu tun, eines Tages, meine Tochter, werden Sie das auch tun.
Nie!, sagt Renée-Pélagie.

Das Dorf Barraux ist die letzte Poststation in der Dauphiné, kurz vor der Grenze ins Herzogtum Savoyen. Die Kutsche leert sich hier. Wer weiter Richtung Grenoble reisen will, muss frühmorgens mit der savoyischen Post fahren.
Am Abend des 5. März 1774 kommen zwei Reisende an und tragen sich in das Register des Wirts als die Brüder Dumont, Kaufleute aus Lyon, ein.
Einer der beiden, ein klein gewachsener junger Mann, scheint der Sprache kaum mächtig. Es ist der andere, der größere, der mit dem Wirt verhandelt und das Diner bestellt. Sie lachen und scherzen während der Mahlzeit. Dem Wirt kommt es seltsam vor. Eine seltsame Ahnung beschleicht ihn. Aber die beiden bestellen getrennte Zimmer bei ihm.
Als die Polizei wie immer am nächsten Tag das Register einfordert, versieht er den Namen Dumont mit einem Sternchen. Das heißt: Obacht geben.
Am nächsten Morgen vertrauen die beiden Herren dem Wirt einen Brief an, als dessen Empfänger er erschrocken den Gouverneur des Herzogtums Savoyen, Monsieur de la Tour, ausmacht. Dann geben die Brüder Dumont an, dass sie ihren Weg nach Piemont fortsetzen wollen, und besteigen einen Wagen.
In Montmélian befällt den Jüngeren der beiden eine Unpässlichkeit, und sie steigen aus. Sie finden im Ort nur einen einzigen Gasthof von einiger Schäbigkeit. Dort nehmen sie Logis.
Misstrauen, wohin sie kommen. Doch das besagt nicht viel. In dieser Gegend der Grenzen und heimlichen Schleichpfade ist das Misstrauen so zu Hause wie die savoyischen Kühe.
Am Abend spricht einer der Brüder beim Kommandanten der Festung Miolans, Monsieur de Launay, vor, gibt sich als Vertrauter der

Marquise de Sade zu erkennen und überbringt ihm einen Brief, in dem die Marquise den Kommandanten dringend bittet, dem Überbringer zu erlauben, ihren Gemahl eine Viertelstunde unter vier Augen zu sehen, um ihm Nachrichten von ihr zu übermitteln.
Der Kommandant lehnt dieses Ansinnen ab. Seine Befehle lauten, dem Marquis de Sade keinerlei Außenkontakte zu gestatten. Man befürchtet, dass er seine Flucht plant und dass seine Gattin, von der man nicht weiß, wo sie sich zurzeit aufhält, ihm dabei behilflich sein will.
Währenddessen bittet Monsieur Dumont in Montmélian den Wirt darum, in seiner Kammer Feuer machen zu lassen. Ihm sei kalt.
Der Wirt antwortet, die Magd sei schon gegangen. Der Gast möge sich zu Bett begeben. Da werde noch jeder warm.
Er sei aber krank, sagt der Gast, von einer Erkältung befallen, die er sich auf der Reise zugezogen habe.
Kranke Gäste wolle man nicht beherbergen, sagt der Wirt. Das inkommodiere die anderen Gäste.
Monsieur Dumont wird jetzt laut, und da ist etwas in seiner Stimme wie bei einer Frau, wenn sie wütend wird. Er knallt eine Münze vor dem Wirt auf den Tisch. Es ist ein Louisdor.
Wie Sie befehlen, Madame, sagt der Wirt.
Die Marquise sieht elend aus. Ihre Nase ist gerötet, ihre Wangen blass. Sie zittert vor Wut und Kälte. Die Männerkleidung steht ihr nicht. Das Wams ist zu eng. Die Hose zu lang. Ihr bräunliches Haar, im Nacken zusammengefasst, ist strähnig und ohne Glanz.
Es sollte eine Komödie werden und eine Romanze und ein Heldenstück. Von allem sollte etwas dabei sein. Doch schon die Unentschiedenheit hinsichtlich des Genres offenbart einen Autor, der Anfänger und bar aller Begabung ist.
Das Stück ist von ihr. Es handelt von geliehenen Pferden, vertauschten Kleidern, getäuschten Kommandanten und der Befreiung eines Gefangenen aus dem Kerker, in dem er schmachten muss. Es kommt nur ein ganz klein wenig Gewalt darin vor, und das Opfer ist nur ein Wächter, den man keinesfalls töten, sondern nur vorübergehend durch einen Schlag auf den Kopf, oder was im-

mer Männer in solchen Situationen tun, außer Gefecht setzen muss, um sich in den Besitz eines Schlüssels zu bringen. Was dann geschieht, vermag die Marquise nicht ganz klar zu sehen. Es muss auch Improvisation dabei sein, sagt ihr Gemahl immer, der ein geübter Arrangeur von Stücken ist. Und Glück. Und günstige Umstände.

Ein ungünstiger Umstand ist die Erkältung, die soeben galoppierend von ihr Besitz ergreift. Sie hat für sich selbst die Rolle der Frau vorgesehen, die als Mann verkleidet am Fuße der Festung wartet und die Fluchtpferde am Zügel hält. So wie es jetzt aussieht, wird sie bei dem nasskalten Märzwetter, das herrscht, ein paar Tage nicht vor die Tür können. Ihr Hals ist rau, ihre Zähne klappern im Schüttelfrost. Dieses verdammte Wams hat nicht genug gewärmt, und Albaret hat den Mantel vergessen, um den sie gebeten hat.

Sie zweifelt überhaupt, ob Monsieur Albaret der Richtige für die Mission ist. Er ist, nun ja, ein Agent, den sie bezahlt.

Inkognito, hat er gesagt. Wir reisen inkognito.

Es klang wie ein Zauberwort.

Vertrauen Sie mir, Madame. Vertrauen Sie mir in allem. Ein solcher Fall gehört für mich zur Routine.

Albaret hat früher für die Polizei in Paris gearbeitet, bis es irgendwelchen Ärger gab, über den die Marquise keine näheren Informationen hat. Er kennt den Inspektor Marais und hasst ihn. Für die Marquise kommt das einer Empfehlung gleich. Andere Empfehlungen hat er nicht. Sie hat auch nicht danach gefragt. Es ist immer etwas peinlich, einen Privatdetektiv zu beschäftigen. Sie hat dies alles allein geplant und vorbereitet. Niemand außer Albaret ist eingeweiht. Wenn er sich beim Kommandanten de Launay als einen Vertrauten der Marquise, einen Freund, ausgibt, ist das schon beinahe wahr. Sie hat zurzeit keinen anderen.

Zum ersten Mal im Leben reist sie ohne weibliche Begleitung, ohne Zofe, ohne Dienerin. Sie ist auch zum ersten Mal im Leben im Ausland. Sie fühlt, wie die eigene Kühnheit ihr über den Kopf wächst.

Inkognito. Das Zauberwort hat seine Schrecken. Sie ist die Marquise de Sade, Tochter des Gerichtspräsidenten de Montreuil. Sie ist daran gewöhnt, dass man in ihr die erkennt, der man zu Diensten ist. Selbst als sie ein Kind war, ist alle Welt ihr mit Ehrerbietung begegnet. Jetzt, in diesem märzkühlen, verregneten Niemandsland, muss sie sich von einem schmutzigen Wirt Unverschämtheiten gefallen lassen.

Sie denkt an Pierre-Encise zurück. Damals war Sommer, als sie ankam. Ihr Gefangener in seinem Turm. Die Belagerung. *Das ist so erregend für mich.* Und die Erstürmung der Festung. Ihr wiederholtes Eindringen. Ja, sie versucht ein zweites Pierre-Encise. Aber diesmal sind die Bedingungen schlechter, die Umstände widriger.

Und wo bleibt Albaret?

Als er schließlich zurückkommt, fiebert sie. Ihr scheint plötzlich, dass sich das alles fern von ihr abspielt und ohne Belang für sie ist. Sie muss sich regelrecht darauf konzentrieren, worum es geht.

Er klopft an ihre Tür. Darf ich hereinkommen?

Ja, sagt sie schwach.

Oh, Sie sind schon zu Bett. Aber unter uns Brüdern ...

Sie findet seine Scherze inzwischen reichlich abgeschmackt.

Ich bin krank, sagt sie. Haben Sie ihn gesehen?

Es ist nicht so einfach, sagt er. Aber verlassen Sie sich auf Albaret, Madame. Wir müssen an den Gouverneur schreiben. Kann es übrigens sein, dass der Kommandant gewarnt worden ist? Weiß irgendjemand, dass wir hier sind?

Meine Mutter, sagt Renée-Pélagie.

Der Comte de la Tour, Gouverneur der sardischen Majestät für das Herzogtum Savoyen, war ein geselliger Mensch. Er hasste das Aktenstudium, das ihn viele Stunden am Tag an den Schreibtisch fesselte, und hatte seinen Ersten Sekretär angewiesen, die täglich eingehende Post so zu sortieren, dass ihm nur noch das politisch Wichtige vorgelegt wurde. Alles andere ließ er durch seine Sekretäre beantworten und zeichnete es mechanisch ab. Trotzdem war der Berg an Zuschriften, den er morgens auf seinem Schreibtisch fand, von entmutigender Höhe.

Keine Bittbriefe, wies er seine Mitarbeiter an, nichts Privates. In diesem Land soll jeder die ihm zugemessene Freiheit dazu nutzen, sich selbst um seine Belange zu kümmern. Ich bin nicht Gott.
Im Unterschied zu den meisten, die wichtige Ämter bekleiden, war es ihm sogar ernst damit.
Er versah sein Amt eher schlecht als recht und wusste, dass es ihm auf Zeit verliehen war. Er verdankte es seiner Begabung für elegante Konversation und angenehm glanzvollen Auftritt bei Hof in Turin. Der König mochte ihn einfach und sah ihn gern an seiner Tafel. Er selbst wiederum betrieb eine kleine Hofhaltung in Chambéry und war immer auf der Suche nach interessanten Gesprächspartnern. Daher war es ziemlich einfach, persönlich bei ihm vorgelassen zu werden. Er liebte die Unterbrechung, und unangemeldete Besucher hatten durchaus eine Chance bei ihm.
Ein Monsieur Dumont wartet, sagte der Sekretär.
Worum geht es?, fragte der Gouverneur, der sich gerade durch einen Kabinettsentwurf zur Steuer auf Agrarimporte quälte.
Um den Marquis de Sade.
Der Gouverneur ließ ein theatralisches Stöhnen vernehmen. Er war noch unlängst von dem Gesandten in Paris gewarnt worden: Es handle sich um ein besonders gefährliches Subjekt. Die französische Krone habe ein reges Interesse daran, ihn in sicherem Gewahrsam zu wissen. Mithin sei es für die Aufrechterhaltung ungetrübter diplomatischer Beziehungen zu dem großen Nachbarn im Westen von eminenter Wichtigkeit, diesem Mann keine Freiheiten und Hafterleichterungen zu gewähren, die eine etwaige Flucht auch nur im Geringsten begünstigten. Die Verwandten des Marquis vermuteten, dass seine Gemahlin, die vor kurzem Paris verlassen habe, in der Gegend auftauchen könne, um sich Gelegenheit zu einer Unterredung mit ihrem Mann zu verschaffen, die nach Ansicht der Familie »unheilvolle Folgen« haben könne. Im Übrigen sei es am besten, dem Marquis jeglichen Schriftverkehr mit der Außenwelt zu untersagen, denn er überschwemme einen mit »Rhapsodien und Bittschriften«, in denen die Tatsachen ebenso kunstvoll wie falsch dargestellt seien.

Der Gouverneur war selbst Empfänger von Rhapsodien und Bittschriften gewesen. Er wusste, wovon die Rede war. Dennoch hatte er darin ein gewissermaßen unterhaltsames Element gefunden. Ein Maß an Eloquenz und stilistischer Meisterschaft, das ihm Anerkennung abnötigte und ihm fast Lust gemacht hatte, ebenso geschliffen zu antworten, wenn das nicht ganz unangebracht gewesen wäre. Er schrieb stattdessen dem Kommandanten und wies ihn an, was diesen Gefangenen anbelange, besonders wachsam zu sein. Kein uninteressanter Fall.
Lassen Sie den Kerl herein, sagte er.
Er wusste sogleich, dass es ein Fehler war, als er den Besucher sah, und versuchte, ihn so schnell wie möglich wieder loszuwerden.
Er sei ein Freund von Madame de Sade, sagte Albaret, und spreche im Namen dieser Dame vor, die unpässlich sei und sich gegenwärtig in Montmélian aufhalte.
Der Gouverneur bat ihn, der Dame seine Empfehlungen auszurichten und ihr zu versichern, dass ihr Gemahl sich in der Feste wohl befinde und alles dort zu seiner Bequemlichkeit angetan sei. Nein, ein Besuch sei nicht möglich. Er habe diesbezüglich Anweisungen seiner Regierung zu beachten. Ja, dies sei sein letztes Wort. Seinetwegen. So möge die Marquise ihrem Gemahl einen Brief schreiben, der jedoch an ihn persönlich zu richten sei. Er werde diesen Brief dann nach Miolans weiterleiten. Nein, auch Monsieur Dumont könne den Gefangenen durchaus nicht unter vier Augen oder wie vielen immer sprechen. Er wünsche ihm einen guten Tag.
Die Briefe des Marquis erschienen ihm plötzlich nicht mehr so interessant.
Wer solche Freunde hat, dachte der Comte de la Tour.

Das Stück »Die Befreiung des Gefangenen von Miolans« gilt als abgesetzt. Es sollte ein Kampf gegen die Mächte des Schicksals, der Politik, der Justiz, der Familie werden. Es ist daraus ein Kampf gegen Schnupfen, Fieber und Husten geworden. Als das Fieber sinkt, weiß die Kranke, dass sie vor einer Torheit bewahrt worden ist. Sie fühlt sich noch schwach, ihr Kopf schmerzt, doch sie ist von der Klarheit und Nüchternheit einer Genesenden, die auf die Tage der Krankheit wie auf einen Traum, einen Rausch, ein Delirium zurückblickt. Sie ist geheilt.

Am 14. März trennt sie sich von Albaret, bezahlt ihm die volle Prämie, die für den Erfolgsfall ausgehandelt worden war, um ihn rasch los zu sein, und besteigt, diesmal in Kleid und Mantel, eine Postkutsche nach Lyon. Ein paar Tage später kommt sie in La Coste an. Niemand erwartet sie.

Es ist der erste wärmere Frühlingstag in diesem Jahr 1773. Sie lässt ihr Gepäck an der Poststation im Tal des Coulon und geht das letzte Stück zum Dorf hinauf zu Fuß.

Es ist später Nachmittag. Lerchen stehen in der Luft. Die Weinberge sind noch kahl. Aber am Dorfrand blühen die Pfirsichbäume.

Mes terres, versucht sie zu denken. Wie Donatien sagt: *Mes terres.* Mein Land. Meine Ländereien. Sie ist die Herrin von allem, was ihr Blick erfassen kann. Ein Wagen nähert sich, überholt sie, fährt weiter. Sie wird nicht erkannt in ihrem Land La Coste. Nicht in ihrem staubigen grauen Reisekleid, nicht mit der zerknitterten Haube, die sie trägt. Auch ihr sind die Menschen fremd. Sie verwechselt ihre Namen, erkennt sie nicht wieder beim zweiten Mal. Es ist ein Versagen, das sie quält. Nach wie vor macht ihr die provenzalische Sprache Schwierigkeiten. Sie bittet die Leute, langsamer mit ihr zu sprechen, damit sie lernen kann, und sie antworten ihr in bemühtem Französisch.

Sie kommt an einem Weinberg vorbei, dessen Reben noch nicht geschnitten sind. Unter einem Feigenbaum macht sie Halt, um sich auszuruhen. Er trägt noch die Früchte vom Herbst. Sie sind braun, zusammengeschrumpft und hart.

Mes pauvres terres, denkt sie.

Aber die Zärtlichkeit, die in den Worten liegt, gelangt nicht bis in ihr Herz. Die Verwahrlosung erscheint ihr eher als ein Zeichen von Aufbegehren, das sie als Feindseligkeit erfährt.

Sie geht rasch und mit gesenktem Kopf durchs Dorf. Es begegnen ihr nur ein paar Kinder, die sie scheu als Fremde betrachten und sich verstecken, wenn sie näher kommt. Sie nimmt den Fußweg zum Schloss, den nur die Dorfleute kennen. Die Zufahrt für Wagen führt über das Plateau im Westen zum Hauptportal. Sie klopft an der Pforte, die von Lieferanten und dem Personal aus dem Dorf als Eingang benutzt wird.

Es beginnt zu dämmern, als sie den Klopfer betätigt. Sie klopft mehrmals, mit langen Pausen dazwischen. Der Hall setzt sich im Innern fort. Es klingt hohl und leer. Niemand öffnet ihr.

Sie weiß nicht warum, aber ihr ist nach Weinen zumute. Sie ist noch schwach. Der steile Weg bergauf hat sie erschöpft. Sie fühlt sich wie eine Waise, die kein Zuhause hat. *Mes terres. Mes pauvres terres. Mon château.* Die Beschwörung bewirkt nichts in ihr, außer dass ihr die Tränen jetzt tatsächlich kommen. Sie ist einen weiten, beschwerlichen Weg gegangen, von Paris nach Savoyen, von Savoyen nach Lyon, von Lyon hierher, und niemand, der ihr das Tor auftut. Sie hat das Gefühl, dass sie sich keinen Schritt mehr weiterschleppen kann.

Langsam, mit hängenden Armen, geht sie zum Dorf zurück, über das sich die samtene Dunkelheit eines Frühjahrsabends legt. Hier und da werden Lichter angezündet. Aus der Kirche Saint-Venan dringt ein schwacher Schein. Die Tür steht offen, und Renée-Pélagie tritt ein.

Sie setzt sich in die erste Reihe, und langsam erstehen vor ihr die Umrisse des Innenraums im letzten Tageslicht und dem der Ampel über dem Sakramentshäuschen.

Plötzlich merkt sie, dass sie nicht allein in der Kirche ist. Ein Flüstern ist zu hören, dem eine männliche Stimme antwortet. Es klingt ungehalten. Sie kann nicht verstehen, was sie sagt.

Aus der Nische des Beichtstuhls in der linken Seitenkapelle löst sich die Gestalt eines Jungen, der dort gekniet hat. Er tritt durch die steinerne Pforte, die den Bereich des Beichtstuhls vom übrigen Kirchenraum abschließt. Die Pforte ächzt in ihren metallenen Angeln. Es klingt, als entringe sich einer menschlichen Brust ein tiefer Seufzer.

Der Junge geht an ihr vorbei. Er sieht sie nicht. Er ist vielleicht

zehn Jahre alt. Er hat nicht gebeichtet. Er ist stolz darauf. Der Pfarrer ruft etwas hinter ihm her.
Nein!, sagt der Junge. Ich will heute nicht.
Sie erkennt, mit welchem Stolz er das Gewicht seiner Sünden trägt. Er nimmt es mit sich. Seine Sünden gehören ihm, wie das Schloss, die Kirche, alles hier ihm gehört, sogar der Pfarrer selbst. Er lässt sich nicht strafen. Im Gegenteil. Er ist es, der sich Strafen ausdenkt. Und was für herrliche Strafen. Und er exekutiert sie, an wem er will.
Bevor er sich nach links zum Ausgang wendet, bleibt er stehen und blickt auf den jungen Mann am Kreuz über dem Portal. Er weiß sich im Einverständnis mit ihm. Der Mann, der am Kreuz hängt, ist fast nackt und sehr hübsch. Kokett weist er auf seine blutende Wunde, die ihm ein Lanzettenstich beigebracht hat. Er sieht aus, als könne er gar nicht erwarten, dass man ihn weiter quält …
Die steinerne Pforte ächzt.
Madame la Marquise!
Der Pfarrer, Père Testanière, steht vor ihr. Sie muss eingeschlafen sein.
Ich wusste nicht, dass Sie zu Hause sind. Wollen Sie bei mir beichten?
Nein, sagt sie, ein anderes Mal. Wer war der Junge, der eben hinaus ist?
Ein Junge? Da war kein Junge, sagt Père Testanière. Madame la Marquise sind erschöpft. Ich lasse nach Gothon schicken.
Er hat zu Hause gesagt. Sie ist zu Hause.

In Miolans geschieht in der Zeit um Ostern ein Wunder. Der Marquis de Sade lässt den Wunsch erkennen, seine Christenpflicht zu erfüllen, und bittet um die Erlaubnis, in der Kapelle der Festung an der heiligen Kommunion teilzunehmen. Er beichtet. Er kommuniziert. Er gibt dem Kommandanten jeglichen Beweis einer gewandelten Gesinnung. Er ist freundlich, sanft, voller Reue, hilfsbereit gegen jedermann.
Diese glückliche Veränderung, schreibt Monsieur de la Tour nach

Turin, *scheint mir eine deutliche Wirkung der Gnade des Sakraments zu sein ...*

Der Kommandant de Launay schmeichelt sich, dass es auch auf die faire Behandlung zurückgeht, die er ihm angedeihen ließ, und gewährt dem Marquis, wie auch dem Baron de l'Allé, gern die Gnade, dass die beiden Herren hinfort in einem Raum nahe der Kantine im unteren Teil der Festung, dem Bas-Fort, zur Tafel sitzen dürfen. Die Speisen seien sonst schon immer kalt, wenn sie zu ihnen auf ihre Zimmer im Zwinger gebracht würden, lautet die durchaus nachvollziehbare Begründung der Bitte der beiden Herren.

Am 30. April 1774 gegen zwanzig Uhr, während sie gemeinsam speisen und das Personal der Kantine selbst zu Tisch sitzt, gelingt es dem Diener Latour, die Schlüssel einer angrenzenden Vorratskammer an sich zu bringen. Im hinteren Teil dieser Vorratskammer befindet sich ein Verschlag, der als Abort dient und ein unvergittertes Fenster hat.

Wenn etwas meine Freude trübt, die Ketten zu zerreißen, schreibt der Marquis dem Kommandanten in einem Brief, den er in seinem Zimmer zurückgelassen hat, *so ist es ... die Sorge, dass man Sie für meine Flucht verantwortlich machen könnte ...*

Allerdings wird man das. Es wird dem Kommandanten die Enthebung von seinem Posten und ein paar Monate eigene Festungshaft einbringen.

Da hat der Marquis de Sade längst die Grenze nach Frankreich überschritten.

Er kommt bei Nacht in La Coste an. Es ist eine frühe Mainacht. Der Türklopfer hallt. Die Nachtigallen in den Oleanderbüschen im Park stellen ihr Schluchzen und Schlagen ein. Der zunehmende Mond gießt sein Licht über die Dächer des Dorfes. Die ersten Lavendel blühen und erfüllen die Luft mit ihren Düften. Der Marquis ist halb verrückt vor Glück, als ihm Gothon in die Arme sinkt. Dienstmädchen haben ein feineres Gehör als ihre Herrinnen, die nicht daran gewöhnt sind, bei Tag und Nacht zur Stelle sein zu müssen.

Als der Marquis gegen Morgen an die Tür der Marquise klopft, ist

er so müde, so müde ... Sie zieht ihn in ihr Bett, und er schläft sofort ein.
Was er wohl durchgemacht haben muss?, denkt die Marquise. Und: Er muss fort. Er muss gleich wieder fort.
Am 10. Mai schreibt sie dem Comte de la Tour, der Marquis sei nur kurz in La Coste gewesen, um von da aus zu einem Ort aufzubrechen, *den seine Verfolger nicht kennen ...*
Wenn der Gouverneur den Marquis besser kennte, wüsste er, dass solche Briefe von ihm selbst stammen und seiner Frau in die Feder diktiert werden. Je frecher und gewagter das Versteckspiel, umso sicherer ist er der Urheber.
Aber wo ist der Ort, wo er sicher sein kann? Gibt es einen sichereren Ort als La Coste?
Auch La Coste ist eine Festung. Eher eine Burg als ein Schloss. Von jeder Seite kann man sich nähernde Feinde ausmachen, das Tor verschließen, die Zugänge absichern. Wer den Schlossherrn gefangen nehmen will, muss sich bei Nacht anschleichen. Der Schlossherr, der sich darauf verlassen kann, dass die Dörfler ihn warnen, ist eigentlich immer im Vorteil. Ein Fluchtvorsprung ist garantiert. Ein Versteck wird sich finden, innerhalb der Schlossanlage oder im Dorf. Es ist nicht leicht, den Marquis in seinem eigenen Reich zu fangen. *Mes terres. Mon château.*
Die Polizei? Welche Polizei?
Die dörfliche? Sie untersteht dem Marquis selbst.
Die von Paris ist weit weg. Und die von Aix oder Marseille hat woanders zu tun.
Dieser Staat ist nicht so zentralistisch, wie er gern möchte und es später einmal sein wird. Vor allem ist er groß. Eine Reise nach Paris kann zwei Wochen dauern. Im Winter sogar noch länger. Wenn in Paris Schnee fällt, sind die Provinzen ganz für sich.
Und die Gerichtsbarkeit? Welche Gerichtsbarkeit? Die königliche? Die der lokalen Gerichte, der Parlamente? Gegen diesen Mann ist immer noch ein Todesurteil in Kraft. Dagegen kann nicht einmal der König etwas tun. Er kann ihn nur aus dem Verkehr ziehen. Wenn er den Befehl gibt, ihn gefangen zu setzen, schützt er ihn vor

der Vollstreckung. Tot oder gefangen. So steht das Spiel für ihn. Alles andere bedeutet Flucht. Sich verstecken. Vogelfrei sein.
Die Gerichtsbarkeit des Königs steht über allen Gerichtsbarkeiten. Aber sie hebt sie nicht auf. Aufheben muss das Gericht von Aix-en-Provence sein Urteil selbst.
Eines Tages wird das geschehen. Aber das wird nur bedeuten, dass der Marquis nicht geköpft und verbrannt werden darf. Seine Gefangenschaft wird dann erst richtig beginnen. Ohne Gerichtsurteil. Einfach so. Und ohne Frist. Ohne Ende. Die *lettres de cachet*: Eine Schutzhaft, die der König aufgrund des Begehrens einer Familie anordnet. Man versteht: Geistige Verwirrung. Amoralität. Perverse Neigungen, die gleichgeschlechtliche Liebe zum Beispiel. Die leidige Fallsucht. Alkoholismus. Die Neigung zu exzessivem Spiel, die die großen Vermögen in kurzer Zeit dezimieren kann – all das kommt in den besten Familien vor. Und wo richtet es mehr Schaden an als in guten Familien, denen der König als Familienoberhaupt des Adels vorsteht? Man schützt sie wie den Leib vor gefährlichen Krankheiten, indem man gewisse Individuen hinter Schloss und Riegel bringt. Auch solche, die einer unbeherrschbaren Neigung zur Ausschweifung frönen, gehören dazu.
Der König möge die Familie Montreuil schützen. Das ist das Begehren der Präsidentin.
Sie will ihre Söhne in vornehmen Regimentern unterbringen, ihre übrigen Töchter verheiraten und den guten Namen ihrer Enkel wiederherstellen. Der Schwiegersohn muss gefangen gesetzt werden und das Gerichtsurteil von Aix aufgehoben. Es ist nur auf den ersten Blick ein Widerspruch.
Im Juli reist die Marquise noch einmal nach Savoyen, diesmal in Begleitung einer Zofe, wie es sich für sie gehört, und steigt im besten Gasthof von Chambéry ab.
Sie ist elegant gekleidet, gut frisiert und ganz Dame, die in der Provinz die Blicke auf sich zieht und zu geflüsterten Vermutungen verleitet.
Sie lässt zum neuen Kommandanten von Miolans schicken und ihren Besuch melden.

Der Kommandant lässt antworten, für die Frau eines entlaufenen Häftlings sei er nicht zu sprechen.
Sie schreibt ihm und drückt ihr Befremden aus. Ihre Ankunft sei gemeldet. Sie habe den Gouverneur gebeten, dafür Sorge zu tragen, dass ihr die Koffer ihres Gatten ausgehändigt werden, die bei seiner Flucht in Miolans zurückgeblieben seien. Sie enthielten, wie er wisse, persönliche Dinge, die nur an sie auszuhändigen seien.
Der Kommandant antwortet, die Koffer seien vom Kriegsgerichtsrat in Turin beschlagnahmt worden, da sie Hinweise auf die Flucht enthalten könnten. Er bedaure sehr.
Die Marquise lässt sich nach Saint-Pierre-d'Albigny fahren. Hoch über ihr erhebt sich die Festung Miolans. Es ist Sommer. Die Gefangenen, gotteslästerliche Priester, Geistesgestörte, Brandstifter, Bankrotteure, Sexualstraftäter, atmen gierig die Luft der Freiheit ein, die durch vergitterte Fenster zu ihnen hineinkommt. Die Marquise kennt sie aus den zynischen Anekdoten des Entflohenen. Miolans erscheint ihr wie ein Vorwerk der Hölle. Sie hasst es.
Sie schickt einen Boten zum Kommandanten: Es finde sich, dass sie sich ganz in der Nähe aufhalte. Sie bitte ihn, sie kurz zu empfangen. Sie habe ihm von etwas Mitteilung zu machen, das sie ihm nur persönlich anvertrauen könne.
Es ist nur ein Vorwand. Ein Rückzugsgefecht. Ein Versuch, nicht ganz geschlagen heimzukehren.
Er sei untröstlich. Aber seine knapp bemessene Zeit erlaube ihm nicht, in den Genuss des Besuchs der von ihm verehrten Dame zu kommen, lässt der Kommandant antworten.
Diese Festung scheint uneinnehmbar. Die Marquise kneift die Augen zusammen und sieht sie im Gegenlicht emporragen. Sie hat eine Eingebung. Es ist nicht der Kommandant, der sie vor ihr verteidigt. Es ist jemand anderes. Jemand, der dahinter steckt und die Fäden in der Hand hält. Der Kommandant ist nur ausführendes Organ. Er handelt im Auftrag. Wessen? Des Kriegsministeriums in Turin? Und in wessen Auftrag handelt das Kriegsministerium?
Sie sieht diese Mauern vor sich. Sie sind uneinnehmbar. Woher kennt sie das Gefühl, uneinnehmbare Mauern zu berennen?

Sie weiß nichts von den Briefen Anne-Prospères, die in den Koffern sind. Sie spürt es nur an der Härte des Widerstands, dass sie nicht gegen die Regierung in Turin ankämpft, sondern gegen ihre Mutter. Es ist die Wand, gegen die sie ihr ganzes Leben angerannt ist. Das sind die Festungsmauern von Miolans.

Keine Hand streckt sich aus. Türen bleiben geschlossen. Ich bedaure …, lauten die Antworten.

Sie ist nicht vorbereitet auf diese Erfahrung. Sie ist in eine Welt der Ehrerbietung hineingeboren, die ihr und ihresgleichen zu gelten hat. Sie hat sie bisher entgegengenommen wie die Handreichungen ihrer Zofen, die Höflichkeitsbezeigungen, mit denen man sich in ihren Kreisen gegenübertritt, das Angebot an Kaleschen, eleganten Garderoben, luxuriös möblierten Räumen, in denen sie sich bewegt. Sollte all das nicht selbstverständlich sein?

Plötzlich wird ihr bewusst, dass Ehrerbietung Ehre voraussetzt. Wo ist ihre Ehre, wenn ihr Mann ehrlos ist? Wenn er sich verstecken muss, wie er es tut, seit er aus Miolans geflohen ist? Wenn er nicht einmal mehr in seinem eigenen Schloss sicher ist und, sobald Fremde sich dem Dorf nähern, auf heimlichen Wegen zur Scheune bei Bonnieux gebracht werden muss? Wo soll sie bleiben, wenn er nirgends bleiben kann? An wen sich wenden, wenn es nichts mehr gilt, die Marquise de Sade zu sein?

Mes terres, mon château, versucht sie zu denken, während der Wagen, den sie mit anderen Reisenden teilt, sie nach Süden bringt. *Mon mari, mes enfants.* Und sie sieht zum ersten Mal klar, dass ihre Mutter ihr nicht nur die Sorge für ihre Kinder abgenommen hat, sondern die Kinder selbst. Sie wachsen als kleine Montreuils auf, nicht als de Sades.

Was bleibt ihr? Was ist es, das ihr gehört? Ihr ganz allein?

Der Mann, den ihre Mutter ihr gegeben hat? Donatien-Aldonze-François de Sade gehört keiner Frau. Trotzdem ist er ihr Mann. *Mon mari.* Sie erinnert sich an die Geschenke, die sie als Kind von ihrer Mutter bekommen hat, und die sie ihr wieder wegnahm, wenn sie sie bestrafen wollte. Dieses Geben und Nehmen, mit dem sie bewies, dass sie über Freude und Schmerz, über Gewinn und Verlust herrschte. Sie teilte nach ihrem eigenen Maß davon zu.

Aber damit muss ein Ende sein. Renée-Pélagie ist erwachsen geworden. Sie ist eine Gegnerin.

In Miolans haben Sie gesiegt, meine Mutter. Und es mag sein, dass Sie die besseren Karten haben. Ihre Beziehungen. Ihr Einfluss auf meinen Vater, der seinerseits Beziehungen hat, die einflussreicher als Ihre sind. Ihr berühmter Charme, mit dem Sie die Menschen umgarnen und ihnen auch, verzeihen Sie, manchmal auf die Nerven gehen. Sie werden alt, meine Mutter. Sehen Sie manchmal in den Spiegel? Ihr Lächeln reicht nur noch bis zu den Eckzähnen. Dahinter nichts mehr. Sie glauben, das sieht man nicht? Ach, meine Mutter, ich bin nicht so schön wie Sie – wie Sie in meinem Alter gewesen sind. Aber heute bin ich weitaus reizvoller als Sie. Das wissen Sie doch, Maman. Die Männer mögen mich. Sie sehen mir an, dass ich die Liebe liebe. Das gefällt ihnen. Und, seien wir ehrlich, das haben Sie nie getan. O Verzeihung, habe ich Sie verletzt? Sind Sie am Ende verletzlich, meine Mutter? Ist dies Ihr wunder Punkt, dass Sie nicht sinnlich sind und die sinnliche Liebe nicht kennen? Dass mein Vater sie anderswo fand? Sie wissen schon, wo. Schweigen wir davon, wie viele Tränen Sie das gekostet hat. Glauben Sie, eine Tochter merkt nichts davon? Und wussten Sie nicht, dass ich schon früh begriff, dass ich anders war? Freilich auch nicht so stark wie Sie. Nicht so geistreich. Nicht so begehrt in den Salons. Aber Ihr Argwohn, Ihr berühmter kritischer Blick hat Ihnen doch offenbart, wie viel sinnliches Glück ich in meiner Ehe fand? Oder was glauben Sie, warum ich meinen Mann liebe? Denn ich liebe ihn, mehr, als Sie meinen Vater jemals geliebt haben. Und, Sie ahnen es die ganze Zeit, er liebt mich, auch wenn ich manchmal selbst Mühe habe, es zu verstehen. Ich lasse ihn nicht. Sie mögen sich noch so darum mühen, ihn mir zu nehmen. Verstehen Sie, ich bin Ihre Tochter. Auch wenn Sie sich in mir niemals wiedererkannt haben. Kommen wir nun zu dem, worin wir uns gleichen. Ich bin eine Kämpferin wie Sie. Sie glauben, dass Sie mich besiegt haben, weil ich unverrichteter Dinge abziehen muss? Sehen Sie sich selbst! Wir sind aus demselben Holz. Wir geben niemals auf. Versuchen Sie, mir meinen Mann zu nehmen. Versuchen Sie ihn, hinter Schloss und Riegel zu bringen. Ich werde mich nie, nie damit abfinden. Sie möchten, dass ich mich von ihm lossage? Ich werde nur umso fester zu ihm stehen. Sie haben sich in mir getäuscht, meine Mutter, weil Sie das Stück von sich selbst in mir nicht erkennen wollen. Sie sollten mich nicht unterschätzen. Ich bin Ihre Tochter!

Ein paar Monate später bedankt sich Madame de Montreuil beim Comte de la Tour für die Überlassung der Koffer ihres Schwiegersohns. Die darin enthaltenen Papiere, Briefe sowie Notizen zu noch ungeschriebenen Büchern eines zukünftigen Schriftstellers, sind für immer verloren. Welche Lektüre für die Präsidentin, bevor sie ihren Kamin damit heizte!

Sie kann sich wieder dem Projekt der Verheiratung von Anne-Prospère widmen.

Der junge Graf de Beaumont ist übrigens sehr verliebt in sie. Diese blasse, irrlichternde Schönheit macht ihn verrückt.

Doch die Familie Beaumont verlangt weiterreichende Garantien. Die Vernichtung kompromittierender Briefe genügt ihr nicht. Solange der Verführer in Freiheit ist, kann an einen Abschluss des Vertrages nicht gedacht werden. Im Übrigen ist davon auszugehen, dass sich weitere belastende Schriftstücke im Schloss La Coste befinden.

Was die Präsidentin braucht, ist ein Hausdurchsuchungsbefehl. Ein Polizeikommando, das ihn ausführt. Sie überschlägt die Kosten. Es wird teuer. Den Arbeitsaufwand für die Vorbereitungen. Sie braucht Zeit. Sie spürt den Feldherrn in sich, der an ihr verloren gegangen ist. Man gebe ihr eine Truppe. Einen Marschbefehl. Spione, die das Schlachtfeld auskundschaften. Verbündete. Sie wird ein paar Monate brauchen, um die Logistik zu bewerkstelligen und die Schlachtordnung aufzustellen. Dann wird sie losschlagen. Der Feldherr in ihr ist so stark, dass sie es bedauert, nicht selbst an der Spitze der Truppe in die Schlacht reiten zu können. Dabei zu sein, wenn der Feind in die Gefangenschaft abgeführt wird. Zu sehen, wie er sich ergibt. Und dann zu begnadigen …

Mag sein, dass ihr ein paar Zähne fehlen. Aber den Biss hat sie immer noch.

In der Nacht vom 6. auf den 7. Januar gab uns der Nachtwächter Sambuc das verabredete Zeichen. Er stieß dreimal kurz in sein Horn.
Sie sind da, sagte ich zu Donatien. Du musst fort.
Er lag bei mir im Bett. Es war bitterkalt. Der Mistral ist eisig um diese Jahreszeit. Die Kamine glühen und wärmen trotzdem nicht genug. Der Wind macht einen wahnsinnig. Das Klirren der Scheiben. Das Pfeifen bei Tag und Nacht. Das Klappern der Schindeln auf dem Dach. Keinen Hund, keine Katze jagt man bei diesem Wind vor die Tür.
Ich denke nicht daran, sagte er. Sollen sie kommen. Ich jage einem von ihnen eine Kugel in den Bauch.
Du gehst, sagte ich und war schon aus dem Bett.
Ich hatte dafür gesorgt, dass seine Kleidung, der Pelz und das Bündel mit einer Notration und etwas Geld immer bereitlagen.
Mach kein Licht, sagte ich.
Der Halbmond schien durchs Fenster. Man sah genug.
Sie kamen vom Tal des Coulon hinauf. Wenn ich das Zeichen gebe, hatte Sambuc gesagt, hat der Marquis noch eine knappe halbe Stunde, bis sie da sind.
Ich will nicht, sagte er. Nicht schon wieder.
Du musst, sagte ich. Diesmal ist es ernst.
Wir waren durch einen anonymen Brief gewarnt worden. Ich vermutete den Notar Fage dahinter. Er spielte schon lange ein doppeltes Spiel und arbeitete sowohl für meine Mutter als auch für uns. Je nachdem, wie es ausging, wollte er auf der Seite des Siegers gewesen sein. Ein Feigling ohne Charakter. Ich war schon lange dafür, ihn zu entpflichten. Wir taten es bald darauf.
Sie würden bei Nacht kommen, stand in dem Brief. Ein Inspektor aus Paris mit vier Gendarmen und einer Reitereskorte aus Marseille. Sie hätten Befehle, die auf die Durchsuchung und Beschlagnahme der Papiere des Marquis lauteten sowie auf seine Festnahme

und Verbringung nach Pierre-Encise. Sie seien vom König autorisiert und von Madame de Montreuil bezahlt, die dafür einen Betrag aufwende, von dem man in Ruhe für den Rest seines Lebens zehren könne. Über 8000 Livres koste es sie, ihres Schwiegersohns habhaft zu werden und ihrer Tochter den Mann zu nehmen. Es sei ihr nicht zu viel …

Er hatte noch sein Nachthemd unter dem Pelz an, als er ging, und nur den Degen darüber geschnallt. Nicht einmal Gothon hat ihn gehört. Ich begleitete ihn in den Keller, und vor der Tür, die den Gang abschließt, der zum Stall vor der Westmauer führt, drehte er sich zu mir um und umarmte mich.

Ich würde alles darum geben, wenn ich bei dir bleiben könnte, sagte er.

Soll ich mitkommen?, fragte ich.

In dieser Winternacht wäre ich, ohne zu zögern, mit ihm in das kalte Feld hinausgeritten. Er war so allein. So müde der Fluchten. Ihn fror so sehr.

Du musst bleiben, sagte er. Du bist meine Frau. Wo einer von uns beiden ist, da ist auch der andere.

Wissen Sie, das Glück, wenn es kommt, sucht sich die seltsamsten Zeiten und Orte aus. Hier, an dieser zugigen Stelle, vor dem dunklen Gang, in der Winternacht – da war es plötzlich da, und ich erinnere mich daran und wundere mich, dass diese Erinnerung durch nichts, was danach kam, beschädigt worden ist. Und ich weiß, dass auch er sich noch daran erinnert.

Bald war Geschrei im Schlosshof. Pistolen schossen in die Luft. Pferde wieherten. Hunde bellten. Türen zersplitterten. Mägde schrien.

Wo ist der Herr!?

Der Herr ist nicht zu Hause!

Wir hatten es oft genug geübt.

Da kommt die Marquise!

Wo ist Ihr Gemahl? Sie verstecken ihn! Lügnerin! Gesindel! Pack! Durchsucht alles!

Wo einer von uns beiden ist, da ist auch der andere. Er sprengte durch die Nacht. Er war schon weit weg. In Sicherheit. Während sie

hier wüteten, konnten sie weder ihm noch mir etwas anhaben. Ich war nicht allein. Ich war der Teil von uns, der dies hier ausstand, eine Kleinigkeit, verglichen mit dem Glück, das mich durchströmte und unverletzlich machte.
Was grinst sie so?, sagte einer der Gendarmen.
Gothon fuhr auf: Das ist die Herrin!
Halt dich da raus!, rief der Gendarm und stieß sie gegen die Wand.
Wo sind die Briefe?, rief der Inspektor.
Ich hatte Marais erwartet. Dieser hieß Goupil. Er war schlimmer als Marais. Kein verhinderter Lebemann, sondern einer, der gern Angst und Schrecken verbreitet.
Er gab Befehle. Die Männer teilten sich. Einige suchten die Außenanlagen des Schlosses ab. Die anderen begannen mit dem, was sie später Hausdurchsuchung nannten. Sie rissen Türen und Schränke auf. In der Küche zerschellte das Geschirr. Töpfe fielen zu Boden. Bald steckten sie ihre Degen und Pistolen weg und bewaffneten sich mit Ofenbestecken, mit denen sie auf die Truhen und Schränke einschlugen. Scheiben zersprangen. Aus dem Keller hörte man unaufhörlich ein Beil schlagen. Das Geländer der Treppe zersplitterte. Ein Mann stürzte zwei Stockwerke tief und erhob sich fluchend, um weiterzuwüten.
Die Papiere!, rief Goupil. Sind Sie schwer von Begriff!?
Wenn Sie mir bitte folgen wollen, sagte ich.
Der Flur, durch den wir gingen, war weiß von Bettfedern, und es schneite weiter aus den Kissen, die ein Soldat mit großem Fleiß zersäbelte.
Die Hausmädchen drängten sich in einer Ecke. Gothon, die sich eine Hand vor die Stirn presste, stand vor ihnen, wie um sie zu schützen. Sie alle waren in ihren weißen oder grauen Nachthemden und hüllten sich in die Tücher, die sie sich um die Schultern geworfen hatten, als der Lärm sie aus dem Schlaf holte.
Sie erlauben, sagte ich, dass sich die Frauen in den Kammern einschließen? Oder wollen Sie später für ein Verbrechen zur Verantwortung gezogen werden?

Meinetwegen, sagte der Polizist. Verschwindet, sagte er zu den Mädchen.
Geht nur, sagte ich. Ich brauche euch nicht.
Carteron war aufgetaucht.
Du kommst mit, sagte ich.
Minuten später war das Arbeitskabinett meines Mannes verwüstet. Bilder von den Wänden gerissen, die Rahmen, das Glas zerschmettert, Folianten aus den Fenstern geschleudert, wo sie der Mistral durch Alleen trieb, Manuskripte zerrissen oder im Kamin verbrannt. Nur die gebündelten Briefe aus den Schubfächern des Schreibtisches wurden sorgfältig in einen Sack gestopft, den Goupil eigenhändig zuschnürte und einem seiner Gendarmen übergab.
Was haben Sie da?, fuhr er mich an.
Ich hatte eine Emaildose mit dem Porträt meines Mannes als Miniatur ergriffen und sie zu retten gedacht. Er riss sie mir aus der Hand. Er sah das Bild.
Das ist der Hund!, schrie er, warf es zu Boden und trat darauf herum.
Er kannte ihn nicht. Er hasste ihn. Ich begriff, dass der Mann, den ich liebte, ein gehasster Mann war. Und dass dieser Hass sich verbreitete, ohne dass er noch etwas dazu tun musste. Und dass er auch mich betraf. Dass es nicht mehr um Ehre, um Reputation ging, sondern um diesen Hass. Und dass mein Mann verloren war, und ich mit ihm, und das Glück, das ich in dieser Nacht empfunden hatte, mein Unglück war.
Und ich erinnerte mich daran, dass meine Mutter eines Tages zu mir gesagt hatte: Mit diesem Mann wirst du nie glücklich sein.
Dann will ich eben unglücklich mit ihm sein, hatte ich erwidert.
Und sie: Du weißt ja nicht, wovon du redest.
Und ich verstand, dass sie es mir gerade erklärte. Goupil war der Mann, den sie mir geschickt hatte.
Wo ist der Kerl?, sagte er.
Sie sprechen von meinem Mann, dem Marquis de Sade?
Ich spreche von dem Verbrecher, den wir fangen sollen, sagte er.

Mein Herz hatte Augen. Es sah in die Nacht hinaus. Es entdeckte den Reiter am Südhang des Lubéron, einen fliegenden Nachtschatten, den der Mistral vor sich her trieb. Sein Mantel flog. Sein Atem keuchte.

Ich weiß es nicht, sagte ich.

Ich habe Mittel, es herauszufinden, sagte der Polizist.

Sie drohen mir?, fragte ich. Hat meine Mutter erlaubt, dass man mich quält?

Ihre Mutter, sagte der Polizist verächtlich. Ich handle im Auftrag des Königs.

Und erlaubt der König, dass einer Dame des Adels Gewalt angetan wird?

Wer spricht von Gewalt?, sagte der Polizist. Es gibt andere Mittel.

Sie hielten mich neun Tage und Nächte gefangen. Nur meine Zofe durfte zu mir herein. Und Monsieur Goupil.

Er sagte: Wir haben Ihren Mann.

Ich sagte: Sie lügen. Sie wissen nicht, wo er ist.

Er sagte: Aber sein Diener, dieser Carteron, weiß, wo er ist. Sie glauben doch nicht, dass solch ein Mann verschwiegen ist.

Ich sagte: Da müssen Sie schon geschickter zu Werke gehen.

Er sagte: Das tun wir. Verlassen Sie sich darauf.

In den Nächten hörte ich den Lärm aus der Küche und im Treppenhaus. Die Mägde hatten das Schloss verlassen. Nicht einmal Gothon war geblieben. Nur die Pferdeburschen zechten mit. Ich entließ sie, als es vorbei war, und stellte neue ein.

Der Weinkeller war leer, als sie abzogen. Die Vorratskammern verwüstet, es war so gut wie nichts übrig geblieben. Die Kammern, in denen sie gehaust hatten, waren verunreinigt. Das Schloss glich einem verlassenen Heerlager.

Ich ging hinunter ins Dorf und sammelte die Mägde ein. Ich musste ihnen höhere Löhne versprechen, damit sie wieder bereit waren, Dienst im Schloss zu tun. Man sagte mir, dass in den Tagen vor dem Überfall zwei Viehhändler aus Paris im Dorf aufgetaucht seien und Fragen gestellt hätten. Sie seien wie gewöhnliche Bauern gekleidet gewesen.

Ich sagte: Es gibt keine Viehhändler in Paris. Und auch keine Bauern.
Sie sagten, das habe man sich gedacht. Deshalb habe man ihnen auch lauter Lügengeschichten aufgetischt. Der Marquis fliege bei Nacht durch die Lüfte. Er reite auf Mondstrahlen und könne auf die Art an mehreren Orten zugleich sein. Es sei unmöglich, ihn zu fangen, wenn man nicht den Teufel zum Bundesgenossen habe. Die beiden Fremden hätten sehr besorgt ausgesehen.
Ich sagte, damit hätten sie ihrem Herrn einen schlechten Dienst erwiesen. Sie hätten ihn warnen sollen.
Aber man müsse doch auch seinen Spaß haben, sagten sie. Wo der Herr jetzt sei? Sie hofften doch, dass es ihm wohl gehe.
Er ist durch die Lüfte geritten, sagte ich.
Sie lachten unmäßig.
Ich wusste nicht mehr, woran ich mit den Leuten war. Wem konnte ich noch trauen? Fage? Er war mit meiner Mutter im Bund. Dem Verwalter Ripert in Mazan? Ich war nicht sicher. Dem Abbé de Sade in Saumane? Er tat nichts, um die Aufhebung des Urteils von Aix zu erreichen, obwohl wir ihn mehrmals darum gebeten hatten. Carteron? Er war schon immer undurchschaubar für mich. Gothon? Ich wusste, dass mein Mann mit ihr schlief. Und sie gab es mir zu verstehen, indem sie manchmal auftrumpfte und bockig war, als wolle sie mir zeigen, dass der Standesunterschied zwischen uns nur eine Laune des Schicksals sei, das ebenso gut sie zur Herrin hätte bestimmen können, sie mit ihrem gepriesenen *cul*, ihrer Tüchtigkeit.
Ich war sehr einsam geworden in La Coste. Von meinem Mann traf hin und wieder eine Nachricht ein. Aus Bordeaux. Aus Grenoble. Er brauche Geld, Geld, Geld, schrieb er. Als der Frühling kam, war er wieder in Italien. Das Reisen koste, ließ er mich wissen.
Er war nicht der Einzige, der Geld von mir wollte. Wir in La Coste mussten auch leben. Und unsere Gläubiger ließen mir keine Ruhe. Der Schauspieler Bourdais tauchte wieder auf und machte Ansprüche geltend. Die Handwerkerrechnungen für Mazan waren noch offen. Der Jude Beaucaire, der uns geborgt hatte, fuhr eines Tages vor und ließ sich nicht abweisen.

Die Marquise ist nicht zu Hause, hörte ich Gothon rufen.
Bleiben Sie, rief Carteron. Sie können hier nicht hinauf.
Ich hörte ihn auf der Treppe. Das werden wir sehen!, rief er.
Ich trat ihm entgegen.
Ich sagte: Monsieur Beaucaire, welche Überraschung!
Sechstausend Livres, rief er. Sechstausend Livres, und ich bin schon wieder weg.
Ich sehe, Sie haben Silber. Gutes Silber, sagte er. Vergoldetes Silber, das macht noch mehr. Haben Sie Münzen? Edelsteine? Die Schatullen sind doch nicht leer? Man hat mir gesagt, dass sie es nicht sind! Wer? Das tut nichts zur Sache. Beaucaire ist hier, um nur mit gefüllten Taschen weiterzufahren. Meine Verehrung, Marquise. Auch unsereiner muss leben, Sie verstehen.
Ich verschrieb ihm das Silber. Er ließ mir noch eine Frist, das Geld aufzutreiben. Aber die Pachteinnahmen waren, kaum dass sie flossen, schon aufgezehrt.
Das Land zu meinen Füßen gehörte uns immer noch. Die Bauern darauf arbeiteten für uns. Die Frauen auf den Feldern knieten am Wegrand, wenn ich vorbeifuhr. Die Männer rissen ihre Hüte vom Kopf und verneigten sich. Oh, wir waren reich. Wir waren reich und arm zugleich. Es war eine teuflische Mischung. Ich wachte nachts auf, und da saßen meine Gläubiger um das Bett. Und sie sagten: Rechne! Und ich rechnete. Schulden und Zinsen und Löhne und Rechnungen und Preise für Getreide und Wein und Oliven und Käse und Ziegenmilch und Schulden und Zinsen und Wein und Getreide und Löhne … Bis zum Morgen rechnete ich. Und wenn ich von den Zahlen in meinem Kopf einzuschlafen begann, weckten sie mich wieder auf.
Und ich sagte: Habt Mitleid. Ich bin nur die Marquise. Wartet, bis der Marquis wieder zurück ist.
Und sie lachten.
Der Marquis ist aus Stroh, sagten sie. Er ist geköpft und verbrannt, und ein Herr seines Namens vergnügt sich in Italien von unserem Geld.
Und wenn die Zofe mich weckte, sagte sie: Madame, unten wartet

schon der Müller mit der Rechnung für das Mehl, das er geliefert hat. Und die Glaser, die die neuen Fenster einsetzen sollen, wollen nur arbeiten, wenn man sie im Voraus bezahlt.
Im Juli fuhr ich nach Paris.

Sie steigt im Hotel de Bourgogne im Faubourg Saint-Germain ab. Ihre Post lässt sie sich an die Adresse ihres Schneiders schicken, weil die Geheimpolizei die Hotels in Paris observiert. Sie ist eine Agentin, die eine Mission zu erfüllen hat: die Kassation des Urteils von Aix.
Im April ist Ludwig XV. gestorben. Sein Nachfolger ist fromm, schüchtern und zwanzig Jahre alt. Ein Fall de Sade kann ihm nicht einmal zur Kenntnis gebracht werden. Der junge Herrscher ist selbst zu keusch, seine Ehe zu vollziehen, was staatspolitisch recht heikel ist. Erst drei Jahre später wird ein Aufatmen durch Frankreich gehen, die Königin schwanger sein.
Seine Justizreform mag ein Schritt zurück sein – er setzt die alten, unter dem Minister Maupeou abgesetzten lokalen Gerichte wieder ein –, doch sie bedeutet neue Zuständigkeiten für die Sache des Marquis. Darin liegt eine Hoffnung für die Wiederaufnahme seines Falls.
Renée-Pélagie tut, was jedermann in diesem Staat tut, der etwas erreichen will: Sie antichambriert. Ihr Inkognito ist eine Farce wie schon in Savoyen. Denn selbstverständlich öffnet nur der Name Montreuil die Türen. Sie ist in der Pariser Justizwelt die Tochter des Steuergerichtspräsidenten a.D. Der Name de Sade öffnet schon lange keine Türen mehr.
Der königliche Staatsanwalt muss sie empfangen, wenn er nicht die Regeln verletzen will.
Er empfängt auch ihre Mutter. Es ist ein ungleicher Kampf zwischen den beiden Frauen, die eigentlich dasselbe wollen und nur über die Mittel, es zu erreichen, uneins sind.
Madame de Montreuil weiß, dass eine Wiederaufnahme des Prozesses in Aix nur möglich ist, wenn de Sade vor dem dortigen Gericht als königlicher Gefangener auftritt. Er braucht den Schutz,

den ihm das gibt. Andernfalls wäre die Gefahr viel zu groß, dass man ihn ergreift und hinrichtet, wenn er sich in Aix blicken lässt. Und erscheinen muss er, leibhaftig und persönlich, sonst geht es nicht. Als königlichem Gefangenen kann ihm von den lokalen Vollstreckungsbehörden kein Haar gekrümmt werden.

Es ist die Falle, in der er steckt. Tot oder gefangen. Das Dritte wäre ein Leben als ewiger Flüchtling. *Ich bin nicht zum Abenteurer gemacht,* schreibt er seinem Anwalt Gaufridy, der den untreuen Fage abgelöst hat. *Die Notwendigkeit, diese Rolle zu spielen, ist eine der schlimmsten Qualen meiner Lage.* Und: *Sie soll in Gottes Namen fertig bringen, dass ich nicht mehr dieses Vagabundenleben führen muss.*

Dies ist ihr Auftrag. Er meint die Marquise.

Und sie erfüllt ihn, so gut sie kann.

Der Staatsanwalt sei ein geistvoller Mann, sagt sie, der einen ständig aus dem Konzept bringe und voller Sophismen stecke.

Es klingt nicht so, als ließe der Mann sich von ihr überzeugen.

Er lässt in Gesellschaft verlauten, die Marquise de Sade sei verrückt.

Es kommt ihr zu Ohren.

Dieses Kompliment habe ich schon des Öfteren zu hören bekommen, und man wird es mir wohl auch noch öfter sagen, schreibt sie an Gaufridy.

Aber sie gibt nicht auf. Es scheint, dass in den Fluren und Vorzimmern des Châtelet ein diskretes Stöhnen und Händeringen herrscht, wenn die Marquise de Sade auftaucht. Der Staatsanwalt lässt sich verleugnen. Sein Stellvertreter bedauert sehr. Ja, man habe die Schriftstücke weitergegeben – eine Eingabe von Gaufridy, eine Rechtfertigungsschrift aus der Feder des Marquis. Nein, eine Antwort des Ministers sei so schnell nicht zu erwarten. Nein, vorher könne man nichts sagen. Sie möge sich gedulden. Er sei untröstlich, ihr keine andere Auskunft geben zu können.

Merkt sie nichts? Wer hier etwas erreichen will, braucht Allianzen, Familienbeziehungen, Geld und eine gewisse, sagen wir Geschmeidigkeit, die Bereitschaft, auf der Stelle neue Allianzen zu schmieden, neue Abhängigkeiten einzugehen. Wer einen Vorteil will, muss auch Vorteile verschaffen können. Wem aber soll es zum Vorteil gereichen, Madame de Sade als Fürsprecherin oder Freundin zu gewinnen? Sie, von der sich sowohl ihre Eltern als auch der Abbé de Sade abgewandt haben.

Ich fürchte, dass sie sich über die Leichtigkeit ihres Vorhabens ganz falsche Vorstellungen macht, schreibt er an Gaufridy. *Zu ihrem Erfolg ist sie auf großes Entgegenkommen angewiesen, das sie jedoch, soweit ich sehe, nicht besitzt, zumal wenn ihre Mutter ihr nicht die Hand leiht.*

Wen auf der Welt hat sie noch? Niemand als den Marquis.

Und wen hat er noch? Er hat sie und sonst niemanden.

Verführerischer Pas de deux an einem Abgrund, der sie beide bald verschlingen wird.

Beziehungen? Wir sind uns selbst genug.

Brücken? Brechen wir sie ab.

Das große Liebesduett: Nur du. Nur du.

Merkt die Marquise nicht, dass das Echo aus der Ferne schwach ist und zuweilen ganz ausbleibt?

Ja, er hat nur sie. Aber er hat außerdem noch sich selbst, seine Leidenschaften, sein Begehren, seine vielfachen Wege, es sich zu erfüllen. Seinen Adelsstolz, die Verfügungsgewalt über Menschen, ihre Körper und Seelen, und – *ses terres.*

Sie hat nur ihn. Da ist nichts mehr, was ihr aus dem früheren Leben, für das sie gemacht schien, geblieben ist. Sie verhehlt es sich nicht: Sie gilt nichts mehr. Sie ist die Verrückte, die zu dem Verrückten hält.

Sie weiß, was man von ihr denkt: Er hat sie verhext. Und sie weiß noch etwas: dass in aller Herablassung, die man ihr bezeigt, ein Funken Neid mitglimmt: Einmal im Leben verhext sein. Einmal am eigenen Leib fühlen, wie das ist. Und sie versteckt sich nicht. Sie trägt den Kopf hoch. Sie kommt wieder. Sie lässt sich nicht abweisen. Sie fragt nach dem Staatsanwalt.

Sie schon wieder, Madame, sagt er. Sie müssen verrückt sein.

Ja, das bin ich, sagt sie. Ich bin verrückt.

Und sie bemerkt auch bei ihm eine gewisse kleine Nachdenklichkeit: Wie macht der Hexer das?
Sie ist dreiunddreißig. So, kurz bevor die lange Phase des Verblühens einsetzt, ist sie eine schöne Frau. Es ist eine Schönheit, die mehr in ihren Bewegungen, ihrem Gestus als in ihren Zügen liegt. Etwas wie die vollendete Balance zwischen Herausforderung und Verweigerung liegt darin. Der Staatsanwalt sieht ihr einen Moment in die Augen und erschrickt vor dem, was er sieht.
Sie müssen Ihren Mann sehr lieben, sagt er.
Das tue ich, sagt die Marquise.

Bevor sie die Brücken hinter sich abbricht und sich in den Abgrund stürzt, schreibt sie an ihre Mutter und bittet darum, die Kinder sehen zu dürfen. Sie sind jetzt sieben, fünf und drei. Sie hat sie seit ihrem Aufbruch nach Miolans vor eineinhalb Jahren nicht gesehen.
Ihre Mutter antwortet: Selbstverständlich. Doch sei sie zu ihrem Bedauern nicht zu Hause, wenn ihre Tochter komme.
Madeleine-Laure beginnt sofort zu greinen, als sie die fremde Frau auf sich zukommen sieht. Aber Louis-Marie will ihr seine Holzarmee zeigen, und Claude-Armand fragt: Bist du die Madame Maman?
Ja, das bin ich, sagt sie, verliert die Beherrschung und will ihn in ihre Arme reißen.
Das mögen wir nicht so, sagt die Gouvernante, indem sie dazwischentritt. Das regt uns zu sehr auf. Dann können wir nicht einschlafen.
Kommt mein Herr Vater auch?, sagt Louis-Marie.
Gewiss, sagt Renée-Pélagie. Er ist noch auf Reisen. Wenn er zurückkommt, dann holt er euch.
Wir wollen den Kindern keine falschen Versprechungen machen, sagt die Gouvernante. Nur solche, die wir auch halten. Madame de Montreuil ist da sehr konsequent.
Ich weiß, sagt Renée-Pélagie, ich bin ihre Tochter.
Könnt ihr euch noch an La Coste erinnern?, fragt sie die Jungen.

Da waren wir nicht froh, sagt Claude-Armand. Hier sind wir froh.
Ich war da aber froh, sagt Louis-Marie. Ich will da wieder hin.
Da müssen wir aber erst die Großmama fragen, sagt die Gouvernante.
Eines Tages, sagt Renée-Pélagie zu Louis-Marie, wirst du in La Coste der Marquis sein.
Ich auch, schreit Claude-Armand.
Und du der Chevalier, sagt Renée-Pélagie.
Chevalier ist mehr als Marquis, schreit der Chevalier.
Marquis ist mehr, nicht wahr, Maman?, schreit Louis-Marie.
Es ist beides sehr großartig, sagt Renée-Pélagie.
Marquis ist mehr! Chevalier ist mehr! Schreien die Jungen.
Die Gouvernante versucht das kämpfende Knäuel auseinander zu zerren.
Und du?, sagt Renée-Pélagie zu ihrer Tochter, die, den Daumen im Mund, unbewegt auf ihre kämpfenden Brüder blickt. Kennst du Maman noch? Kommst du mal zu mir?
Maman!, schreit Madeleine-Laure.
Sie meint die Gouvernante, nach deren Rock sie greift.
Sie wollten hier doch keine falschen Versprechungen machen, sagt Renée-Pélagie.
Madame de Montreuil ist mit mir sehr zufrieden, sagt die Gouvernante. Und nun, Kinder, sagt eurer Mutter schön adieu.
Wenn du wiederkommst, zeige ich dir mein Schäfchen. Das ist in Échauffour und ist meins, sagt Claude-Armand.
Und ich zeig dir mein Pferd, sagt Louis-Marie.
Ein Holzpferd?, fragt Renée-Pélagie.
Ein richtiges, sagt Louis-Marie voller Verachtung. Das hat der Großpapa mir geschenkt. Ich kann schon reiten.
Das ist wunderbar, sagt Renée-Pélagie.
Die hat bloß ein Kaninchen, sagt Claude-Armand, als sie sich von Madeleine-Laure verabschieden will, die ihren Kopf in die Röcke der Gouvernante presst. Die ist blöd.
Als sie die Treppe hinuntergeht, sieht sie in einem der Spiegel im

Vestibül die Silhouette ihrer Mutter. Maman, ruft eine Stimme, kindlich und tränenerstickt. Sie dreht sich um. Da ist niemand hinter ihr. Von weitem hört sie das Händeklatschen der Gouvernante wie Peitschenschläge. *Vite, vite, les enfants!* Einen schwachen Moment lang wünscht sie sich eine Frau aus dem Volk zu sein, die ihre Kinder selbst großzieht. Sie erinnert sich an die Gouvernanten, die sie gehabt hat, ihre Ungeduld, ihr Gelangweiltsein, den eisernen Griff, mit dem sie beim Spazierengehen ihre Hand umklammert hielten, die entsetzliche Enttäuschung, wenn wieder nur die Gouvernante kam, wenn sie geweint hatte: Wir wollen uns doch nicht anstellen. Was soll ich denn der Frau Mama sagen, wenn sie kommt? Und sie kam immer nur für ein paar Minuten.
Aber das ist ja Unsinn, denkt Renée-Pélagie. Nicht einmal die kleinen Prinzen von Geblüt sehen ihre Mutter mehr als einmal am Tag.
Gute Nacht, Maman.
Gute Nacht.
Es muss genügen, denkt Renée-Pélagie. Es hat noch immer genügt.
Ein Diener hält ihr die Tür auf, ein anderer den Verschlag der Kutsche, die auf sie gewartet hat.
Und während der Wagen über das Pflaster rollt, ruft sie sich die kleinen Gesichter vor Augen, die blauen Augen des Comte, die braunen des Chevalier. Und sie erschrickt, als sie sich die kleine Madeleine-Laure schon nicht mehr vorstellen kann. Sie muss all ihre Kraft aufbieten, um nicht zurückzufahren.

Ob er seine Tochter geliebt hat?
Nein. Nein, jedenfalls nicht genug. Aber wer wird schon genug geliebt?
Wie komme ich zu dieser Tochter?, hat er mich gefragt. Sie ist nicht schön. Sie ist nicht liebreizend. Ja, sie ist nicht einmal intelligent, wie mir scheint. Sehen Sie, Madame, ich suche etwas in ihr, was ich lieben kann.
Ich sagte, seien Sie barmherzig. Sie ist erst klein. Sie kann sich noch

entwickeln. Wir wollen abwarten, was aus ihr wird. Sie kann doch recht nett sein. Unlängst hat sie Blumen für Sie gepflückt und wollte sie Ihnen geben. Sie sahen es nicht.
Alle Mädchen pflücken Blumen für ihre Väter, sagte er. Ich kann darin nichts Besonderes sehen.
Sie hat unter den Jungen zu leiden, sagte ich. Es ist nicht leicht für ein Mädchen, zwei ältere Brüder zu haben, die alle Welt liebt.
So soll auch sie sich beliebt machen, sagte er. Sie ist nicht brav. Ein Mädchen, das nicht hübsch ist, sollte wenigstens brav sein. Aber die hat ja den Teufel im Leib, wenn sie zornig ist.
Madeleine-Laure hatte fünf Ammen, die uns nacheinander verließen. Zum Schluss mussten die Küchenmädchen sie mit der Flasche großziehen. Sie schlossen sie in einer der Kammern am Ende des Korridors ein, um ihr Geschrei nicht mehr zu hören.
Ich sagte: Wo ist meine Tochter?
Die Mädchen sagten: Madame, sie schreit schon den ganzen Tag. Man kann es nicht ertragen.
Ich sagte: Geben Sie mir mein Kind.
Aber auch bei mir hörte sie nicht auf zu schreien. Sie war schon bei ihrer Geburt krebsrot und außer sich vor Zorn. Ich dachte, wenn sie erst zu lächeln beginnt, werde ich ihre Schönheit sehen wie bei den anderen Kindern. Aber sie lächelte niemals. Sie schien empört über die Späße, mit denen man Kinder zum Lachen bringt. Sie schien grundsätzlich empört, als sei es eine Zumutung, sie in das Leben gezwungen zu haben.
Sie war viel krank. Ein paarmal dachten wir, sie schafft es nicht. Sie bekam die Pocken in einem Alter, in dem kaum jemals Kinder sie überleben. Doch sie überlebte, Stirn und Wangen mit Narben bedeckt, die sie noch heute trägt. Als sie sieben war, wurde ihr dreimal an einem Tag Blut abgenommen. Am Abend war sie überhaupt nicht geschwächt. Sie zankte mit der Gouvernante und wollte nicht ins Bett. Ich bekam Angst vor ihr. Zum ersten Mal dachte ich: Das ist nicht mein Kind und erschrak fürchterlich, weil ich wusste, dass sie mein Kind war, meines und Donatiens, eine kleine de Sade, die Zorn und maßloses Begehren von ihrem Vater geerbt hatte,

ohne den Liebreiz, der kleinen Mädchen und Frauen zur Erlangung des Begehrten hilft. Und ich sah das Unglück, das mit ihr geboren war.
Als die Zeit des Lernens begann und irgendjemand ihr Lesen, Schreiben und ein paar Grundrechnungsarten beibringen musste, verzichteten wir auf den Versuch, eine Hauslehrerin für sie zu bestellen, und gaben sie ins Kloster.
Ich kümmere mich um Ihre Söhne, sagte meine Mutter. Ich vertrete sozusagen Vaterstelle bei Ihnen. Doch befreien Sie mich von Ihrer Tochter, wenn ich bitten darf.
Wir entschieden uns für die Dominikanerinnen in G., die als besonders streng bekannt waren und in dem Ruf standen, den Willen auch der schwierigsten Mädchen aus adligen Familien brechen zu können.
Das sind wir Ihrer Tochter schuldig, sagte meine Mutter. Immerhin ist sie eine de Sade. Es wird ohnehin nicht leicht sein, sie zu verheiraten. Vielleicht erreichen die Schwestern auch, dass sie eines Tages den Schleier nimmt.
Im Leben nicht, meine Mutter, sagte ich. Das wissen Sie.
Als die Nonnen mich baten, sie wieder abzuholen, gab meine Mutter mir Geld. Sie meinte, es sei nicht möglich, dass ein Kloster solche Beträge zurückweise. Aber die Schwestern blieben hart.
Wir müssen an die anderen Töchter denken, die uns anvertraut worden sind, sagten sie. Es habe Verletzungen gegeben. Zerbrochene Möbel. Verunreinigungen. Man betrachte das Geld als willkommene Entschädigung für erlittene Unbill, bitte mich jedoch, meine Tochter ohne Säumen mitzunehmen.
Sie war elf. Ich fragte sie, was ihr Spaß mache. Und sie sagte: Wenn man mich in Ruhe lässt.
Und was willst du tun?, sagte ich.
Ich will gar nichts tun, sagte sie. Am liebsten schlafen.
Schlafen ist doch keine Beschäftigung.
Doch. Ich träume gern.
Was träumst du?, fragte ich.
Ich träume von Pferden, sagte sie.

Möchtest du vielleicht reiten?, fragte ich.
Ja, sagte sie. Wie mein Vater geritten ist. Und Tiere schießen, setzte sie hinzu.
Du meinst, auf die Jagd gehen?
Ja. Wie mein Vater auf die Jagd gegangen ist.
Ich sagte: Du bist doch ein Mädchen.
Aber ich kann auch totschießen, sagte sie.
Ich schenkte ihr ein Pferd, als wir im Sommer in Échauffour waren, und gab ihr einen Reitlehrer. Er war der Erste, der sich nicht über sie beklagte. Sie liebte das Pferd. Sie pflegte und striegelte es mit eigener Hand. Meine Mutter verlangte von mir, ihr zu verbieten, die Arbeiten eines Stallknechts zu tun. Aber ich sah, wie zart und behutsam sie mit dem Pferd umging.
Sie fragte: Wo ist mein Vater? Ich will zu ihm.
Ich sagte: Das geht nicht.
Es war die Zeit, als er in Vincennes saß.
Sie bekam einen Wutanfall, kratzte und schlug mich.
Das werde ich deinem Vater erzählen, sagte ich.
Da war sie still.
Ich sagte: Du kannst ihm schreiben.
Sie schrieb einen Brief voller erbärmlicher Schreibfehler und ohne Inhalt. Sie war sehr aufgeregt, als ich vom nächsten Besuch bei ihm zurückkam.
Hat er meinen Brief gelesen?, fragte sie.
Ja, sagte ich.
Und? Was hat er gesagt?
Er will dir wiederschreiben.
Wann?, sagte sie. Wann?
Er tat es nie.
Du musst Geduld haben, sagte ich. Er ist sehr beschäftigt in seiner Gefangenschaft.
Was tut er?, fragte sie.
Er schreibt Bücher.
Worüber?
Dies und das, sagte ich.

Komme ich auch drin vor?, fragte sie.
Nun, sagte ich. Nicht direkt.
Ich hätte sagen müssen: O ja. Töchter gibt es viele in seinen Büchern. Sie sind zum Gebrauch für die Väter da. Zartes, makelloses Fleisch, von dem sie kosten, sobald sie Appetit darauf haben, und ohne zu fragen. Unschuldige Töchter. Verdorbene Töchter. Töchter, denen kein anderes Los als den übrigen Frauen bereitet wird, über die er schreibt, abgesehen von denen, die selbst zu den Genießenden gehören. Aber du kommst nicht darin vor. Du nicht.
Sie dachte, er kommt zu uns zurück, als er im Frühjahr 1790 aus Charenton entlassen wurde. Sie träumte von nichts anderem. Sie war neunzehn. Sie sprach davon, dass sie ihm die Pferde in Échauffour zeigen wolle, mit ihm ausreiten … Und als ich ihr sagte, dass ich nicht mehr seine Frau sein wolle, bekam sie einen ihrer Wutanfälle und rief: Dann werde ich seine Frau sein! Sie schwor, dass sie mich nie wieder sehen wolle. Sie werde zu ihm gehen und ihn für alles entschädigen, was ich ihm antäte. Mit ihm leben. Bei ihm sein. Endlich.
Am nächsten Tag ging sie zu ihm ins Hôtel du Bouloir, wo er untergekommen war. Am Abend war sie wieder bei mir. Sie war sehr still. Ich wagte es nicht, sie nach ihrem Vater zu fragen.
Sie sprach nie wieder von ihm. Ich sah, dass er ihr das Herz gebrochen hatte. Ein dummes, törichtes Herz, das Herz eines Mädchens, das nur ein einziges Mal im Leben lieben kann.
Ich habe es ihm nie verziehen.

1774 – 1775

Die Nacht von La Coste

So ist das Schloss bei Einbruch der Nacht gänzlich verschlossen, alle Lichter sind gelöscht, die Küche ist nicht mehr geöffnet …

Der Marquis de Sade an Gaufridy, im Dezember 1774

Im November ist der Marquis in Lyon. Er ist nach wie vor vogelfrei. Ein Mann, gegen den noch immer ein Todesurteil in Kraft ist, wenn auch nur im Bereich der Gerichtsbarkeit von Aix-en-Provence. Wie schon des Öfteren reist er als Comte de Mazan. Es ist ein löchriges Inkognito. In den Spelunken auf der Presqu'île raunt man sich zu: Das ist der Marquis de Sade.

Wer?

Der vor sechs Jahren in Pierre-Encise gesessen hat.

Der? Der Sodomist?

Und Giftmörder. Ja.

Hat er Geld?

Das ist zu vermuten. Würde er sonst frei herumlaufen?

Der Graf de Mazan sieht nicht übel aus. Er ist elegant gekleidet. Er trägt einen Umhang aus feinem Kammgarn, wie sie es nur in England herstellen. Sein Gesicht ist schmal, seine Nase ein wenig scharf und nach unten gebogen. Wen er ansieht, den trifft sein Spott, ohne Ausnahme. Selbst wenn er die Augen schlösse, könnte man noch an der Biegung der Brauen seinen Spott ablesen. Man wünscht, dass er die Augen schließt. Sein Blick unter den schräg abfallenden Lidern ist schwer zu ertragen, ohne dass man den eigenen Blick davor senkt. Er sucht keinerlei Kontakt, keinerlei Aufmerksamkeit. Er zieht sie auf sich. Es hat etwas Zwingendes. Kaum betritt jemand die alte Spelunke am Saône-Kai, wo er an der Theke

lehnt, schon beschäftigt er sich mit dem Rätsel, das der Fremde aufgibt.
Träfe man ihn an einem anderen Ort in Lyon, hielte man ihn vielleicht für einen Kunstsachverständigen, der die römischen Altertümer besichtigen will, die manch seltsamen Reisenden nach Lyon locken. Man sagt, er war in Italien. Florenz und Rom.
Die Mädchen erkennen ihn wieder.
Der war schon öfter hier, sagen sie.
Sie sehen einander an und lächeln hinter vorgehaltener Hand.
Stimmt etwas nicht mit ihm?
Doch. Er zahlt gut.
Und was hat er vor?
Nichts. Er will sich amüsieren.
Ausgerechnet Lyon. Hat der Marquis vergessen, dass ein Befehl des verstorbenen Königs in Kraft ist, ihn zu ergreifen und in Pierre-Encise gefangen zu setzen?
Er spielt wie die Maus mit der Katze. Fangt mich! Hier bin ich! Schnappt zu, wenn ihr mich kriegt!
Es ist, als wolle er sich selbst beweisen, dass man ihm ernstlich nichts anhaben wird, wenn er nach La Coste zurückkehrt. Indem er sich in Lyon sehen lässt, zeigt er seinen Verfolgern, dass er selbst bestimmt, wann das dumme Spiel, zu dem sie ihn zwingen, zu Ende ist.
Nun ist Schluss mit dem Exil, bestimmt er. Ich habe lange genug mitgespielt. Jetzt will ich wieder nach Hause.
Im Grunde hält er die Gerichte für sich nicht für zuständig. Wohl muss es Gesetze geben. Aber sie sind fürs Volk, nicht für ihn. Die Richter, die sie vertreten, was vermögen sie über den Marquis de Sade? Was bedeutet ihr Richtspruch für einen wie ihn? Er ist es müde geworden, ihn noch zur Kenntnis zu nehmen. Er ist ein Herr. Die Richter wissen ja nicht einmal, was das heißt. Ein Herr ist frei. Er gürtet sich mit seinem Degen, nimmt seinen Spazierstock und geht, wohin er will.
Und er ruft seine Gefährtin aus Paris zurück: Komm, sagt er, lass uns nach Hause gehen.

Und sie kommt.
An einem verregneten Tag im November trifft sie in Lyon ein. Jede Meile, die hinter ihr liegt, ein Stück Niemandsland. Zwischen ihr und der Welt von Paris, der Welt gepflegter Beziehungen, tragfähiger Allianzen und der sozialen Reputation, die Grundlage für beides ist, besteht keine Verbindung mehr.
Was werden wir tun?, sagt sie.
Wir machen es wie die Tiere, sagt er. Wir beziehen unseren Bau und halten Winterschlaf. Im Frühling sehen wir weiter. Bis dahin ist es noch lang.
Nur wir beide?, sagt sie ungläubig.
Wer sonst?, sagt er und legt ihr die Hand in den Nacken.
Sie fühlt, wie ihr erstarrtes Herz sich bereit macht zu schmelzen. Das große Liebesduett, nur du, nur du.
Und ein paar Dienstboten, sagt der Marquis.
Dienstboten?
Wir haben Gothon, sagt sie. Und Carteron. Und die Frauen aus dem Dorf, wenn es nötig ist. Wir brauchen doch niemanden, wenn wir allein sind. Außerdem müssen wir sparsam sein.
Ich dachte an ein paar junge Mädchen zum Anlernen, sagt er. Das kostet nicht viel. Wir könnten sie von hier mitnehmen.
Ein paar junge Mädchen zum Anlernen.
Ich brauche auch einen jungen Sekretär, sagt der Marquis. Carteron hat sich schon umgesehen.
Ein junger Sekretär.
Nur du und ich.
Und sie sagt: Es könnte schwierig sein.
Was, schwierig?
Weil man dich hier kennt. Sie wissen, wer du bist.
Ich bin der Comte de Mazan.
Das wird nicht genügen.
Wieso nicht, wenn du bei mir bist?
Wenn du bei mir bist. Ein Unhold hat keine Ehefrau. Sie begreift.
Sie werden einen Brief bekommen, schreibt sie an Gaufridy, *in dem man Sie um Auskunft darüber bitten wird, ob der Herr Comte de*

Mazan, gegenwärtig in Lyon, identisch ist mit dem Marquis de Sade aus dem Prozess von Aix. Seien Sie bitte so gütig und antworten Sie darauf mit einer kleinen jesuitischen Lüge …
Sie schreibt nach Diktat, tunkt die Feder ins Tintenfass, beugt sich über das Blatt, während der Marquis hinter ihr steht. Die kleinen Härchen in ihrem Nacken richten sich auf, als er näher kommt, zuerst sein Atem, dann seine Lippen, seine Zunge ihre Nackenwirbel berühren.
Na so etwas!, setzt sie in Klammern hinter das Wort *Lüge*.
Die Zunge ist warm und feucht, geschickt und herausfordernd.
Ihr Brief gelangt nur in untergeordnete Hände, fährt die Briefschreiberin fort.
Eine weitere Brücke bricht hinter ihr ein: Anstand, Verlässlichkeit, Ehrlichkeit. Währenddessen befinden sich Feder und Zunge in unauflöslicher Komplizenschaft. Die Feder wandert über das Papier, die Zunge über die Haut. Beide schreiben dem Material ihre Lügen ein, unbekümmert, erfinderisch, skrupellos. Beide gefallen sich in einem Spiel, das seine eigenen Regeln schafft. Es muss gewagt sein und kühn und unverschämt, wenn es Spaß machen soll.
Ich hoffe, dass Sie so freundlich sein werden, den Brief in dem von mir gewünschten Sinne abzufassen, schreibt die Hand, die die Feder hält. Die Zunge setzt ihr Spiel fort.
Ich werde Sie zu meiner Geheimsekretärin ernennen, sagt der Marquis.
Das genügt mir nicht, sagt die Marquise.
Zu meiner Kanzlerin.
Nein, sagt sie.
Zur Ministerin meines Hofstaats und Intendantin meiner Vergnügungen.
Nein.
Nun gut, sagt er, zu meiner Königin.
Ich habe Ihr Wort, sagt sie.

Gaufridy wird den Brief schreiben, um den man ihn gebeten hat. Er wird darauf hinweisen, dass es mehrere Zweige der Familie de Sade gibt, die Sades von Eyguières, von Saumane und von Tarascon. Der fragliche de Sade befinde sich derzeit im Ausland, wird er schreiben, könne also wohl nicht der sein, der sich gegenwärtig in Lyon aufhalte.

Ein Advokat. Ein alter Kindheitsfreund des Marquis. Es wird nicht die einzige Gefälligkeit unter Freunden bleiben. Es ist nur eine klitzekleine Gefälligkeit, da es sich lediglich um die Täuschung von Dienstboten handelt. Eine Spezies, für die sowieso ein anderer Kodex gilt. *Ihr Brief gelangt nur in untergeordnete Hände.* Es sind die der Eltern eines Sechzehnjährigen, den er als Sekretär engagiert.

Kann der Junge schreiben?

Macht nichts. So wird er es lernen. Er ist ein Auszubildender. Einmal beim Comte de Mazan in Dienst, wird seine Laufbahn nichts anderes als glänzend sein.

Die Eltern lassen ihn ziehen.

Als er in den Wagen steigt, sitzen darin schon fünf Mädchen, alle fünfzehn Jahre alt, blass vor Kummer und Aufregung. Sie begreifen, dass die Kindheit zu Ende ist und dass sie ihre Familien lange nicht sehen werden, vielleicht nie wieder, nachdem man sie auf ein unbekanntes fernes Schloss in Dienst gegeben hat. Alle fünf sind verheult. Alle wischen sich die Nasen, trocknen sich die Augen mit ihren Rocksäumen. Es ist noch nicht lange her, dass ihre Mütter ihnen mit ihren eigenen Säumen die Nasen putzten. Jetzt, vor Kummer schnaufend, sehen sie kindlicher aus denn je. Alle fünf wissen, dass nie wieder jemand kommen wird, wenn sie Trost brauchen.

Der junge Sekretär, plötzlich in der Rolle des älteren Bruders, sitzt mit offenem Mund da und sieht von einer zur anderen. Die Rolle überfordert ihn offenbar. Eine Frau, die weint, ist schon zu viel für einen Mann. Hier sind fünf.

Außerdem ist Nanon da. Sie ist dreiundzwanzig. Die Mädchen bewundern sie rückhaltlos. Sie kennt die Welt. Sie war schon in Dienst. Sie ist es, die sie alle an die Herrschaften vermittelt hat, von denen man nicht genau weiß, ob sie Mazan oder Sade heißen. Es sei

beides der Fall, hat Nanon gesagt, und bei solchen Herrschaften sei das in Ordnung. Alles ganz anders als bei unsereinem.
Eine Kupplerin? Dazu ist sie zu jung. Aber sie ist auch zu alt, um selbst zu den Mädchen gezählt zu werden. Eine zukünftige Kupplerin. Dies ist vielleicht ihr Gesellenstück.
Die Mädchen beginnen bald, miteinander zu flüstern. Sie haben niemanden mehr, doch sie haben einander. Alle gleich unglücklich. Gleich erwartungsvoll.
Es ist der Brauch, dass sie in diesem Alter in Dienst gehen. Ihre Familien haben sie lange genug ernährt, und ihre jüngeren Schwestern, die auch bald in Dienst gehen werden, übernehmen jetzt ihre Arbeiten zu Hause. Sie wissen alle, was von ihnen erwartet wird: sich ein paar Jahre als Dienstmägde zu bewähren und dann einen Mann zu finden, der eine Familie ernähren kann.
Ihre Mütter haben sie am Vorabend dringend ermahnt, sich für diesen Mann aufzusparen. Sie haben von den Frauen in ihrer Verwandtschaft gesprochen, die ledig Kindsmütter geworden sind. Sie haben ihnen ihr Schicksal ausgemalt, ihnen genau erklärt, warum sie verachtenswert sind und dass niemand von Anstand je wieder mit ihnen zu tun haben will, nicht einmal die eigenen Eltern, und die Geschwister nur unter der Bedingung, dass sie bereit sind, umsonst wie die Sklaven für sie zu arbeiten, und dass diese Verachtung auch ihre unehelich geborenen Kinder einschließt, überflüssige Wesen, für die niemand auf der Welt einen Heller gibt.
Die Mütter waren sehr ernst dabei. Manchmal schienen sie sich an das Mädchen zu wenden, das sie selbst einmal gewesen waren, ein unvernünftiges Kind, das man nur durch äußerste Strenge zu dem machen konnte, was aus ihm geworden ist. Hör gut zu, haben sie gesagt, und exakt die Körperstelle bezeichnet, die bei den Mädchen der Sitz der Gefahren ist, der Ort, an dem über ihre Zukunft entschieden wird. Männer seien Männer, haben sie gesagt. Auch die Väter der Mädchen seien es, ganz nebenbei erwähnt. Es möge vorteilhaft sein, den Männern etwas zu gewähren, so dies und das manchmal. Sie erließen es einem nicht, auch beruhige es durchaus das eigene Blut, das schon vielen zum Verderben gereicht hätte.

Hier verloren sie sich ein wenig im Vagen. Aber dies *eine*, haben sie gesagt, sei streng und bei höchster Strafe verboten. Und wenn ihre Töchter glaubten, man würde sie zurücknehmen, wenn sie mit einem Kind und ohne Mann vor der Tür stünden, irrten sie. Ob sie alles verstanden hätten?
Und die Mädchen haben geantwortet: Ja, und versucht, sich noch einmal in die Arme ihrer Mütter zu drängen, die es kurz duldeten, eingedenk des Abends, an dem sie selbst von ihren Müttern verabschiedet worden waren. Es ist das Leben, haben sie gesagt. Es wird schon nicht so schlimm werden.
Und jetzt sitzen sie in der Mietkutsche, die dem Wagen der Herrschaften folgt, und ihre größte Angst ist die Angst vor der Stille und Einsamkeit auf dem Land. Man hat ihnen das Schloss als enorm groß und düster vor Augen gestellt. Und wenn sie an die bevorstehenden Winterabende in La Coste denken, befällt sie ein Grausen.
Es ist das, was ihre Eltern so beruhigt und ihre Zustimmung begünstigt hat: die Ländlichkeit der Welt, in die man ihre Töchter entführt, fern aller städtischen Versuchungen. Die Langeweile, die Beschaulichkeit des Lebens, das sie dort vermuten. Sie haben sich tief verbeugt und die Säume der Herrschaften an ihren Mund geführt, während ihre jüngeren Kinder nach den Münzen grapschten, die ihnen der Diener zugeworfen hat.
An der ersten Station, an der die Pferde gewechselt werden, tritt der Herr an den Wagen.
Ich fahre mit den Mädchen, ruft er der Herrin zu, die darauf nicht antwortet.
Für den Rest der Fahrt sitzt er bei ihnen, mal bei diesem, mal bei jenem Kind, und sagt ihnen, wie hübsch sie seien. Hinter Montélimar lachen sie schon mit ihm. Man kann ihre Stimmen im vorderen Wagen hören. Es klingt wie das Gezwitscher der Vögel in den kleinen vergitterten Karren der Schausteller, die durch die Dörfer ziehen. Er hält sie fest, damit sie nicht in den Kurven übereinander fallen, und zieht mal die eine, mal die andere auf seinen Schoß.
Sie denken sich nichts dabei. Es ist ja nur der Herr.

In den ersten Nächten fürchteten sie sich sehr im Schloss. Die alten Dielen knarrten bei jedem Schritt. Die Türen quietschten in den Angeln. Der Wind heulte. In den Fluren und auf den Stiegen war es zugig und kalt. Die Kerzen gingen aus. Plötzlich war Dunkelheit. Sie drückten sich an die Wände, die feucht und kalt wie ein Grab waren, und tasteten sich bis zur nächsten Tür.
Der Mistral heulte bei Tag und Nacht um die Mauern. Es schien, als ob ein unaufhörliches Klagen aus den Tiefen des Gebäudes dringe, ein Stöhnen und Ächzen, das je nach der Richtung, aus der der Wind kam, von einem hohlen Gesang begleitet war, der an- und abschwoll, als singe irgendein Chor gottlose Choräle zu heimlichen Messfeiern. Die Mädchen erinnerten sich an die Geschichten ihrer Großmütter. Geschichten, die sich an verwunschenen, verfluchten Orten zutrugen, von denen kein Entkommen ist. Wohin hatte man sie gebracht?
Am ersten Abend erschraken sie fürchterlich, als sie gewahr wurden, dass jede von ihnen ein eigenes Zimmer mit einem Bett für sich ganz allein darin hatte. Sie hatten bisher alle mit ihren Schwestern das Bett geteilt und konnten nicht einschlafen. Alle fünf hatten dieselbe Idee: sich zu einer anderen ins Bett zu legen. Aber sie stellten fest, dass sie eingeschlossen waren, und verbrachten ihre erste Nacht zitternd, auf die Geräusche horchend, die an ihr Ohr drangen. Waren das Schritte vor ihrer Tür? Schrie da nicht jemand? Sie weinten vor Angst und Heimweh, und als sie ihre Türen am nächsten Morgen unverschlossen fanden, glaubten sie umso fester an nächtliche Geister.
Was habt ihr geträumt?, fragte die blonde Jeanne. Man sagt, der erste Traum unter einem neuen Dach geht in Erfüllung. Sie habe geträumt, der Herr sei in ihrem Zimmer gewesen, sagte sie.
Zwei, drei der anderen sagten, sie hätten denselben Traum gehabt.
Aber bei mir war er wirklich, sagte die kleine Marie.
Du bist dumm, sagten die anderen. Der Herr. Bei dir. Die spinnt.
Marie war noch ein Kind. Dünn. Sie sah höchstens wie zwölf aus.
Er hat mich gefragt, ob ich etwas dagegen habe, wenn er sich zu mir legt, sagte sie beleidigt.

Das hat er bei mir auch getan, sagte Rosette, die Rothaarige. Ihm sei kalt, hat er gesagt.
Aber die Türen waren zu, sagte Jeanne triumphierend. Die ganze Nacht. Nur Gespenster können durch verschlossene Türen gehen.
Dann war es eben ein Gespenst, sagte Marie, die als Kleinste nicht auch noch im Unrecht sein wollte.
Marie sieht Gespenster, riefen die anderen Mädchen im Chor. Aber ihnen war nicht wohl dabei, und sie stritten darüber, ob es wahr sei, dass Gespenster durch Wände gingen.
Und jetzt?, sagte eins der Mädchen. Was machen wir jetzt?
Sie bekamen alle einen heillosen Schrecken, weil sie nicht wussten, welches ihre Arbeit war und wo sie sie finden sollten. Es war ihr erster Tag. Dieses Schloss war so groß. Sie machten sich flüsternd auf den Weg. Es herrschte noch Dunkelheit. Sie stießen sich die Köpfe an Ecken und Vorsprüngen.
Still!, sagte die blonde Jeanne.
Hatte da nicht eine Tür geknarrt? Vor ihnen stand Carteron und hielt eine Kerze in der Hand. Er trug ein Hemd und allem Anschein nach nichts darunter.
Mädchen, sagte er. Kommt mal her.
Hinter ihm stand eine Tür offen. Sie traten ein. Es war warm in Carterons Kammer. Im Kamin brannte das Feuer, als wäre die ganze Nacht nachgelegt worden.
Sieh an, sagte eine Stimme. Sie kam aus der Ecke, in der das Bett stand, und plötzlich sahen die Mädchen, wer in dem Bett lag: Es war der Herr.
Verzeihung, sagte die blonde Jeanne. Wir dachten, es ist Carterons Zimmer.
Der Herr richtete sich halb auf. Er trug keine Mütze zum Schlafen wie andere Männer. Sein Haar hing in langen offenen Strähnen herab. Er strich es sich mit der eleganten Bewegung einer Frau aus der Stirn.
Erstens, sagte er, es ist Carterons Zimmer. Zweitens, was sucht ihr Mädchen hier?

Wir suchen Arbeit, sagten die fünf Mädchen wie aus einem Mund.
Arbeit?, sagte der Marquis. Jetzt?
Verzeihung, sagte Carteron. Das ist normal. Es ist sechs Uhr morgens.
Sechs, sagte der Marquis, da fängt doch kein neuer Tag an. Da ist ja nicht einmal der alte Tag vorbei, jedenfalls nicht für mich.
Er setzte sich im Bett auf und schlug die Decke zurück, wie jemand, der einem anderen bedeuten will, dass ein Platz im Bett für ihn frei ist. Die Mädchen konnten sehen, dass er, wie Carteron, unter seinem Hemd nackt war. Sie sahen es, und sie sahen es nicht. Sie sahen es, wie man kurz etwas sieht, das einem Angst macht, bevor man sich sagt: Da war nichts. Ruhig. Das bildest du dir nur ein. Ein Blitz der schlechten Phantasie, die in den meisten von uns so schöpferisch ist, dass der Verstand nicht hinterherkommt.
Er schlug die Decke wieder zu.
Kommst du, Jeunesse? Sag den Mädchen, dass auf La Coste im Winter der Tag niemals vor elf beginnt.
Ihr habt's gehört, Kinder, sagte Carteron. *Vite, vite.*
Er scheuchte sie zur Tür.
Manche von ihnen schworen später, dass er sich zum Herrn ins Bett gelegt habe, sie hätten es noch gesehen, bevor sie aus dem Zimmer gewesen seien.
Andere sagten, es sei unmöglich, da er doch ein Diener und ihresgleichen sei.
Aber sie dachten an den seltsamen Traum ihrer ersten Nacht und an die Gespenster, die durch die Wand gehen, was nichts anderes bedeutet, als dass man in solchen Schlössern mit allem rechnen muss.
Sie fanden die Küche und trafen auf Gothon, die ein Feuer im Küchenherd zündete, und sie kamen schüchtern herein und halfen ihr.
Von da an wurde die Küche ihr Zufluchtsort. Dort war es warm, und sie drängten sich um den großen Tisch, walkten Teig, putzten Gemüse und tranken warmen Milchkaffee aus großen Tassen, die

sie mit ihren kalten Händen umspannten, wie sie es zu Hause getan hatten, während Gothon alle Fragen und Bedenken, die sie ihr vortrugen, mit einem kehligen Lachen beantwortete und Ach, Kinder sagte. Ach, Kinder, ihr werdet noch sehen. Alles halb so schlimm.
Schließlich fasste sich die kleine Marie ein Herz: Gibt es hier Gespenster?, fragte sie.
Nein, sagte Gothon lachend. Hier sind alle Gespenster aus Fleisch und Blut, glaub mir das.
Und die Mädchen wussten nicht genau, ob sie das beruhigen oder beunruhigen sollte. Sie saßen so da und blickten in ihre Tassen. Sie wunderten sich. Es war alles ganz anders, als ihre Mütter gesagt hatten.
Sie gewöhnten sich daran, spät aufzustehen. Sie fanden sich morgens matt und wie zerschlagen von nächtlichen wirren Träumen in ihren Betten. Sie träumten fürchterlich. Sie fühlten noch die Stricke, mit denen man sie im Traum gefesselt hatte. Ihre Arme waren steif von dem Zerren und Zucken, mit dem sie sich vergebens gewehrt hatten. Ihre Handgelenke brannten noch. Brannten sie? Sie brannten wirklich. Sie zogen sie vor die Augen. Sie befühlten sie. Die Haut war abgeschürft, blutig.
Sie sprangen aus dem Bett, liefen zum Fenster, betrachteten ihre Male bei vollem Tageslicht. Sie verschwanden nicht.
Sie versteckten es unter den Ärmeln. Sie sahen nicht hin, wenn es bei den anderen zum Vorschein kam. Sie fanden auch Male an ihrem Rücken und am Gesäß. Sie fürchteten sich vor der nächsten Nacht. Sie wussten: Es würde wieder geschehen. Aber am meisten fürchteten sie sich davor, allein ins Bett zu gehen. Abend für Abend warteten sie darauf, dass man sie zu den anderen rief. Abend für Abend waren sie erleichtert, wenn es geschah. Das Feuer, die vielen Kerzen. Das warme, leuchtende Zentrum in einem dunklen, kalten Schloss. Manchmal machte der Marquis Musik. Er spielte das Cembalo, das im Salon stand. Er sang alte provenzalische Balladen. Er sang gut. Seine Stimme brachte etwas in ihnen zum Mitklingen. Man trank heißen Wein. Er machte müde, warm, weich und auf angenehme Art gleichgültig. Niemand wollte wirklich fern bleiben.

Alle strebten sie da hin, wie man aus stillen Straßen zum Jahrmarkt strebt, wo die Musik spielt. Etwas lockte. Etwas rief. Sie warteten ungeduldig, bis die Marquise in die Spinnstube kam, wo sie saßen, nah beieinander, denn der Raum war nur durch ein Rohr beheizt, durch das der Rauch von der Küche zog, und sagte: Na, Kinder, wollt ihr nicht ein wenig zu uns kommen?
Es war schlimm. Es war schlimmer als alles, wovor sie sich gefürchtet hatten, als sie in Dienst gingen. Aber es war nicht das, wovor ihre Mütter sie so inständig gewarnt hatten. Sie wussten, worauf es ankam. Sie kannten die Stelle an sich, die auf alle Fälle in Acht genommen werden muss. Sie war intakt.
Wir kommen, sagten sie und räumten die Spindeln weg. Solange die Marquise in der Nähe war, konnte ihnen nichts geschehen. Sie glaubten es immer noch. Die Marquise war sehr freundlich zu ihnen. Sie war wie eine bekümmerte Frau, die von fern fremden Kindern beim Spielen zusieht und weiß, dass sie doch nicht auf sie hören werden, wenn es gefährlich wird. Erst wenn die Marquise sich zurückzog, bekamen die Mädchen Angst.

Sei anstellig! Sei fleißig!, hatten die Mütter sie ermahnt. Aber es gab nichts zu tun für sie in La Coste, außer ein wenig zu spinnen, die eigene Kammer in Ordnung zu halten und bei den Mahlzeiten der Herrschaften zu servieren. Sie konnten feststellen, dass so ein Tag im Winter rasch vergeht, wenn man ihn erst um elf beginnt. Bald fällt die Dämmerung ein. Dann verlassen die Mägde aus dem Dorf das Schloss. Der alte Kastellan verriegelt das große Tor. Es quietscht in den Angeln und fällt mit einem Schlag ins Schloss, der durch den Hof hallt und in allen Räumen zu hören ist. Die Hunde schlagen an und ziehen sich knurrend zurück. Kein Gast gelangt mehr hinein, kein Bewohner hinaus aus dem Schloss. Das Dorf La Coste, so nah, scheint auf einmal sehr fern zu sein. Seine Geräusche sind verstummt. Der Rauch aus seinen Kaminen verliert sich in dem Nebelmeer, das das Schloss umwallt. Es ist eine Insel, *unauffindbar und einsam wie das Schweigen …*
Das ist kein Ort mehr von dieser Welt. Hier enden alle Gesetze, alle

Vertrautheit, alle Sicherheit. Es ist das Reich der Phantasie, der schrankenlosen Erfindungskraft eines Erdichters der Finsternis. Bevor er sein furchtbares Märchen erzählt, das, wie alle Märchen, von der Gewalt und der Lust handelt, erforscht er den Schauplatz, an dem es spielt, das Schloss inmitten undurchdringlicher Wälder, seine geheimen Kammern, seine Verliese, die Festsäle, und stellt fest, dass es seine eigenes Zuhause ist. Er ist der Schlossherr. Er erlässt die Gesetze, die in seinem Reich gelten. Alter Bühnenfuchs, ist er alles in einer Person: Autor, Regisseur und Hauptakteur in dem Stück, das er inszeniert. Dies ist der Schritt zur Ausweitung der Bühne ins Reich der Grenzenlosigkeit, der Fiktion. Das Schloss ist nicht mehr La Coste, wenn die Dunkelheit es umhüllt, es ist das Herz der Finsternis, das Schloss der »120 Tage von Sodom«. *Er war außerhalb Frankreichs, in einem sicheren Land, im Mittelpunkt eines unbewohnbaren Waldes, in einem Versteck, das nur für die Vögel des Himmels erreichbar war, er war hier in den Eingeweiden der Erde …*

Und er war nicht allein. Welches Arrangement! Welch ungeheure Versuchsanordnung, die er traf, um die Tiefe auszuloten, in der sein schauerliches Märchen spielt!

Es waren fünf unschuldige junge Mädchen, die bei ihm waren.

Die erste hieß Augustine.

Die zweite hieß Fanni.

Die dritte hieß Zelmire. Sie weinte und verzweifelte über die Schrecklichkeit ihres Loses.

Die vierte hieß Sophie,

die fünfte Colombe. Sie war auf einem Spaziergang von der Seite ihrer Mutter geraubt worden …

Der Zauber solcher Verzeichnisse. Daran kann die Wirklichkeit niemals reichen. Die Mädchen hießen, wie solche Mädchen eben heißen, Jeanne, Marguerite, Marie … Und sie bekamen den Schnupfen in den zugigen Fluren und schlecht beheizten Kammern von La Coste. Streit und Eifersüchteleien verdarben die Stimmung. Ihre Naivität, die ungepflegte Sprache, ihr Mangel an Grazie und Umgangsformen trugen keineswegs dazu bei, ihren Reiz zu erhöhen.

Mit der Zeit kamen drei weitere Mädchen hinzu, *von hinreichendem Alter und Reifezustand, um nicht von ihren Eltern zurückgefordert zu werden,* wird de Sade später schreiben. Es sind jetzt acht, Gothon und Nanon nicht mitgezählt, sowie Carteron und der kleine Sekretär.

Man wünschte, sich mit einer großen Zahl von entzückenden Objekten beiderlei Geschlechts zu umgeben.

Und: *Geld spielt keine Rolle* heißt es in seinem Märchen.

Oh, das wunderbare Reich der Fiktion! Indem er sich Zutritt zu ihm verschafft, ist alles möglich. Keine Verbote mehr, keine Beschränkungen. Keine Unzulänglichkeiten, weder des Personals noch der Arrangements. In den Nächten von La Coste fühlt er es voraus: Die Dämmerung sinkt. Die Kerzen flackern. Der Wind heult. Die Läden klappern, als suchte eine Schar verdammter Seelen Zuflucht vor der Dunkelheit, vielleicht die Protestanten, die sich vor mehr als zweihundert Jahren ins Schloss geflüchtet haben und dort ermordet worden sind. Der Schlossherr liebt es, die dunkle Legende seines Hauses zu erzählen. Sie gehört zu ihm wie der Schatten des Turmes, die Dohlen, die ihn umschwirren, der Geruch nach Moder, der aus den Kellern steigt.

Die Dielen knarren. Kamine sieden. Scheite zerplatzen und Funken glühen. In den Flammen tanzen Teufelchen, starren dich an und verschwinden so schnell, wie sie gekommen sind. Draußen wächst der Wald um die Mauern. Hecken schießen hoch, Gräben vertiefen sich. Das sind keine Hunde mehr, die da bellen. Es sind Wölfe.

Kommt zu mir, Kinder, wenn ihr euch fürchtet. Es ist warm hier, und was sollte euch geschehen, wenn ich euch beschütze? Seht her, Gothon ist auch bei mir. Carteron. Und sieh an, da kommt auch Nanon. Sieht sie nicht reizend aus heute Abend? Setz dich zu mir, Nanon. Die Mädchen fürchten sich vor mir. Kannst du das verstehen? Na, komm ein bisschen näher. Damit sie sehen können, dass ich nicht beiße. Und leg dein Tuch ab. So. Es ist warm genug. Auch dieses Ding. Zieh es aus. Wir sind doch unter uns, nicht wahr, Carteron? Sag du den Mädchen, dass man sich vor mir nicht fürchten muss.

Reich mir das Buch, kleiner Sekretär. Seht ihr, wir lesen ein wenig. Ihr könnt nicht lesen? Macht nichts. Ich zeig euch die Bilder, die in dem Buch sind. Und du, mein Täubchen, erzählst uns, was wir sehen. Na, wie gefällt euch das?
An den Wänden flackern Schatten. Die Ahnen in ihren Rahmen sehen streng und wie aus großer Ferne herab. Manchmal schütteln sie leise den Kopf.
Warum weinst du, Zelmire? Es gefällt dir nicht? Komm, ich zeige dir etwas, das dir gefallen wird. Nein, nicht hier. Nebenan, wo wir ganz allein miteinander sind. Was? Du willst nicht? Du willst nicht tun, was dein Herr befiehlt? Hat man dir nicht beigebracht, zu gehorchen? Du weißt doch, was passiert, wenn du dich widersetzt. Hör endlich auf zu weinen! Du verdirbst alles. Nein, heute bin ich streng. Oh, ich werde sehr streng sein. Ihr werdet sehen, Kinder, hinterher ist es noch mal so schön, wenn wir beisammen sind. Wie gestern Abend. Sophie, Augustine, wisst ihr noch?
Ich heiße nicht Augustine.
Du heißt, wie ich will. Wie heißt du?
Augustine.
Die Wölfe heulen. Die Käuzchen schreien. Fledermäuse umflattern wie irrsinnige Gedanken den Kopf in der Dunkelheit. Fackellicht tanzt an den Wänden. Modergeruch steigt auf. Der Gang wird enger, die Stufen steil.
Ich will da nicht hinab!
Es sind nur vierzig Stufen, die in den Kerker im Keller des Schlosses hinabführen. Es ist das Gefängnis des Dorfes, fast nie benutzt, zu dem der Schlossherr den Zugang hat. Ein enger Raum mit niedrigem Gewölbe und einer schmalen Lichtluke statt eines Fensters.
Was sind vierzig Stufen? *Dreihundert*, wird er schreiben.
Und wohin führen sie?
In die Eingeweide der Erde. An den dunkelsten Schreckensort der Phantasie, *eine Art gewölbten, durch drei Eisentüren verschlossenen Kerker, in welchem sich alles befand, was die grausamste Kunst und die raffinierteste Barbarei an Schrecklichstem erfinden konnten, um die Sinne zu entsetzen …*

Hilfe! Ich will da nicht hinab!
Wenn du nicht gehorchst –
Großer Gott. Habt Erbarmen.
Aber der Lüstling der Phantasie kennt kein Erbarmen. *Wehe, hundertmal wehe über jene unglücklichen Kreaturen, die in solcher Verlassenheit einem Schurken ohne Rechtsgefühl und Religion ausgeliefert waren, den das Verbrechen amüsierte, der kein anderes Interesse kannte als seine Passion, keinen anderen Maßstab als die selbstherrlichen Gesetze seiner perfiden Lüste* – soll er das sein, der Marquis? Jener allgewaltige Herrscher über Vermögen und Körper und die Moral? Schöpfer einer finsteren Vollkommenheit, einer Welt des Verbrechens und der Lust daran?
Kein Zweifel: Er will es sein. In dieser Phase des Spiels unterwirft er sich keinen Beschränkungen.
Die Mädchen weinen. Sie flehen ihn an. Sie rufen nach ihren Müttern. Dann besinnen sie sich darauf, wer wirklich helfen kann. In ihrer größten Not rufen sie nach der Marquise.
Das bringt den Marquis aus dem Konzept. Und er hasst es, in solchen Momenten aus dem Konzept gebracht zu werden. Sein Konzept ist grandios. Es ist phantastisch. Es ist neu und kühn. Es zielt auf das Absolute. Das nie und auf keiner Bühne gezeigte sexuelle Mysterienspiel. Die Orgie, in der Lust und Freiheit einander umarmen. Den Triumph des Verbotenen, das alle Fesseln abgeworfen hat und in seiner ganzen verworfenen Schönheit erscheint. Er will das Stück, das *in den Eingeweiden der Erde* spielt. Und alles, was er bekommt, sind weinende Kinder, die nach der Marquise schreien.
Es bleibt eine Farce!
Das ist es, was ihn zum Äußersten treibt. Was immer er auch unternimmt, es bleibt eine Farce! Daran entzündet sich seine Wut. Er schleppt die Mädchen in den Keller. Er schließt das Gefängnis auf. Er bereitet ihnen Schmerzen. Er schlägt sie. Er peitscht sie. Er begeht an ihnen das Verbrechen der Sodomie. Er sagt ihnen, dass sie dafür geköpft werden, wenn es herauskommt. Er genießt ihre Verzweiflung, wenn sie das erfahren. Er schont weder sich noch sie. Er

rast. Er rast vor Zorn darüber, dass er nichts anderes als diese Farce hinbekommt. Er hat das Herz der Finsternis stürmen wollen, und alles, was aus den *Eingeweiden der Erde* dringt, ist ein gellender Schrei:
Madame! Helfen Sie mir, Madame!
Und die Antwort, die ihn mehr als alles andere aufbringt:
ÇA SUFFIT.
Es genügt niemals. Sie begreift es nicht. Sie ist alles, was ihn in diesen Nächten daran hindert, sein Ziel, die Erstürmung der Hölle, zu erreichen. Es ist ihre Schuld, dass es nicht gelingt! Ihre Gegenwart vertreibt den Geist des Bösen, den er beschwört.
Er sagt: Sie stören, Madame. Schweigen Sie!
Sie sagt: Die Kinder werden nicht schweigen. Sie werden sehen.
Himmel und Hölle, ruft er. Ich befehle, dass Sie sich zurückhalten, Madame. Sonst verlassen Sie dieses Schloss noch in dieser Nacht.
Das werde ich nicht, sagt sie.
Sie ist sehr blass. Diesen Winter hat sie abgenommen. Erste Falten zeigen sich in ihrem Gesicht. Das Kerzenlicht schmeichelt nur den sehr jungen Frauen. Sie ist zwar erst dreiunddreißig, doch in diesen Nächten hat sie den Part der Matrone. Auch sie verwandelt sich bei Dunkelheit, ohne zu wissen, in was, und ohne gefragt zu sein.
Das werde ich nicht, sagt sie, da ich Ihre Frau bin.
Sie weiß, dass er sie braucht. Er braucht sie, um den Anschein zu wahren, dass dies ein Haushalt ist. Eine Familie, um die sich ein enger Kreis von dienstbaren Geistern schart. Er braucht sie, um trotz allem die Art von Vertrauen zu schaffen, ohne die dies alles nicht möglich ist. In den Nächten von La Coste ist er ganz bei sich. Er ist zu Hause. Und wo er zu Hause ist, ist auch sie. Das ist Teil des Paktes, der zwischen ihnen gilt. Ein unverzichtbarer Teil. Auch dies ist eine Ehe. Es ist von ihm gewollt. Er geht nicht mehr außer Haus, um sich zu amüsieren. Nicht in diesem Winter. Er tut es bei sich. Es bedeutet keine Zurücknahme seines Anspruchs auf äußerste Freiheit in der Ausschweifung. Im Gegenteil. Es bedeutet einen Zuwachs an Radikalität. Er hält es nicht mehr für nötig, außer Haus

zu gehen. Wo er ist, ist die Lizenz zum Äußersten. Man komme und hindere ihn daran, er selbst zu sein, wo er am meisten er selbst ist: in seinem Haus.
Er braucht sie zur Verschleierung seines Tuns. Mit ihr ist La Coste nicht die Höhle des Löwen, es ist der Wohnsitz des Ehepaars de Sade. Dies ist der unlautere Kern des Arrangements, eine fraglos falsche Behauptung, die wissentlich von ihr verkörpert wird. Die Lüge ist ab jetzt ein Teil ihrer Existenz. Sie lügt nicht allein, wenn sie lügt, um ihn zu schützen, wie sie es ab jetzt bedenkenlos tun wird, sie lügt, indem sie in Erscheinung tritt. Die Nächte von La Coste – sie weiß es – sind ihr Sündenfall. Jahrelang hat sie ihm nachgeschaut, wenn er ging. Jahrelang hat sie gespürt, wie er ihr abhanden kam. Jahrelang hat sie sich vorgestellt: Arcueil, Marseille …, geahnt, was dort geschehen ist. Nie genau gewusst. Jahrelang hat sie die Qualen erduldet, sexuell auf die Folter gespannt zu sein: Da ist etwas, was du nicht kennst. Etwas Größeres. Etwas anderes. Etwas geheimnisvoll Schmutziges. Etwas für immer Verbotenes. Und sie hat ihm ihre Seele versprochen, wenn er es ihr zeigt.
Das ist nichts für dich.
Sie hasst diese Antwort. Sie hat alle Brücken abgebrochen. Sie hat ihm durch jeden Verrat, jede Lüge, jede törichte Tat, die sie für ihn beging, zeigen wollen, dass sie bereit ist für die Verworfenheit, tapfer genug für die Sünde. Jetzt ist sie hier. Und alles, was sie sagt, ist: Ça suffit.
Sie sieht die Kinder. Ihren gehetzten Blick. Ihre Angst. Ihre Scham. Ihr enttäuschtes Verlangen nach Anerkennung und Freundlichkeit. Ihre Schmerzen. Sie sieht die ersten Anzeichen einer Schamlosigkeit, die sie mehr erschüttert als alles andere. Sie erkennt die Verdorbenheit, die darauf gewartet zu haben scheint, dass sie jemand in ihnen weckt. Entsetzt sieht sie, welchen Anteil die Erniedrigung daran hat. Vor allem sieht sie die Enttäuschung, mit der sie sich von ihr abwenden:
Warum helfen Sie mir nicht, Madame?
Hat sie geglaubt, dass sie das Schlimmste verhindern kann, wenn

sie dabei ist? Dass sie nur Halt! zu rufen braucht, um zu retten und zu wehren? Dass sie zumindest begrenzen, eindämmen, gar erträglich machen kann? Kann man ein bisschen verrucht sein? Ein bisschen verbrecherisch?

Ein ruheloser Schatten, wandert sie durch das Schloss, wenn vor den Fenstern ein grauer Wintermorgen tagt. Sie trägt ein fahlweißes Wolltuch um die Schultern, das in Wirklichkeit pastellfarbig ist. Zu dieser Stunde gibt es nichts anderes als Grauabstufungen. Sie ist ein Gespenst. Sie wird für immer unerlöst durch diese Gänge gehen, diese Zimmerfluchten durchschreiten, die träumenden Mädchen streifen, die hier und da unter hastig hingeworfenen Plaids liegen und wie Kinder ein wenig im Schlaf stöhnen, wenn sie vorübergeht, nichts als ein schwacher Luftzug, der die Schlafenden nicht aufweckt und nur die letzten zwischen bizarren Gebilden von Wachs und dunklen Weinlachen noch brennenden Kerzen löscht. Wie alle ruhelosen Geister und Schlossgespenster hat sie eine Mission, die sie wieder und wieder erfüllen muss und die zutiefst unerfüllbar ist: dem Bösen zu wehren, das hier geschehen ist. Sie wird keinen Frieden finden, bevor sie ihren unerfüllbaren Auftrag nicht erfüllt hat. In dieser grauen Stunde wird sie zur Winterzeit noch in dreihundert Jahren durch das Schloss geistern, und wer immer es dann bewohnt, wird den Luftzug spüren, das leise Knarren hören, mit dem sich die Türen öffnen, wenn sie hindurchgeht und jetzt die Kammer betritt, in der der Marquis den Schlaf seiner großen Erschöpfung schläft, sein rotseidener Rock, der im fahlen Dämmerlicht schwarz ist, auf einem Sessel nachlässig abgelegt, so dass aus der Tasche ein Schlüssel gefallen ist, der auf dem Boden liegt. Beinahe stößt die Marquise mit dem Fuß daran. Beinahe hätte das Geräusch davon dem Spuk ein Ende bereitet. Doch sie bückt sich, bevor das geschehen kann, und hebt den Schlüssel auf.

Es ist ein Schlüssel, den der Marquis immer bei sich trägt, der Schlüssel zu dem geheimsten Kabinett im Schloss, das sie niemals betreten hat und das überhaupt nur der Marquis selbst betritt. In diesem Moment verwandelt sich das Gespenst in ein Wesen aus Fleisch und Blut zurück, in dem heftig und laut ein verräterisches

Herz zu schlagen begonnen hat. Vorsichtig verlässt sie die Schlafkammer, schließt die Tür und wendet sich zum Treppenhaus. Sie weiß, dass das Kabinett im Dachgeschoss des Südflügels liegt. Auf der Treppe hält sie ein und lauscht, ob ihr jemand folgt. Aber alle außer ihr liegen in tiefem Schlaf. Sie probiert den Schlüssel an mehreren Türen aus. Dann findet sie ein Schloss, in das er hineinpasst. Die Tür öffnet sich mit einem Knarren, das die Toten in der Gruft im Schlosspark aufwecken müsste, und im Licht des heraufziehenden neuen Tages tut sie einen Blick in den verbotenen, privaten Raum des Marquis, seine Herzkammer. Für ein paar Momente steht vor Entsetzen ihr Atem still. Dann hört sie ihn wieder wie den Atem einer Fremden, die mit ihr über die Schwelle getreten ist …

Haben Sie den Schlüssel zu meinem kleinen Kabinett gesehen?, fragt er am Nachmittag.
Welchen Schlüssel?, sagt sie.
Ich trage ihn immer bei mir, sagt er. Er muss aus meiner Rocktasche gefallen sein.
Ich habe nichts gesehen, sagt sie. Vielleicht, dass die Mädchen –
Ob sie ihr Personal so schlecht gezogen habe, dass es etwa gefundene Schlüssel nicht abliefere?
Mein Personal?, sagt sie.
Wie auch immer, sagt er, der Schlüssel müsse her.
Sie werde die Augen offen halten, sagt sie. Doch sei es nicht ihre Schuld, wenn er Schlüssel verliere.
Er verliere nichts, er halte eher dafür, dass ihm der Schlüssel entwendet worden sei. Und zwar, wenn er ganz frei heraus zu ihr sprechen solle, so denke er dabei an sie. Sie habe schon immer ein ungesundes Interesse an ihm gehabt, seinem Privatleben. Ein Interesse, wie es einer Ehefrau nicht wohl anstünde. Es gebe so dies und das im Leben der Männer, das Frauen nichts anginge –
Dies und das!, ruft sie.
Er denke gar nicht daran, sagt er, sich zu rechtfertigen. Dass doch die Frauen immer glaubten, die Dinge zum Besseren wenden zu

können, indem sie die Männer zum Reden verleiteten. Mit ihm habe sie da kein Glück. Sie möge ihm den Schlüssel aushändigen und kurz und gut.
Nein, sagt sie.
Was das heißen solle, nein? Ob sie ernsthaft darauf verfallen sei, jemanden wie ihn erziehen zu wollen, indem sie ihm den Spaß verderbe?
Spaß?, sagt sie. Glauben Sie, dass es den Mädchen auch Spaß macht, was Sie mit ihnen tun?
Sie solle sich da heraushalten, sagt er. Das sei sein Problem.
Da irre er sich, sagt sie. Sie sehe alles voraus. Erpressungsversuche der Eltern. Anklageerhebungen. Ärztliche Gutachten. Schweigegelder. Flucht. Verhandlungen. Neue Prozesse. Haft. Es werde schlimmer als jemals zuvor werden. Und all dies betreffe sie ebenso wie ihn. Ob er sich nicht erinnere, was sie um ihn schon ausgestanden habe?
Den Schlüssel, sagt er.
Was er denn täte, fragt sie, wenn er wüsste, dass sie ihn im Brunnen im Schlosshof versenkt habe.
Dann würde er sein Vergnügen so wie vormals außer Haus suchen, sagt er.
Wo?
In Marseille … in Aix … wo er es finde, sagt er. Er lasse gleich anspannen.
ÇA SUFFIT, ruft sie und wirft ihm den Schlüssel hin.

1789
Der Turm

Wir werden zusammen leben und sterben.

Die Marquise de Sade an ihren Mann
in der Bastille, am 30. Juli 1785

In Wahrheit fürchtet sie um ihr Leben,
wenn er eines Tages freigelassen werden sollte.

Der Kommandant der Bastille
an den Polizeidirektor, am 7. Juli 1785

Wir Wüstlinge halten uns die Frauen als Sklavinnen. Als unsere Gattinnen sind sie gefügiger, als es Mätressen sind, und Sie wissen, wie wichtig der Despotismus bei den Vergnügungen ist, die wir schätzen –

ÇA SUFFIT!

Sie ließ das Blatt sinken. Es handelte sich offensichtlich um Notizen zu einem Roman, die der Gefangene ihr zusammen mit anderen Papieren bei ihrem letzten Besuch in der Bastille übergeben hat. Dies sei nur ein Anfang, hat er gesagt. Er habe noch vieles bei sich, woran er arbeite. Doch wisse man nie, wie sicher die Manuskripte in der Festung seien. Er traue dem Kommandanten nicht. Er fürchte, dass man seine Zelle durchsuche, wenn er nicht darin sei.

Ihre Röcke sind weit. Dennoch war es nicht ganz einfach, alles an den Wachen vorbei nach draußen zu bringen, eine Reihe von Heften, in seiner akkuraten Handschrift eng beschrieben, und Blätter, zu kleinen Paketen verschnürt, die sie jetzt achtsam entknotet, damit ihr nichts durcheinander gerät.

Er hat die Manuskripte bezeichnet, die sie lesen darf und zu denen er ihre Meinung hören will. Einen Briefroman mit dem Titel »Aline et Valcour«. Ein paar Stücke, aus denen er ihr bei ihren Besuchen schon vorgelesen hat. »Tancrède«. »Henriette ou la Voix de la nature«. »La Ruse d'amour«. »Jeanne Laisné« … Novellen und Erzählungen: »Le Marie prêtre«, »Eugénie de Franval« und einige andere. Sie hat sie beiseite gelegt. Das hat Zeit.
Es hat sie nicht überrascht zu sehen, wie viel er geschrieben hat. Sie ist froh, dass er diese Liebhaberei pflegt, seit er ein Gefangener ist.
Gott sei es gedankt, sagt sie, wenn jemand nach ihm fragt, er weiß sich zu beschäftigen.
In den ersten zwei Jahren war es fürchterlich. Nichts als nutzlose Eingaben, Drohbriefe, Schmähschriften. Verzweifelte Pamphlete. Rechtfertigungsschriften. Tiraden gegen die Justiz und ihre Vollstrecker. Hassbriefe an Madame de Montreuil, in der er die Urheberin all seiner Leiden erkannte. Und flehentliche Bittbriefe an sie. Schwüre. Beteuerungen. All das liegt lange hinter ihm.
Es war die Zeit, als er noch dachte, er werde bald frei sein. Als er in jeder Zahl, die zufällig fiel, jedem absichtslos verwendeten Ausdruck in den Briefen seiner Frau ein Orakel fand und verzweifelte Rückschlüsse auf den Zeitpunkt seiner Entlassung zog. Es ist lange her.
Er ist jetzt seit fast zwölf Jahren in Gefangenschaft, ein korpulent gewordener Mann mit blasser Haut und Säcken unter den Augen, zurückweichendem Haaransatz und einem dünnen grauen Zopf über speckigem Kragen, der sich im sechsten Stock der Bastille, dem Turm, der ihm zum Hohn »Freiheit« heißt, eingerichtet hat. »Die sechste Freiheit«, das ist die Wohnung des Marquis de Sade, des Herrn von La Coste, Mazan und Saumane, des Weitgereisten, des Theatermanns, des stadtbekannten Liebhabers der Kokotten von Paris, des geheimnisvollen Besuchers der Bordelle von Marseille, Montpellier und Lyon, des Verführers, des Troubadours, der die Frauen nur ansieht, um sie bei ihren bizarrsten Träumen zu ertappen. Zwanzig Quadratmeter der sechsten Freiheit, das ist jetzt

seine Welt. Und es sieht nicht so aus, als würde er sie jemals noch vertauschen mit anderen Räumen.
Der Marquis ist achtundvierzig. Seit zwölf Jahren hat er keinen anderen Körper als seinen eigenen mehr berührt. Er weiß, es ist möglich, dass er sterben wird, ohne dass es geschieht. Der Gedanke macht ihn wahnsinnig. Der Wahnsinn ist oft das Einzige in diesem Raum außer ihm. Er fühlt seine Berührung wie von einem Flügel, der ihn im Dunkel streift. Aber er verscheucht den Wahnsinn. Lieber will er unberührt sterben, als dem Wahnsinn erlauben, ihn zu berühren.
Er wird nicht verrückt. Er schreibt. Wenn es stimmt, dass ihm der Wahnsinn nah ist, kann er auch anderes zu sich herzwingen. Wenn schon die Geister der Finsternis ihn heimsuchen, dann will er sie zur Unzucht mit sich verführen.
Alles ist in seinem Kopf. Doch indem er es aufschreibt, ist es mehr als ein Gedanke, mehr als ein Bild seiner Phantasie. Er vollzieht einen Akt, indem er schreibt. Er weiß, es werden sich Leser zu ihm gesellen. Sie sind beteiligt an dem Akt. Sie werden mitspielen. Es ist etwas kompliziert. Aber das Komplizierte ist nichts als eine Form des sexuellen Raffinements, um das es ihm geht, wenn er schreibt. Ein Raffinement, das die Lust beflügelt. Ein neues Tempus der Erzählkunst. Er wird nicht allein gewesen sein, als er dies schrieb. Er wird Leser gehabt haben. Sie werden die Objekte seiner Verführung gewesen sein. Mit ihnen wird er den Akt vollzogen haben, den er beschreibt.
Nichts ist verrucht, mein Kind, schreibt er, *was einem das Glied steift; und das einzige Verbrechen der Welt ist, sich in dieser Beziehung etwas zu versagen.*
Er versagt sich nichts.
Niemand kann ihn dazu zwingen. Dass er schreibt, ist sein Triumph über die, die ihn strafen wollen, indem sie ihn der sexuellen Einsamkeit preisgeben. Er hat ein anderes Sexualorgan, über das sie nicht gebieten können, seine Feder. Es findet seine Partner. Sie sind erreichbar für ihn, selbst hier. Er gibt sich mit ihnen den äußersten Ausschweifungen hin, wenn er schreibt. Auf unvorhergese-

hene Art entspricht es seinem Verlangen nach vielen Partnern auf einmal.

Leser, schreibt der Gefangene der »sechsten Freiheit«, *viele der Verirrungen, die du geschildert sehen wirst, werden dir ohne Zweifel missfallen, man weiß es, aber es werden sich auch einige finden, die dich derart entzücken werden, dass es dich den Samen kosten wird, und das ist alles, was wir wollen.*

Die Mauern weichen. Die Jahre seiner Einsamkeit zählen nicht. Zeit und Raum öffnen sich und geben den Blick auf den wahren Schauplatz der Orgie frei, die er feiert. Er braucht keinen Zwang, um Gefährten dafür zu gewinnen. Er braucht nur seine Verführungskünste als Autor. Das ist keine Farce mehr. Die dummen weinenden Mädchen gibt er der Vernichtung preis, die sie verdient haben. Keine lächerlichen Peitschen mehr. Er ersinnt Qualen für sie, wie sie die Hölle nicht besser ersinnen kann. *Ohnmächtige und gefesselte Wesen,* schreibt er, *einzig zu unserer Lust bestimmt, ihr bildet euch hoffentlich nicht ein, dass die ebenso lächerlichen wie übertriebenen Rechte, die man euch in der Welt einräumt, euch auch an diesem Ort zugestanden werden.* An diesem Ort. Er hat ihn erreicht. Niemand kann ihm hier mehr Einhalt gebieten. Er ist frei!

Hat man etwa geglaubt, dass man ihn bessern kann durch die Gefangenschaft?

Weit gefehlt! Er ist schlimmer, als er es jemals war. Das ist sein ganzer Stolz. Seine Form von Protest gegen das Unrecht, das ihm widerfährt.

Das Todesurteil gegen ihn ist schon lange aufgehoben. Er hat den Richtern in Aix ein königliches Begnadigungsdekret vorgelegt, das die Familie Montreuil für ihn bei Hof erwirkt hat.

Dennoch hat man ihn eingesperrt.

Er will es nicht verstehen. Dabei ist es so einfach, wenn man es in seine beiden Bestandteile zerlegt.

Erstens: Der König begnadigt ihn, und das Parlament von Aix fügt sich dem Willen des Königs, der über allem steht, auch über den Beschlüssen des Gerichts. Die Familien de Sade und Montreuil zäh-

len keinen Verbrecher mehr zu den Ihren. Sie danken es der Huld Ludwigs des XVI.
Zweitens: Der König gewährt ihm Schutz in einer seiner Festungen. Auch diese Maßnahme verdankt sich der königlichen Huld, die den Familien von Adel in besonderer Weise zugewandt ist und ihre Mitglieder aus Gnade davor bewahrt, sich selbst und ihren Familien Schaden zuzufügen. Es ist keine Strafe, wohlgemerkt. Kein Gerichtsurteil begrenzt den Aufenthalt des Marquis in einer der königlichen Zwangswohnungen. Keine Freilassung winkt, zu welchem Termin auch immer. Diese Haft ist eine Form, zu vergessen, dass es ihn gibt.
Damals, als man ihn begnadigte, hat er geglaubt, er könne nach Hause gehen. Wenn es sich um ihn selbst handelt, ist er manchmal schwer von Begriff. Nur als Gefangener des Königs, unter seinem Schutz, konnte er sich überhaupt seinen Richtern in Aix nähern, ohne dass man ihn sofort aufs Schafott schleppte. So schleppte man ihn nach Paris, um ihn einzusperren. Aber er entkam seinen Bewachern schon in Valence und kehrte nach ein paar Tagen seelenruhig nach La Coste zurück.
Ein paar letzte Sommerwochen auf seinem Schloss, bis sie kamen. Zu stolz, um wieder ins Exil zu gehen. Zu beseligt von den Düften, die ihn umgaben, zu sehr entzückt von den Blicken über die weite Ebene zum Mont Ventoux, zu trunken von dem Gedanken, dass ihm als Herrn des Landes diese Schönheit geschuldet war, zu erfüllt von der Einsicht, dass ihm in Wahrheit nichts davon genommen werden konnte, dass niemand dazu befugt war, weil er niemanden über sich duldete.
Der Adler, Mademoiselle, wird er eines Tages in einem Brief aus der Gefangenschaft schreiben, *muss zuweilen die siebte Region der Luft verlassen, um sich auf die Spitze des Berges Olymp herabzusenken, auf die alten Fichten des Kaukasus, die kühle Lärche des Jura, den verblichenen Rücken des Taurus und manchmal sogar in die Nähe des Steinbruchs von Montmartre …* Und man wird das Rauschen der Adlerschwingen darin hören, die die Empfängerin, eine Dame namens Rousset, streiften, welche die letzten Wochen

mit ihm in La Coste verbracht hat, während Renée-Pélagie in Paris auf ihn wartete.
Da war er, in der siebten Region der Luft, aus der man nicht fliehen, aus der man nur auf die Erde herabstürzen kann, als eines frühen Morgens, am 26. August 1778, ein Schrei von Gothon ihn weckte: Inspektor Marais war da.
Hast du mich gefunden, mein Feind?
Es war nicht schwer. Er hatte sich in der Eile in einer Kammer unter dem Dach von La Coste versteckt. Er saß in der Falle, als man die Tür eindrückte, ihn mit Pistolen bedrohte, ihn entwaffnete, fesselte – Marais schwer atmend vor Hass und Jagdglück:
So, Freundchen, sagte er, jetzt wirst du eingesperrt für den Rest deines Lebens.
Freundchen. Du. Es ist eine Entgleisung, für die der Inspektor bezahlen wird. In Paris wird ihm der Lohn für seine Dienste vorenthalten, als man es hört. Es handelt sich immer noch um den Marquis de Sade. Dass ein Angehöriger des dritten Standes über ihn triumphiert, wird erst ein paar Jahre später erlaubt sein.
Sie schleppten ihn in Ketten nach Paris. Und wo sie hinkamen, lief das Volk zusammen, um den Marquis de Sade zu sehen. In Cavaillon war die ganze Stadt auf den Beinen. In Avignon waren es über dreihundert Menschen. Der Adler war tief gestürzt.
Ja, ich gestehe, schreibt er ein paar Jahre später an seine Frau, *ich bin ein Wüstling. Alles, was man sich auf diesem Gebiet vorstellen kann, habe ich mir vorgestellt, aber ich habe durchaus nicht alles getan, was ich mir vorgestellt habe, und werde es auch nie tun. Ich bin ein Wüstling, aber ich bin kein Verbrecher und kein Mörder.*
Sie hat geweint, als sie das las. Es war ein langer Brief, den er ihr vor sieben Jahren aus der Festung Vincennes geschrieben hat, kurz bevor sie ihn dort zum ersten Mal besuchen durfte. Seinen »großen Brief« hat er ihn genannt. Wie oft hat sie ihn seitdem gelesen, vor allem seinen Schluss: *… und wirst sehen, dass der, welcher dich lieben wird bis zum Tode, ihn mit seinem Blut signieren wollte …*
Liebe bis zum Tod. Sie hat es schriftlich von ihm.
Auch sie ist alt geworden. Auch sie ist dick. Auch ihr Haar wird

grau. Ihre Beine schwellen an, wenn sie länger steht oder geht. Sie hat Krampfadern, die sich ihre Schenkel hinabwinden und immer deutlicher hervortreten. Es trifft sich gut, dass der Mann, der sie bis zum Tode liebt, sie bei ihren Besuchen in der Bastille nur in langen Röcken sieht.

Seit zwölf Jahren ist sie die Frau eines Gefangenen. Sie verblüht. Sie vergeht. Seit sie sechsunddreißig ist, tut sie es in Abwesenheit des Mannes, den sie liebt.

Sie hat ein Geheimnis. Und sie bewahrt es. Sie behält es für sich.

Da sitzt sie in ihrem Dreizimmerappartement im Kloster Saint-Aure in der Rue Neuve-Sainte-Geneviève, das sie zusammen mit ihrer Tochter und einer Dienerin bewohnt. Sie hat die Papiere vor sich, die sie unter ihren Röcken aus der Bastille geschmuggelt hat. Sie breitet die Hefte vor sich aus, die Stöße einzelner Blätter.

Diese da kannst du lesen, hat er zu ihr gesagt. Fast alles ist für dich. Aber dies eine Heft lass verschnürt. Bitte lies es nicht. Es wird dich auch gar nicht interessieren. Es sind private Aufzeichnungen, für dich ganz ohne Wert. Nur Gekritzel. Du weißt schon, ich schreibe viel, wenn der Tag lang ist.

Ihre Finger haben gezittert, als sie es entknotet hat. Sie hat keinen Blick in die anderen Hefte geworfen. Es ist wie vor Jahren, als sie ihm in die Rue Mouffetard gefolgt ist und einen heimlichen Blick in sein anderes Leben getan hat. Dieselbe Begierde. Dieselbe Angst vor Entdeckung. Dasselbe Gefühl, Verbotenes zu tun. Zu sündigen. Nichts auf der Welt kann sie in diesem Moment aufhalten.

Und wie immer ist die Entdeckung, die sie macht, vor allem beschämend.

Das soll das Ungeheure sein, die Offenbarung, auf die sie so begierig war? Diese obszönen Kritzeleien? Diese Unappetitlichkeiten? Diese Großsprechereien? Phantasien eines männlichen Kindes, in dessen Weltmittelpunkt sein Phallus steht?

Wieder und wieder enttäuscht er sie, wenn er grandios sein will. Wie eine Mutter, deren Kind sich bei einer Theateraufführung blamiert, möchte sie ihn von der Bühne zerren. Schluss damit! Sie ist zwischen der Begierde, weiterzulesen, und der Pein, die es ihr

bereitet, hin und her gerissen. Außerdem hat sie Angst, dass ihre Tochter nach Hause kommt und Fragen stellen könnte.
Solche Art Sünden werden immer in Hast begangen. Sie gehört dazu wie das Herzklopfen, wie das Zittern, die Schlange, die an ihrem Stuhl hochkriecht und ihr ins Ohr zischt. Lies, lies, lies, zischt sie.
Und sie liest. Satz für Satz betritt sie die Welt des schrecklichsten Märchens, das je geschrieben wurde. Sie erkennt das Schloss wieder. Es ist nicht La Coste. Es liegt in den Wäldern, weitab von jeder bewohnten Welt. Und dennoch ist es La Coste. Sie erkennt den Innenhof, die Anordnung der Räume im ersten Stock. Es ist großartiger als La Coste. Es ist schrecklicher. Aber es ist unverkennbar. Sie erkennt die Treppe, die zum Verlies hinunterführt, in die *Eingeweide der Erde,* das dunkle Zentrum des Entsetzlichen. Sie erkennt die Mädchen, *Augustine, Fanni, Zelmire …* Sie sind es, und sie sind es nicht. Sie erkennt den kleinen Sekretär. Er hat sich vervielfacht. Alle haben sich auf absurde Weise vervielfacht. Ja, selbst der Schlossherr ist nicht mehr ein Einzelner. Auch die Schrecken haben sich vervielfacht. Sie erkennt das Prinzip der Verzerrung ins Gigantische. Alles, die Martern, die Lust, ist ins Gigantische verzerrt. Auch der Luxus. Sie erkennt das Perverse im Gigantischen. Sie erkennt, wie er die Farce in ein Höllenspektakel verwandelt hat. Sie erkennt sich selbst darin.
Sie liest, bis sie an die Grenzen des Erträglichen stößt. Sie liest, bis sie weiß, dass er jenseits dieser Grenzen weitergeschrieben hat, weiter, als jemals ein Autor vor ihm gegangen ist, und noch darüber hinaus, bis er den Flammen der Hölle so nah kommt, dass sie seine Feder versengen, und dann schreibt er immer noch …
Als Madeleine-Laure aus der Nähschule zurückkommt, sitzt ihre Mutter am Tisch über einem Brief:
Ich habe alle geheimen Papiere und Pakete genommen, schreibt sie, *die, von denen Sie mir gesagt hatten, ich solle sie öffnen, habe ich geöffnet; die, von denen Sie wollten, dass ich sie verschlossen lasse, sind weiterhin verschlossen, um Ihnen bei Ihrer Freilassung ausgehändigt zu werden …*

Im Kamin brennt ein Feuer. Es brennt lichterloh. Graue Fetzen von Papier tanzen in den Flammen. Bald sinken sie als Asche nieder. Keine Leser, keine Mitspieler. Keine Gefährten. In den Schreckenskammern der Lust wird ihr Autor einsam gewesen sein, als er schrieb.

Es gibt Verleger in Holland –, hat er gesagt.

Sie werden es nicht bekommen. Sie hat es verbrannt.

Sie weiß nicht, dass er die Notizen ausgearbeitet und davon eine Reinschrift angefertigt hat. Dass er die beidseitig und winzig beschriebenen Blätter aneinander geklebt hat, bis sie eine Rolle von zwölf Meter Länge und elf Zentimeter Breite ergaben, die er in seinem Raum in der Bastille versteckt hält. »Die 120 Tage von Sodom« …

Die Bastille wird nicht mehr lange ein sicheres Versteck für dunkle Geheimnisse und zwielichtige Elemente des alten Frankreich sein. Ein Sturm wird kommen, durch sie hindurchfegen und auch dies Manuskript an den Tag bringen. Er hebt schon an.

Sie ziehen wieder durch die Straßen, sagt Madeleine-Laure. Ich habe Angst gehabt. Sie sagen, der König beruft die Generalstände ein. Was bedeutet das?

Nichts, sagt die Marquise. Das ist nur das Volk, das keine Ruhe gibt. Für uns ändert sich gar nichts.

Es wird sich nie etwas ändern. Sie glaubt nicht mehr daran. Sie wird den Gefangenen besuchen von Zeit zu Zeit. Sie wird seine Launen ertragen. Seine Befehle entgegennehmen, die Listen mit ihr aufgetragenen Besorgungen, Schreibpapier, Federn, Bücher, die sie dem Kommandanten de Launay zur Genehmigung vorlegen muss, bevor der Gefangene sie in Empfang nehmen darf – ein Umstand, der ihn immer wieder empört und zu flammenden Eingaben an den Polizeidirektor Le Noir veranlasst, auf die er keine Antwort erhält, was seine Empörung neu entfacht –, Wäsche und Kleidungsstücke, Pomade, Seife, Kerzen, Süßigkeiten – er liebt Süßigkeiten und vertilgt Unmengen davon –, Früchte, Kuchen, Wein, Likör … Sie hat immer dafür gesorgt, dass es ihm an nichts fehlt, und ver-

bringt einen großen Teil ihrer Zeit mit diesen Besorgungen. Sie bezahlt seine Rechnungen – seine Pensionskosten im Etablissement des Königs sind von der Familie zu tragen –, kümmert sich um die Verwaltung seiner Besitzungen, korrespondiert mit dem Notar Gaufridy, der die Vollmachten hat, und führt das Leben einer Witwe, die sich ins Kloster zurückgezogen hat.
Sie sieht wie eine Witwe aus. Ihre Kleidung ist schwarz oder dunkelblau, ihre Hauben sehr groß, es sieht keine Strähne ihres Haares darunter hervor. Sie scheitelt es in der Mitte und kämmt es streng auf beiden Seiten zum Hinterkopf, wo sie es zu einem festen kleinen Knoten zusammensteckt. Sie trägt kein Mieder, sondern ein Tuch, das ihr Dekolleté bis zum Hals bedeckt und das sie im Rücken kreuzt und über der Taille bindet. Es ist die Tracht einer tugendsamen Frau, und indem sie sie trägt, folgt sie nicht ihrem eigenen Geschmack, sondern den Anweisungen ihres Mannes.
Wenn Sie mich lieben, hat er geschrieben, und wie kann sie sich einer solchen Bedingung entziehen, *verlange ich, dass Sie in der Kleidung kommen, die ihr Frauen Hauskleid nennt ... die Brust völlig bedeckt, nicht so unanständig entblößt wie neulich, und die Farbe des Kleides soll so dunkel wie möglich sein.*
Was ist mit de Sade los? Ist er fromm geworden? Oder ist das ein neues Spiel, eine besondere Ausschweifung, zu der dies Kostüm gehört?
Nein, es ist die Eifersucht.
Sie hat sich schön gemacht, als sie nach viereinhalb Jahren zum ersten Mal die Erlaubnis erhält, ihren Mann zu besuchen. Es ist der 13. Juli 1781. Sie ist bald vierzig Jahre alt. Es ist heiß. Sie trägt ein weißes, tief ausgeschnittenes Sommerkleid. Ihr glattes Haar hat sie lange mit einer Brennschere bearbeitet. Die kleinen Locken, die ihr in die Stirn fallen, sind gerade Mode in Paris. Sie trägt ihr Haar unbedeckt, wie es bei jungen Frauen im Sommer üblich geworden ist. Ja, sie ist für ihr Alter ein wenig zu jung zurechtgemacht, wie sie da im Besuchszimmer der Festung auf ihren Mann wartet. Ihre einzige Angst, dass er sie gealtert finden möge. Sie hat bereits ein wenig zugenommen, wenn auch noch nicht so viel wie ein paar Jahre

später. Sie weiß, wie sehr er junge Frauen liebt. Keine, die er jemals begehrt hat, war so alt, wie sie es jetzt ist.
Der junge Wachoffizier, der sie begleitet, weiß nichts von ihrer Aufregung, und sie versucht, sie zu beherrschen, indem sie die Konversation mit ihm nicht abbrechen lässt. Sie lacht gerade über etwas, das er gesagt hat, als Donatien eintritt.
Sie hat nicht daran gedacht, dass auch er in viereinhalb Jahren älter geworden ist. Sie erschrickt, als sie ihn vor sich sieht, und weicht einen Schritt zurück, um ihn zu betrachten. Er bleibt auf halbem Weg zu ihr stehen.
Madame. Ich habe die Ehre, sagt er.
Es tut ihr weh.
Störe ich?, sagt er. Komme ich ungelegen? Ich hörte, man scherzt. Ein anderes Mal sollte ich vielleicht anklopfen.
Donatien!, sagt sie.
Sie hat seinen Namen immer geliebt. Er klingt weich, melodisch. Es ist ihr Vorrecht, ihn auszusprechen, und sie macht Gebrauch davon.
Ich denke, Sie haben ein Wiedersehen zwischen uns erwirkt, sagt er.
Es klingt immer noch bitter und abweisend.
Da bin ich, sagt sie und will ihn endlich umarmen.
Und was tut der hier?, sagt er und zeigt auf den Offizier. Haben Sie den Wunsch geäußert, Madame, nicht mit mir allein zu sein? Hat Ihre Mutter das arrangiert? Fürchtet sie, dass das Monster, das Ihr Mann ist, Ihnen Gewalt antut?
Es ist ein Befehl vom Kommandanten, sagt der Offizier und legt die Hand an den Säbel.
Der Kommandant soll zum Teufel gehen, sagt de Sade. Scheren Sie sich hinaus!
Es ist laut geworden. Die Wachen, die vor der Tür standen, kommen herein.
Ist alles in Ordnung, Madame?, fragen sie Renée-Pélagie.
Gehen Sie nur wieder, sagt sie. Es ist alles in Ordnung.
Und nehmen Sie den Kerl da mit, ruft de Sade.

Lass ihn, Donatien, sagt sie. Wenn es ein Befehl ist –

Du bist noch immer das alte Schaf, sagt er. Befehle. Da scheiße ich drauf. Wenn du wüsstest –

Aber er scheint sie zum ersten Mal zu bemerken.

Hélène, sagt er.

Es ist ein Name, den er ihr manchmal gegeben hat, wenn er das Mädchen aus Échauffour meinte. Hélène, so heißen die Mägde auf dem Land. Die Töchter der Bauern und Pächter heißen so.

Er tritt auf sie zu, umfasst ihre Schultern. Du siehst, sagt er und verstummt. Du siehst –

Ja?, sagt sie.

Du siehst wie eine Hure aus.

Es kann ein Scherz von ihm sein. Er macht solche Scherze. Zwar ist es ein Schritt über die Anzüglichkeiten hinaus, die für ihn typisch sind. Aber bei ihr hat er sich noch nie um das Maß geschert. Schließlich ist sie seine Frau.

Sie sucht in seinen Augen nach Anzeichen für ihre alte Vertraulichkeit. Doch seine Augen sind kalt.

Bedecken Sie sich, Madame, sagt er. Haben Sie kein Tuch dabei?

Es ist heiß, sagt sie. Ich kam zu Ihnen –

Und Ihr Haar, sagt er. Schämen Sie sich denn nicht? Seit wann gehen Sie ohne Haube aus dem Haus?

Monsieur, sagt sie und versucht ein Lachen. Wissen Sie nicht, dass man neuerdings ohne Haube geht? Sie leben sehr abgeschieden. Sie sollten die anderen Frauen auf der Straße sehen.

Die meisten Frauen sind Huren, unterbricht er sie. Haben Sie das immer noch nicht verstanden? Und ist das ein Grund, mich zu beleidigen? Ja, es stimmt, ich gehe selten aus. Fragen Sie Ihre Mutter, warum man mich in letzter Zeit nicht in Gesellschaft sieht. Sie weiß warum. Und sie hat gewiss nichts dagegen, dass Sie sich wie eine Kokotte zeigen, die alte Kupplerin, und mir das Letzte zu nehmen, was ich noch habe: die Tugend meiner Frau …

Sie hört ihn weitersprechen. Sie kann seinen Worten keinen Sinn abgewinnen.

Wer ist es? Ich muss es wissen …

Wer ist was?, sagt sie.
Der Kerl, mit dem Sie es treiben.
Sie tun mir Unrecht, Monsieur, sagt sie.
Es ist der falsche Ton. Das liegt an dem Offizier, der sich zum Fenster umgedreht hat und so tut, als wenn er hinaussähe.
Ich kann den Kerl nicht einmal fordern, solange man mich hier festhält, sagt er, und Sie wissen es.
Sie war auf alles vorbereitet. Auf Kälte. Auf Gleichgültigkeit. Auf die Klagen und Anklagen aus seinen Briefen. Auf unerfüllbare Bitten. Auf Tränen vielleicht. Sie hat auf ein wenig Zärtlichkeit gehofft. Ein wenig Aufmerksamkeit. Auf Fragen, die Kinder betreffend oder das Leben, das sie seit vier Jahren führt. Aber nicht auf dies.
Spielt er? Ist das eine Art, die Verlegenheit zu bestehen, die sie beide nach so vielen Jahren empfinden?
Es ist nicht so, sagt sie kokett, dass es niemanden gäbe, wenn ich nur wollte. Doch ich –
Mein Gott, sagt er, leichenblass, warum tun Sie mir das an? Bin ich nicht noch immer Ihr Mann, der Vater Ihrer Kinder? Er verstummt wie in tiefem Gram und wendet sein Gesicht ab.
Donatien, sagt sie, plötzlich von der Erkenntnis getroffen, dass es so ist: Er ist wahrhaftig eifersüchtig. Gott, ist das komisch! Sie kann ein Lächeln nicht unterdrücken. Und schmeichelhaft. Es ist mehr, als sie erwartet hat, als sie sich vor dem Spiegel für diesen Besuch zurechtmachte. Viel mehr, als sie sich erträumen durfte nach all den Jahren.
Donatien, lassen Sie uns von etwas anderem reden. Das führt zu nichts.
Was? Sie weichen mir aus?, ruft er mit allen Anzeichen der Verzweiflung. So soll mir keine Hoffnung bleiben, dass Sie unschuldig sind?
Irgendein Teufel reitet sie. Er reitet auf der kleinen Wut, die jetzt in ihr hochsteigt. Und auf ihrer Eitelkeit, die triumphiert. Ja, es ist wahr, ein Mann verliert gerade den Verstand über sie. Und es ist ihr eigener Mann. Sieh dir das an, sagt der Teufel. Sieh dir das an und genieße es. Gieß etwas Öl in die Flammen, wenn du kannst.

Unschuldig, sagt sie. Donatien, was ist Unschuld? Bist du denn unschuldig?
Sie merkt zu spät, was sie getan hat. Sie hat immer Angst gehabt vor seinem Zorn, seinen Ausbrüchen. Wie in allem anderen ist er darin maßlos und fürchterlich.
Der Offizier schreitet ein. Die beiden Wachen vor der Tür stürzen herein, sie greifen ihn, halten ihn fest, während der Offizier sie hinausgeleitet.
Madame, sagt er, sind Sie unverletzt?
Sie braucht lange, um zu begreifen, was sie erlebt hat.
Liebt er sie also?
Komm doch, komm ..., hat er geschrieben. *Quatsch nicht mehr so viel und komm. Scherz beiseite, ich habe tatsächlich große Lust, dich zu sehen ... Aber Teufel, wir werden uns immer noch nicht* messen *können. Und warum nicht? Der Offizier? Nun, der Offizier, was macht das? Er wird die Kerze halten, dazu taugt er ... Weißt du, dass man teuflisch wild wird, wenn man so viel Zeit ohne zu* messen *verbringt?*
Jetzt endlich hat sie den Mann, der verrückt nach ihr ist.
Und sie? Ist sie verrückt nach ihm?
Es wird ein halbes Jahr dauern, bis sie ihn wieder besucht. Die Frau eines Gefangenen hat viel Zeit, um ihre Gefühle zu befragen.
Eine Zeit lang hört sie nichts von ihm. Dann erhält sie eine Nachricht des Polizeidirektors Le Noir. Man könne derzeit die Briefe ihres Mannes an sie nicht weiterleiten. Zu schreckliche Dinge stünden darin, Verunglimpfungen, Morddrohungen. Man könne ihr deswegen auch fürderhin keine Besuche genehmigen, bis der Gefangene eine ruhigere Gemütsart an den Tag lege.
Später erfährt sie, dass er Lefèvre verdächtigt, einen Sekretär, den er vor Jahren beschäftigte. Er hilft ihr heute manchmal bei der Besorgung von Büchern für Donatien. Sie hat es in ihren Briefen an ihn erwähnt.
Sie ist etwas beleidigt, dass er für sie nicht höher greift. Mein Gott, Lefèvre.
Sie ahnt nicht, dass er ein gezeichnetes Porträt von ihm unter sei-

nen Papieren im Gefängnis hat. Es ist im richtigen Moment zur Hand. Er sticht Lefèvre mit einem Federmesser die Augen aus und besudelt das Blatt mit seinem eigenen Blut.
Wenn ich Dich betrügen würde, dann doch nicht mit Lefèvre, schreibt sie.
Es kommt ihr plötzlich so vor, als wenn dieser Text aus einem schlechten Stück stamme, das sie auswendig kennt.
Sie zerknüllt das Blatt und wirft es ins Feuer.
Und auch de Sade ist keineswegs originell in der Eifersucht.
Allein der Gedanke, dass man sich in meinen Armen möglicherweise mit einem anderen beschäftigt, hat mich schon immer in Aufruhr versetzt. Und: *Lieber will ich sterben!*
Welch ein Rollentausch. Auf einmal ist sie das Geheimnis. Sie bereitet Liebesqual. Ihr wird Verruchtheit, Verfehlung, der Wille zum rücksichtslosen Amüsement unterstellt.
Genießt sie ihren Triumph? Die Macht, den zu quälen, der sie genug gequält hat, als er die Macht dazu noch besaß?
Ich werde dir wegen deiner Verdächtigungen keine Vorwürfe machen, schreibt sie wenige Tage nach ihrem Besuch in Vincennes. *Ich werde sie sämtlich zerstreuen, indem ich genau das tue, was du mir vorschreiben wirst.*
Also ein dunkles, hochgeschlossenes Hauskleid. Ist das schon alles?
Nein, einem Eifersüchtigen kann niemals genügen, was ihm zu seiner Besänftigung geboten wird.
Also was noch?
Sie soll nur ihm gefallen wollen, schreibt er ihr.
Das ließe sich einrichten. Aber wie?
Nun, durch den *Anschein* – nein, verbessert er sich –, die *Tatsache äußerster Zurückhaltung und vollkommenster Bescheidenheit.*
Dies schreibt kein Sittenprediger, kein Pharisäer. Dies schreibt der Marquis de Sade. Auch er ist ein Ehemann.
Und sie ganz Ehefrau! Ich tue alles, was du willst. Ich nehme deine Kränkungen hin. Kleide mich wie eine Witwe. Erledige alle Besorgungen, die du mir aufträgst. Selbst die peinlichsten. Wenn du die

Güte hast, dich daran zu erinnern: Ich bin zum Sattler gegangen und habe die Dinge bestellt, die du mir aufgetragen hast. Darunter ein gewisses Lederetui »von neun Zoll Länge und achteinhalb Umfang«, von dem ich genau wusste, wozu du es nötig hast. Ich habe es besorgt, obwohl es mir einige Verlegenheit bereitete. Und auch die anderen Dinge, du erinnerst dich. Habe ich dir je gesagt, was eine Frau empfindet, wenn sie an die einsamen Vergnügungen ihres Mannes denkt? Ich glaube, ich habe dich damit verschont, und ich werde dich weiter verschonen. Ja, ich bin deine Komplizin, auch dabei noch. Sage, wann ich dir einmal nicht willfährig gewesen bin.
Es ist ein seltsamer Ton in diesem Satz: Ich tue alles, was du willst.
Wird er nicht von einer unergründlichen Miene begleitet? Meint er nicht auch: gleichgültig, was meine Gefühle mir sagen? Klingt er nicht kalt? Als spräche eine Marionette: Spiel, und ich tanze? Ist das die Liebe, die so spricht?
Meint es nicht auch: Ich trage jedes Kostüm für dich, jede Verkleidung. Nur wirst du dadurch niemals erfahren, wer ich wirklich bin!
Und übrigens: Wie willst du mich kontrollieren? Willst du mir Spione nachsenden, wenn ich aus dem Haus gehe? Und wie willst du wissen, zu wem ich gehe? Und in welcher Aufmachung? Und was ich darunter trage. *Darunter,* du verstehst.
Du weißt, wie sehr ich die Vergnügungen des Fleisches schätze. Du hast es mir beigebracht. Und ich sollte seit viereinhalb Jahren darauf verzichtet haben? Warum? Weil du im Gefängnis bist? Wärst du mir sonst treu? Wohl kaum. Bist du es jemals gewesen? Was sollte mich davon abhalten, die Genüsse zu suchen, die dir doch so teuer sind? Und, mein Lieber, sprechen wir nicht nur von Genüssen. Sprechen wir von Leidenschaft. Sprechen wir von der Treue aus Leidenschaft, die du mir versagt hast von Anfang an. Sollte ich nicht einmal im Leben davon kosten, bevor das Alter mich für immer einsam macht? Sieh mich an, ich bin noch schön, noch begehrenswert. Hast du geglaubt, dass es unbemerkt bleibt? Ich lebe in Paris, der galantesten Stadt der Welt. Paris ist voller Männer, die

eine sexuell erfahrene Frau am Gang erkennen, an jeder zufälligen Bewegung ihrer behandschuhten Hände, selbst wenn sie sich als Witwe tarnt. Männer, die wahre Leidenschaft zu verschenken haben, hungrige Männer, die von dem, was Prostituierte ihnen bieten, nicht satt werden, wenn du mir den kleinen Nadelstich verzeihst. Mag sein, dass Lefèvre dazugehört. Es ist wahr, dass er mich verehrt. Sehr sogar. Außerdem ist er jung und sieht nicht übel aus, wie du weißt. Ja, Lefèvre. Aber du glaubst doch wohl nicht, dass ich auf ihn angewiesen bin. Ich verrate dir ein Geheimnis: Männer sind seltsam. Wenn sie sehen, dass eine Frau einsam ist, scheint es etwas in ihnen zu geben, das ihnen befiehlt, sich ihrer, nun, sagen wir, anzunehmen, vorausgesetzt, dass diese Frau zu gefallen weiß. Es ist der Auftrag, mit dem die Natur uns ins Leben schickt, Gefallen zu erregen. Ich erfülle ihn. Sie sehen es mir an und erschrecken. Sie befehlen mir. Ich gehorche. Aber die Natur lässt sich nicht befehlen. Habe ich Sie das nicht selbst oft sagen hören? Sie wollen von mir wissen, ob ich Ihnen treu bin, Donatien? Kennen Sie mich denn nicht mehr? Man ist nur sich selber treu …
Großer Gott, wie sie ihn quält! Es dauert ein halbes Jahr, bis Le Noir wieder Besuche erlauben kann. Züchtig, das streng gescheitelte Haar unter großer Haube verborgen, betritt sie im Januar 1782 den Besuchsraum in Vincennes. Ganz Tugend. Ganz Zurückhaltung. Sie ist vorsichtig geworden, wägt ihre Worte ab. Dies ist nicht mehr die Frau, die in Pierre-Encise Wächter und Kommandanten in ihre Komödie verwickelte. Sie ist jetzt ganz in die Rolle der leidgeprüften Frau eines Gefangenen geschlüpft.
Er weiß noch immer nicht, ob sie ihm über die Jahre treu geblieben ist. Niemand weiß es. Sie hat ein Geheimnis, und sie behält es für sich. Sie wird streng darauf achten, dass es keine Briefe oder sonstige Indizien gibt. Falls es sie gab.
Niemand wird es je erfahren.
Schade, eigentlich.
Jahrelang wird man sie im Kostüm einer Witwe zu den Festungen des Königs fahren sehen, zuerst nach Vincennes, dann, ab 1784, zur Bastille, wohin man de Sade ohne Angabe von Gründen ver-

legt hat. Meist begleitet sie ein Bediensteter, der die Körbe voller Bedarfsgüter trägt, die sie dem Gefangenen bringt. Auch Bücher gehören für ihn dazu. Seine Bibliothek in der Bastille wächst auf sechshundert Bände an, darunter die Bestseller von Rousseau, die Schriften der aktuellen Meinungsführer Diderot, d'Alembert, Holbach, Klassiker der abgeklärten Weltsicht wie Montaigne, Montesquieu, Werke mit gestochenen Abbildungen der antiken Kunst – nichts Obszönes. Alles muss die Zensur von Le Noir passieren. Alles Obszöne muss er in seinem Kopf erschaffen. Und die einzige Frau, die, vollständig bekleidet, vor seine Augen kommt, ist seine Ehefrau. In diesen Jahren wird sie einen Platz in seiner sexuellen Phantasie einnehmen, den ihr keine streitig macht.

Da geht sie, schon etwas fülliger, den Kopf gesenkt, den Rock vorne leicht gerafft. Sie geht mit eiligen Schritten, eine kleine Frau, das Gesicht unter dem breiten Rand ihrer Haube verborgen. Wenn sie die Stufen zum Haupteingang der Bastille erstiegen hat, wo ihr Passierschein kontrolliert wird, und im Besuchszimmer im ersten Stock anlangt, ist ihr Gesicht gerötet, und ihr Atem geht stoßweise. So tritt sie dem Gefangenen entgegen.

Sie kommen hier wie eine Marktfrau an, sagt er. Sind Sie etwa zu Fuß? Sind Ihre Eltern zu geizig, Ihnen einen Wagen zu bestellen? Es ist erbärmlich und schändlich.

Wollen Sie mich nicht begrüßen?, sagt sie.

Ja, ja, sagt er.

Freuen Sie sich nicht?, sagt sie.

Freuen? Soll ich mich freuen, dass Sie Ihre Gesundheit riskieren? Ich, der Sie so nötig braucht? Dessen einziges Glück darin liegt, dass Sie sich für ihn erhalten, damit er eines Tages, wenn er in die Welt zurückkehrt, Sie dort vorfindet? Wie können Sie es wagen, sich so der Gefahr auszusetzen, indem Sie zu Fuß gehen? Da kann ein Betrunkener kommen … Da kann ein Rotzbengel einen Stein schleudern … Da kann ein Ziegel herunterfallen … Da kann eine Wagendeichsel ausschlagen … Und selbst wenn es gut geht, Sie kommen schweißgebadet an, und dieser Raum ist kühl. Sie könnten sich erkälten …

Donatien, sagt sie. Hast du gesagt, dass du mich brauchst?
Habe ich das?, sagt er.
Es ist Juli. Den Heimweg geht sie tatsächlich vor lauter Übermut zu Fuß. Den Bediensteten schickt sie nach Hause. An der Seine setzt sie sich auf eine Bank. Sie sieht den Schiffen zu, die unter Segeln an ihr vorbeiziehen. Sie nimmt die Haube ab und lässt sich die Sonne ins Gesicht scheinen. Jetzt könnte ein Ziegel herunterfallen, denkt sie, ein Stein geschleudert kommen ... Nein, denkt sie. Ich muss auf mich aufpassen, denn ich werde gebraucht.
Ja, er hat immer noch die Macht, sie glücklich zu machen. Er kann das Leben für sie zum Tanzen bringen. Niemand kann das sonst. Aber es ist ein Glück, das seine Abwesenheit zur Bedingung hat.

Jahrelang trug ich das Briefchen mit mir herum. Es wurde weich und unleserlich. Ich schrieb es neu ab. Ich wollte es ihm bei einem meiner Besuche in der Bastille geben. Aber irgendwie war immer der falsche Moment dafür.
Es gibt nur ein wahres Glück für mich, stand darin, *mit dir vereint zu sein*. Ich sei ganz und gar mit allem einverstanden, was er entscheide, wenn es nur für ihn das Richtige sei, so wolle ich schon zufrieden sein.
Wir werden zusammen leben und sterben.
Einmal versuchte ich es ihm in die Hand zu drücken, als der Offizier uns den Rücken zuwandte.
Er sagte: Was tun Sie da, Madame? Sie belästigen mich mit Ihren kleinen Zetteln. Wenn Sie mir etwas zu sagen haben, so sagen Sie es. Was soll dieses Heimlichtun?
Der Offizier drehte sich um.
Geben Sie das her, Madame, sagte er. Schriftliche Mitteilungen bedürfen der Genehmigung durch den Kommandanten.
Ich sagte: Es ist gut. Das ist nur eine Liste mit Besorgungen.
Darf ich sie sehen?, sagte der Offizier.
Belästigen Sie die Dame nicht länger, rief Donatien. Sie sprechen mit meiner Ehefrau, der Marquise de Sade! Mehr Ehrerbietung, wenn ich bitten darf.

Ich sagte: Beruhigen Sie sich, mein Lieber. Es ist nicht der Rede wert.
Und warum machen Sie dann so viel Aufhebens um diesen Papierfetzen, sagte Donatien, wenn es nichts wert ist, wie Sie sagen? Warum versuchen Sie es mir heimlich zu geben? Was übrigens verboten ist, wie Sie hören.
Ja, sagte der Offizier, es ist leider verboten. Ich muss Sie bitten, Madame, mir das Papier auszuhändigen, damit der Kommandant einen Blick darauf werfen kann.
Sie können Madame gar nichts verbieten, Sie nicht!
So war es fast jedes Mal. Er wartete nur auf einen Vorwand, sich mit den Wachen anzulegen. Er fand ihn immer.
Ich rief: Monsieur, lassen Sie! Es ist alles in Ordnung! Sehen Sie, ich nehme das Briefchen wieder an mich.
Und ich steckte es hinter mein Brusttuch, dorthin, wo wir Frauen solche Dinge aufbewahren.
Was starren Sie?, rief Donatien. Haben Sie keine Frau, dass Sie der Meinigen auf die Brust starren? Muss ich mir das bieten lassen? Sind wir in Frankreich so weit, dass die Frau eines Edelmanns sich durch die Blicke eines einfachen Soldaten beleidigen lassen muss?
Ich bin Offizier, sagte der Offizier, und gewöhnlich endeten meine Besuche mit tumultartigen Auftritten und der Verstärkung der Wachen, die Donatien bald wieder abführten.
Der Kommandant de Launay bestellte mich zu sich.
Ihr Gatte ist sehr glücklich, sagte er, eine Frau wie Sie zu haben.
Ich sagte, er wäre wohl glücklicher, wenn er mit mir in Freiheit leben könne.
Er gewiss, sagte der Kommandant. Aber Sie?
Was wollen Sie mir damit sagen?, fragte ich.
Nun, es sei kein Geheimnis, sagte er, dass der Marquis von äußerst reizbarer Gemütsart sei. Das Wachpersonal beschwere sich täglich über ihn, er provoziere, werde tätlich, es sei ein Kreuz mit ihm. Er sei, um es geradeheraus zu sagen, von unausstehlichem Temperament, womit er mir sicher nichts Neues sage. Eine so gütige, feine Dame wie ich und ein solcher Mann – er wolle mir nicht zu nahe

treten, aber er könne sich denken, welches Martyrium ich erlitten habe, als er noch in Freiheit gewesen sei.
Ich sei sehr glücklich mit ihm gewesen, sagte ich, und wolle es wieder sein.
Das könne doch wohl nicht mein Ernst sein, sagte er. Ob ich nach all den Szenen, die er mir bei meinen Besuchen in der Bastille gemacht habe, nicht um mein Leben fürchte, wenn mein Gatte jemals freikomme.
Ob er nicht manchmal um sein eigenes Leben fürchte, sagte ich, da er unschuldige Menschen hinter diesen Mauern gefangen halte, Menschen, die nichts anderes verbrochen hätten, als ihren Familien im Weg zu sein. Ob er nicht fürchte, dass die Frauen und Kinder der so Misshandelten und mit ihnen das ganze Volk von Paris eines Tages seinen Kopf dafür forderten.
Das werde nie geschehen, sagte er, da er im Auftrag des Königs handle, und übrigens seien meine Anträge auf Besuche meines Gatten für die nächste Zeit abgelehnt.
Ich war nicht Charlotte Corday. Ich trug kein Messer in meinem Brusttuch, nur ein sentimentales Briefchen als einzige Waffe. Ich wünschte, es wäre ein Messer gewesen. Ich hätte ihn nicht geradezu erstochen, wie es Marat geschah, aber ein wenig geritzt hätte ich ihn schon.
Und Donatien hätte es gefallen, da bin ich sicher. Vielleicht wäre alles anders gekommen, wenn ich statt des Briefchens ein Messer dabeigehabt hätte. So musste die Revolution kommen und es erledigen.

Die Bastille ist nicht irgendein Gefängnis. Die Bastille ist der Stein gewordene Wille der französischen Könige. Die Bastille ist der mächtige Riegel, der sich für diejenigen, die sich der Porte Saint-Antoine durch die Rue Saint-Antoine nähern, vor den Blick schiebt: das Gebilde aus acht Türmen und 25 Meter hohen Mauern, das ihnen die Sicht versperrt, den Mut nimmt, sie dazu zwingt, sich auszumalen, was darinnen ist: dunkle Gelasse, feuchte Kammern, Verliese, in denen die lebendig Begrabenen schmachten und vergehen.

In Wahrheit sind ein paar Gefangene von Stand darin, die es sich recht bequem gemacht haben.

Die Bewohner des Faubourg Saint-Antoine sind die kleinen Leute von Paris: Arbeiter, Handwerker, Fuhrleute, Fußsoldaten, Küchenpersonal in den reichen Häusern rund um die Seine-Inseln. Wenn sie sich der Bastille nähern, fühlen sie sich klein und unwiderruflich den Mächten ausgeliefert, die Frankreich regieren, dem Adel und über allem der Monarchie. Sie wissen, dass beider Herrschaft so lange währt wie der Stein, aus dem die Bastille erbaut ist.

Es ist nicht so, dass sie Mitleid mit den Insassen haben. Sie wissen, dass sie nicht zu ihnen gehören. Sie wissen, dass auch die Familien von Adel ungeratene Söhne haben, Geisteskranke, Epileptiker, Süchtige, Triebtäter. Sie wissen, dass sie aufgrund von *lettres de cachet* in Haft sind. Gerade deswegen stellen sie sich das Innere der Türme viel schauerlicher vor, als es ist. Sie vermuten dunkle, geheime, skandalöse Dinge in der Bastille. Sie wissen, dass der Marquis de Sade darin gefangen gehalten wird. Die Älteren erinnern sich an die Affäre von Arcueil, Schreie, Peitschen, die Folterung einer Bettlerin. Unwillkürlich glauben sie Schreie von jenseits der Mauern zu hören, meinen die Hand zu sehen, die sich um Hilfe flehend durch die Gitter streckt.

Wenn sie das Zimmer des Marquis in der »sechsten Freiheit« sähen, die bequemen Fauteuils, die Bücher, die Wandteppiche, den hübschen Blick, den man von dort aus hat, wer weiß, vielleicht würde ihr Zorn sich gegen den Gefangenen richten, der komfortabler wohnt als die meisten von ihnen, statt gegen den, der ihn gefangen hält. Ihre Parteinahme kann diese und jene Richtung einschlagen. Sie ist allzu bereit, sich sagen zu lassen, wem sie gilt.

Im Faubourg Saint-Antoine wohnt die Unzufriedenheit. Die Respektlosigkeit vor Autoritäten gedeiht hier jeden Tag ein wenig besser. Ebenso die Empörung angesichts der wachsenden Inflation. Die Trunksucht. Die Neigung zu Schlägereien. Der Hass auf die Soldaten, die in den Straßen patrouillieren und deren Zahl jeden Tag zunimmt. Sie sehen satt und zufrieden aus. Der König füttert sie prächtig. Dabei tun sie nichts außer herumzustolzieren, während die Bürger im Faubourg arbeiten. Warum füttert der König seine Bürger nicht besser? Was veranlasst die Soldaten, auf die Bürger herabzusehen? Erlaubt der König seinen Soldaten das? Putzt er sie so heraus, um den Bürgern zu zeigen, dass sie weniger wert sind als sie?

Die Arbeiter der Papier- und Tapetenfabrik Réveillon an der Ecke Faubourg Saint-Antoine / Rue de Montreuil fordern von Monsieur Réveillon mehr Lohn. Monsieur Réveillon lacht ihnen ins Gesicht. Warum soll er mehr zahlen, wenn sie nicht mehr arbeiten wollen? Er findet jederzeit neue Arbeiter im Faubourg. Da ziehen sie sich nicht beschämt zurück, sondern verwüsten sein Kontor, während Monsieur Réveillon sich von ein paar Getreuen in Sicherheit bringen lässt. Verwundert merken sie, dass sie so viele sind, und zünden die Fabrik an.

Papierfabriken brennen lichterloh. Das ganze Viertel läuft zusammen. Man klatscht in die Hände, während das Papier in Flammen aufgeht. Niemand löscht. Die Leute trinken und tanzen bis zum nächsten Morgen. Es ist eine neue Art von Belustigung. Besser als jedes andere Fest. Besser als Hochzeit und Kindtaufe in einem. Besser als die Siegesfeiern, die es sowieso schon lange nicht mehr gab. Als es Morgen ist, wissen die Leute: Es kann nicht zu Ende sein. Sie brauchen keinen Schlaf. Es ist Sommerzeit. Die Sonne, die Luft, der Himmel feiern mit. Sie gehen nur kurz nach Hause und haben sich schon wieder auf den Mittag verabredet.

Wo ist Monsieur Réveillon? Wer ließ ihn entkommen? Monsieur Réveillon hat noch nicht mit uns getanzt, sagen sie. Glaubt er, er sei etwas Besseres? Sein Vater war noch Arbeiter bei der Papiermühle. Heute Abend holen wir ihn, dass er mitfeiert.

Monsieur Réveillon fürchtet sich. Er bittet, in der Bastille eingeschlossen zu werden. Der König gewährt es ihm. In solchen Zeiten gehört seine Fürsorge allen, die verfolgt werden.

Die Fronten verschieben sich. Monsieur Réveillon hat bereits nach einem kleinen Schloss auf dem Land Ausschau gehalten, mit dessen Kauf der Erwerb eines Titels verbunden ist. Sie werden heutzutage recht günstig auf dem Markt angeboten, findet Monsieur

Réveillon. Das Geld steckt nicht mehr in den Taschen des alten Adels. Es steckt in den Taschen von Leuten wie Réveillon. Und der Grundbesitz ist immer hinter dem Geld hergewandert, auch wenn es scheint, dass er auf der Stelle bleibt. Doch hat Monsieur Réveillon sich seine Erhebung in den Adelsstand anders vorgestellt, als mit ein paar Individuen, die zum Abschaum ihres Standes gehören, in der Bastille eingeschlossen zu sein.

Hinter diesen Mauern sitzt der Schuft. Man sollte sie stürmen und ihn herausholen. Doch als die Leute am Fuß der Mauern stehen, ändert die Stimmung sich. Sie ändert sich leicht, wie wenn jemand ein neues Lied anstimmt, und alle fallen ein. Im Palais Royale, sagt man, steht ein gewisser Camille Desmoulins auf den Tischen und feuert die Leute zum Weiterfeiern an. Es geht nicht mehr um Réveillon. Vergesst ihn. Solche Verräter hängen wir an den Laternen auf, wenn wir sie erwischen. Es geht um uns. Es geht um den dritten Stand. Es geht um die Freiheit. Um Gleichheit.

Um was?

Um Gleichheit. Gerechtigkeit. Alle Menschen sind Brüder.

Du meinst, die Minister, die Herzöge, die Kardinäle, alle meine Brüder?

So ist es.

Und der König?

Der König auch.

Die Welt steht auf dem Kopf. Sie tanzt. Es ist ein tolles Fest. Und es will nicht enden. Die Nacht wird zum Tage. Nie hat man in Paris so viel singen hören. Niemals ist so viel getanzt worden. Niemand bleibt in den Häusern, der zwei Beine hat. Und wer bleibt, ist verdächtig. Wer nicht mitfeiert, gehört nicht zu uns. Die nicht dabei sind, wollen wir nicht als Schwestern und Brüder haben. Für die können wir nichts tun, wenn es so weit ist.

Was? Wenn was so weit ist?

Irgendetwas muss geschehen. Das kann man doch spüren.

Ein Kutscher schlägt auf sein Pferd ein.

Sie zerren den Kutscher vom Kutschbock.

Das Wappen am Schlag? Welches Wappen? Was geht uns ein Wap-

pen an. Du und dein Pferd. Dein Pferd ist auch unser Bruder. Wer unterdrückt ist –
Lasst ihn, das geht zu weit.
Die Stadt vibriert. Nur die Bastille steht fest und düster und unbewegt. Sie steht wie ein großes königliches Nein vor dem Himmel. Auf den Remparts stehen die Soldaten. Auch sie stehen bewegungslos. Die Buben aus dem Faubourg werden immer kecker. Sie schneiden Fratzen, singen Spottlieder. Es fehlt nicht viel, und sie rempeln sie an. Schießen ihnen mit Papierkugeln die Mützen vom Kopf. Die Soldaten müssen still stehen. Die Buben aus dem Faubourg haben keine Angst mehr vor ihnen, als sie das merken.
Manchmal fängt ein neues Zeitalter so an. Mit einer Unbeweglichkeit. Einem Scherz, der zu weit geht. Ein paar Wochen später wird man dem König die Kokarde anstecken, und er wird nichts dagegen tun.
Am 15. Juni besucht die Marquise ihren Mann in der Bastille. Am 22. ist sie krank und verschiebt den Besuch auf die nächste Woche. Doch auch dann ist sie noch nicht wohl. Sie wird nie mehr in die Bastille kommen.
Paris ist ein Pulverfass, und einige Funken fliegen bis in die »sechste Freiheit« hoch, wenn es explodiert. Dort steht der Marquis de Sade an seinem Fenster und hält ein Sprachrohr in den Händen, eigentlich das Abwasserrohr seiner Zelle, das er, der Himmel weiß wie, aus der Wand gebrochen hat. Wenn es um die Freiheit geht, wird er erfinderisch.
Volk von Paris, ruft er, Bürger, Kombattanten, kommt und befreit uns! Sie wollen uns töten hier!
Er trifft recht gut den Ton. In solchen Zeiten liegt die Wahrheit nicht im Wortlaut der Botschaften.
Die Leute bleiben stehen. Sie weisen nach oben. Was ist da? Eilige Passanten beiderseits der Porte Saint-Antoine folgen der Blickrichtung. Selbst die Sonne spielt mit und lässt ihre Strahlen so auf das Rohr treffen, dass es weithin blinkt.
Oh, der Marquis hat ein mächtiges Organ. Er ist ein Sänger aus der Provence. Er braucht das Rohr nur, um dieses Aufsehen zu erregen

und zu bannen. Und für den Mythos des Augenblicks. Er dort im Turm und Camille Desmoulins auf den Cafétischen. Ein Mann wie der Marquis weiß, wann der Moment gekommen ist, den Mythos zu schaffen, selbst auf die Gefahr der Lächerlichkeit hin, die in solchen Momenten steckt, damit ein Mann wie er sie gering achtet. Er gibt den Leuten, was sie brauchen: den Aufschrei der Opfer des Despotismus. Den Hilferuf aus den Verliesen, den sie schon immer zu vernehmen geglaubt haben.

Monsieur de Launay, Kommandant der Bastille, zwölf Tage vor seinem Tod, am 2. Juli 1789, an Monsieur Villedeuil, Staatsminister:

Es ist der Augenblick, uns von diesem Menschen zu entlasten, den nichts in Schranken halten kann und mit dem kein Wachoffizier fertig wird … Die ganze Wachmannschaft wäre Ihnen unendlich dankbar, wenn Sie verfügen wollten, dass Herr de Sade unverzüglich an einen anderen Ort gebracht wird … Er droht, von neuem mit seinem Geschrei anzufangen.

So wird der Marquis nicht mehr da sein, wenn man ihn am 14. Juli befreien kommt.

Wollen Sie Ihren Mann sehen, Madame?, fragt der Anstaltsleiter in Charenton. Ich kann nicht dazu raten. Er befindet sich noch in einem Zustand – wir nennen es die Phase der Verweigerung. Verstehen Sie? Unsere Patienten brauchen eine gewisse Zeit der Eingewöhnung, wenn sie zu uns kommen. Zu Anfang wollen sie … sie wollen es nicht begreifen, wo sie sind. Dies ist ein Haus der Barmherzigkeit. Die Verworfenen, die Verwirrten, die von Gott Gestraften, die die Welt verrückt nennt, wir nehmen sie bei uns auf.

Sie hat die Verworfenen gesehen auf ihrem Weg. Charenton liegt in einem wundervollen Park über der Seine. Aber der Park ist nichts anderes als der Vorhof der Hölle, wo man das Schreien der Verdammten hören kann, ihr Wimmern, ihr Lallen, wenn man näher kommt und das Tor passiert, durch das man in ihre Welt eintritt. Es ist ihr vorgekommen, als wären diese Wesen in weißen Hemden hinter den Gittern ihrer Käfige nur so verrückt, weil sie

hier eingesperrt worden sind, als seien die immer gleichen Gesten der Verzweiflung, die sie ausführen, nichts anderes als ihr Protest gegen diesen Ort.
Aber sie muss sich irren. Jeder Mensch weiß, dass es Verrückte gibt, unheilbar geistig Kranke, und dass es barmherzig ist, ihnen einen Platz zu geben, wo sie sich und ihre Familien nicht mehr entehren können, indem sie so sind, wie sie sind.
Nein, sagt sie. Später einmal. Ich will ihn jetzt nicht sehen.
Ich habe etwas für Sie.
Der Prior der Barmherzigen Brüder, der über diesen Ort herrscht, ist nicht wie ein Mönch, sondern wie ein Arzt gekleidet.
Ihr Mann hat es mir für Sie gegeben. Es enthält eine Vollmacht. Ihr Mann ist sehr erregt, weil man ihm nicht erlaubt hat, ein paar persönliche Dinge aus der Bastille mitzunehmen, als er zu uns überführt wurde. Er spricht von Papieren, Büchern und, wie mir scheint, Habseligkeiten, die ohne Bedeutung sind. Er bevollmächtigt Sie, diese Dinge für ihn sicherzustellen. Ich denke, Sie sollten sich damit an die Polizei wenden.
Danke, sagt sie. Das werde ich tun.
Wenn Sie erlauben, sagt der Prior, so bitte ich Sie, es bald zu erledigen. Es wäre für uns eine große Entlastung, wenn wir den Patienten diesbezüglich beruhigen könnten. Er ist sehr, nun, Sie wissen ja, sehr erregbar.
Sie wisse das, sagt die Marquise. Doch sei er nicht verrückt. Vielmehr gehöre eine große geistige Klarheit zu den Eigenschaften, die ihn auszeichneten. Eine Klarheit, die ihn oft zu ganz erstaunlichen, um nicht zu sagen, höheren Einsichten befähige. Ja, er komme ihr manchmal geradezu als Philosoph vor.
Das glaubten einige von sich, die in der Anstalt seien, sagt der Prior. Aus Narrenmund tue sich manchmal, wie man wisse, die Wahrheit kund.
Wird mein Mann auch hinter Gittern sein?, fragt die Marquise.
Das komme ganz auf die Abteilung an, sagt er. Es gebe auch Räume, in denen sich die Patienten frei bewegen könnten.
Wird er denn mit anderen zusammen gehalten?, fragt die Mar-

quise, und es fällt ihr selbst auf, dass sie wie von Tieren im Käfig spricht.
Sie müsse sagen, fügt sie hinzu, die Vorstellung entsetze sie.
Das komme ganz darauf an, sagt der Prior, wie viel sie zu bezahlen bereit sei. Man habe ihm gesagt, dass Madame die Kosten für die Unterbringung ihres Mannes in der Anstalt übernehme.
Wie viel sie denn für ein separates Zimmer in diesem Haus aufwenden müsse? Ihr Mann sei ganz und gar gewohnt, separat zu sein.
Der Prior nennt einen Betrag, der doppelt so hoch ist wie die Kosten für die Bastille. Es ist ein Betrag, der denjenigen um das Vierfache übersteigt, von dem sie gemeinsam mit Madeleine-Laure und der Kammerfrau, die sie sich halten, im Kloster lebt.
Aber sie denkt an die Käfige und willigt ein.
Sie werde einen Boten mit den Effekten aus der Bastille schicken, sagt sie. Es könne jedoch ein paar Tage dauern. Im Faubourg Saint-Antoine, wo sie wohne, herrsche zurzeit große Unruhe. Sie werde aber ihr Möglichstes tun. Man möge das ihrem Mann ausrichten. Er möge ruhig sein.
Es ist der 9. Juli 1789. Um noch etwas aus der Bastille zu retten, ist große Eile geboten. Aber wie soll Renée-Pélagie das wissen? Es ist die Geschichte. Sie geschieht, ohne auf sich aufmerksam zu machen. Niemand sagt: Noch fünf Tage, noch vier, noch drei, noch zwei bis zum Beginn der Französischen Revolution. Die Marquise schickt einen Boten zum Kommissar Chenon, der für den Distrikt der Bastille polizeilich zuständig ist. Der Raum des Marquis in der Festung ist versiegelt. Sie kann ihn nur in Gegenwart eines polizeilichen Begleiters betreten. Der Kommissar ist beschäftigt. In diesen Tagen gibt es für Polizisten in Paris viel zu tun. Die Volksgefängnisse sind überfüllt. Die Polizei kann kaum die kleineren Delikte verfolgen, die ihr sonst zu tun geben, Diebstähle, Schlägereien … und da kommt diese Marquise und will ein paar Habseligkeiten ihres verrückten Mannes abholen. Hat das nicht Zeit?
Schließlich erhält sie einen Termin bei Chenon und begibt sich frühmorgens zu ihm, auf dass er sie in die Bastille begleite. Doch als schon der Wagen des Kommissars beim Revier vorfährt, kommt

ein Bote gelaufen und informiert Chenon darüber, dass im Viertel neue Unruhen ausgebrochen sind.
Ich bedaure, Madame, sagt er, das geht vor. Kommen Sie heute Abend wieder.
Als sie sich auf den Weg zurück zum Kloster macht, läuft sie gegen den Strom der Menschen an, die in Richtung Bastille laufen. Die Menschen sind merkwürdig aufgeregt. An der Ecke zur Rue de la Contrescarpe kommt ihr eine Gruppe junger Bürger entgegen, die Waffen tragen. Sie erschrickt. Sie begreift, dass dies der Aufruhr ist. Das ist keine Stimmung mehr, die in einem ekstatischen Fest ausklingt. Hier bekundet sich keine Meinung. Hier wird kein Bewusstsein mehr demonstriert. Dies ist die Tat.
An der Ecke zur Rue Saint-Antoine hat sich ein Menschenauflauf gebildet. Der Lärm dieser Menge brandet wie in Sturmböen auf, Schmähungen, Hochrufe … Sie versteht nicht, worum es geht. Über den Köpfen erscheint der Kopf eines Soldaten. Er bewegt sich auf und ab, als befände er sich auf einem Pferd, das sich aufbäumt und wieder aufbäumt. Dann sieht sie, dass der Kopf auf einer Pike steckt, und in dem Tosen vernimmt sie einzelne Worte, *die Aristokraten …* Sie weiß nicht, wohin sie sich wenden soll, *an die Laternen …* Sie läuft, so schnell sie kann, versucht in die Gassen zu kommen, wo es ruhiger ist. Sie keucht. Sie ist schon lange nicht mehr gerannt, eine *Aristokratin,* die daran gewöhnt ist, mit gemessenen Schritten zu gehen, wenn sie geht – meistens wird sie gefahren. Sie fürchtet sich vor den Menschen, die ihr begegnen. Sie ist eine Frau auf der Flucht vor ihnen. Allein die Richtung ihrer Schritte verrät sie: weg von der Bastille, wohin alles strömt. Weg von der Bastille, wo sie an diesem Morgen des 14. Juli als Einzige etwas zu besorgen hat und wo die Geschichte kurz vor ihr eingetroffen ist, zehntausend Menschen, die die Verteidiger der Bastille bald überwältigen, die sieben Gefangenen befreien, zwei Geisteskranke, vier Fälscher und einen Vergewaltiger, und dem Kommandanten de Launay den Kopf abschneiden, um ihn auf einer Pike durch die Straßen zu tragen.
Die Marquise weiß dies alles nicht, doch sie weiß genug, um sofort

ein paar Sachen zu packen, als sie zu Hause ist, ihre Kammerfrau und ihre Tochter anzuweisen, dasselbe zu tun, und dem Kommissar Chenon zu schreiben, dass sie die Absicht habe, unverweilt aufs Land zu gehen, bis die Ruhe wiederhergestellt sei. Sie erteilt ihm die Vollmacht, die Sicherstellung der Papiere des Marquis, ihres Ehemanns, ohne sie durchzuführen, und vergisst nicht, ihn zu bitten, dafür Sorge zu tragen, dass nichts fremden Blicken ausgesetzt werde. Sie weiß, welcher Art die Papiere des Marquis de Sade sind.

In der Nähe von Fontainebleau hat die Familie de Montreuil einen ihrer Landsitze. Dorthin begibt sie sich.

Währenddessen sind die Siegel an der Tür der »sechsten Freiheit« längst aufgebrochen. Vom Turm hernieder schneit ein Papierregen. Hände aus der Menge recken sich einzelnen Blättern entgegen. Man schwenkt sie wie Fähnchen über den Köpfen, dann gleiten sie zwischen einzelne Personen, die darüber hinweglaufen, sie an den Sohlen da- und dorthin tragen oder sie achtlos in die Taschen stopfen, wo sie sie manchmal erst Tage später herausziehen und nicht mehr wissen, wie sie an dies Geschreibsel gekommen sind.

Die Plünderungen ziehen sich über zwei Tage hin. Als die Kommissare versuchen, die Kontrolle wiederzugewinnen, sind die Archive der Bastille leer, ebenso der Raum, den de Sade fast sechs Jahre bewohnt hat. Die Schriftrolle der »120 Tage von Sodom« fällt einem Plünderer namens Arnoux in die Hände und taucht drei Generationen später wieder auf. Wer immer einen Blick hineinwarf, hat sie nicht verbrannt, sondern sorgsam gehütet. Ein erstaunlicher Befund, der zu denken gibt. Man stelle sich vor, wie dreimal nach dem Tod eines Mannes sein Sohn in nachgelassenen Papieren dieses Schriftstück entdeckt, es liest, das Leben seines Vaters für sich überdenkt, das Bild, das er von ihm hat, und die Schriftrolle wohlverwahrt an einem Ort, den nur er selber kennt und zu dem er in heimlichen Stunden zurückkehrt, bis sein Sohn es nach seinem Tod findet, es liest und seinerseits wieder zusammenrollt, nachdem er das Bild seines Vaters für sich überdacht hat, bis der Letzte es einem Verleger zeigt.

Doch für de Sade ist das Manuskript verloren. Wie auch andere

Schriften, die in der Bastille zurückgeblieben sind, unter anderem eine frühe Fassung des Romans »Justine«, die er »Die Missgeschicke der Tugend« betitelt hat.
Wer wird nicht die Verzweiflung eines Autors verstehen, dem seine Werke verloren gegangen sind?
Das bedeutet dreizehn verlorene Jahre, schreibt er an Gaufridy. *Betten, Tische, Kommoden lassen sich ersetzen, aber Gedanken nicht … Gerechter Gott! Das ist das größte Unglück, das mir der Himmel bereiten konnte!*
Er gibt die ganze Schuld daran Renée-Pélagie.
Fünfzehn Bände meiner handgeschriebenen Werke! Verloren. *Und Madame de Sade aß zu Abend, ging zur Toilette, beichtete und schlief ein.*
Er wird es ihr nie verzeihen.

Ein paar Monate später ist sie wieder in Paris.
Die Unordnung hat ein Ausmaß erreicht, dass die Ordnung zwangsläufig zurückkehren wird, schreibt sie an Gaufridy.
Das ist nicht falsch, doch kann es sehr lange dauern. Und wie wird sie aussehen, die neue Ordnung? Wird sie ihr erlauben, das Leben der Ehefrau eines Gefangenen des französischen Königs fortzusetzen, diese spezielle Form eines Witwentums, in der sie sich für immer eingerichtet hat?
Manchmal hat sie seltsame Träume. Im Park an der Rue de Charenton folgt ihr ein kleiner Löwe. Er folgt ihr wie ein Hund. Vielleicht ist es ein Hund. Sie erlaubt ihm, sie zu begleiten, und nimmt ihn mit nach Haus. Es ist ein banger Gedanke, dass er wächst. Sie ist sich darüber im Klaren, dass er wachsen wird. Aber sie bringt es nicht fertig, ihn fortzujagen. Er tut ihr leid. Sie denkt, wenn Donatien nach Hause kommt, wird er Rat wissen, was mit dem Löwen geschehen soll. In der Nacht steht sie auf und geht die Treppe hinunter. Sie ist in La Coste. Sie spürt eine Gegenwart. Es ist die Gegenwart des Löwen, die sie spürt. Sie hört ein Kratzen, ein Scharren. Dann sieht sie die Bescherung. Der Löwe pinkelt auf die Teppiche im Salon. Es sind teure Teppiche. Sie gefallen ihr. Sie ha-

ben ihr immer gefallen. Sie versucht das Tier zu verscheuchen. Der Löwe knurrt. Er ist gewachsen. Er wächst noch, sie kann es sehen. Es ist jetzt ein großes, gefährliches Tier. Er darf hier nicht frei herumlaufen. Sie denkt: Ich muss die Teppiche retten, und beginnt, sie aufzurollen. Aber der Löwe macht alles nass. Sie ekelt sich vor den Teppichen. Wie soll sie mit einem ausgewachsenen Löwen unter einem Dach leben? Sie allein? Ihr wird bewusst, dass der Löwe alle anderen schon gefressen hat. Davon ist er so groß geworden. Er hat Hunger. Aber sie denkt nur an die Teppiche …

Wenn sie aufwacht, ist ihr erster Gedanke, dass Donatien in Charenton ist. Es ist der Gedanke, mit dem sie aus jedem Traum aufwacht. Sie setzt sich im Bett auf, lauscht, steht auf, geht mit bloßen Füßen zu der Tür, hinter der ihre Tochter schläft, öffnet sie leise, horcht auf die Atemzüge von Madeleine-Laure, schleicht zu der Kammer, in der die Dienerin schläft, öffnet dort die Tür, horcht, es ist alles in Ordnung …

Eines Tages wird sie ein Klopfen an der Tür hören.

Madame, wird Schwester Esprit-de-Jésus, die Pförtnerin, rufen. Besuch für Sie.

Wer ist es, wird sie fragen.

Ihr Herz wird zum Zerspringen sein, sie wird die Hände ringen, weil sie die Antwort kennt.

Es ist Ihr Mann, wird Sœur Esprit-de-Jésus rufen.

Und sie wird alle Kraft zusammennehmen und sagen: Ich will ihn nicht sehen.

Aber es ist Ihr Mann, wird die Schwester sagen und wissen, dass es eine Sünde ist, wenn eine Frau ihren Mann nicht einlässt, der nach langer Gefangenschaft zu ihr zurückkommt.

Ich will ihn nicht sehen, wird Renée-Pélagie sagen und sich wundern, dass ihre Stimme ihr dafür zu Diensten ist.

Er sagt, er weiß nicht, wohin er sonst gehen soll, wird die Schwester sagen.

Und sie wird sagen: Das findet sich. Ich bin nicht wohl. Sagen Sie ihm, ich bin unpässlich.

Und Schwester Esprit-de-Jésus wird zurückkommen: Ihre Tochter,

wird sie durch die immer noch geschlossene Tür rufen. Ihr Mann sagt, er will seine Tochter sehen.
Und sie wird sagen: Meine Tochter ist nicht zu Hause. Sagen Sie ihm das. Er soll sich anmelden, wenn er seine Tochter sehen will.
Und sie wird Gott danken, dass Madeleine-Laure wirklich nicht zu Hause ist.
Dann wird sie zum Fenster gehen und auf die Straße sehen. Sie wird einen dicken, unbeholfenen Mann in viel zu engen altmodischen Kleidern sehen, wie er sich mit müden Schritten vom Kloster entfernt.
Und sie wird nicht hinter ihm herrufen.

Manchmal steht die Tür des Käfigs schon lange auf, wenn der Vogel endlich seine Schwingen hebt und fliegt. Die Gefangenschaft ist nach dreizehn Jahren etwas, das zu ihm gehört wie ein Rock, der vom vielen Tragen weich wie eine zweite Haut geworden ist.
Am 9. Oktober 1789 befasst sich die Gesetzgebende Versammlung mit den *lettres de cachet*. Eine Kommission wird gebildet. Doch erst am 16. März ergeht das Dekret: Die *lettres de cachet* sind abgeschafft. Die davon Betroffenen sind frei.
Der Wortlaut des Gesetzes lässt jedoch Ausnahmen zu.
Auch Madame de Montreuil hat unruhige Träume in dieser Zeit. Soll man den Versuch machen, eine Ausnahmeregelung zu erwirken?
Um Anne-Prospère kann es nicht mehr gehen. Anne-Prospère ist tot. An einem Maitag ist sie an den Pocken gestorben, dreißig Jahre alt, Stiftsdame. Eine Vermählung ist für die kompromittierte Schwägerin de Sades nie zustande gekommen. Die Präsidentin hat für den Ehrgeiz bezahlt, mit dem sie ihre älteste Tochter verheiratet hat.
Sie wird nichts unternehmen. Sie wird sich nicht gegen den Lauf der Ereignisse stemmen, die de Sades Gefängnis aufbrechen. Sie sind unaufhaltsam. Sie gehen über alle privaten Lebensentwürfe hinweg, mögen sie auch noch so energisch vertreten worden sein. Die Geschichte ist blind für sie.
Zwei Tage nach dem Beschluss der Constituante erhält de Sade in

Charenton überraschend Besuch von zwei Herren. Er ist ein wenig verärgert. Er fühlt sich gestört und möchte niemanden sehen. Man sagt ihm, dass es sich um Abgesandte der Familie handelt. Welcher Familie, sagt er. Ich habe keine Familie.
Er trägt einen Schlafrock. Sein Haar ist unfrisiert. Sein Tisch ist bedeckt von Papieren, in die er gerade Ordnung bringt, als die Herren in sein Zimmer treten. Sie sind Anfang zwanzig. Der ältere trägt die Uniform eines Offiziers der Artillerie, der jüngere die Abzeichen der Malteserritter.
Eine gewisse Beunruhigung befällt de Sade, das Gefühl, etwas vergessen zu haben, was wichtig war.
Meine Herren, sagt er, was kann ich für Sie tun?
Monsieur, sagt der Ältere und verbeugt sich, wir haben die Ehre, Ihre Söhne zu sein.
Soll das heißen, sagt de Sade nach einer kurzen Pause und mit auffällig leiser Stimme, dass ich die Ehre habe, Ihr Vater zu sein?
So ist es, sagt der Jüngere. Wir sind gekommen, um Ihnen zu Ihrer Befreiung zu gratulieren.
Welche Befreiung?, sagt de Sade. Nennen Sie das Freiheit hier?
Sie können gehen, wohin Sie wollen, Monsieur. Wir dachten, falls Sie es noch nicht erfahren haben, so sollen Sie es durch uns erfahren.
Teufel noch mal, fährt de Sade auf, warum sagt einem das keiner hier?
Er hat schon immer dazu geneigt, sich zu empören, wenn er bewegt war.
Und diese Irren hier, ruft er, dieses ganze Volk von Verrückten, mit denen man mich eingesperrt hat, die können alle gehen und die Welt mit sich verunreinigen?
Es betrifft nur die *lettres de cachet*, sagt der Offizier.
Die Brüder wechseln einen Blick.
Sie müssen Louis-Marie sein, sagt de Sade, plötzlich verwandelt.
So ist es, sagt sein ältester Sohn, dem der Titel Marquis zusteht.
Und Sie Claude-Armand.
Der bin ich, sagt der Chevalier.

Er gleicht seinem Vater mehr als der Ältere. Derselbe gerade Nasenrücken. Dieselben schräg fallenden Lider. Er ist nur wenig jünger, als der Marquis bei seiner Hochzeit war.
Verzeihen Sie mir, sagt de Sade, dass ich Sie nicht gleich erkannt habe. Aber ich hatte schon länger nicht mehr das Vergnügen Ihrer Gesellschaft.
Er hat seine Söhne seit achtzehn Jahren nicht gesehen.
Auch wir mussten dieses Vergnügen lange entbehren, sagt Louis-Marie.
Als wir jünger waren, fällt Claude-Armand plötzlich lebhaft ein, sagte man uns, Sie seien auf Reisen.
Und was sagte man später?, fragt der Marquis.
Nun, sagt Louis-Marie mit einiger Verlegenheit. Man sagte, der König verfüge nach eigenem Gutdünken über Sie.
Das ist nun vorbei!
In den Gesichtern aller drei de Sades erscheint derselbe Ausdruck. Es ist der Ausdruck des Vergnügens und der Genugtuung, wie sie der gute Ausgang einer bösen Geschichte bereitet.
Sie suchen gemeinsam den Prior auf.
Mit welchem Recht man seinen Vater gefangen halte?, fragt Louis-Marie.
Der Prior beginnt. Er windet sich. Der König, sagt er, ministerielle Befehle … Schließlich beruft er sich auf die Familie –
Die Familie, unterbricht ihn Louis-Marie, das sind wir. Und wir befehlen Ihnen, für unseren Vater das Tor zu öffnen.
Der Hüter der Verrückten, wird de Sade später an den Advokaten Reinaud schreiben, *wagte es nicht, sich zu weigern. Die beiden Torflügel öffneten sich, und ich wünschte ihm guten Abend.*
Es ist der Text eines Stückeschreibers, der die dramatische Verdichtung liebt.
In Wahrheit blieb er noch diese Nacht. Vielleicht auch noch ein paar Tage, bis er mit dem etwas tapsigen Gang eines Mannes, der durch den langen Mangel an Bewegung fett geworden war, das Tor durchschritt und dem Lohnkutscher, der sein Gepäck auflud, die Adresse des Klosters Saint-Aure angab.

1810

Die Beichte

Ich werde nur so viel sagen, wie er mich zu sagen zwingt, damit ich mich rechtfertigen kann. Aber ich werde es sagen, wenn er mich dazu zwingt.

Die Marquise de Sade an Gaufridy, am 13. Juni 1790

Sie haben ihr gesagt, dass er in Échauffour ist. So bald schon. Sie kann ihr Glück nicht verbergen. Sie glüht vor Glück. Sie fliegt. Sie sieht in den Spiegel. Sie sieht eine Frau, deren Wangen unvorteilhaft gerötet sind. Sie drückt ihre Hände gegen das Gestänge des Reifrocks, den sie trägt. Sie fühlt seine Seide, deren Gewebe nicht weich und glatt, sondern auf eigene Weise rau und feindselig ist. Ihr Leib darunter klopft. Er hegt eine Erwartung, die nicht ihre eigene ist. Sie ist wild, ohne Mäßigung. Wenn er in Échauffour ist, wird er des Nachts zu ihr in ihr Bett kommen, selbst wenn sie sich nicht begrüßt haben, wie es ihnen wahrscheinlich nicht zugestanden werden wird. Etwas ist in ihnen beiden, das keine Begrüßung braucht, auch später, auch nach Jahren nicht. Etwas bleibt, ganz gleich, wer von ihnen fortgeht und den anderen allein lässt. Es ist körperlich. Die Marquise ist voller Scham, weil es in nichts dem gleicht, was ihr der Abbé Gaudemar vor Augen stellt, seit sie die heiligen Pflichten einer Ehefrau zu befolgen hat. Es glüht. Es lässt ihr keine Wahl. Sie fliegt die Treppe hinunter. Ihr weiter Rock peitscht das Geländer. Der Drahtkorb darunter singt. Sein Singen verrät sie. Alles verrät sie. Sie glaubt, das Klopfen in ihr wird für jeden zu hören sein. Aber es ist nur für ihn zu hören, beruhigt sie sich.

Sie denkt an die Ermahnungen ihres Beichtvaters. Dein eigener Wille zählt nicht mehr. Lern ihn zu zähmen. Die Frau ist dem

Mann in der Ehe immer untertan. Gott will es so. Du sollst ihm gefallen. Dann gefällst du auch Gott.
Wenn Gott und der Abbé wüssten, was ihrem Mann gefällt.
Das erste Mal hat sie geglaubt, dass sie ihn nicht verstanden hat.
Sie meinen –?
Aber ja, Madame. Nein, nicht so …
Eine strenge Ungehaltenheit, wie von einem Patienten, der seinen Arzt selbst unterweisen muss: So verstehen Sie doch!
Sie will gelehrig sein. Doch seine Einweisung geschieht unwillig und lückenhaft. Ganze Kapitel überspringt er, offenbar annehmend, dass sie von rascherer Auffassungsgabe ist. Sie ist seit vier Monaten verheiratet. Und immer noch kommt er ihr wie ein Lehrmeister vor, streng und geheimnisvoll, im Besitz eines Wissens, an dem er sie nicht teilhaben lassen will. Sie bestürmt ihn … Sie schmeichelt … Sie wartet … Worauf wartet sie? Sie weiß noch nicht, dass die Ehe für eine Frau Warten ist. Warten auf den Moment, in dem er sich umdreht, in dem sein Blick auf sie fällt … Sie glaubt noch, Verführung sei möglich. Sie hat noch nicht verstanden, dass alle Verführung Warten ist. Sie glaubt noch, dass sie sich die Ungeduld leisten kann, mit der sie darauf besteht, dass zwischen ihnen Gleichheit herrscht, die gleiche Freude, einander wieder zu sehen, das gleiche Erkennen, Entzücken, Besitzergreifen. Sie beginnt zu ahnen, dass es vielleicht anders ist.
Am Kopf der Treppe, die vom Haupteingang in den Park hinabführt, sieht sie, wie er sich über die Hand ihrer Mutter beugt. Er hält ihre Hand in beiden Händen und blickt zu ihr auf. Mit den Lippen verweilt er dabei lange auf ihrem Handrücken. Dann dreht er die Hand um und wandert bis zu ihrem Puls.
Mon chèr gendre, sagt ihre Mutter und entzieht diesen Lippen ihr Handgelenk.
Ihre Stimme bebt.
Ihr Herz schlägt für mich, Madame, sagt er, ich kann es hören.
Sie ist in der Tür stehen geblieben. Die Blicke der beiden Kammermädchen, die bereitstehen, um das Gepäck des Reisenden in Empfang zu nehmen, sind auf sie gerichtet. Sie hat von Kind an

gelernt, es zu ignorieren. Sie weiß plötzlich, dass dies ein Bild aus dem Buch ihres Lebens ist, ihre Mutter, der Mann, der sich über ihre Hand beugt, der Wagen mit offenem Verschlag, die beiden Lakaien, die daneben stehen, die Rosenbüsche, die links und rechts von der Einfahrt blühen, die beiden Pfauen zwischen den Buchsbaumrabatten, von denen einer ein Rad dazu schlägt. Es ist, als wenn die Nachmittagssonne des Septembertags es für immer in ihr Gedächtnis gebrannt hätte, wo sie es fast ein halbes Jahrhundert später noch finden wird, unversehrt wie auch das Glück und die Wut dieses Augenblicks, die Verwirrung, die sich aus beidem zusammensetzt.

Donatien!

Madame! Beruhigen Sie sich doch, Madame. Es ist alles in Ordnung.

Sie ist die Treppe hinuntergestürzt. Das Gestänge des Reifrocks hat sich ihr über den Kopf gestülpt. Es ist ein Käfig, der sie gefangen hält.

Ich kann nichts sehen!

Ihre Augen, Madame ... Sie wissen doch.

Ist meine Mutter hier?

Nein, Madame. Ihre Frau Mutter ist längst in den ewigen Frieden heimgegangen.

Rede nicht so mit mir, Hélène. Ich bin zwar alt, aber ich bin nicht verrückt. Ich habe schon deine Mutter gekannt und deren Mutter, als du noch nicht auf der Welt warst.

Ich weiß, Madame. Wir haben immer im Schloss Échauffour gedient.

Diese Reifröcke sind so unpraktisch. Hilf mir, Hélène.

Reifröcke? Man trägt schon lange keine Reifröcke mehr, Madame. Das ist ein Morgenkleid.

Keine Reifröcke mehr? Wollen die jungen Damen den Männern heute nicht mehr gefallen?

Ach, Madame, den Männern gefallen sie auch ohne Reifröcke.

Und? Hast du einen Liebsten, Hélène?

Das fragen Sie mich jeden Tag, Madame. Ich bin verheiratet.

Dann ist dein Liebster dein Mann?
Wer sonst, Madame?
Ich hatte auch einen Liebsten, Hélène.
Ich weiß, den Marquis.
Er hat schlimme Dinge getan, Hélène. Er ist im Gefängnis.
So sagt man, Madame. Er ist wieder bei den Verrückten in Charenton.
Glaubst du, dass er verrückt ist?
Was weiß ich, Madame. Ich bin nur eine Magd.
Ob er noch lebt? Er schreibt mir gar nicht mehr.
Gewiss. Er hätte doch geschrieben, wenn er gestorben wäre.
Meinst du? Hilf mir, mich anzuziehen, Hélène. Ich muss bereit sein, wenn Besuch kommt.
Es kommt kein Besuch, Madame.
Es kann immer Besuch kommen. Weißt du das nicht, Hélène?
Wir haben schon lange keinen Besuch mehr gehabt, Madame.

Wie heißt das Dorf?, fragt der Reisende.
Échauffour.
Es ist der einzige Fahrgast, der an diesem Julitag 1810 in der Kutsche nach Argentan sitzt. Er ist lange nicht in dieser Gegend gewesen. Noch einmal nach Coutance will er. Noch einmal einen Wagen nehmen und nach Coutainville hinausfahren. Die heckengesäumten Wiesen, den weiten Strand hinter den Dünen sehen, der sich bei Ebbe vergrößert wie der Vorhof zur Ewigkeit. Er will die Kähne der Fischer des Cotentin bei Flut ausfahren sehen. Die Luft riechen, in der sich Schafsdung, frische Erde und der Duft des Meeres mischen. Er weiß nicht, ob von den Seinen noch jemand am Leben ist. Er war jung, als man ihn nach Paris geschickt hat, um Gott zu dienen, wie man an jedem Ort Gott dient. Man dient ihm im Priestergewand wie im zivilen Rock. Man kann diesem Dienst nicht entgehen, selbst wenn man will oder dazu gezwungen wird. 1790 hat er zu den Priestern gehört, die den Eid auf die Verfassung verweigerten, indem sie sich auf ihre Gelübde beriefen, die durch nichts außer Kraft zu setzen sind, nicht einmal durch den eigenen Bruch mit

ihnen. Aber er ist nicht zum Märtyrer geboren. Als im September 1792 das Morden in Frankreich begann und ihm auch ein Teil der eidverweigernden Priester zum Opfer fiel, hat er sein Land verlassen.

Der Emigrant lässt alles hinter sich, seine Nation, seine Heimat, seine Sprache – und den Beruf. Dann erfährt er endlich, wer er ist. Nichts als der Mann, der er schon immer war. Und er erkennt, dass die Emigration nicht Verbannung, sondern auch Befreiung ist. Er hat die Gelübde gebrochen. In Deutschland hat er mit einer Frau gelebt. Er, der jedes Geheimnis der Frauen kennt, hat endlich das letzte Geheimnis für sich entdeckt und erfahren, dass es die Liebe ist.

Jetzt ist er alt. Seine Gefährtin lebt nicht mehr. Er hat verkauft, was sie ihm hinterlassen hat, und seine letzte Reise angetreten, dorthin zurück, von wo er ausgezogen ist. Er ist längst amnestiert.

Échauffour?

Er weiß, dass er diesen Namen kennt. Es ist lange her.

Gibt es hier ein Schloss?

Gibt es ein Dorf in Frankreich, in dem es kein Schloss gibt?

Die Montreuils. Er erinnert sich. Sie kamen alle zu ihm in den Beichtstuhl, die Huren wie auch die Ehefrauen. Er hat das Elend der einen wie der anderen erfahren und manchmal nicht gewusst, welche von ihnen mehr des göttlichen Erbarmens nötig hatten, das er für sie, wohl wissend, dass er nicht darüber verfügen konnte, herabflehte. Es gab eine Mutter de Montreuil und eine Tochter, erinnert er sich. Die Mutter kann nicht mehr am Leben sein. Aber die Tochter. Er hat sich manchmal gefragt, was aus ihr geworden ist, nachdem man den Wüstling, dem sie verheiratet worden war, in die Bastille gesperrt hat.

Die Bastille gibt es nicht mehr. Sie wurde geschleift, ihre Steine als Souvenirs verkauft, wie es mit den Bauwerken des Despotismus geschehen kann. Und der Marquis de Sade? Unter den Emigranten, deren Clubs er in Deutschland besucht hat, fiel sein Name, gefolgt von vielsagendem Schweigen. Er hat daraus entnommen, dass der Marquis noch immer von sich reden macht. Es handle sich um

einen Autor verbotener Schriften, hat man ihm gesagt. Im Kaiserreich werde dergleichen verfolgt wie unter den Königen. Wer darüber als einem Zeichen unbilliger Zensur lamentiere, solle sich den Schmutz ansehen, den der Marquis schreibe. Fouché verstehe in der Hinsicht so wenig Spaß wie die alten Minister. Solche Leute gehörten nach Charenton, und, soviel man wisse, sei er dort seit einigen Jahren wieder eingesperrt. Allerdings genieße er gewisse Privilegien. Er habe sogar erreicht, dass er seine Gefangenschaft mit seiner Konkubine teilen dürfe, einer Schauspielerin namens Quesnet, die ihm offenbar treu ergeben sei. Charenton sei nicht mehr das, was es früher gewesen sei. Man treibe den Wahnsinn dort mit seltsamen neumodischen Methoden aus, lasse die Irren zum Beispiel Theater spielen, indem man behaupte, wenn in der Kunst ein Kern von Wahnsinn sei, so könne der Wahnsinn auch Kunst hervorbringen und verlasse mit ihr den verwirrten Geist. Der Marquis de Sade sei gewissermaßen der *spiritus rector* solcher fragwürdiger Unternehmungen, zu denen halb Paris pilgere. Man wisse, die Pariser hätten schon immer den Hang zu bizarrer Komödie gehabt, und nichts sei zu abgeschmackt, um den Geschmack der Pariser nicht zu befriedigen. Ein Marquis de Sade finde immer sein Publikum, leider auch unter den Lesern obszöner Schriften, die gewissenlosen Verlegern offenbar die Kassen füllten.
Ob die Familie de Montreuil noch im Schloss lebe?, fragt der Reisende.
Soviel man wisse, nein.
Wem das Schloss jetzt gehöre?
Dort lebe eine Dame, die Bürgerin Sade, mit ihrer Tochter. Sie sei schon alt.
So werde er hier Rast machen, sagt der Reisende.

Man hat ihr gesagt, dass es schmerzhaft ist beim ersten Mal. Dass man blutet. Er wird d a s mit mir tun, denkt sie. Sie kann es nicht glauben. Nicht heute Nacht, denkt sie. Doch nicht, nachdem wir in der Kirche gewesen sind. Doch nicht nach all diesen Glückwünschen, diesen Liebkosungen der Anverwandten, den Segnungen.

Er ist sanft, sagt ihre Mutter. Ein sanfter junger Mann.
Sie hat keine Angst davor.
Es ist seine Stimme. Ihr Leben lang wird sie bezaubert von dieser Stimme sein, sanft und einschmeichelnd. Eine Stimme wie eine zärtliche Berührung. Sie streichelt das Trommelfell. Das Trommelfell ist ein Liebesorgan bei Frauen. Es gibt sich hin. Es darf passiv sein. Vor aller Augen darf es sich hingeben. Männer, die dieses Organ erregen, haben leichtes Spiel mit den Frauen.
Er beugt sich zu ihr, so dass sein Mund fast ihr Ohr berührt.
Madame, sagt er.
Sie muss lachen.
Sie sind Kinder, er und sie. Sie werden niemals erwachsen sein wie die anderen.
Versprechen Sie mir das, möchte sie zu ihm sagen.
Sie hat Champagner getrunken, vielleicht etwas zu viel. Sie möchte ihm gern ein Geheimnis verraten, hat aber keins, soviel sie auch überlegt. Das bekümmert sie. Sie fühlt sich schüchtern und einfältig. Ihr scheint, dass er dagegen voller Geheimnisse ist.
Ich möchte alles von Ihnen wissen, sagt sie.
Er weicht zurück.
Verzeihen Sie, Madame, sagt er. Wir sind nur verheiratet, weiter nichts. Sie sind nicht mein Beichtvater.
Sie hat es verdorben. Irgendetwas hat sie falsch gemacht.
Wir müssen noch üben, hört sie ihn sagen.
Die Stimme ist weich und sanft. Sie kann nicht genug davon bekommen.
Was?, fragt sie.
Mann und Frau zu sein, sagt er.
O ja, sagt sie überrascht. Und dann: Muss man es üben?
Und wie, sagt er. Man kann gar nicht genug üben. Wir fangen gleich damit an.
Es klopft an ihrer Tür.
Madame? Da ist ein Besuch, der sich melden lässt.
Nicht, Hélène. Jetzt nicht. Siehst du nicht, dass du störst?
Ein Besuch, Madame.

So sag ihm, dass er nicht gelegen kommt.
Er ist auf der Durchreise, Madame. Er sagt, dass er Sie von früher kennt. Aus Paris.
Ich will niemanden sehen, sag ihm das.
Es ist ein Abbé.
Ein Abbé? Schon? Ist er schon da? Hat meine Tochter ihn gerufen? Ich bin noch nicht so weit. Sag ihm das. Sag ihm, ich lasse schicken, wenn ich so weit bin. Ein Priester! Nein, noch nicht.
Es ist ein alter Bekannter von Ihnen, lässt er ausrichten.
Verzeihen Sie, Madame. Erkennen Sie mich nicht mehr? Bin ich so alt? Ist so viel geschehen? Hat es uns so verändert? Ja, ich erkenne Sie. Ich hätte Sie unter Hunderten erkannt. Ihre Augen – o verzeihen Sie, Madame. Verzeihen Sie einem alten Mann, dessen Blick durch die Freude, Sie wieder zu sehen, getrübt ist. Jetzt erkenne ich, was Gott Ihnen genommen hat. Ich bin der Abbé Gaudemar. Sie erinnern sich?
Wie sollte ich mich nicht erinnern, Abbé? Ich bin blind, aber die Erinnerung ist umso lebendiger. Gesichter aus der Vergangenheit stehen mir ganz deutlich vor Augen. Ich sehe Sie, Abbé. Ja, ich kann Sie sehen. Vor allem, wenn ich Ihre Stimme höre. Ein Beichtvater ist sowieso mehr Stimme als Körper für uns, und ich dachte gerade daran, welche Macht eine Stimme über unsere Seele hat. Setzen Sie sich, Abbé. Setzen Sie sich zu mir.
Ich bin kein Abbé mehr.
Sehen Sie, Abbé, und ich bin keine Marquise mehr. Dennoch bleiben wir, was wir sind, oder sind es nie gewesen. Ich bin geschieden. Wussten Sie das, Abbé? Wären Sie nicht gekommen, wenn Sie das gewusst hätten?
Meine liebe Marquise, da irren Sie sich sehr. Ich bin Witwer, verstehen Sie? Verstehen Sie, was ich sagen will?
Ich verstehe Sie gut, Abbé. Auch ich bin eher eine Witwe als eine geschiedene Frau. Oder sagen wir, ich achte den Unterschied gering. Man hüllt sich in den Schleier. Man klagt. Man trauert. Zwanzig Jahre vergehen so wie im Flug. Dann schließt man die Augen und hat gelebt. Erscheint es der Welt nicht so, Abbé? Aber

ich verrate Ihnen ein Geheimnis: Die zwanzig Jahre haben auch 365 Tage. Und das macht noch einmal so viele Nächte, Abbé. Man ist allein. Finden Sie das von Dichtern besungen? Gibt es irgendwo das Lied von der einsamen alten Frau? Kennen Sie es? Die Ode an die Ereignislosigkeit? An die Stille in verlassenen Räumen? An das Ticken der Holzwürmer, die sich durch alte Möbel fressen? Hören Sie? Hören Sie das, Abbé?

Man sagt mir, dass Ihre Tochter bei Ihnen lebt, Madame.

Madeleine-Laure? Ist sie hier? Versteckt sie sich? Nein? Dieses Schloss hat Ohren, Abbé. Meine Tochter belauscht mich. Sie spioniert mir nach. Sie war immer schon neugierig wie eine Kammerfrau. Unter uns gesagt, sie hat so wenig Adel. Dabei sind sie ein altes Geschlecht, die de Sades. Ordensgeneräle. Komturen. Äbte. Wussten Sie, dass Petrarcas Laura ihre Vorfahrin war? So sagt man wenigstens. Sehen Sie sich meine Laura an! Sie ist achtunddreißig. Ich brauche keine Augen, um zu sehen, welchen Eindruck sie auf Sie macht. Ich rieche ihr Haar, das sie zu selten wäscht. Ich kenne die Schürzen, die sie trägt. Dienstbotenschürzen. Ihre Füße sind zu groß, dafür kann sie nichts. Aber muss man Pantinen tragen, wenn man eine Dame ist? Eine de Sade?

Und eine Montreuil. Eine Enkelin meiner Mutter! Sie haben meine Mutter gekannt, Abbé? Aber gewiss! Sie war Ihr Beichtkind so wie ich. Hat sie Ihnen gebeichtet, dass sie in meinen Mann verliebt war? Ich weiß. Sie dürfen nichts sagen. Das Beichtgeheimnis, Abbé, nicht wahr? Dabei pfiffen es alle Spatzen von den Dächern. Sie war verrückt nach ihm wie die meisten Frauen.

Aber er hat mir gehört! Sie hat ihn niemals bekommen! Denn warum sollte er sich mit der alten Matrone begnügen, wenn er die Tochter haben kann? So ist nun einmal das Gesetz der fleischlichen Liebe. Sollte ich etwa Mitleid mit ihr haben, als ich sah, wie sie litt? Hat sie Mitleid mit mir gehabt, als sie mich einem Wüstling gab?

Sie hat es gewusst. Hat sie Ihnen das auch gebeichtet? Sie wusste, was in seinem Regiment von ihm bekannt war. Dass er im Krieg gegen Preußen mehr Frauen geschändet als Männer getötet hat.

Dass er auch die Männer nicht verschmähte, wenn sie ihm nicht auf dem Schlachtfeld, sondern in den Kaschemmen begegneten. Sie wusste, dass schon sein Vater im Ruf eines Wüstlings stand. Sie wusste, warum seine Mutter, die alte Comtesse, es vorzog, im Kloster zu leben statt an der Seite des alten Comte. Sie kannte den Ruf seines Onkels, des Abbé Jacques-François de Sade. Meine Mutter wusste, welches die Leute waren, denen sie mich gab.
Was sie nicht wusste, nicht ahnen konnte: dass ich vom ersten Moment an entschlossen war, ihn zu lieben. Und dass er durchaus empfänglich dafür war. Denn jeder böse Junge braucht eine Frau, die ihm verzeiht und ihn trotzdem liebt. Das war ich für ihn. Das bin ich immer gewesen. Die Einzige. Wussten Sie das, Abbé?
Und wie meine Mutter ihn zur Strafe gehasst hat. Beide Töchter verführt, und sie verschmäht. Das war zu viel für sie. Und er hat es gebüßt. Weiß Gott, er hat es gebüßt. Meine Mutter nicht zu lieben, darauf stand Festungshaft.
Er hätte sich rächen können. Während der Revolution hatte er die Macht dazu. Er war Sekretär der Section des Picques in Paris. Ein lupenreiner Demokrat, mit der Reform der öffentlichen Krankenhäuser betraut. Oh, Sie haben den Bürger Sade nicht gekannt. Das haben Sie verpasst, Abbé, während Sie im Ausland die Freuden der Liebe genossen haben. Er war ein Mann der ersten Stunde! Sie haben ihn später sogar zum Richter seiner Section ernannt! De Sade als Richter! Ist das nicht hübsch? Und er hat Gerechtigkeit walten lassen. Als meine Eltern auf einer Liste standen – Sie wissen, was diese Listen bedeuteten –, hat er dafür gesorgt, dass sie gestrichen wurden. Ja, das hat er getan. Sie haben ihm ihr Leben zu danken gehabt. Verstehen Sie: kleinliche Rache, das hätte ihm nicht geschmeckt. Wenn er Böses tat, musste es groß sein. Es musste ihn als schrecklichen Täter beweisen. Es musste düster glühen und einen Geruch nach Schwefel verbreiten. Nicht so ein kleiner bürokratischer Massenmord, wie ihn die Revolution erfand. So etwas lag ihm nicht. Verstehen Sie?
Die Revolution war eine Zeit lang seine Welt. Bis die Demokraten begannen, sein Schloss La Coste zu plündern und seine Besitztü-

mer zu beschlagnahmen. Da war er wieder ein Adliger, Sie verstehen, und einmal entging er ganz knapp der Guillotine –
Ja? Madeleine-Laure? Das ist der Abbé Gaudemar. Abbé, meine Tochter, die Comtesse de Sade. Der Abbé ist ein alter Bekannter. Wir plaudern von früheren Zeiten. Nichts, was für dich von Interesse ist. Lass uns allein, mein Kind.
Ist sie weg?
Ja, ich weiß, ich muss dankbar sein. Eine hässliche Tochter ist ein Geschenk im Alter. Sie pflegt uns. Sie ist da. Kümmert sich um den Haushalt. Doch unter uns, Abbé, ist es nicht dasselbe, was Dienstboten auch tun? Nur tun sie es, ohne zu jammern und sich zu beklagen. Ich sage nichts mehr, Abbé. Ich habe gebetet. Gott, habe ich gebetet um einen Mann für sie. Da war Hébert, unser Pächter, dem die Frau im Kindbett gestorben ist. Ich sage zu ihr: Madeleine-Laure, dies wird das letzte Mal für dich sein. Du weißt, dass wir seit neunundachtzig ohnehin alle Bürger sind, und er wird keinen Sous von uns verlangen, wenn du ihn nimmst. Und sie sagt: Ich will weder diesen Mann noch irgendeinen. Und das ist endgültig.
Sie will keinen Mann. Verstehen Sie das? Ist das natürlich?
Man sagt, in jeder Frau verberge sich eine Schönheit. Sie müsse nur gewissermaßen erweckt werden. Ich ließ ihr Tanzunterricht geben, kaufte ihr Kleider bei den besten Couturiers von Paris. Aber geweckt wurde nur ihr Trotz. Ihr de Sade-Trotz. Von meinen Kindern ist sie dasjenige, das ihrem Vater am meisten gleicht. Sie hat alles von ihm, die Wildheit, die Härte, den Eigensinn. Nur nichts von seiner Fähigkeit zu bezaubern. Ich danke Gott, dass sie als Mädchen geboren worden ist. Frauen, wenn sie böse sind, richten doch weniger an als Männer. Oder irre ich mich?
Meine Söhne waren von Anfang an anders. Alle Welt mochte sie, sogar ihr Vater. Hätten Sie das gedacht? Aber dann vergaß er sie im Laufe seiner Gefangenschaft.
Sie fragen überhaupt nicht mehr nach Ihren Kindern, sagte ich. Haben Sie denn kein Herz mehr für sie?
Madame, sagte er, haben Sie ein Herz für mich und schweigen Sie.

Die beiden Jungen hörten auch auf, mich zu fragen, wann er zurückkommt. Aber nicht Madeleine-Laure, sie nicht.
Wo ist mein Vater? Wann kommt er? Hast du ihm gesagt, dass ich einen Rosenstock für ihn gepflanzt habe?
Es ist auch hier das Einzige, was sie mit Fleiß tut: Sie gärtnert. Morgen früh können Sie ihren Gemüsegarten sehen. Es ist alles vom Feinsten, was sie zieht. Sie wäre eine gute Bäuerin geworden. Sie geht sogar in den Stall. Sie liebt die Pferde. Früher ritt sie. Aber jetzt ist sie zu dick dazu, wie Sie sehen.
Wo sollte ich einen Mann für sie hernehmen? Die jungen Männer aus unserer Gesellschaftsschicht waren damals emigriert. Es ist nicht meine Schuld, dass sie sitzen geblieben ist.
Ich sagte: Du kannst nicht wählerisch sein, mein Kind. Das weißt du doch.
Sie sagte: Ich wähle ja nicht. Ich will keinen.
Ich sagte: Warum? Es kann sehr schön sein mit einem Mann.
So schön wie bei Ihnen, Mutter?
Was weiß sie von mir? Sie weiß nichts von mir. Viel weniger als die anderen, die über mich reden. Sie reden doch über mich, Abbé? Reden sie noch immer? Ist es noch nicht vorbei? Ich weiß, dass sie mit Fingern auf mich zeigen: Die Marquise ist auch nicht besser als ihr Mann. Sie hat mitgemacht. Sie hat gelogen. Sie hat Geld bezahlt – wie oft? –, damit die Mädchen den Mund halten. Sie sagen, ich hätte sie eingeschlossen, damit sie nicht aus dem Schloss fliehen konnten, bevor ihre Blessuren verheilt waren. Ich habe sie gepflegt, Abbé. Was hätte ich denn tun sollen?
Sie sagten: Marquise, schicken Sie uns nicht fort. Wir können nicht mehr nach Hause.
Wohin sollten sie denn auch gehen? Ich habe sie aus Barmherzigkeit im Schloss behalten, solange es nötig war. Dann habe ich Nanon in eines der Klöster gebracht, wo solche Mädchen ihre Kinder zur Welt bringen, und dem Kind eine Amme besorgt. Das Kind ist gestorben. Sie sagen, ich hätte gewusst, dass die Amme schwanger war und nicht mehr genug Milch hatte. Aber das stimmt nicht, Abbé! Das sagen die Leute. Ich habe es nicht gewusst. Ich hätte der

Amme ihr Geld gelassen, wenn sie das Kind zurückgegeben hätte. Ich habe es ihr selbst gebracht und gesagt: Kümmere dich darum, als wäre es mein eigenes, und so wirst du bezahlt, und wenn etwas fehlt, wende dich an mich.
Aber zuweilen gehen Kinder von uns, wie sie gekommen sind, einfach so. Und ist es nicht gnädig, wenn es so früh geschieht, dass wir noch gar nicht ermessen können, was uns genommen wird? Je später man ein Kind hergeben muss, umso grausamer, Abbé. Haben Sie Kinder? Nein? Oh, da bleibt Ihnen viel erspart. Wissen Sie, wo Otranto ist? Ja, in Italien. Es ist das Herzogtum von Fouché. Das ist mir gleich, ob es ihm gehört. Mag dort Herzog sein, wer will. Was hatte mein Sohn da verloren? Er befand sich auf der Straße unweit Mercugliano. Was tat er dort? Das hat mir niemand erklärt. Sie sagen, er geriet in einen neapolitanischen Hinterhalt. Ich versuche mir vorzustellen, was das bedeutet. Es bedeutet, er lebt nicht mehr. Er hat sich tapfer geschlagen, sagen sie. Heißt das, man hat ihn gequält, bevor man ihn sterben ließ? Ihm Wunden zugefügt, mit denen er noch weiter kämpfen musste? Hat er um Pardon gebeten? Wer hat ihm diese Bitte nicht erfüllt?
Louis-Marie ist tot. Er war der beste de Sade in drei Generationen. Man hätte einmal in ihm erkennen können, was Gutes in ihnen war. Er liebte die Künste. Malerei, Musik, Literatur. Ich bin die Mutter eines Schriftstellers, wussten Sie das, Abbé? Haben Sie von seiner *Histoire de la nation française* gehört? Nein? Er hat nicht lange genug gelebt, um berühmt zu sein.
Der Abbé hört ihr zu, ohne zu unterbrechen. Er erinnert sich, wie er vor langer Zeit versucht hat, dem Marquis de Sade ins Gewissen zu reden, nachdem eine Prostituierte bei ihm im Beichtstuhl war. Die verborgene, gottabgewandte Seite der Menschen hat er gekannt. Ihm offenbarten sie sie, und keiner verbarg sie so wenig wie der Marquis de Sade. Was sollte Gott mir zu vergeben haben, sagte er, da ich doch tue, wozu er mich geschaffen hat? Der hochmütigste Mensch, der dem Abbé je begegnet ist.
Und Ihre Frau ist geschaffen, um Kinder zu gebären, hatte er ihm gesagt.

Ihr Pfaffen seid seltsam, hatte der Marquis entgegnet. Taugt ihr nicht ebenso zum Zeugen wie andere Männer auch? Seien Sie übrigens beruhigt. Ich werde mit Vergnügen tun, wozu Sie mir raten.

So war ich doch auch ein wenig an dem Sohn beteiligt, den sie verloren hat, denkt der Abbé.

Gewiss, ich habe noch einen Sohn, sagt die Marquise. Er hat geheiratet. Eine entfernte Cousine aus der Linie de Sade d'Eygières. Wie klingt das in Ihren Ohren, Abbé? Ein de Sade, der Cousinen heiratet, um das Vermögen zu konsolidieren. Wo bleibt das unruhige Blut und die Leidenschaft? Ich kann's Ihnen sagen, Abbé, falls es einer Mutter erlaubt ist, die Dinge beim Namen zu nennen. Die Leidenschaft geht nach Geld. So war es immer bei Claude-Armand. Er liebt das Geld. Er vergöttert es. Auch der Geiz, die Besitzgier sind Leidenschaften. Sie erhitzen das Blut wie andere Begierden auch. Die Dame de Sade d'Eygières ist nicht einmal mehr jung. Aber ich wette, sie entfacht genügend Glut in ihm, indem sie reich ist. Und siehe, man hat mir gesagt, dass sie in gesegneten Leibesumständen ist.

Ob Donatien es weiß? Wird es ihm etwas bedeuten, dass er Nachkommen haben wird? Und wird er wissen, dass es auch meine Nachkommen sind? Dass wir in ihnen zusammentreffen, auch wenn wir nicht mehr dabei sind? Dass wir durch sie unscheidbar sind, wie ihr Priester es immer behauptet?

Ich werde ihn nie mehr wieder sehen, Abbé, weder in dieser noch in der anderen Welt. Sie werden ihn dort ergreifen und wegsperren, so wie hier. Er wird auch dort untragbar sein. Selbst in der Hölle kriegt er bestimmt sofort Hausverbot. Im Übrigen wird er sich weigern, dort zu erscheinen. Er lehnt jedes Jenseits ab. Und wie es in dieser Welt ein Problem war: wohin mit ihm?, so wird es auch in der anderen gehen.

Gott wird sich für ihn etwas einfallen lassen müssen. Meinen Sie nicht, Abbé?

Manchmal stelle ich mir vor, er käme noch einmal nach Échauffour. Ich säße hier, und er träte zur Tür herein.

Donatien, bist du das?

Ich kann ihn deutlicher sehen, als ich ihn je mit meinen Augen sah. Er kommt auf mich zu und küsst mir die Hand, wie beim ersten Mal.
Da sind wir, Donatien. Ich bin alt. Aber du bist, wie ich sehe, auch nicht mehr der Jüngste. Du bist zu fett. Deine Madame Quesnet kocht zu gut. Du hast immer gern gegessen. Und zu viel, Donatien. Was für ein unersättlicher Körper das doch ist, den auch du bald zurücklassen musst. Hat er immer noch Appetit? Dient er dir immer noch, um deine Gelüste zu befriedigen? Oder seid ihr zusammen alt und müde geworden, du und dein Körper? Musst du ihn überlisten, um deine Phantasien für dich aufzuführen? Was versprichst du ihm? Junges Fleisch? Will er das? Ausgesuchte Perversionen? Hat er nicht längst genug davon? Ist die Ruhe, die du ihm lässt, nicht der größere Genuss für ihn? Was regt sich noch? Das Verbotene in allem Verbotenen? Ist es noch immer das, was du suchst? Hast du es nicht längst gefunden? Weicht es noch immer vor dir zurück durch alle Zeiten und Räume, die du durchmessen hast, Schlösser, widerhallend vom Schreien der Gefolterten und Musik, Säle voller perlenden Lachens und Seufzern von Sterbenden, Orte ohne Licht, tropfende Gewölbe, in denen Ketten klirren, Tapetentüren, die sich in uralte spinnennetzverhangene Kammern öffnen lassen, aus denen Gekicher dringt, kurz bevor sie der Henker, maskiert, mit dem Beil in der Hand betritt – ist für dich immer noch etwas hinter der nächsten Wand, etwas noch Verboteneres, das du deinem Körper in Aussicht stellst? Und glaubt er dir immer noch? Kannst du ihn noch verführen? Denn in Wahrheit, Donatien, hast du dich immer nur selbst verführt. So viele Mühe, nur um dein eigenes Fleisch. So viel ihm dargebracht. So viele andere Körper. So viele Beschwörungen. Bände voller Beschwörungen. Voller Flüche und Blasphemien. Denn am Ende aller Übertretungen, die du ersonnen hast, stand immer nur die Gotteslästerung. Darüber hinaus fiel selbst dir nichts mehr ein, Donatien.
Man sagt mir, dass du immer noch in Charenton bist. Immer noch ein Gefangener, wenn auch bevorzugt, umsorgt von deiner Frau

Quesnet, die es doch niemals werden kann, weil du mit mir verheiratet bist. Kein Notar konnte uns trennen, Donatien, auch wenn wir uns seither nicht mehr gesehen haben. Es gibt keine Scheidung, mag sie auch in den neuen Gesetzen stehen. Jede Ehe hängt uns an bis zum Jüngsten Gericht. Und soll ich dir etwas sagen? Ich weiß, dass es dir gefällt. So bleibt dir in allem, was du treibst, ein Rest von Ehebruch. Siehst du, ich kenne dich.
Lass mich raten: Madame Quesnet, so viel jünger sie immer ist, kann dich nicht mehr befriedigen. Sie ist dir zu lieb, zu vertraut. Da ist zu wenig Übertretung für dich im Spiel. Habe ich Recht?
Prostituierte? Du hast sie immer gebraucht, wie ein Schauspieldirektor seine Schauspieler braucht. Dein Stück hatte immer denselben Schluss, nicht wahr? Du brauchtest gute Mitspieler, die deine Anweisungen befolgten. Geübte Akteure. Illusionskünstler. Dafür war dir keine Gage zu teuer. Ich nehme doch an, diese Vorliebe wird dir geblieben sein. Aber Prostituierte erlauben sie dir nicht in Charenton.
Junge Männer? Sekretäre? Sag, hast du einen Sekretär? Das wäre möglich. Doch wenn wir ehrlich sind, Donatien, hast du immer die Frauen gewollt. Die Frauen hast du geliebt. Die Männer hast du gebraucht. Eine Übertretung mehr. War es so? Vielleicht weißt du es selber nicht. Doch ich denke, dass du jetzt, da du alt bist, die Frauen lieber hast. Junge Frauen. Habe ich Recht? Eine Wäscherin in Charenton. Oder lieber die Tochter von einer Wäscherin. Ahnungslose Frauen. Unschuldige. Oder beinahe unschuldige, was noch besser ist. Frauen, die du verderben kannst, so wie du mich verdorben hast. Weißt du noch?
Du wolltest es manchmal nicht zugeben. Aber wenn du geliebt hast, dann waren es Frauen.
War ich auch dabei, Donatien? Warte bitte, geh nicht! Sag mir, war ich auch dabei?

…

Wer?

Wer ist da?

Abbé!

Ich habe geschlafen. Verzeihen Sie einer alten Frau. Das passiert mir in letzter Zeit. Meine Tochter soll Ihnen ein Zimmer anweisen. Sie kommen zur rechten Zeit. Ich möchte beichten.
Das wird nicht möglich sein, Madame. Ich bin nicht mehr Priester. Ich bin nur noch ein abtrünniger Diener der Kirche.
Das macht mir nichts aus. Das Verbrechen zu lieben, wird ihnen gewiss von Gott verziehen. Ich bin mir sicher, dass Ihre Absolution für meine Seele genügen wird. Und, offen gestanden, die Sünden, die ich Ihnen anvertrauen werde, die könnte ein Zölibatär gar nicht bis vor Gottes Thron tragen. Sie sind zu schwer, verstehen Sie? Ich bin die Marquise de Sade …

Ist das eine Beichte? Der Abbé weiß es nicht genau. Wenn es keine Beichte ist – welche Art Konversation ist es, die er mit der Marquise hat? Möge Gott zuhören. Mehr verlangt er nicht.
Ob er das Märchen vom Ritter Blaubart kenne?, fragt die Marquise ihn. Wenn nicht, so wolle sie es ihm erzählen.
Ob das der Mann sei, der seine Frauen tötete?, fragt der Abbé.
Ebender, sagt sie. Sie sei ihm auf sein Schloss gefolgt. Nein, die Erste sei sie nicht gewesen. Aber auch die Letzte nicht. Sie habe überlebt, das sei das Besondere an ihrer Geschichte. Und wenn er wolle, so werde sie sie ihm der Reihe nach erzählen. Denn was immer ihre Tochter sage, sie sei noch klar im Kopf und wisse sogar heute besser, was ihr widerfahren sei als jemals. Auch sei die Vergangenheit ihr so nah, dass sie manchmal Mühe habe, aus ihr in die Gegenwart zu finden. Sie lebe mehr in La Coste als in Échauffour, obwohl sie genau wisse, wo sie sei. Noch gestern Nacht habe sie von La Coste geträumt, und sie wolle ihm jetzt das Schloss zeigen, als wenn sie dort wären, denn zuweilen begreife man eine Person, wenn man den Ort kenne, an dem sie zu Hause ist. Aber sie warne ihn. Es sei nicht geheuer im Schloss des Marquis de Sade. Und wenn er leicht erschrecke …
Nein, sagt der Abbé. Das werde schon gehen. Er sei lange genug Beichtvater von Saint-Roche gewesen. Da sei einem nichts Menschliches fremd geblieben.

Sie spreche nicht von menschlichen Schwächen, sagt die Marquise, sondern vom Bösen.
Er habe verstanden, sagt der Abbé.
Manchmal verstummt sie. Er wartet. Doch wenn er denkt, sie schlafe, hebt sie wieder an. Der Abbé schließt die Augen. Er fühlt sich der Blinden näher, wenn er selbst nichts sieht. Und mit der Zeit sieht er es vor sich, das Schloss im Lubéron, er betritt den Schlosshof, die Eingangshalle mit dem großen Kamin, die breite Steintreppe, die sich im ersten Stock in zwei kleinere Treppen teilt, von der die rechte in den Südflügel führt … Ein trüber Morgen im Winter. Die Kamine sind noch warm, dann und wann flackern noch einmal ein paar Flämmchen auf. Draußen singt der Mistral. Er singt immer dieselbe Strophe, die Klage der Schlossgespenster und Verdammten, die ihre Mission nicht erfüllt haben und zu ihrer Stunde an den Ort ihrer Verfehlung zurückkehren. Der Abbé sieht die weiße Frau durch die Räume im Südflügel geistern. Er sieht ihr bleiches Gesicht, die verschatteten Augen, das wirre Haar, in der Morgendämmerung grau, wie es heute ist. Er riecht die Gerüche einer wüsten Nacht, abgestandenen Wein, Schweiß, Asche, Blut … Er sieht die Mädchen wie Leichen über die Fauteuils und Canapés hingestreckt. Aber es sind nur Schlafende. Ihr Atem geht schwer. Er sieht die Frau zwischen ihnen hindurchgehen, wie der Todesengel über ein Schlachtfeld geht. Sie hüllt sich in ihr Tuch ein, als fröre sie. Er sieht, wie sie sich bückt und etwas aufhebt, das am Boden liegt. Sie wendet sich zur Treppe und steigt hinauf. Ihre Schritte sind lautlos, aber ihr Herz kann er schlagen hören. Er möchte sie warnen, als er sieht, dass sie den Schlüssel ins Schloss steckt. Das Märchen fällt ihm ein: eine Frau, ein verbotener Schlüssel, ein Zimmer, in dem die Zeugnisse blutiger Verbrechen auf ihre Entdeckung warten … Er folgt ihr über die Schwelle. Er sieht den Raum im fahlen Morgenlicht. Die schwarz ausgeschlagenen Wände. Die weißen menschlichen Knochen. Die obszönen Arrangements, zu denen sie angeordnet sind. Die pornographischen Zeichnungen. Bizarre Maschinen. Modelle gigantisch verzerrter Geschlechtsteile. Ein obszön verfremdetes Kruzifix. Ruten und

Peitschen. Er begreift, dass dies der Vorhof zur Hölle, vielleicht die Hölle selbst ist.
Und wie sie als Blaubarts Gattin überlebt habe?, fragt er die Marquise.
Ehrlich gesagt, sie wisse es nicht. Es sei ihr widerfahren. Als sie damals in sein Herz gesehen habe –
Sie habe in sein Herz gesehen?
In dieses Zimmer im Schloss La Coste mit seinen schwarzen Wänden und Gruselskeletten und riesigen Werkzeugen – sie müsse ihm nicht sagen, worum es sich handelte –, da habe sie außer Entsetzen auch etwas empfunden, das wie Mitleid gewesen sei. Mitleid mit dem Mann, der für solche Dinge sein Leben und seine Freiheit riskiert habe. Und später, nicht sofort, sei es ihr manchmal wie Spielzeug vorgekommen, was sie dort gesehen habe. Entsetzliches Spielzeug, das wisse sie. Aber dieser furchtbare Ernst, wo es doch um nichts anderes als geschlechtliche Lust gegangen sei – sie bitte um Verzeihung –, eine Spur komisch sei es schon. Und vielleicht sei es das, was ihr das Leben gerettet habe. Dass es ihr nicht immer gelang, ihn ebenso ernst zu nehmen, wie er sich selbst nahm.
Das glaube er auch, sagt der Abbé, ergreift ihre Hand und küsst sie.
Wenn sie ihn noch anblicken könnte, würde sie überrascht blicken.
Sie sei müde, sagt sie. Ob er sie nicht endlich absolvieren könne. Diese Beichte sei lang und anstrengend für sie gewesen. Sie sei derlei nicht mehr gewohnt und müsse zu Bett gehen.
Das wolle er morgen tun, sagt der Abbé. Auch er sei ermüdet. Er sei schließlich älter als sie.
Das habe sie ganz vergessen, sagt sie. Ob er glaube, dass Gott ihr vergeben könne.
Da sei er ganz sicher, sagt er. Er wünsche ihr eine gute Nacht.
Gute Nacht, Abbé, sagt sie.

Lerchen stehen über den Feldern, als der Abbé auf die Straße am Horizont zuläuft, wo er die Postkutsche nach Argentan bekommt.

Es wird ein heißer Sommertag. Der Abbé stellt sich die Strände von Coutainville bei Ebbe vor, wenn die Boote der Fischer im Schlick zur Seite sinken. Er meint das Meer schon zu riechen. Dabei ist er noch zwei Tagereisen davon entfernt.
Die Bauern, die ihm entgegenkommen, wissen es schon.
Ist es wahr?, rufen sie ihm zu.
Ja, sagt er, die Marquise ist tot.
Bis zur Poststation muss er es öfter erzählen. Die Kammerfrau hat sie gefunden. Sie lag am Morgen leblos in ihrem Bett. Ein nächtlicher Schlagfluss. Manche von uns holt der Tod im Schlaf.
Es ist eine Gnade, sagen die Bauern.
Das ist es, sagt der Abbé.
Er weiß, dass er für die Legende verantwortlich ist, die sich sogleich bilden wird. Als Geistlicher hat er schon manche Legende entstehen sehen, und er weiß, wie unentbehrlich sie sind.
Sie sah aus, als ob sie schlafe, wird es im Dorf heißen.
Er hat sie gesehen. Sie sah aus, als sei sie beim Öffnen einer verbotenen Tür überrascht worden. Fassungslos. Überrascht von etwas, das sie nicht erwartet hat. Ihr Kopf merkwürdig verrenkt, als habe sie einem Schlag ausweichen wollen.
So friedlich, sagen die Bauern. Als wenn sie den Himmel offen gesehen hätte.
Die Nachricht vom Tod der Marquise breitet sich wie ein Lauffeuer aus. Es ist der 7. Juli 1810.
Man wird nach ihrem Sohn schicken. Er wird am nächsten Tag eintreffen und den Notar mitbringen, der den Besitz auf ihn überträgt, während er seiner Schwester den Witwensitz in einem der Nebengebäude zuweist, wo sie den Rest ihres Lebens verbringen wird.
Ein paar Tage darauf wird de Sade in Charenton den Brief seines Sohnes erhalten, in dem er ihn vom Ableben seiner Mutter in Kenntnis setzt, eine Nachricht, die der Marquis ohne sichtbare Gemütsregung entgegennehmen wird.
Wird er sich fragen, warum sie ihn in dem Moment verlassen hat, als er für immer zu ihr zurückkehren wollte? Warum sie sich nicht während seiner langen Haft von ihm scheiden ließ, sondern unmit-

telbar danach? Warum sie keinen Augenblick zögerte, es zu tun? Wird er das Unbegreifliche darin sehen und das Begreifliche?
Eine Staubwolke kündigt die Kutsche an, die der Abbé erreichen will. Er ist froh, dass ihn keine Soutane mehr beim Gehen behindert. Wenn es eine Beichte war, denkt er, so die längste Beichte, die ich je gehört habe. Dennoch war in ihr ein Rest von Verschwiegenem, den jede Beichte hat. Der Abbé hat immer gewusst, dass es das Verschwiegene ist, das nach Absolution verlangt, und er hat sie immer auch für den stummen, verzweifelten Kern in jeder Beichte gespendet.
Die Lerchen stehen über ihm, als der Abbé in die Kutsche steigt. Sie singen ihren Gesang befreiter Seelen, fast körperlos.
Er weiß, dass die Marquise ihm nicht alles gesagt hat.